Procopius the Christian Sophist

INSTRVMENTA PATRISTICA ET MEDIAEVALIA

Research on the Inheritance of Early and Medieval Christianity

94

Procopius the Christian Sophist

Catenist, Compiler, Epitomist

Edited by

Dimitrios ZAGANAS,
Jean-Marie AUWERS, Joseph VERHEYDEN

TURNHOUT
BREPOLS
2024

INSTRVMENTA PATRISTICA ET MEDIAEVALIA

Research on the Inheritance of Early and Medieval Christianity

Founded by Dom Eligius Dekkers († 1998)

Gert PARTOENS Alexander ANDRÉE Rita BEYERS Emanuela COLOMBI
Georges DECLERCQ Jeroen DEPLOIGE Paul-Augustin DEPROOST
Greti DINKOVA-BRUUN Anthony DUPONT Jacques ELFASSI Guy GULDENTOPS
Hugh HOUGHTON Mathijs LAMBERIGTS Johan LEEMANS Paul MATTEI
Marco PETOLETTI Dominique POIREL Bram ROOSEN Kees SCHEPERS
Paul TOMBEUR Toon VAN HAL PETER VAN NUFFELEN
Marc VAN UYTFANGHE Wim VERBAAL

© 2024, Brepols Publishers n. v./s.a., Turnhout, Belgium.

All rights reserved. No part of this publication may be reproduced,
stored in a retrieval system, or transmitted, in any form or by any means,
electronic, mechanical, photocopying, recording, or otherwise
without the prior permission of the publisher.

ISBN 978-2-503-60989-8
E-ISBN 978-2-503-60990-4
DOI 10.1484/M.IPM-EB.5.135858
ISSN 1379-9878
E-ISSN 2294-8457

Printed in the EU on acid-free paper.
D/2024/0095/30

To Françoise Petit
εἰς μνημόσυνον αἰώνιον

Table of Contents

Dimitrios ZAGANAS, Jean-Marie AUWERS, Joseph VERHEYDEN
Introduction — 9

Dimitrios ZAGANAS
Procope compilateur d'exégèses et Procope sophiste de
Gaza : un seul et même auteur ? — 17

Emanuela PRINZIVALLI
La ricezione di Origene (e dell'origenismo) nell'*Epitome
in Genesim* di Procopio — 49

Benjamin GLEEDE
Procopius' *Eclogai in Genesim* as a Source for Reconstructing the Lost Genesis Commentary by Theodore
of Mopsuestia — 77

Tiziano F. OTTOBRINI
I *Commentarii in Genesim* di Procopio di Gaza e il *De
opificio mundi* di Giovanni Filopono — 107

Karin METZLER
Prokop und seine Quellen für den *Exoduskommentar* — 133

Agnès LORRAIN
Compilateur ou exégète ? Procope et son ouvrage sur
l'*Exode* — 165

Reinhart CEULEMANS
Procopius in the *Catena Lipsiensis* on I-IV Kingdoms,
and the Margins of Manuscript *Munich, BSB, gr. 358* — 189

Meredith DANEZAN
Le nom de « Procope » dans les chaînes aux Proverbes — 229

8   TABLE OF CONTENTS

Dimitrios ZAGANAS
    L'Épitomé sur Isaïe de Procope : l'œuvre et son auteur   249

Tiphaine LORIEUX
    La chaîne III sur Abdias : similitudes et différences
    avec les épitomés de Procope   269

Abbreviations   299

Bibliography   301

Indices

    Index of Biblical References   323

    Index of Ancient Authors and Sources   331

    Index of Modern Authors   345

    Index of Manuscripts   351

Introduction

Dimitrios ZAGANAS, Jean-Marie AUWERS, Joseph VERHEYDEN

> Πολύχους μὲν οὗτος καὶ πολύστιχος ὁ ἐξηγητής,
> [...] Καὶ ἡ φράσις δὲ αὐτῷ εἰς τὸ ἄριστον ἤσκηται.
>
> Photius, *Bibliotheca*, cod. 206.

Procopius the Christian sophist, until now generally identified as the famous rhetor from Gaza, is essentially known for having composed exegetical compilations on the Old Testament. Indeed, under this name we find epitomes-commentaries on the Heptateuch and on Isaiah, scholia on the books of Kingdoms and Paralipomenon, and catenae on Proverbs, Ecclesiastes and the Song of Songs. Photius, who read a large part of Procopius' work, wrote a note about "this diffuse and voluminous commentator", whose style seemed to him to be "refined to perfection". Procopius' biblical commentaries are indeed of great importance, as much for the ancient evolution and posterity of exegetical catenae as for the patristic texts they transmit. However, they have only attracted very limited attention from modern scholars, perhaps because of their composite nature. The only monograph dedicated to Procopius as a compiler of exegeses is that of L. Eisenhofer (1897), and most of the Heptateuch epitome remains unpublished in Greek and for this reason is only accessible through the Latin translation of C. Clauser (1555). It is only since the end of the 1970s that scholars have started on the one hand to explore the manuscript tradition of Procopius' writings, and on the other hand to study their contents and appreciate the testimony that they provide to previous exegeses. With the exception of what remains of the catena on Ecclesiastes, published in 1978, the critically edited texts have appeared quite recently: the catena on Song of Songs in 2011, the epitomes on Genesis in 2015 (first full edition) and on Exodus in 2020 (editio princeps).

Procopius' exegetical works are gradually being brought to light, but the work of exploring and exploiting them is at a rather rudimentary

---

Procopius the Christian Sophist: Catenist, Compiler, Epitomist, ed. by D. Zaganas, J.-M. Auwers, J. Verheyden, IPM, 94 (Turnhout, 2024), pp. 9-15.
© BREPOLS ❧ PUBLISHERS   10.1484/M.IPM-EB.5.136513

stage. For example, there are numerous passages whose source has not yet been identified, and many questions surrounding the figure, method and specific interests of Procopius, while the work of comparison with other compilations on the same biblical books is generally lacking. In order to know a little better, or at least less poorly, Procopius the indefatigable compiler of patristic exegeses and in order to appreciate more fully the contribution made by his works, we organised an international conference from 6 to 8 December 2021 at the Faculty of Theology of the Université Catholique de Louvain (Louvain-la-Neuve) with the support of the F.R.S.-FNRS, the Institute Religions, Spiritualités, Cultures, Sociétés (RSCS) of UCLouvain, and the Louvain Centre for Eastern and Oriental Christianity (LOCEOC) of KU Leuven. The idea for this conference came from Dimitrios Zaganas' previous postdoctoral project on the *Commentaries on Isaiah* of Ps.-Basil and Procopius, supported by the Fritz Thyssen Foundation. Most of the contributions included in this book are based on papers that were presented during the conference.

A form of prolegomena on Procopius is provided by Dimitrios ZAGANAS (Louvain-la-Neuve), who asks if the profane works and the Christian works assigned to Procopius the sophist are of one and the same author. His arguments support a negative answer, and consist of the following: the absence of the specification "of Gaza" in the title of Procopius' biblical commentaries, the silence of Choricius, in his *Funeral Oration for Procopius of Gaza*, regarding a possible exegetical activity by his master, the fact that Photius does not establish a link between the rhetor and the exegete, as well as the clear opposition between the exegetical works and the rhetorical works, which contain no references to the Holy Scriptures. Instead of presuming that two opposing souls lived in Procopius, one pagan and one Christian, would it not be more reasonable to think that there are two homonymous writers? This hypothesis is confirmed by the fact that Procopius' *In Genesim* includes texts which are posterior to the death of the rhetor of Gaza around 528. A re-examination of the sources leads to the affirmation that this work was written at the earliest in the middle of the sixth century, in a context that has yet to be defined.

Based on the critical edition of *In Genesim* that K. Metzler provided in the collection "Die griechischen christlichen Schriftsteller der ersten Jahrhunderte" (*GCS*), three contributions focus on different aspects of this important text. Emanuela PRINZIVALLI (Roma) concentrates

INTRODUCTION

on the reception of Origen's exegesis and Origenism. She provides a detailed analysis of the commentary on some verses from the first chapters of Genesis (Gen 1:1-3.26-27; 3:21) in Procopius' *In Genesim*, to show how he treats the Origenian exegesis of these verses. Procopius is well aware of the importance of Origen and his influence on later theological reflection, but he clearly distances himself from both the Alexandrian's anthropology and his allegorism, which he judges excessive and which he fears favours Manichaeism. The fact that Procopius does not accept the doctrine of the pre-existence of souls leads him to reject Origenian exegesis in its entirety and even to misrepresent it, in his constant desire not to give a foothold to the dualists.

Moving from Origen's reception to that of his greatest critic, Benjamin GLEEDE (Tübingen) asks whether and to what extent Procopius' *Eclogai in Genesim* give us access to Theodore of Mopsuestia's lost commentary on Genesis. Among the Greek and Syriac fragments preserved mainly in the catenae, the vast majority deal with mankind's divine image and likeness, his status in paradise and his subsequent fall; some more substantial Syriac pieces also deal with Cain and Abel and the flood. Thus, for the text itself, we are comparatively well-informed about Theodore's views on Gen 1:26–8:14, but know barely anything about the rest. Gleede begins by recapitulating what we know about Theodore's commentary and especially about the way it was exploited by later authors, in particular the East Syrian authors. He methodically establishes four premises: 1) Procopius actually did recur directly to Theodore's commentary in his *Nachlese* and exploited it to a considerable degree; 2) Procopius' tendency to blend material is not a pervasive characteristic of his selection, but is limited to certain passages; 3) The numerous agreements between Procopius and the Eastern Syriac material are often specific enough to postulate a common source behind them; 4) This source is most likely to be Theodore, especially if Eusebius of Emesa can be excluded on the basis of the Armenian version of his commentary. He concludes his paper with quite an impressive list of material that is most probably Theodorian on the first three chapters of Genesis.

Tiziano F. OTTOBRINI (Vercelli), in turn, examines certain parallels between Procopius' *In Genesim* and John Philoponus' *De opificio mundi*. The comparison of the two exegetes highlights an evolution in the way in which Genesis was commented on in the first half of the sixth century: in the form of an epitome for Procopius; in the form of a progressive commentary in the context of a philosophical controversy for John Philoponus, which represents an innovation that would not have much future. Two quotations are analysed, to show how Procopius used John Philoponus: on Gen 1:4b and Gen 1:26. Procopius only uses the text of the LXX, whereas John Philoponus employs the translations of Aquila and Symmachus, which are likely to promote another interpretation. Procopius' use of Philoponus' text is problematical if we identify, as Ottobrini does, the author of *In Genesim* as the sophist of Gaza, whereas Philoponus' *De opificio mundi* is dated to *c.* 546 at the earliest. Since the hypothesis of a common source on which both Procopius and Philoponus drew is highly improbable, the author suggests solving the problem by supposing that Philoponus' ideas circulated before being written down in his treatise.[1]

As could be expected, the recent publication of the editio princeps of *In Exodum* (*GCS*), thanks again to the work of K. Metzler, is the subject of two contributions. The editor of the text, Karin METZLER (Berlin), studies the way in which Procopius choses and treats his sources. She shows how, in the commentary on Exodus, Procopius' role evolves from compiler to author: he does not merely abridge a previous catena (indeed, in the prologue to *In Genesim*, he criticises the repetitive nature and extreme length of the catena genre), but is perfectly willing to rework the fragments that he finds in the catena and, above all, returns to the original works. The article shows how he has rewritten passages taken from Gregory of Nyssa's *De vita Moysis* and from Cyril of Alexandria's *De adoratione et cultu in spiritu et veritate*. This process of returning to the source texts also leads Procopius to draw widely on a work by Didymus the Blind, who is represented in the *Catena in Exodum* only by a few fragments.

Agnès LORRAIN (Aix-en-Provence) seeks to specify the literary genre of *In Exodum* by analysing several passages that relate to the first eighteen chapters of Exodus. Having described the overall appearance of the work, she examines the explanations that are developed either for a verse or for a coherent pericope, in order to describe their composition. She shows that the organisation of the text is generally based on

---

[1] In the first contribution of this book, D. Zaganas draws *inter alia* an argument from the same passage of *In Genesim* on Gen 1:4b to affirm that this work is necessarily posterior to the death of the rhetorician of Gaza. The reader will form his own opinion by considering the respective arguments of D. Zaganas and T. F. Ottobrini.

INTRODUCTION 13

the desire to follow each source in its coherency, avoiding fragmentation. The composition can be structured either according to a thematic progression, or by a distinction between the different meanings of the holy Scriptures, sometimes at the expense of the verse order. Different examples of composition are presented that highlight the polyphony of the text. A major difference with regard to *In Genesim* and the project defined in its prologue, which emphasised the use of a pre-existing compilation as well as its abridgement, is that, in order to write *In Exodum*, Procopius spent much more time on the direct sources than on the chain mentioned in the prologue, and that he ended up giving them the priority.

Reinhart CEULEMANS (Leuven) examines the relationships between the *Scholia in Regnorum libros* attributed to Procopius (*CPG* C 4.3), the type B catena on I-IV Kingdoms (C 4.2) and the *Catena Lipsiensis* compiled by Nikephoros Theotokis in 1773 and loosely reproduced by J.-P. Migne in *PG* 87/1. Ceulemans identifies the exegeses added by an anonymous annotator in the margins of the main witness to the *Scholia*, MS *Munich, BSB, gr.* 358 (9th c.): these exegeses are taken from the type B catena. Ceulemans then clarifies the link between the *Προκοπίου sections of the *Catena Lipsiensis* and these marginal exegeses. He shows how the two documents are linked by the type B catena, so that we may infer the content of the type B catena from the *Catena Lipsiensis* and its similarities to and differences with the direct tradition of the *Scholia*. Ceulemans details the authenticity of all the Προκοπίου sections of the *Catena Lipsiensis* and corrects a number of misconceptions about the text of the *Scholia*. He concludes by showing that the type B catena raises questions about the dimensions, scope and origin of the *Scholia in Regnorum libros*.

Meredith DANEZAN (Leuven) draws up a list of the catenae on Proverbs placed under the name of Procopius, in order to show that the attribution to Procopius does not have the same value according to whether the text in question is the "Epitome of Exegetical Extracts on Proverbs by Procopius the Christian Sophist", discovered by M. Richard in two manuscripts from Athos, or the "Catena of Paris", which derives from it, or the "Catena of Cambridge", which now bears no title, but which we can show originally bore the same title as the catena of Paris, which it expands with passages taken from the *Commentary on Proverbs* attributed to John Chrysostom. Within the "Catena of the Vatican", the name of Procopius refers to a catena wrongly identified by the catenist as Procopius' Epitome. In the "Catena of Brussels", the indication Προκοπίου was arbitrarily added by a scribe before thirty scholia that had no attribution in his model. As to the Ἑρμηνεία on Proverbs published by A. Mai (and reproduced in *PG* 87/1), its attribution to Procopius could originate in an accident during the manuscript transmission and proves, at any rate, that only the rich get credit.

In a second contribution, Dimitrios ZAGANAS (Louvain-la-Neuve) presents the *Epitome in Isaiam*. This work has barely received any attention until now. It is attested in only eight manuscripts, the oldest of which dates to the ninth century and the others to the sixteenth-seventeenth centuries. The only available edition is that of J. Curterius (1580) reproduced by J.-P. Migne in *PG* 87/2. Procopius amalgamates his sources to provide here a continuous commentary, without mention of the authors he uses. The principal sources are the *Commentaries on Isaiah* by Eusebius of Caesarea and Cyril of Alexandria, as well as, for the first sixteen chapters, the commentary attributed to Basil of Caesarea. In order to illustrate Procopius' method, the article demonstrates how Cyril's work was used in the *Epitome* to comment three passages of varying lengths (Isa 6:1-5; 9:13-20; 17–18). Procopius does not merely collect, organise and abridge his sources: he compares, reworks and sometimes comments on the sources he uses. In this way, he reveals himself to be an astute reader of the patristic exegeses of Isaiah.

Finally, Tiphaine LORIEUX (Leuven) identifies the use of a similar method in catena III on Obadiah, an anonymous and as yet unpublished catena. As for Procopius' *In Isaiam*, the extracts are rendered anonymous and abridged so that they blend into a continuous commentary. The examination of two passages demonstrates two different methods at work. In the first case (on Obad 1), the authors' extracts are placed next to one another and articulated by simple coordinating conjunctions, so that the reader has the impression of a continuous commentary written by a single author. In the second case (on Obad 15–16) it is the polyphony of the biblical text that is underlined by the choice of exegeses that are not in agreement. The common elements between catena III on the Minor Prophets and Procopius' *Epitomes* are numerous: the different extents to which the sources have been rewritten, the interest in the grammatical explanations and the hexaplaric variants, the elimination of digressions, repetitions and scriptural quotes, which all lead to a refocusing on the biblical text at the expense of interpretations that support a theological account. The method is similar, but the sources are different, since catena III makes massive use of Theodoret of Cyrus' *In XII Prophetas*, while Procopius' compilations, for their part, use Theodoret's commentaries very sparingly.

We would like to thank the authors of the articles for having accepted to participate in the conference and to contribute to this volume, which is dedicated to the memory of Françoise Petit († 18 January 2021), whose name and works were often evoked during the conference.

Procope compilateur d'exégèses et Procope sophiste de Gaza

Un seul et même auteur ?[*]

Dimitrios ZAGANAS
(*Louvain-la-Neuve*)

> Il demeure sur les auteurs et l'âge de nos chaînes de grands doutes.
>
> R. DEVREESSE, in *DB, Supplément* 1 (1928), col. 1094.

Étant donné que les différentes compilations exégétiques grecques sur la Bible (chaînes, abrégés, commentaires) ne portent le plus souvent pas de nom d'auteur[1] et sont malaisées à dater, il est naturel que les spécialistes se réjouissent quand un ou plusieurs de ces textes de nature composite se trouvent explicitement attribués à un auteur. Ceci est notamment le cas pour les ouvrages d'exégèse qui nous sont transmis sous le nom de « Procope le sophiste chrétien », un compilateur considéré non seulement comme aisément identifiable, mais aussi comme étant le plus ancien que l'on connaisse. En effet, depuis le XVIe siècle jusqu'à présent, notre Procope a été presque unanimement[2] identifié avec Procope de Gaza, le fameux sophiste qui a vécu à la fin du Ve et au début

---

[*] Je remercie J.-M. Auwers et J. Verheyden pour leur relecture et leurs remarques.

[1] Cf. G. DORIVAL, *The Septuagint from Alexandria to Constantinople. Canon, New Testament, Church Fathers, Catenae*, Oxford, 2021, p. 135-170 (sur les chaînes), ici p. 151-153.

[2] Font exception par exemple un lecteur et un éditeur modernes de la *Bibliothèque* de Photius (cod. 160 et 206-207), qui distinguent l'un entre « Procopius Gazaeus » et « Procopius Sophista », l'autre entre « Procopius rhetor, Choricii magister » et « Procopius sophista ». Voir respectivement J. GORDON, *Chronologia annorum seriem regnorum mutationes et rerum memorabilium sedem annumque ab orbe condito ad nostra usque tempora complectens*, vol. 1, Bordeaux, 1611, p. 293 ; I. BEKKER (éd.), *Photii Bibliotheca*, Berlin, 1824, p. 574.

Procopius the Christian Sophist: Catenist, Compiler, Epitomist, ed. by D. Zaganas, J.-M. Auwers, J. Verheyden, IPM, 94 (Turnhout, 2024), pp. 17-48.

© BREPOLS ❧ PUBLISHERS   10.1484/M.IPM-EB.5.136513

du VIe siècles[3]. L'antiquité présumée de notre auteur-compilateur a par ailleurs conduit certains savants à le regarder comme le fondateur, l'inventeur ou le premier rédacteur des chaînes exégétiques sur l'Écriture[4], une forme littéraire qui, en poursuivant cette hypothèse, aurait apparu en Palestine à la même époque.

Or l'assimilation des deux Procope, qui repose essentiellement sur le fait de leur homonymie – ils portent le même nom (Προκόπιος) et le même qualificatif (σοφιστής) –, n'a pas été sans soulever de difficultés. Un problème souvent évoqué dans les notices et les articles bio-bibliographiques sur Procope de Gaza[5] est qu'on a affaire à deux corpus littéraires profondément différents : d'une part, les compilations exégétiques sur plusieurs livres de l'Ancien Testament (*CPG* 7430-7434), et d'autre part, les écrits sophistiques et rhétoriques (*CPG* 7435-7442)[6] qui ne font curieusement pas de référence à l'Écriture et au christianisme. Les œuvres sacrées et les œuvres profanes attribuées à Procope le sophiste proviennent-elles d'un seul et même auteur ? Le célèbre rhéteur de Gaza s'est-il vraiment livré à une vaste entreprise de compilation d'exégèses patristiques ? La question est de taille puisqu'elle met en jeu non seulement les limites de la production littéraire du Gazéen, mais aussi et surtout l'identité et la période d'activité communément

[3] Sur la vie et l'œuvre de Procope « rhéteur, sophiste et exégète chrétien », voir plus récemment E. AMATO, « Procopios de Gaza », dans R. GOULET (dir.), *Dictionnaire des philosophes antiques*, t. 5b, Paris, 2012, p. 1675-1691, et son introduction dans *Procope de Gaza, Discours et fragments*, Paris, 2014 (*CUF*), p. XI-LII.

[4] La question est débattue. Pour un aperçu de la discussion, voir B. TER HAAR ROMENY, « Procopius of Gaza and His Library », dans *From Rome to Constantinople. Studies in Honour of Averil Cameron*, éd. H. AMIRAV, B. TER HAAR ROMENY, Leuven, 2007 (Late Antique History and Religion, 1), p. 173-190, ici p. 180-182 ; DORIVAL, *The Septuagint from Alexandria* (n. 1), p. 148-151.

[5] Voir par exemple W. ALY, « Prokopios von Gaza », dans *Paulys Realencyclopädie der classischen Altertumswissenschaft*, vol. 23.1 (1957), col. 259-273, ici col. 259-260.

[6] Le fragment d'une *Réplique aux chapitres théologiques de Proclus* (*CPG* 7440), très tardivement attribué à Procope de Gaza, provient de la *Réfutation des « Éléments de théologie » de Proclus* par Nicolas de Méthone, un théologien byzantin du XIIe siècle. Voir récemment la reprise de la question par A. GIOFFREDA, M. TRIZIO, « Nicholas of Methone, Procopius of Gaza and Proclus of Lycia », dans *Reading Proclus and the Book of Causes. Vol. 2 : Translations and Acculturations*, éd. D. CALMA, Leiden, 2021 (Studies in Platonism, Neoplatonism, and the Platonic Tradition, 26), p. 94-135.

admises de l'auteur des *Épitomés* et des chaînes exégétiques. Longtemps tenue pour acquise ou du moins pour probable, l'identification des deux Procope vaut la peine d'être réexaminée de manière critique, voire d'être remise en cause. Car contrairement aux apparences, elle est beaucoup plus supposée que vérifiée, manque de cohérence et ne semble pas correspondre à la réalité des faits. Dans ce qui suit, nous essaierons à la fois de démontrer la fragilité de cette hypothèse et d'apporter des arguments qui invitent à discriminer le compilateur du sophiste.

1. L'intitulé original des œuvres exégétiques de Procope

Dans la préface à son édition de l'*Épitomé sur Isaïe*[7], Jean Curterius ou Courtier cherche à connaître l'identité de l'auteur du commentaire édité et traduit en latin pour la première fois par ses soins. Il l'assimile à l'auteur de l'*Épitomé sur l'Octateuque*, puisque dans l'intitulé d'un manuscrit de l'*Épitomé sur la Genèse*, alors inédit en grec, on retrouve le même nom, le même qualificatif et la même identité religieuse (*idem [...] auctoris et Sophistae nomen, eademque Christianae religionis professio*), c'est-à-dire Προκοπίου χριστιανοῦ σοφιστοῦ. Curterius ajoute que dans l'édition latine de cet *Épitomé* on indique la ville même d'origine de Procope (*in Latino autem edito urbs ipsa, unde est*), c'est-à-dire Gaza. En effet, la traduction latine de l'*Épitomé sur la Genèse* que Conrad Clauser a publiée en 1555, porte le titre : *Procopii Gazaei sophistae commentarii in Genesim*[8]. Un peu plus loin, Curterius propose avec circonspection de situer Procope sous le règne de Théodose Ier à Gaza, la ville d'après laquelle « notre Procope est appelé Gazéen » (*Gazam ipsam, unde Gazaeus noster Procopius appellatur*). Il ne se permet pourtant pas de préciser, comme Clauser, l'origine ethnique de Procope dans le titre de son édition.

Si l'on compare les premières éditions imprimées, latines, grécolatines ou grecques, des œuvres exégétiques de Procope, on s'aperçoit que l'auteur est désigné sous une multitude d'appellations qui comportent le plus souvent l'indication « de Gaza » (*Gazaeus*). Dans l'édition Clauser sur l'Octateuque (sauf Ruth), les Règnes et les Parali-

---

[7] J. CURTERIUS (éd., trad.), *Procopii sophistae Christiani, variarum in Esaiam prophetam commentationum epitome*, Paris, 1580, p. β-γ ij, ici p. β iij (repris dans *PG* 87/2, col. 1803-1816, ici col. 1807-1808).

[8] C. CLAUSER (trad.), *Procopii Gazaei sophistae commentarii in Octateuchum*, Zürich, 1555, p. 1.

pomènes (Zürich, 1555), on relève tour à tour : *Procopii Gazaei sophistae* (sur la Genèse), *Procopii Christiani sophistae* (sur l'Exode), *Procopii Christiani oratoris* (sur le Lévitique), *Procopii Gazaei rhetoris* (sur les Nombres, le Deutéronome, Josué et les Juges), *Procopii Gazaei sophistae* (sur les Règnes et les Paralipomènes). L'édition Curterius sur Isaïe (Paris, 1580) se contente de traduire le titre grec : *Procopii sophistae Christiani* (Προκοπίου χριστιανοῦ σοφιστοῦ). Celle de Meursius sur les Règnes et les Paralipomènes (Leiden, 1620)[9] donne : *Procopii Gazaei sophistae* (Προκοπίου Γαζαίου σοφιστοῦ). L'édition Mai sur la Genèse (Rome, 1834)[10], sur les Proverbes et sur le Cantique des cantiques (Rome, 1837)[11] imprime Προκοπίου χριστιανοῦ σοφιστοῦ (pour Gn et Ct) et Προκοπίου χριστιανοῦ (pour Prov), mais porte dans le titre des volumes : *Procopii Gazaei*. Tous ces textes exégétiques ont été réunis, groupés avec les écrits sophistiques et rhétoriques de Procope de Gaza, et reproduits dans un volume tripartite de la *Patrologia Graeca* (Paris, 1860)[12] sous l'intitulé général : *Procopii Gazaei Cristiani rhetoris et hermeneutae, Opera quae reperiri potuerunt omnia*. Il est intéressant de noter que dans la réimpression par J.-P. Migne, l'intitulé des *Épitomés sur la Genèse, sur le Cantique* et *sur Isaïe* a été modifié de Προκοπίου χριστιανοῦ σοφιστοῦ en Προκοπίου Γαζαίου χριστιανοῦ σοφιστοῦ[13]. Est-ce à juste raison ?

Face à la diversité d'indications d'auteur dans les anciennes éditions de Procope, il est indispensable de recourir aux éditions critiques et, en leur absence, aux témoins manuscrits (antérieurs au XVIIe siècle) des *Épitomés* et chaînes de Procope, afin de savoir dans quelle mesure les appellations modernes reflètent leur intitulé grec original. Rappelons qu'en 1580 Curterius laissait entendre que le nom ethnique de Procope ne se lisait pas dans l'intitulé du manuscrit qu'il avait consulté de l'*Épitomé sur la Genèse*. Ceci se confirme par l'édition critique de ce texte, procurée par K. Metzler, qui retient la formule Προκοπίου χριστιανοῦ

---

[9] J. MEURSIUS (éd.), *Procopii Gazaei, in libros Regum et Paralipomenon scholia*, Leiden, 1620.

[10] A. MAI (éd.), *Classicorum auctorum e Vaticanis codicibus editorum*, vol. 6, Roma, 1834.

[11] A. MAI (éd.), *Classicorum auctorum e Vaticanis codicibus editorum*, vol. 9, Roma, 1837.

[12] J.-P. MIGNE (éd.), *Patrologiae cursus completus, series graeca*, vol. 87, Paris, 1860, 1865[2].

[13] Voir respectivement *PG* 87/1, col. 21 ; 87/2, col. 1545 et 1817.

σοφιστοῦ[14]. Quant à l'*Épitomé sur l'Exode*, récemment édité de manière critique[15], et ceux sur les autres livres de l'Octateuque, sauf celui de *Ruth* qui ne se trouve curieusement pas commenté, ils ne portent en réalité pas d'indication d'auteur, car ils font suite à l'*Épitomé sur la Genèse* et sont manifestement du même auteur, Procope le sophiste chrétien. Les *Scholies sur les Règnes* et *sur les Paralipomènes* font suite à l'*Épitomé sur l'Octateuque* et sont considérées comme une œuvre de Procope, mais elles n'ont pas non plus de nom d'auteur. De fait, après vérification du manuscrit utilisé par J. Meursius, le *Leiden, Universiteitsbibliotheek, BPG* 50 (milieu XVIe s.)[16], et de son modèle, le *Monacensis gr.* 358 (fin IXe s.), le plus ancien témoin des *Scholies*, il s'avère que la formule Προκοπίου Γαζαίου σοφιστοῦ qui est constamment employée dans l'édition princeps[17] se retrouve, non pas dans l'intitulé des *Scholies*, mais à la fin du colophon (Προκοπίου σοφιστοῦ Γαζαίου) et revient à un copiste byzantin[18]. En ce qui concerne l'*Épitomé sur Isaïe*, l'édition Curterius retient et traduit fidèlement l'indication d'auteur de son manuscrit, copié d'après le plus ancien témoin du texte, le *Marcianus gr. Z* 24 (IXe s.) : Προκοπίου χριστιανοῦ σοφιστοῦ (*Procopii sophistae*

---

[14] K. METZLER (éd.), *Prokop von Gaza, Eclogarum in libros historicos Veteris Testamenti epitome. Vol. 1 : Der Genesiskommentar*, Berlin – Boston, MA, 2015 (*GCS NF*, 22), p. 1.

[15] K. METZLER (éd.), *Prokop von Gaza, Eclogarum in libros historicos Veteris Testamenti epitome. Vol. 2 : Der Exoduskommentar*, Berlin – Boston, MA, 2020 (*GCS NF*, 27), p. 1.

[16] Pour une description, voir K. A. DE MEYÏER, E. HULSHOFF POL, *Bibliotheca Universitatis Leidensis. Codices manuscripti. VIII : Codices Bibliothecae Publicae Graeci*, Leiden, 1965, p. 71-72.

[17] MEURSIUS (éd.), *Procopii Gazaei, in libros* (n. 9), p. 2, 93, 170, 269, 334, 361.

[18] Voir respectivement *München, Bayerische Staatsbibliothek (BSB), Cod. gr.* 358, fol. 413r (εἰς τὰς βασιλείας), 448r (ἀρχὴ σὺν θεῷ σχολίων εἰς τὰς παραλειπομένας), 453r (Χριστῷ τελείῳ χάρις, Προκοπίου σοφιστοῦ Γαζαίου). Pour une description, voir F. PETIT, « Les fragments grecs du livre VI des *Questions sur la Genèse* de Philon d'Alexandrie », *Le Muséon*, 84 (1971), p. 93-150, ici p. 107-108 ; B. MONDRAIN, « Un nouveau manuscrit de Jean Chortasménos », *JÖB*, 40 (1990), p. 351-358 ; K. METZLER, introduction dans *Prokop von Gaza, Der Genesiskommentar*, Berlin, 2020 (*GCS NF*, 22), p. XLII-XLVI. Le manuscrit est facilement accessible grâce à sa numérisation : https://daten.digitale-sammlungen.de/~db/0010/bsb00109048/images/index.html.

Christiani)[19]. Les différentes chaînes manuscrites (ou recensions de la chaîne) sur les Proverbes attribuées à Procope portent en général l'indication Προκοπίου χριστιανοῦ σοφιστοῦ ou, rarement, Προκοπίου χριστιανοῦ[20]. La chaîne sur le Cantique des cantiques connue sous le nom de Procope, éditée par J.-M. Auwers, est également assignée à Προκοπίου χριστιανοῦ σοφιστοῦ[21]. Il en va de même pour la chaîne sur l'Ecclésiaste, éditée par S. Leanza[22].

De cette brève enquête, il ressort que l'intitulé original grec de tous les commentaires bibliques (Épitomés, scholies, chaînes) transmis sous le nom de Procope indique l'auteur d'une manière unique et constante : Προκοπίου χριστιανοῦ σοφιστοῦ, « de Procope le sophiste chrétien ». Cela forme un contraste frappant avec la variété d'appellations d'auteur constatée dans les éditions anciennes, ainsi qu'avec les éditions critiques qui impriment toutes dans leur page de titre le nom conventionnel « Procope de Gaza », en raison de l'identification communément admise des deux Procope. En réalité, la tradition manuscrite ne donne jamais, dans le titre des œuvres, l'origine géographique de notre Procope. À notre connaissance, ce n'est que dans la fin du colophon des deux codex byzantins contenant les commentaires sur l'Octateuque, Règnes et Paralipomènes que se lisent les mots Προκοπίου σοφιστοῦ Γαζαίου : le *Monacensis gr.* 358 (fin IXe s.), déjà mentionné, et l'*Athos, Koutloumousiou* 10 (XIe-XIIe s.)[23]. Cet élément a

---

[19] Pour un aperçu de la tradition manuscrite, de l'édition et de l'intitulé de ce texte, voir dans ce volume D. Zaganas, « L'*Épitomé sur Isaïe* de Procope : l'œuvre et son auteur », p. 249-268, ici p. 250-251.

[20] Voir par ex. M. Faulhaber, *Hohelied-, Proverbien- und Prediger-Catenen*, Wien, 1902 (Theologische Studien der Leo-Gesellschaft, 4), p. 95-101, et la contribution dans ce volume de M. Danezan, « Le nom de 'Procope' dans les chaînes aux Proverbes », p. 229-247. Pour une liste des manuscrits, auxquels il convient d'ajouter l'acéphale *Iviron* 676 (Lampros 4796), voir les données de la base Pinakes : https://pinakes.irht.cnrs.fr/notices/oeuvre/1235/.

[21] J.-M. Auwers (éd.), *Procopii Gazaei Epitome in Canticum canticorum*, Turnhout, 2011 (*CCSG*, 67), p. 5. L'absence de nom d'auteur, tout comme le titre très différent de l'ouvrage, dans les manuscrits dépendant de l'acéphale *Paris. gr.* 154 (« famille M », *ibid.*, p. LVI-LX) pourrait bien s'expliquer par le besoin de suppléer l'absence d'intitulé due à la lacune initiale.

[22] S. Leanza (éd.), *Procopii Gazaei catena in Ecclesiasten*, Turnhout, 1978 (*CCSG*, 4).

[23] Sur le manuscrit de Munich, voir *supra*, n. 18. Sur le *Koutloumousiou* 10, voir la description plus détaillée (dactylographiée) de F. Petit, « Koutloumous 10 », p. 2

précisément conduit les érudits, à partir du milieu du XVIe siècle, à ajouter le mot Γαζαίου, en latin *Gazaei* (« Gazéen » ou « de Gaza »), dans l'intitulé des écrits de Procope. En témoignent :

- Le titre d'une petite collection d'extraits de Procope que le moine Pachomios Rousanos (1508-1553) a compilée à partir du *Koutloumousiou* 10 lors de son séjour au Mont-Athos (entre 1536-1544)[24], ainsi que la référence laudative à Procope dans une *Lettre* de Rousanos (datant d'entre 1543-1547), suivie de la citation d'un extrait de l'*Épitomé sur la Genèse*[25].

(datée du 15 décembre 1959), qui est conservée dans la section grecque de l'IRHT à Paris. La notice a été numérisée et mise en accès libre : http://ideal.irht.cnrs.fr/document/818397. Après vérification du codex athonite, grâce à l'aide du bibliothécaire, il s'avère que les premiers mots du colophon (fol. 360v) sont indéchiffrables, mais probablement différents de ceux qu'on lit dans le *Monacensis gr.* 358 et de ce qu'a supposé F. Petit. Ajoutons l'indication d'auteur contenue dans un copieux catalogue d'ouvrages grecs accessibles au XIIIe siècle, qui est conservé dans le *Hierosolymitanus, Panagiou Taphou* 106 (XIIIe s.), ici fol. 7v, et a été édité par P. WENDLAND, *Alexandri Aphrodisiensis in librum Aristotelis De sensu commentarium*, Berlin, 1901 (Commentaria in Aristotelem Graeca, III.1), p. XV-XIX, ici p. XVII : εὑρίσκεται δὲ εἰς ὅλην τὴν παλαιὰν (*sc.* γραφὴν) συναγωγὴ Προκοπίου χριστιανοῦ Γάζης, ὡσαύτως καὶ εἰς τὸ τετραβασίλειον. En rapport avec les commentaires sur l'Octateuque et les Règnes, cette formule insolite pourrait être une bévue, car elle remplace σοφιστοῦ et non pas χριστιανοῦ par Γάζης. En outre, pour les ouvrages de Procope sur les Proverbes, l'Ecclésiaste et le Cantique, mentionnés quelques lignes plus haut, le catalogue retient la formule originale (*ibid.*, p. XVII : ἐξήγησις συνεπτυγμένη Προκοπίου χριστιανοῦ σοφιστοῦ).

[24] *Marcianus gr.* II 105 (XVIe s.), fol. 35r : Ἐκ τῆς εἰς τὴν Ὀκτάτευχον ἐπιτομῆς τῶν ἐκλογῶν Προκοπίου σοφιστοῦ τοῦ Γαζαίου. Sur la dépendance de Rousanos par rapport au manuscrit athonite et pour une liste des extraits, voir R. CEULEMANS, « A Post-Byzantine Reader of Prokopios of Gaza : Pachomios Rousanos in MS Venice, Marc. gr. II.105 [Diktyon 70267] », *Byzantine Review*, 2 (2020), p. 1-8. Cf. K. METZLER, introduction dans *Prokop von Gaza, Der Exoduskommentar*, Berlin, 2020 (*GCS NF*, 27), p. CXXII-CXXV.

[25] Pachomios Rousanos, *Lettre 2 à Denys hiéromoine*, éd. I. N. KARMIRIS, Ὁ Π. Ῥουσάνος καὶ τὰ ἀνέκδοτα δογματικὰ καὶ ἄλλα ἔργα αὐτοῦ, Athen, 1935 (Texte und Forschungen zur Byzantinisch-Neugriechischen Philologie, 14), p. 207.5-8 : οὐκ ἀμοιρήσομεν καὶ ἡμεῖς σοφιστὰς [...] τοὺς εἰς ἄκρον τήν τε θείαν Γραφὴν καὶ τοὺς ταύτην ἐξηγησαμένους θείους Πατέρας καλῶς ἐπισταμένους, οἷος ὁ Γαζαῖος Προκόπιος, σοφῶς τὰς εἰς τὴν Ὀκτάτευχον ἁπάντων ἐξηγήσεις εἰς ἓν ἐξυφάνας σύνταγμα (allusion à la préface de l'*Épitomé*). Pour la date, voir *ibid.*, p. 34. Il est intéressant de noter que le pas-

24 DIMITRIOS ZAGANAS

- La description du *Monacensis gr.* 358 dans la liste des manuscrits grecs mis en vente par Antoine Éparque (v. 1491-1571) à Venise en 1544, et acquis par la ville d'Augsbourg[26].

- L'usage fréquent du nom *Procopii Gazaei sophistae* dans les titres de la traduction latine des commentaires de Procope (Zürich, 1555) qui a été effectuée par C. Clauser principalement à partir du *Leiden, Universiteitsbibliotheek, BPG* 50, un apographe du *Monacensis gr.* 358.

- L'utilisation systématique de la formule Προκοπίου Γαζαίου σοφιστοῦ (*Procopii Gazaei sophistae*) dans l'édition gréco-latine des *Scholies sur les Règnes* et *sur les Paralipomènes* (Leiden, 1620), faite par J. Meursius à partir du manuscrit de Leiden.

Somme toute, les œuvres exégétiques que la tradition manuscrite attribue à Procope portent toutes dans leur titre original l'indication stéréotypée Προκοπίου χριστιανοῦ σοφιστοῦ, sans jamais préciser l'origine ethnique de l'auteur. Dans l'état actuel de nos connaissances, l'assimilation de notre Procope avec Procope de Gaza semble d'abord avoir été proposée par un copiste byzantin dans le colophon d'un manuscrit (vers la fin du ixe siècle ?), probablement en raison de leur homonymie ; elle fut ensuite adoptée sans examen, insérée dans le titre et généralisée par les lecteurs, éditeurs et traducteurs de Procope *à partir du milieu du xvie siècle*. Le terme Γαζαίου se révèle donc être une addition très tardive dans l'intitulé initial des commentaires de Procope, et ne peut, de ce fait, avoir aucune valeur documentaire.

2. Le silence de Choricius de Gaza et de Photius

Mais, objectera-t-on, l'absence d'indication géographique dans le titre des œuvres exégétiques de Procope n'implique pas forcément que leur auteur soit différent de son homonyme de Gaza. L'indication

sage de Procope cité par Rousanos, *ibid.*, p. 207.9–208.4 (= *PG* 87/1, col. 216C-217B ; éd. METZLER, *GCS NF* 22, p. 147.50–148.85) correspond exactement au deuxième extrait sur la Genèse du *Marcianus gr.* II 105, fol. 35r-v. Cf. CEULEMANS, « A Post-Byzantine Reader » (n. 24), p. 4.

[26] B. MONDRAIN, « Antoine Éparque et Augsbourg. Le catalogue de vente des manuscrits grecs acquis par la ville d'empire », *Bollettino della Badia greca di Grottaferrata* n.s., 47 (1993), p. 227-243, ici p. 232 : Προκοπίου Γαζαίου σοφιστοῦ βιβλίον θαυμάσιον, περιέχον ἐξήγησιν εἰς τὴν Γένεσιν, Ἔξοδον, [...] καὶ Παραλειπόμενα.

Προκοπίου χριστιανοῦ σοφιστοῦ a pu, à elle seule, faire penser au fameux rhéteur de Gaza, puisqu'on ne connaît pas d'autre auteur grec dénommé « Procope sophiste ». Il convient de signaler à ce propos que les lettres et les écrits rhétoriques et sophistiques de Procope de Gaza sont souvent assignés, dans les manuscrits, à « Procope » (Προκοπίου) ou à « Procope sophiste » (Προκοπίου σοφιστοῦ), au lieu de « Procope, sophiste de Gaza » (Προκοπίου σοφιστοῦ Γάζης). En 1580, Curterius mentionne par exemple l'existence des προγυμνάσματα rhétoriques, alors inédits, attribués à Procope le sophiste, qu'il était enclin de croire identique avec l'auteur des commentaires bibliques, car tout ce qui est publié sous son nom l'appelle constamment sophiste (*sophistam constanter appellent*)[27]. S'agit-il d'un auteur unique ou d'une simple homonymie ?

Afin de répondre à cette question, il faut d'abord réexaminer les anciens témoignages sur « Procope sophiste » et sur les œuvres profanes et sacrées connues sous ce nom[28]. Les principales sources externes disponibles sont l'*Éloge funèbre pour Procope* de son élève et successeur Choricius de Gaza[29] et la *Bibliothèque* de Photius[30]. Dans son *Éloge*, Choricius ne fait pas état des écrits de Procope de Gaza, mais de sa vie, de son activité professionnelle et de ses nombreuses qualités et vertus. Il y dépeint sa solide formation en rhétorique, sa carrière comme professeur de rhétorique et son rôle comme sophiste officiel de la ville de

---

[27] CURTERIUS (éd., trad.), *Procopii sophistae Christiani* (n. 7), p. β iij (= *PG* 87/2, col. 1807-1808).

[28] On prendra garde au fait que la liste (non exhaustive) des « *testimonia* » proposée par E. AMATO (éd.), *Procopius Gazaeus, Opuscula rhetorica et oratoria*, Berlin, 2009 (Bibliotheca Scriptorum Graecorum et Romanorum Teubneriana, 2004), p. 3-12, présuppose l'identification des deux Procope.

[29] Choricius de Gaza, *Éloge funèbre pour Procope*, éd. R. FOERSTER, E. RICHTSTEIG, *Choricii Gazaei Opera* VIII, Leipzig, 1929 (Bibliotheca Scriptorum Graecorum et Romanorum Teubneriana), p. 109-128. Pour une analyse, voir A. CORCELLA, « L'*Epitafio per Procopio* di Coricio. Qualche commento », dans *Strategie del commento ai testi greci e latini. Atti del Convegno (Fisciano, 16-18 novembre 2006)*, éd. P. ESPOSITO, P. VOLPE CACCIATORE, Soveria Mannelli, 2008, p. 153-178 ; D. WESTBERG, *Celebrating with Words. Studies in the Rhetorical Works of the Gaza School*, PhD diss., University of Uppsala, 2010, p. 101-115 ; C. GRECO, *Coricio di Gaza, Due orazioni funebri (orr. VII-VIII Foerster, Richtsteig)*, Alessandria, 2010 (Hellenica, 36), qui a proposé une nouvelle édition du texte, avec traduction en italien. Pour une traduction française, basée sur l'édition de J. F. BOISSONADE (Paris, 1846), voir H. CAFFIAUX, *Choricius de Gaza, Éloge funèbre de Procope*, Paris, 1862.

[30] Photius, *Bibliothèque* 160, éd. et trad. R. HENRY, t. 2, Paris, 1960, p. 122-123 ; *Bibliothèque* 206-207, éd. et trad. R. HENRY, t. 3, Paris, 1962, p. 104-105.

26   DIMITRIOS ZAGANAS

Gaza, poste qu'il a occupé jusqu'à la vieillesse. Il ne dit cependant rien des commentaires bibliques, ni ne laisse entendre que son maître ait consacré une (grande) part de son activité à la compilation d'exégèses patristiques. Au contraire, Choricius essaie de dissiper l'impression que Procope était ignorant du christianisme, en établissant un lien entre ses vertus morales et sa connaissance de l'Écriture :

> Peut-être quelqu'un entendant vanter tant de qualités excellentes conce-vra en lui-même cette pensée : « Cet homme, dira-t-il en parlant du défunt, ne s'appliqua jamais vraisemblablement aux saintes Écritures, en aurait-il eu le loisir, obligé qu'il était de se partager entre tant de vertueux devoirs ? » C'eût été le méconnaître que d'avoir ce soupçon : il avait, dans ce genre d'instruction, amassé des connaissances si pro-fondes, que, à l'exception de l'extérieur sacerdotal, tout en lui était d'un prêtre ; la doctrine des fidèles, les objections qui s'efforcent de la contre-dire, il avait tout appris : l'une pour la mettre en pratique, les autres pour les réfuter. Cependant cette science des divines études ne se montrait point en lui à la première vue : c'est un enseignement qu'il n'abordait pas uniquement pour en parler et en recommander aux autres l'usage, c'est par ses actes qu'il prouvait son pieux savoir[31].

Non sans exagération oratoire, Choricius nous apprend que l'illustre sophiste de Gaza possédait aussi une culture chrétienne et religieuse (καὶ ταύτης τῆς παιδείας) qui se manifestait, non pas tellement dans ses pa-roles, mais surtout dans ses actes : aider les orphelins et les veuves, lutter contre les plaisirs honteux, ramener les gens à la chasteté, manger fruga-lement, aider les pauvres et les malades, consoler les gens endeuillés[32]. En d'autres termes, Procope menait une vie conforme aux préceptes mo-raux du christianisme. Si Procope avait un goût prononcé pour l'inter-

---

[31] Choricius de Gaza, *Éloge funèbre pour Procope* 21-22, p. 117-118 : Τάχα τοίνυν τις τοσοῦτον πλῆθος κατορθωμάτων ἀκούσας τοιαύτην πρὸς ἑαυτὸν ἔννοιαν λήψεται· ἄνθρωπος οὗτος, τὸν τελευτήσαντα λέγων, οὐ πώποτε θείων, ὡς ἔοικεν, ἥψατο συγ-γραμμάτων. ποίαν γὰρ ἦγε σχολὴν τοσαύταις μεριζόμενος ἀρεταῖς; ταῦτα μὲν ἐκεῖνον ἄν τις ἀγνοῶν ὑπολάβοι· τῷ δὲ τοσοῦτον καὶ ταύτης προσῆν τῆς παιδείας, ὥστε πλὴν τοῦ σχήματος μόνου πάντα ἦν ἱερεύς. τά τε γὰρ δόγματα τῆς εὐσεβείας τά τε τούτοις ἀντιλέγειν ἐπιχειροῦντα, τὰ μὲν ὅπως ἐπιτηδεύσῃ μαθών, τὰ δὲ πρὸς ἔλεγχον ἐπιστάμενος, ἄμφω καλῶς ἐπαιδεύθη. οὐ μὴν ἐπεπόλαζε τῶν θείων αὐτῷ μαθημάτων ἡ γνῶσις. οὐ γὰρ ὅσον εἰπεῖν καὶ παραινέσαι τοῖς ἄλλοις ταύτην μέτῃει τὴν παίδευσιν, ἀλλὰ τοῖς ἔργοις ἀπεδείκνυ τὴν ἐπιστήμην (trad. CAFFIAUX, p. 10-11).

[32] Choricius de Gaza, *Éloge funèbre pour Procope* 22-25, p. 118-119.

prétation patristique des « divines Écritures » (θείων συγγραμμάτων), Choricius n'aurait sans doute pas manqué de le signaler à cette occasion.

Le silence de Choricius se double de celui de Photius. Dans la notice de la *Bibliothèque* dédiée à « Choricius, sophiste de Gaza »[33], Photius nous donne des informations sur son maître, Procope le rhéteur (de Gaza), qu'il distingue de l'historien Procope de Césarée (de Palestine), qualifié lui aussi de « rhéteur » :

> Il (*sc.* Choricius) fut l'élève de Procope le rhéteur, homme des plus distingués ; ce n'était pas celui de Césarée [...] Cet autre qu'il fréquenta avait obtenu une chaire de rhétorique dans la patrie même de Choricius ; parvenu à la vieillesse, il eut la joie de voir son disciple lui succéder à la tête de son école. De ce professeur, on cite nombre d'écrits divers, œuvre digne qu'on l'envie et qu'on l'imite ; il y a, notamment, tout un livre qui paraphrase des vers d'Homère dans une grande variété de formes ; c'est l'œuvre la plus propre à faire apparaître la force et l'expérience oratoires de l'écrivain. Tel est l'homme dont Choricius, dans la mesure où le peut un élève, s'est fait l'imitateur dans ses écrits[34].

À la différence de l'*Éloge* de Choricius, Photius parle brièvement des œuvres sophistiques et oratoires de Procope de Gaza, mais ne dit, comme Choricius, pas un seul mot des commentaires bibliques. De fait, l'expression λόγοι πολλοί τε καὶ παντοδαποί (« des discours [écrits] nombreux et divers ») ne semble désigner que les opuscules profanes de Procope[35], puisqu'elle est mise en rapport avec les paraphrases homériques de Procope, qui, selon Photius, révèlent le plus sa puissance et son expérience rhétoriques. Quelques lignes plus tôt, on trouve par ail-

---

[33] Pour une analyse, voir J. SCHAMP, *Photios historien des lettres. La* Bibliothèque *et ses notices biographiques*, Paris, 1987 (Bibliothèque de la Faculté de philosophie et lettres de l'université de Liège, 248), p. 451-459.

[34] Photius, *Bibliothèque* 160, éd. et trad. HENRY, p. 122-123 : Γέγονε δὲ μαθητὴς Προκοπίου ῥήτορος, ἑνὸς τῶν ἀρίστων, οὐ τοῦ Καισαρέως δέ [...]· ἑτέρῳ δέ τινι προσωμίλησεν ἐν τῇ αὐτῇ πατρίδι καὶ αὐτῷ λαχόντι σοφιστεύειν, ὃς καὶ εἰς γῆρας ἐλάσας, ἡδέως εἶχεν ὁρᾶν ἀνθ' ἑαυτοῦ τὸν ὁμιλητὴν τῆς σχολῆς ἐξηγούμενον. Τούτου λόγοι πολλοί τε καὶ παντοδαποὶ φέρονται, ἄξιον ζήλου καὶ μιμήσεως χρῆμα, καὶ δὴ καὶ βιβλίον ὅλον, στίχων Ὁμηρικῶν μεταφράσεις εἰς ποικίλας λόγων ἰδέας ἐκμεμορφωμέναι, αἳ μάλιστα τὴν τοῦ ἀνδρὸς περὶ ῥητορικὴν δύναμιν καὶ μελέτην ἱκαναὶ πεφύκασιν ἀπαγγέλλειν· οὗ τινος, ὥς ἐστι δυνατὸν μαθητῇ, Χορίκιος μιμητὴς κατὰ τοὺς λόγους γέγονεν.

[35] Contrairement à ce que pense AMATO, introd. dans *Procope de Gaza, Discours* (n. 3), p. XXX.

28 DIMITRIOS ZAGANAS

leurs l'expression similaire ποικίλα καὶ πολλὰ συγγράμματα (« des compositions diverses et nombreuses »), où l'adjectif ποικίλα signifie que les écrits rhétoriques de Choricius relèvent de genres littéraires différents : discours fictifs, panégyriques, monodies, épithalames, et ainsi de suite[36]. Il en allait de même pour Procope, comme en attestent ses écrits conservés : panégyriques, descriptions (ἐκφράσεις), *dialexeis*, éthopées, monodies. La valeur littéraire des « discours nombreux et divers » de Procope explique enfin, selon Photius, que Choricius se fit l'imitateur de son maître dans ses propres écrits sophistiques.

Ce qui est intéressant chez Photius, c'est qu'il a aussi connu des œuvres sacrées assignées à Procope. Dans deux autres notices, il dit respectivement avoir « lu de Procope le sophiste des leçons exégétiques sur l'Octateuque de l'Ancien Testament, sur les Règnes et les Paralipomènes » et « du même auteur actif [un commentaire] sur le prophète Isaïe »[37]. Photius ne fait cependant aucun rapprochement entre l'auteur de ces commentaires et le rhéteur de Gaza, ni ne juge nécessaire de les distinguer. Malgré leur homonymie, il traite Procope exégète comme n'ayant pas de rapport avec le maître de Choricius. Outre le fait que ses ouvrages appartiennent à un autre domaine littéraire, l'exégèse biblique, et sont, pour cette raison, présentés après les commentaires de Théodoret de Cyr, Photius estime qu'ils ne sont pas mauvais, mais laissent un peu à désirer par rapport à ceux de Théodoret. Le style du commentateur est qualifié à la fois de « travaillé jusqu'à l'excellence » et de « trop élégant pour l'exposé exégétique ». Cet accueil plutôt mitigé semble former un certain contraste avec « l'œuvre digne de susciter l'envie et l'imitation » que laissa Procope, sophiste de Gaza. Séparément présentés et diversement appréciés par Photius, les corpus rhétorique et exégétique ont-ils peut-être été produits par deux auteurs différents du nom de Procope ?

3. L'activité du sophiste de Gaza

Le silence de Choricius et de Photius sur une éventuelle production exégétique du Gazéen ne semble pas être une omission accidentelle ou

---

[36] Photius, *Bibliothèque* 160, éd. et trad. HENRY, p. 122.

[37] Photius, *Bibliothèque* 206 et 207, éd. et trad. (modifiée) HENRY, p. 104 et 105 : Ἀνεγνώσθη Προκοπίου σοφιστοῦ ἐξηγητικαὶ σχολαὶ εἴς τε τὴν Ὀκτάτευχον τῶν παλαιῶν γραμμάτων καὶ εἰς τὰς Βασιλείας καὶ δὴ καὶ τὰ Παραλειπόμενα. [...] Ἀνέγνων τοῦ αὐτοῦ φιλοπόνου ἀνδρὸς εἰς τὸν προφήτην Ἡσαΐαν.

volontaire. Malgré sa culture chrétienne, Procope s'était consacré et excellait dans un tout autre domaine d'activité et de savoir : l'exercice et l'enseignement de l'art rhétorique. Dans l'*Éloge funèbre*, Choricius fournit une description de l'œuvre d'un vrai sophiste comme son maître :

> Deux choses sont la pierre de touche du talent d'un sophiste : d'abord émerveiller les théâtres par l'harmonie et la beauté de ses paroles, ensuite initier les jeunes gens aux mérites mystérieux des Anciens. Ceux-ci en effet, soit pour se conformer à un vieux proverbe (le beau est difficile), soit parce qu'ils voulaient que les profanes n'entendissent rien à la plus grande partie de leurs œuvres, soit enfin parce qu'ils connaissaient la nature humaine qui n'admire pas ce qui s'est fait sans peine et honore la perfection qui résulte d'un certain effort, les Anciens, dis-je, pour l'une de ces raisons, ou peut-être à cause de toutes, n'ont pas rendu accessibles à tout le monde les produits de leur art, et, comme l'on dit, tout homme ne peut faire cette traversée. Mais Procope, par la puissance de sa nature et le soin apporté à ses travaux, comme s'il fût venu en aide à chaque auteur pour l'élaboration de chacune de leurs œuvres, mettait tout en lumière avec une merveilleuse exactitude. Voilà pour l'exposition orale ; mais en écoutant les productions de ses élèves, quel était-il ? Un mot étranger à l'atticisme ne le trompa jamais, ni une pensée s'écartant du but du discours, ni une syllabe conspirant contre le rythme, ni un arrangement de mots contraire à celui que réclame l'oreille. [...] Mais lorsqu'il allait au théâtre en y portant ses propres productions – et il le faisait souvent pour inspirer aux jeunes gens l'amour des lettres – il subjuguait la foule compacte qui l'écoutait, et enchantait encore ceux qui se pressaient autour de l'assemblée. Aussi cette sirène du tombeau d'Isocrate qui annonce que ce rhéteur charmait toutes les oreilles, il conviendrait qu'elle fût élevée sur ce tombeau[38].

---

[38] Choricius de Gaza, *Éloge funèbre pour Procope* 7-8, p. 111-112 : δύο γὰρ ὄντων, οἷς ἀρετὴ βασανίζεται σοφιστοῦ, τοῦ τε καταπλήττειν τὰ θέατρα συνέσει λόγων καὶ κάλλει τοῦ τε τοὺς νέους μυσταγωγεῖν τοῖς τῶν ἀρχαίων ὀργίοις, – ἐκεῖνοι γὰρ εἴτε τὴν παλαιὰν διασώζοντες παροιμίαν – χαλεπὰ γάρ φησι τὰ καλά – εἴτε τὴν πολλὴν ἀκοὴν ἀμύητον εἶναι τῶν οἰκείων βουλόμενοι συγγραμμάτων εἴτε τὴν ἀνθρωπείαν ἐπιστάμενοι φύσιν τὸ μὲν εὐκόλως ἀνυόμενον οὐ θαυμάζουσαν, τιμῶσαν δὲ τὸ πόνῳ τινὶ κατορθούμενον ἐκεῖνοι τοίνυν ἕν τι τῶν εἰρημένων ἢ καὶ σύμπαντα ταῦτα σκοπήσαντες οὐ πᾶσι βασίμους τὰς οἰκείας προὔθηκαν τέχνας οὐδὲ παντὸς ἀνδρός, τὸ λεγόμενον, οὗτός ἐστιν ὁ πλοῦς, ὁ δὲ φύσεώς τε ῥώμῃ καὶ πόνων ἐπιμελείᾳ καθάπερ ἑκάστῳ συνεσκεμμένος ὅσα πεποίηκεν ἕκαστος, οὕτω σὺν ἀκριβείᾳ τὰ πάντων ἦγεν εἰς φῶς. τὰ μὲν δὴ λεχθέντα τοιοῦτος, πρὸς δὲ τὴν τῶν νέων ἀκρόασιν ποῖός τις; οὐ λέξις αὐτὸν ἐλάνθανεν ἀλλοτρία τῆς Ἀττικῆς, οὐ

Selon Choricius, le but principal du sophiste est, d'une part, d'enchanter et de captiver le public par l'intelligence et la beauté de ses paroles. En effet, Procope en tant que rhéteur officiel de la ville de Gaza[39] ne cessait pas de composer et de prononcer des discours lors des multiples occasions[40], comme par exemple l'arrivée à Gaza d'une image de l'empereur Anastase Ier, le passage du stratélate Asiaticos, la fête locale appelée « le jour des roses », l'inauguration d'une horloge publique, le mariage, l'anniversaire ou la mort d'un de ses concitoyens. Pour gagner de nouveaux élèves, il donnait par ailleurs souvent des échantillons de son art oratoire en des séances publiques. Car Procope était, d'autre part, voué à l'enseignement de la rhétorique, qui consistait à initier les adolescents aux « mystères » des auteurs anciens. Pour ce faire, Procope était armé d'une connaissance approfondie des textes classiques et d'une maîtrise parfaite des qualités d'expression propres aux grands orateurs et écrivains attiques. C'est probablement pour un usage scolaire que Procope avait, en outre, composé des éthopées ainsi qu'« un livre entier de paraphrases des vers homériques ». La double activité de Procope est plus loin confirmée par Choricius, lorsqu'il invite ses auditeurs à se représenter par l'imagination le défunt « tantôt nourrissant de ses préceptes le troupeau de ses jeunes disciples, tantôt réunissant toutes les classes des citoyens avides de l'écouter, tantôt s'avançant sur l'agora pour y développer ses savantes leçons »[41].

νόημα πόρρω πλανώμενον τοῦ σκοποῦ, οὐ συλλαβή τις ἐπιβουλεύουσα τῷ ῥυθμῷ, οὐ συνθήκη τὴν ἐναντίαν ἔχουσα τάξιν τῆς εὐφραινούσης τὰ ὦτα. [...] ἀλλὰ μὴν ἡνίκα τὰς οἰκείας γονὰς εἰς θέατρον ἤρχετο φέρων, ἐποίει δὲ τοῦτο πολλάκις εἰς ἔρωτα λόγων ἐγείρων τοὺς νέους, λογάδα τε πᾶσαν ἐξέπληττεν ἀκοὴν καὶ τοὺς τὸν σύλλογον περιεστῶτας ἐκήλει, ὥστε τὴν Ἰσοκράτους ἐν τῷ τάφῳ Σειρῆνα δηλοῦσαν, ὡς ἔθελγε πάντας ὁ ῥήτωρ, ἔχειν αὐτοῦ προσήκει τὸ μνῆμα (trad. Caffiaux, p. 7, légèrement modifiée).

[39] Voir par ex. l'aveu dans Procope de Gaza, *Panégyrique pour l'empereur Anastase* 1, éd. E. Amato, Paris, 2014, p. 283 : κοινῇ πάντες ψήφῳ τῇ τοῦ ῥήτορος ἀρκοῦνται φωνῇ· ὁ γὰρ ὑπὲρ πόλεως προβεβλημένος τῷ λόγῳ μιᾷ γλώττῃ τὰς ἁπάντων ὑποκρίνεται γνώμας.

[40] Cela fut la tâche ordinaire du sophiste, comme l'affirme de manière sarcastique l'avocat Mégéthios dans une *Lettre* adressée à Procope (éd. Amato, *Procopius Gazaeus, Opuscula* [n. 28], p. 127) : Τοὺς σοφιστάς, οἷα δὴ βίον τοὺς λόγους πεποιημένους, λάλους ὄντας ἐπίσταμαι. οὐδὲν οὖν αὐτοὺς ἵστησι φλυαροῦντας κτλ.

[41] Choricius de Gaza, *Éloge funèbre pour Procope* 31, p. 121 : ἀναπλάττετε γάρ, οἶμαι, τῇ διανοίᾳ τὸν ἀδελφὸν (*sc.* Προκόπιον) νῦν μὲν τὸ τῶν νέων βόσκοντα ποίμνιον, νῦν δὲ συλλέγοντα πρὸς ἀκρόασιν τὰ τέλη τῶν πολιτῶν, νῦν δὲ τὰς ἐπιδείξεις ποιούμενον εἰς ἀγορὰν προϊόντα (trad. Caffiaux, p. 13).

Que Procope de Gaza était chargé (uniquement) de l'enseignement de l'art oratoire, c'est-à-dire de la littérature grecque païenne, et non pas de l'enseignement ou de l'interprétation (publique ou privée) de la Bible[42], apparaît plus clairement dans le *Second éloge de Marcien*, où Choricius distingue entre les éducations (παίδευσις) profane et chrétienne acquises par l'évêque Marcien. Après la formation de base, assurée par un γραμματικός, le jeune Marcien avait fait ses études de rhétorique avec Procope, « le coryphée des choreutes d'Hermès, qui par l'abondance de ses discours et par sa conduite régulière était le premier parmi ceux qui exerçaient la même profession »[43]. Marcien avait ensuite reçu une bonne formation religieuse auprès de son oncle qui était évêque et naturellement « rempli de cette culture » (γέμοντος [...] παιδείας τοιαύτης). Selon Choricius, « chacune de ces éducations était nécessaire, l'une procurant l'éloquence, l'autre étant utile à l'âme, afin que Marcien devienne savant dans les saintes Écritures et puisse les interpréter aux autres d'une manière facile à comprendre »[44].

4. Un auteur païen converti ?

Procope était fort versé dans la littérature païenne, comme en témoignent les écrits sophistiques et oratoires que nous avons conservés, qui fourmillent de références, d'allusions et d'emprunts à la poésie, la mythologie et l'histoire grecques[45]. On y rencontre, entre autres, de

[42] Y. Ashkenazi, « Sophists and Priests in Late Antique Gaza according to Choricius the Rhetor », dans *Christian Gaza in Late Antiquity*, éd. B. Bitton-Ashkelony, A. Kofsky, Leiden, 2004 (Jerusalem Studies in Religion and Culture, 3), p. 195-208, ici p. 200, suppose gratuitement le contraire.

[43] Choricius de Gaza, *Second éloge de Marcien* 7, éd. Foerster, Richtsteig, *Choricii Gazaei Opera* (n. 29), II, p. 29-30 : τεκοῦσα τοίνυν ἡ πόλις [...] τῷ κορυφαίῳ παρεδίδου τῶν Ἑρμοῦ χορευτῶν πλήθει τε λόγων καὶ τρόπῳ καθεστηκότι τὰ πρῶτα φέροντι τῶν ὁμοτέχνων.

[44] Choricius de Gaza, *Second éloge de Marcien* 9, p. 30 : ἔδει δὲ ἑκατέρας παιδεύσεως, τῆς μὲν εὐγλωττίαν χαριζομένης, τῆς δὲ τὴν ψυχὴν ὠφελούσης, ὅπως ἐπιστήμων τε γένοιο (sc. Μαρκιανέ) τῶν ἱερῶν συγγραμμάτων καὶ δυνήσῃ τοῖς ἄλλοις εὐμαθέστερον ἑρμηνεύειν. Cf. la distinction entre la culture grecque, assurée par des sophistes célèbres, et celle des lettres sacrées, à travers l'étude des livres d'Origène, qu'avaient acquises Basile de Césarée et Grégoire de Nazianze, selon Socrate de Constantinople, *Histoire ecclésiastique* IV, 26, 5-8, *SC* 505, p. 108-110.

[45] Pour s'en apercevoir, il suffit de se reporter aux *Indices* de l'édition Garzya, Loenertz des *Lettres* (voir n. 46, p. 103-110) et des éditions Amato des *Discours*

nombreuses références aux divinités grecques, ainsi que les interjections « ô Zeus » (ὦ Ζεῦ), « par Zeus » (μὰ Δία) et, plus rarement, « par les dieux » (μὰ τοὺς θεούς). Si ces éléments peuvent être considérés comme une convention ou une habitude purement littéraires, le fait que dans ses *Lettres* Procope formule des prières ou des vœux (εὐχή) adressés à « un des dieux » grecs, à « Zeus et les autres dieux » ou à « Tyché »[46], semble permettre le doute sur son adhésion effective et entière à la foi chrétienne. Mais, rappelons-le, ce qui a d'ordinaire suscité l'étonnement et la perplexité dans les écrits sophistiques, c'est l'absence de toute référence et allusion au christianisme[47] et notamment à l'Écriture sainte, à laquelle est consacrée la majeure partie de ce que les savants ont unani-

(Berlin, 2009 [n. 28], p. 137-140 ; Paris, 2014 [n. 3], p. 599-604) de Procope. Pour l'influence de la poésie tragique, voir G. Matino, « Lessico ed immagini teatrali in Procopio di Gaza », dans *Approches de la Troisième Sophistique. Hommages à Jacques Schamp*, éd. E. Amato *et al.*, Bruxelles, 2006 (Latomus, 296), p. 482-494. Pour les sources d'inspiration dans le *Panégyrique d'Anastase*, voir C. Kempen, *Procopii Gazaei in imperatorem Anastasium panegyricus*, Bonn, 1918, p. 18-37 ; M. Min-niti-Colonna, « Prolegomena a una nuova edizione del *Panegirico per l'imperatore Anastasio* di Procopio di Gaza », dans *Antidôron. Hommage à Maurits Geerard pour célébrer l'achèvement de la* Clavis Patrum Graecorum, éd. J. Noret, Wetteren, 1984, p. 89-99, ici p. 93-96.

[46] Procope de Gaza, *Lettres* 4, éd. A. Garzya, R.-J. Loenertz, *Procopii Gazaei epistolae et declamationes*, Ettal, 1963 (Studia patristica et Byzantina, 9), p. 5 : ἀλλ' εἴθε γάρ τις θεῶν εὐμενὴς ἡμῖν γένοιτο καί σε θᾶττον ὡς ἡμᾶς αὖθις ἐνέγκοι ; 42, p. 26 : ὑμῶν δὲ νυνὶ προστεθέντων τῷ νέῳ εὔξομαι δικαίαν εὐχήν· Ζεῦ ἄλλοι τε θεοί, δυναίμην τι μεῖζον ἢ πρότερον, καὶ ὄναιτο Μέγας ἡμῶν ὁπόσον ὁ κηδόμενος βούλεται ; 63, p. 35-36 : ηὐχόμην δὲ καὶ τῇ Τύχῃ δύνασθαί μέ ποτε πρέπουσαν ὑμῖν ἀνταποδοῦναι τὴν χάριν ; 68, p. 37.

[47] Contrairement à ce que pensent les critiques, certains éléments religieux qu'on relève dans les *Lettres* de Procope, tels l'expression τὸ κρεῖττον pour qualifier Dieu ou les références à la πρόνοια divine, ne sont pas forcément chrétiens. Ainsi par exemple Aly, « Prokopios von Gaza » (n. 5), col. 265-266, suivi par G. Matino, *Procopio di Gaza, Panegirico per l'imperatore Anastasio. Introduzione, testo critico, traduzione e commentario*, Napoli, 2005 (Quaderni dell'Accademia Pontaniana, 41), p. 14-15. Il semble en outre impossible, pour les œuvres rhétoriques, de prendre les éléments païens comme des allégories chrétiennes sans devoir sortir les propos de Procope de leur contexte et les « christianiser », voire les déformer. Je pense notamment à l'article tendancieux d'E. Amato, « *Discours figuré et allégorie chrétienne dans l'œuvre 'profane' de Procope de Gaza. Vin eucharistique et* Doctrina arcani », dans *Allégorie et symbole, voies de dissidence ? De l'Antiquité à la Renaissance*, éd. A. Rolet, Rennes, 2012, p. 209-225, repris pour l'essentiel dans *Procope de Gaza, Discours* (n. 3), p. 27-39.

mement cru être l'œuvre de Procope de Gaza, en raison de son identification avec « Procope le sophiste chrétien ». Or, comme nous l'avons montré, cette assimilation est tardive, ne trouve pas d'appui dans les témoins anciens, ni ne paraît compatible avec l'activité professionnelle et la production littéraire correspondante du rhéteur de Gaza, telles qu'elles nous sont connues.

Pourrait-on, pour sortir de l'embarras, conjecturer que Procope était à l'origine un sophiste païen qui, une fois converti au christianisme, s'est livré à la compilation des commentaires bibliques ? C'est l'hypothèse émise en 1829 par B. G. Niebuhr[48], éditeur du *Panégyrique d'Anastase Ier*, pour expliquer le caractère païen de ce discours adressé à un empereur chrétien. Mais cette solution a été écartée par la plupart des chercheurs[49], parce que Choricius et Photius traitent Procope de chrétien (εὐσεβής), non pas de païen converti. En effet, Choricius affirme, nous l'avons vu, que Procope avait bien appris les croyances chrétiennes (τὰ δόγματα τῆς εὐσεβείας) pour les mettre en application, c'est-à-dire pour pratiquer la morale chrétienne, car « c'est par ses actes qu'il prouvait son pieux savoir ». Doit-on conclure que Procope menait une vie chrétienne exemplaire, celle d'un prêtre laïc selon Choricius, mais s'exprimait toujours comme un païen, par fidélité à la tradition littéraire grecque ? Autrement dit, qu'il était un chrétien déguisé en païen ? Ou que son adhésion au christianisme n'était pas entière ?

Quoi qu'il en soit, rien n'autorise à penser que le chef d'école de la rhétorique à Gaza s'est converti, à un moment donné de sa vie, en arrangeur d'exégèses patristiques. De fait, selon Choricius, son biographe et successeur, Procope a déployé une activité sophistique ininterrompue et infatigable, depuis sa jeunesse jusqu'à la vieillesse, lorsqu'il s'est enfin retiré de la scène publique.

> Pour moi, le voyant déjà courbé par la vieillesse, je faisais en moi-même le vœu que formule Agamemnon pour le roi de Pylos : il souhaitait qu'un

---

[48] B. G. Niebuhr, introduction dans *Dexippi, Eunapii, Petri Patricii, Prisci, Malchi, Menandri historiarum quae supersunt*, Bonn, 1829 (Corpus Scriptorum Historiae Byzantinae), p. xxxiii-xxxiv.

[49] À notre connaissance, seul L. Previale, « Teoria e prassi del panegirico bizantino », *Emerita*, 17 (1949), p. 72-105, ici p. 88, a repris cette hypothèse, tandis que d'autres, comme G. A. Kennedy, *Greek Rhetoric under Christian Emperors*, Princeton, NJ, 1983 (A History of Rhetoric, 3), p. 172, l'ont envisagée mais non retenue. Amato, « Discours figuré et allégorie chrétienne » (n. 47), s'est efforcé quant à lui de créer, voire d'inventer, un lien entre les œuvres sophistiques et le christianisme.

34 DIMITRIOS ZAGANAS

jeune homme eût la vieillesse de Nestor et que celui-ci reçût en échange les belles années de la jeunesse, voilà ce qu'Agamemnon désire pour Nestor en lui voyant l'activité du jeune âge ; le fils de Tydée au contraire s'étonne de le voir se fatiguer sans relâche ; jeune guerrier, il reproche cet excès d'ardeur au vieillard : « Tu es sottement dur à toi-même, vieillard, dit-il, toi qui ne mets jamais un terme à tes fatigues » (*Iliade* K 164). Je me rappelle lui avoir souvent tenu ce langage, ou plutôt une partie de ce langage...[50].

Le même passage homérique est cité par Choricius dans une *Dialexis* composée du vivant de Procope, en réponse à ceux qui reprochaient à son maître de ne plus participer aux assemblées publiques de la ville de Gaza[51]. La raison pour laquelle Procope ne s'exhibait plus en public était double : 1) parvenu à la vieillesse, il jugea bon de vivre dans la tranquillité (ἐν γήρᾳ καλὸν ἡσυχία) ; 2) il céda sa place aux jeunes, en particulier à son disciple Choricius qui lui succéda dans la chaire de rhétorique. Selon ce dernier, Procope n'a pas eu une longue vieillesse ; il a atteint l'âge de Démosthène (62/63 ans)[52]. Ces informations de première main interdisent évidemment de supposer que, vers la fin de sa vie, il a abandonné son activité rhétorique pour entreprendre un travail littéraire de très longue haleine et de nature profondément différente, comme les compilations exégétiques transmises sous le nom de Procope le sophiste chrétien[53].

---

[50] Choricius de Gaza, *Éloge funèbre pour Procope* 17, p. 115-116 : ἐγὼ δὲ πρὸς ἐμαυτόν, ὡς ἑώρων ἤδη κεκυφότα τῷ γήρᾳ, τὴν Ἀγαμέμνονος ἐποιούμην εὐχήν, ἣν ὑπὲρ τοῦ Πυλίου ἐκεῖνος πεποίηται τὴν Νέστορος μὲν πολιὰν ἕτερόν τινα νέον εὐχόμενος ἔχειν, μεταλαβεῖν δὲ τὸν Πύλιον τῆς ἥβης τοῦ νέου. ταῦτα μὲν Ἀγαμέμνων εὔχεται Νέστορι νεάζοντα τῇ σπουδῇ θεασάμενος, ὁ δὲ Τυδέως τὴν ἀπληστίαν αὐτοῦ θαυμάζει τῶν πόνων, ὥστε καὶ ὀνειδίζει προθυμίας ὑπερβολὴν ὁ νέος τῷ γέροντι *σχέτλιος, λέγων, ἐσσί, γεραιέ. σὺ μὲν πόνου οὔποτε λήγεις.* τοῦτο τὸ ἔπος οἶδα πολλάκις πρὸς ἐκεῖνον εἰπών, μᾶλλον δὲ μέρος τοῦ ἔπους κτλ. (trad. CAFFIAUX, p. 9).

[51] Choricius de Gaza, *Dialexis* 6, éd. FOERSTER, RICHTSTEIG, *Choricii Gazaei Opera* (n. 29), XI, p. 151 : Διάλεξις αἰσθομένη τινῶν τὸν θεσπέσιόν μου διδάσκαλον μεμφομένων μὴ παραβάλλοντα ταῖς δημοσίαις τῶν λόγων συνόδοις δείκνυσιν, ὡς ἐν γήρᾳ καλὸν ἡσυχία.

[52] Choricius de Gaza, *Éloge funèbre pour Procope* 26, p. 119 (οὗτος μηδέπω σφόδρα γηράσας ἀπῆλθεν) ; 46, p. 126 (ἀλλὰ μὴν τοσαύτην βεβίωκεν ἡλικίαν ὥστε μήτε γήρως ἄμοιρος εἶναι μήτε τὴν ἐπομένην τοῖς σφόδρα πρεσβύταις ἀναμεῖναι ταλαιπωρίαν) ; 49, p. 127 (ἀπῆλθε καὶ Δημοσθένης τὴν αὐτὴν τῷ τεθνεῶτι βεβιωκὼς ἡλικίαν).

[53] Voir A. SEVESTRE, « Procope de Gaza », dans *Dictionnaire de patrologie*, éd. J.-P. MIGNE, t. 4, Paris, 1855 (Nouvelle encyclopédie théologique, 23), col. 768-

5. Ou deux écrivains homonymes ?

L'identification des deux « Procope sophistes » se heurte déjà à plusieurs obstacles : l'absence de nom ethnique dans le titre des commentaires bibliques, le silence de Choricius et de Photius à propos d'une éventuelle activité compilatoire, la biographie du sophiste de Gaza ainsi que la nette opposition des œuvres rhétoriques et exégétiques. Au lieu d'imaginer une conversion radicale du Gazéen au christianisme ou d'admettre paradoxalement la cohabitation chez lui des deux âmes opposées, une païenne et une chrétienne, qui ont toujours vécu isolées l'une de l'autre[54], ne serait-il pas plus raisonnable de penser qu'il s'agit de deux écrivains homonymes ? On se rappelle que Photius distinguait entre deux auteurs dénommés « Procope rhéteurs », l'un sophiste de Gaza et maître de Choricius, l'autre historien de Césarée de Palestine. Le nom de Procope était sans doute assez répandu aux ve-vi^e siècles, même à Gaza où l'on relève par exemple vers 518 Procope évêque de Maiuma, la cité portuaire de Gaza[55]. Il est donc fort possible qu'on ait affaire à une homonymie et que l'épithète « sophiste chrétien » dénote un auteur différent par rapport au sophiste de Gaza qui était connu pour ses écrits non chrétiens.

Si tel est le cas, l'œuvre conservée de Procope de Gaza se réduit immédiatement à une quinzaine des pièces rhétoriques et sophistiques, la plupart assez courtes, et à une collection des 169 lettres[56]. Mais ce qui

---

772, ici col. 768, et l'hypothèse en partie semblable d'ALY, « Prokopios von Gaza » (n. 5), col. 269, répétée par A. M. RITTER, « Prokop von Gaza », dans *Die Philosophie der Antike, Vol. 5/1-3 : Philosophie der Kaiserzeit und der Spätantike*, éd. C. RIEDWEG, C. HORN, D. WYRWA, Basel, 2018 (Grundriss der Geschichte der Philosophie), vol. 5/3, p. 2206-2211, ici p. 2210.

[54] Ainsi par ex. MATINO, *Procopio di Gaza, Panegirico* (n. 47), p. 14, suivie par AMATO, « Discours figuré et allégorie chrétienne » (n. 47), p. 212, qui attribue, par ailleurs, erronément à Procope une référence mythologique de l'*Épitomé sur Isaïe*, *PG* 87/2, col. 2137D. Cette référence revient à Cyrille d'Alexandrie, *In Isaiam prophetam*, *PG* 70, col. 440D, auquel puise l'auteur de l'*Épitomé*.

[55] Procope de Maiuma signe, contre Sévère d'Antioche, la *Lettre de Jean de Jérusalem à Jean de Constantinople*, éd. E. SCHWARTZ, Berlin, 1940 (*ACO*, 3), p. 77-80, ici p. 79.36-37. Deux autres évêques signataires portent le même nom.

[56] La correspondance de Procope n'a pas encore fait l'objet d'une étude approfondie. Voir l'introduction de F. CICCOLELLA (« Le *Epistole* ») dans *Rose di Gaza. Gli scritti retorico-sofistici e le* Epistole *di Procopio di Gaza*, éd. E. AMATO, Alessandria, 2010 (Hellenica, 35), p. 120-150, et la notice de D. WESTBERG, « The Letter Col-

est le plus important, c'est que toutes les certitudes de la recherche sur l'auteur des *Épitomés* et des chaînes exégétiques s'effondrent ou, plus précisément, se transforment en incertitudes. S'il n'est pas identique avec le célèbre rhéteur de Gaza qui a vécu à la fin du Vᵉ et au début du VIᵉ siècles, comme on l'a communément supposé, alors de quel Procope s'agit-il ? Quelle est son origine géographique ? De quand date son entreprise compilatoire ? Quelle est la place de cette dernière dans la transmission de l'interprétation patristique ? En somme, l'histoire de cet auteur serait à récrire à neuf et son œuvre exégétique à réévaluer.

On l'a compris, distinguer le compilateur du sophiste de Gaza représente un enjeu important pour l'étude des compilations exégétiques assignées à Procope. Avant d'abandonner les repères « traditionnels », ceux fournis par l'assimilation des deux Procope, pour nager dans une mer d'incertitudes, il faut s'assurer que cela vaille la peine. *Entia non sunt multiplicanda sine necessitate.* Nous avons auparavant exposé de bonnes raisons de mettre en doute l'hypothèse de l'unité d'auteur. Toutes ces raisons sont d'ordre négatif, c'est-à-dire liées à l'absence de tel élément, au silence de tel témoin ancien, au manque de cohérence avec les données biographiques, et à l'antinomie entre les deux corpus littéraires. Existe-t-il aussi des arguments positifs, voire des indices montrant que les commentaires bibliques sont d'un auteur autre que le Gazéen ? Pour y répondre, il convient d'interroger les textes eux-mêmes de Procope le sophiste chrétien ou, plus correctement, les pièces qui les composent.

6. Nouvelle datation de l'*Épitomé sur la Genèse*

Généralement admis comme étant l'œuvre de Procope de Gaza (mort vers 528), les *Épitomés* et les chaînes de Procope sur l'Ancien Testament ont été naturellement placés au premier quart du VIᵉ siècle, c'est-à-dire quelques décennies après les derniers grands exégètes d'Alexandrie et d'Antioche. Cette datation ne semble jamais avoir fait de doute pour les savants, ce qui peut, à notre avis, s'expliquer par plusieurs faits : 1) l'écrasante majorité des écrits patristiques exploités par le compilateur sont antérieurs au milieu du Vᵉ siècle – Cyrille d'Alexandrie (mort en 444)

---

lection of Procopius of Gaza », dans *Late Antique Letter Collections. A Critical Introduction and Reference Guide*, éd. C. Sogno *et al.*, Oakland, CA, 2017, p. 394-417.

et peut-être Théodoret de Cyr (mort vers 458)[57] apparaissant comme les auteurs cités les plus récents –, ce qui est tout à fait compatible avec la période d'activité du sophiste de Gaza ; 2) depuis longtemps tenue pour établie, l'assimilation des deux Procope n'a pas permis d'envisager comme possible l'utilisation des sources contemporaines ou même postérieures au Gazéen ; 3) le texte grec du commentaire de Procope sur l'Octateuque n'a pas encore été édité dans son intégralité ; 4) le repérage des sources de Procope n'a été effectué de manière détaillée que pour les œuvres bénéficiant d'une édition critique[58] ; 5) l'état fragmentaire de notre documentation ne permet toujours pas de préciser l'origine de nombreux extraits amalgamés des *Épitomés*.

Au contraire, croyant avoir affaire à un compilateur et caténiste[59] aussi ancien, plusieurs chercheurs ont associé le sophiste de Gaza avec l'origine des chaînes exégétiques et vice-versa. Or les travaux de F. Petit sur la chaîne grecque sur la Genèse ont fait apparaître un parallélisme assez important entre le fonds primitif de cette chaîne anonyme et l'*Épitomé sur la Genèse* de Procope, ce qui pourrait faire penser à l'existence

---

[57] Il n'est pas certain que Procope ait puisé aux commentaires de l'évêque de Cyr. De fait, aucun extrait de Théodoret n'a été repéré dans les *Épitomés sur l'Octateuque* et *sur Isaïe*. L'unique fragment de lui explicitement cité dans l'*Épitomé sur le Cantique* (fragment 29, éd. Auwers, *CCSG* 67, p. 32) pourrait bien être le résultat d'une contamination, selon M.-G. Guérard, « Procope de Gaza, *Épitomé sur le Cantique des cantiques. Les trois plus anciens témoins, Paris. gr.* 153, 154, 172 », *Byzantion*, 73 (2003), p. 9-59, ici p. 27. Par contre, les *Scholies sur les Règnes* et *les Paralipomènes* sont implicitement axées sur les *Questions et réponses* de Théodoret, ce qui laisse planer un doute sur leur authenticité. Pour les Règnes, voir F. Petit, *Autour de Théodoret de Cyr. La* Collectio Coisliniana *sur les derniers livres de l'Octateuque et sur les Règnes. Le* Commentaire sur les Règnes *de Procope de Gaza*, Leuven – Paris – Dudley, MA, 2003 (*TEG*, 13), et l'article que présente dans ce volume R. Ceulemans, « Procopius in the *Catena Lipsiensis* on I-IV Kingdoms, and the Margins of Manuscript *Munich, BSB, gr.* 358 », p. 189-227.

[58] L'ouvrage de L. Eisenhofer, *Procopius von Gaza. Eine literarhistorische Studie*, Freiburg im Breisgau, 1897, ne répond pas aux exigences actuelles de la critique.

[59] Rappelons que dans la préface à l'*Épitomé sur la Genèse* (éd. Metzler [n. 14], p. 1), qui vaut pour tout le commentaire-compilation sur l'Octateuque, l'auteur déclare avoir d'abord composé une chaîne, c'est-à-dire une collection des citations littérales avec sigles d'auteur, puis avoir préféré abréger et remanier les extraits en un commentaire continu et anonyme. La compilation initiale de Procope, si elle a été mise en circulation, ne nous est pas parvenue.

d'une source commune, c'est-à-dire que Procope ait utilisé une chaîne composée avant lui[60]. Laissant ouverte la question de leur relation, F. Petit remarquait en 1991 que le fonds propre de l'*Épitomé*, presque aussi étendu que sa partie commune avec la chaîne sur la Genèse, « n'a jamais encore été étudié » et que « l'identification des pièces qui le composent sera tâche ardue et pourrait réserver des surprises »[61]. Cette tâche a été accomplie d'une façon exemplaire par K. Metzler lors de l'édition critique de l'*Épitomé sur la Genèse* en 2015, sur laquelle il faut désormais se baser pour toute étude approfondie des sources de Procope, sans pour autant se laisser enfermer dans les limites chronologiques qu'assigne l'assimilation (hypothétique) des deux Procope.

Étant donné que l'identification des fragments joue un rôle important dans l'appréciation et la datation des compilations exégétiques, nous avons cherché à savoir si la chronologie des sources de Procope, qu'il soit ou non identique avec le rhéteur de Gaza, permet vraiment de dater ses écrits du premier quart du VIe siècle. En parcourant les commentaires de Procope, nous nous sommes arrêté à l'*Épitomé sur la Genèse* qui se distingue tant par l'abondance des citations sur Gn 1–4 que par l'intérêt des extraits qui n'ont pas encore pu être identifiés[62]. Comme F. Petit l'a remarqué à bon droit, le fonds commun entre cet *Épitomé* et la chaîne sur la Genèse va jusqu'à Cyrille d'Alexandrie, puisque Procope ne cite ni Théodoret de Cyr ni Sévère d'Antioche, dont les fragments ont été ultérieurement ajoutés dans la chaîne primaire. Une surprise ne pourrait donc pas venir de ce côté, mais du fonds propre de l'*Épitomé* et, plus précisément, des sources nouvelles par rapport à celles communes avec la chaîne. De fait, en regardant attentivement la liste très fournie des sources et lieux parallèles signalés entretemps par K. Metzler et en examinant les passages non identifiés, nous avons constaté non sans surprise que, parmi les matériaux littéraires absents de la chaîne, il y a certaines pièces contemporaines ou

[60] F. PETIT, « La chaîne grecque sur la Genèse, miroir de l'exégèse ancienne », dans *Stimuli: Exegese und ihre Hermeneutik in Antike und Christentum. Festschrift für Ernst Dassmann*, éd. G. SCHÖLLGEN, C. SCHOLTEN, Münster, 1996 (Jahrbuch für Antike und Christentum. Ergänzungsband, 23), p. 243-253, ici p. 244-245.

[61] F. PETIT, introduction dans *La chaîne sur la Genèse. Édition intégrale. I. Chapitres 1 à 3*, Leuven, 1991 (*TEG*, 1), p. XVIII.

[62] En témoigne l'article que présente dans ce volume B. GLEEDE, « Procopius' *Eclogai in Genesim* as a Source for Reconstructing the Lost Genesis Commentary by Theodore of Mopsuestia », p. 77-106.

postérieures à Procope de Gaza, qui incitent à la fois à abandonner la datation traditionnelle de cet *Épitomé*, le premier du commentaire sur l'Octateuque, et à distinguer les deux Procope. Sans nullement prétendre à l'exhaustivité, nous donnerons trois exemples.

a. Réfutation de la coéternité du monde

Les premières pages de l'*Épitomé* forment une introduction au commentaire du livre de la *Genèse*, dont la seconde moitié est essentiellement constituée d'un amalgame des fragments, la plupart non identifiés, visant à réfuter la doctrine de l'éternité du monde[63]. Après une brève critique de l'opinion païenne selon laquelle la création est coéternelle à Dieu, est cité de façon anonyme l'argument du philosophe néoplatonicien Proclus (mort en 485)[64], selon lequel si Dieu est toujours créateur, les créatures existent toujours :

> καὶ τὸν θεὸν ἀεὶ δημιουργὸν εἶναι λέγοντες (sc. Ἑλλήνων παῖδες) ἀεί φασι τὰ δημιουργήματα[65]
>
> Cf. Proclus, *De aeternitate mundi* III[66], apud Jean Philopon, *De aeternitate mundi* III, éd. H. RABE, Leipzig, 1899, p. 42.4-6 : εἰ μὲν οὖν κατ' ἐνέργειαν ὁ δημιουργὸς ἀεὶ δημιουργός, καὶ τὸ δημιουργούμενον ἀεὶ κατ' ἐνέργειαν ἔσται δημιουργούμενον ; Proclus, *In Platonis Timaeum commentaria*, éd. E. DIEHL, vol. 1, Leipzig, 1903, p. 288.16-17 : εἰ δὲ ἀεὶ δημιουργεῖ (sc. ὁ δημιουργός), καὶ τὸ δημιουργούμενον ἀεί ἐστι.

---

[63] Procope, *Épitomé sur la Genèse*, éd. K. METZLER (*GCS NF*, 22), p. 5.111–8.210. Attribuée en bloc à Procope de Gaza lui-même, l'auteur présumé de l'*Épitomé*, cette section a attiré l'attention des chercheurs. Voir par ex. B. TATAKIS, *La philosophie byzantine*, Paris, 1949 (Histoire de la philosophie, fasc. suppl., 2), p. 38-39 ; M. W. CHAMPION, *Explaining the Cosmos. Creation and Cultural Interaction in Late-Antique Gaza*, Oxford, 2014, p. 105-135 ; R. SORABJI, « Waiting for Philoponus », dans *Causation and Creation in Late-Antiquity*, éd. A. MARMODORO, B. D. PRINCE, Cambridge, 2015, p. 71-93.

[64] Sur Proclus, voir C. LUNA, A.-P. SEGONDS, « Proclus de Lycie », dans *Dictionnaire des philosophes antiques*, t. 5b, éd. R. GOULET, Paris, 2012, p. 1546-1657 et p. 1657-1674 (G. ENDRESS, sur la tradition arabe).

[65] Procope, *Épitomé sur la Genèse*, GCS NF 22, p. 5.116-117.

[66] Même idée dans le premier argument de Proclus, conservé uniquement en arabe, que l'on peut lire en traduction anglaise dans *Proclus, On the Eternity of the World (De aeternitate mundi)*. Greek Text with Introduction, Translation, and Commentary by H. S. LANG, A. D. MACRO ; Argument I translated from the Arabic by J. McGINNIS, Berkeley, CA 2001, p. 157-159.

40 DIMITRIOS ZAGANAS

Dans l'état actuel de notre documentation, l'idée que le créateur crée toujours se trouve pour la première fois repoussée (οὐ γὰρ ἀνάγκη τὸν δημιουργὸν ἀεὶ δημιουργεῖν) par le chrétien Zacharie le Scholastique, originaire de Maïuma de Gaza et contemporain de Procope de Gaza, dans le dialogue intitulé *Ammonius*[67]. L'objectif de ce dialogue difficile à dater avec précision est justement de montrer, à l'encontre de Proclus ou son disciple Ammonius, que l'univers n'est pas coéternel à son créateur, mais une création de Dieu inscrite dans le temps et corruptible.

Un peu plus loin dans l'*Épitomé*, un fragment s'emploie à démontrer l'impossibilité de la coéternité de l'univers avec Dieu[68]. Si les réductions à l'absurde semblent inconnues par ailleurs[69], la façon de formuler la question initiale se retrouve dans plusieurs écrits, dont l'*Ammonius* de Zacharie, datant probablement entre la fin du Ve et la première moitié du VIe siècles, une période marquée par les âpres discussions entre païens et chrétiens sur l'éternité du monde :

> Πῶς δὲ καὶ ὁ κόσμος τῷ θεῷ συναΐδιος;
>
> Cf. Zacharie le Scholastique, *Ammonius*, éd. M. Minniti Colonna, p. 128 (Συναΐδιον δὲ τῷ θεῷ τὸν κόσμον;) ; Ps.-Justin, *Quaestiones Christianorum ad gentiles* IV, éd. J. C. T. Otto, Jena, 1881, p. 306 (πῶς, εἰ γενητὸς ὁ κόσμος, συναΐδιός ἐστι παρὰ τῷ θεῷ;)[70] ; Jean Philopon, *De aeternitate mundi* I, éd. Rabe, p. 23 (μὴ συναΐδιον εἶναι τῷ θεῷ τὸν κόσμον).

Un dernier fragment de l'*Épitomé*, peut-être du même auteur anonyme, tire les conséquences extrêmes de l'hypothèse de la coéternité de l'univers avec Dieu[71]. Pour exprimer l'idée de coéternité, au lieu de l'adjectif συναΐδιος, est ici constamment employé l'adverbe ἅμα, en formant la

---

[67] Zacharie le Scholastique, *Ammonius*, éd. M. Minniti Colonna, *Zacaria Scolastico, Ammonio. Introduzione, testo critico, traduzione, commentario*, Napoli, 1973, ici p. 107-112.

[68] Procope, *Épitomé sur la Genèse*, GCS NF 22, p. 6.139-166, ici l. 139.

[69] On retrouve certains motifs chez Zacharie le Scholastique, *Ammonius* (éd. Minniti Colonna, p. 109 et 119), mais ils sont diversement exploités, comme par ex. l'idée que Dieu aurait créé sans le vouloir (μὴ βουλομένου) et la question de savoir si Dieu en tant qu'éternel créateur crée d'autres univers. Voir Procope, *Épitomé sur la Genèse*, GCS NF 22, p. 6.141-145.

[70] Cf. Ps.-Justin, *Quaestiones contra gentiles de relatis* 21, 11, éd. B. Gleede, *Philosophische Erotapokriseis und theologische Kapitel*, Berlin, 2020 (GCS NF, 29), p. 31.

[71] Procope, *Épitomé sur la Genèse*, GCS NF 22, p. 8.188-210.

phrase stéréotypée (εἰ) ἅμα θεὸς ἅμα κόσμος. Or cette expression ne se retrouve telle quelle que dans le dialogue de Zacharie le Scholastique, comme synonyme de συναΐδιος[72].

Pour maigres qu'ils soient, ces éléments renvoient à au moins un ouvrage chrétien perdu qui a été composé, comme ceux de Zacharie le Scholastique – avec lequel il y a quelques affinités – et de Jean Philopon, en réaction aux *Dix-huit arguments sur l'éternité du monde* de Proclus, probablement entre la mort du philosophe et le premier tiers du VIe siècle. Il s'agit donc d'une source contemporaine de Procope de Gaza. Le fait que l'auteur de l'*Épitomé* y puise des extraits, d'une manière directe ou indirecte, suppose qu'un certain temps s'est écoulé entre les deux ouvrages.

b. Un parallèle avec Jean Philopon

Parmi les rapprochements que K. Metzler a faits en apparat entre l'*Épitomé sur la Genèse* et le *De opificio mundi* de Jean Philopon (mort vers 570)[73], il y a un parallèle intéressant pour notre propos, mais qui semble ne pas avoir été apprécié à sa juste valeur. Il s'agit de l'explication de Gn 1, 4b (« Et Dieu fit une séparation entre la lumière et entre l'obscurité »), dont voici les textes correspondants :

Procope, *Épitomé sur la Genèse*, GCS NF 22, p. 21.1-5 :	Jean Philopon, *De opificio mundi* II, 14, éd. W. Reichardt, Leipzig, 1897, p. 83.5-12 (sur Gn 1, 4b) :
« Καὶ διεχώρισεν ὁ θεὸς ἀναμέσον τοῦ φωτὸς καὶ ἀναμέσον τοῦ σκότους » (Gn 1, 4b). **Ἄμικτα** (sc. τὸ φῶς καὶ τὸ σκότος) γὰρ **ἀλλήλοις** εἴ γε τὸ μὲν **ἕξις**, τὸ δὲ καθέστηκε **στέρησις**, ἅπερ ἀλλήλοις **ἀσύμβατα** τοῦ ἑτέρου ἀνυποστάτου τυγχάνοντος.	Τριχῶς **ἀλλήλων** αὐτὰ (sc. τὸ φῶς καὶ τὸ σκότος) διέκρινεν (sc. ὁ θεός), **ἄμικτόν** τε καὶ ἀκοινώνητον αὐτῶν τὴν φύσιν ποιήσας· τά τε γὰρ ἐναντία διακεκριμένας ἔχει τὰς οὐσίας, καὶ αἱ **στερήσεις** πάλιν **ἀσύμβατοί** εἰσι ταῖς **ἕξεσιν**· ἀλλ' οὐδέ ἐστί τι τούτων ἕτερον μεταξύ. ἢν γὰρ ἂν ἐκεῖνο οὔτε φῶς οὔτε σκότος. ἀλλὰ τὸ πέρας τοῦ φωτὸς ἀρχή ἐστι τοῦ σκότους καὶ τοὐμπαλιν τὸ πέρας τοῦ σκότους ἀρχή ἐστι τοῦ φωτός.

[72] Zacharie le Scholastique, *Ammonius*, éd. Minniti Colonna, p. 122 (εἰ γὰρ συναΐδιος τῷ θεῷ ὅδε ὁ κόσμος [...] καὶ εἰ ἅμα [ὁ] θεὸς ἅμα κόσμος). Cf. Jean de Scythopolis, *Scholia in Dionysii Areopagitae librum « De divinis nominibus »*, éd. B. R. Suchla, Berlin, 2011 (*PTS*, 62), p. 421 : ... τὰς ἀσωμάτους δυνάμεις ὑπὸ θεοῦ δημιουργηθείσας, οὐ μὴν συναϊδίους θεῷ, ὡς Ἕλληνες ληροῦσιν, ἅμα θεός, ἅμα πάντα λέγοντες.

[73] Pour une liste, voir K. Metzler (trad.), *Prokop von Gaza, Der Genesiskommentar*, Berlin, 2016 (*GCS NF*, 23), p. 548.

Le commentaire de Procope ressemble à celui de Jean Philopon successivement sur deux points : 1) la lumière et l'obscurité ne se mêlent pas (ἄμικτα) l'une à l'autre ; 2) la lumière, comparée à la possession (ἕξις), et l'obscurité, comparée à la privation (στέρησις), sont incompatibles l'une avec l'autre. Il peut y avoir un troisième point similaire, si le mot ἑτέρου chez Procope ne se rapporte pas à l'obscurité. Comment expliquer ces quelques affinités ? Selon l'éditrice de Procope[74], que Philopon puisse en être la source est exclu en raison de l'antériorité de Procope de Gaza, l'auteur présumé de l'*Épitomé*. Or l'identification des deux Procope s'avère être une conjecture tardive et mal fondée, et ne peut, pour cette raison, plus servir de preuve. Un autre argument contre la dépendance de Procope envers Philopon serait que leurs ressemblances concernent les idées, non pas les mots, puisqu'il n'y a pas de citation littérale. On ne peut cependant pas mettre les deux commentaires sur le même pied : l'ouvrage de Philopon constitue un apport original à l'exégèse de Gn 1, tandis que l'*Épitomé* est composé d'extraits d'origines diverses, qui ont été abrégés, récrits et amalgamés. Cette différence semble d'ailleurs bien expliquer que le texte de Procope sur Gn 1, 4b est très court et condensé, voire elliptique, et manque d'intelligibilité, notamment la phrase τοῦ ἑτέρου ἀνυποστάτου τυγχάνοντος.

Les deux auteurs ont-ils eu recours à une source commune, comme le pense K. Metzler ? Il est vrai que Philopon se réfère souvent à ses prédécesseurs, d'Origène jusqu'à Théodoret de Cyr, qu'il s'agisse de critiquer ou de défendre leur opinion. À propos de Gn 1, 4b, il emprunte à Basile de Césarée, dont il s'applique généralement à défendre l'exégèse, l'idée que Dieu a rendu la nature de la lumière et de l'obscurité inapte à se mélanger (ἄμικτον)[75]. Toutefois, Philopon enrichit, voire corrobore cette idée par d'autres considérations : d'une part, il explique la séparation entre la lumière et l'obscurité à travers celle entre la possession et la privation ; d'autre part, il montre que rien d'autre n'existe entre la lumière et l'obscurité. À notre connaissance, l'utilisation du couple ἕξις/στέρησις en lien avec la création de la lumière, qui est fréquente

---

[74] Procope, *Épitomé sur la Genèse*, GCS NF 22, p. cxiii.

[75] Basile de Césarée, *Homélies sur l'hexaemeron* II, 7, éd. E. A. DE MENDIETA, S. Y. RUDBERG, Berlin, 1997 (*GCS NF*, 2), p. 34.2-3 : ἄμικτον αὐτῶν (*sc.* τοῦ φωτὸς καὶ τοῦ σκότους) τὴν φύσιν καὶ κατ' ἐναντίωσιν ἀντικειμένην ὁ Θεὸς κατεσκεύασε ; VI, 3, p. 93.8-11. Le premier passage de Basile est retenu dans *La chaîne sur la Genèse* (n. 61), p. 30 (fragment 45).

chez Philopon et semble remonter à lui, ne se rencontre pas ailleurs, sauf chez Procope. Les Pères se contentent de reproduire l'opinion aristotélicienne selon laquelle l'obscurité est la privation de la lumière. En ce qui concerne l'idée que la séparation entre la lumière et l'obscurité n'implique pas l'existence d'un intervalle, elle se retrouve, quoique formulée différemment, dans un fragment caténique sur Gn 1, 4 d'attribution incertaine[76].

Que tirer de ces observations ? Dans l'état actuel de notre documentation, aucune des deux solutions ne s'impose avec la force de l'évidence. Sans pouvoir exclure l'hypothèse d'une source commune perdue, les coïncidences verbales entre les deux commentaires de Gn 1, 4b, dont certaines sont uniques, et notamment le fait qu'elles suivent le même ordre, semblent laisser supposer que Philopon ait influencé Procope, alors que les différences textuelles pourraient s'expliquer par le fait que Procope s'est mis à raccourcir, à récrire et à modifier son texte-source. Si le *De opificio mundi* de Jean Philopon est sur ce point la source de Procope, ce qui est possible mais non certain, l'auteur de l'*Épitomé* ne saurait être le rhéteur de Gaza mort vers 528, puisque l'ouvrage de Philopon date du milieu du VIe siècle (entre 547-560)[77].

c. *Un florilège anti-origéniste*

À propos de Gn 3, 21 (« Et le Seigneur Dieu fit pour Adam et sa femme des tuniques de peau et il les en revêtit »), un verset très controversé, différentes interprétations sont anonymement citées dans l'*Épitomé*[78], notamment celles de Sévérien de Gabala et de Théodore de Mopsueste qui critiquent l'exégèse d'Origène, puis est rapportée l'opinion des allégoristes (οἱ ἀλληγοροῦντες) qui voient en la création selon l'image (Gn 1, 26) l'âme, en celui qui a été façonné à partir de la poussière (Gn 2, 7)

---

[76] *La chaîne sur la Genèse* (n. 61), p. 29-30 (fragment 44).

[77] Dans ce volume T. F. Ottobrini, « I *Commentarii in Genesim* di Procopio di Gaza e il *De opificio mundi* di Giovanni Filopono », p. 107-132, hasarde l'hypothèse que Procope de Gaza, identifié avec l'auteur de l'*Épitomé*, aurait eu accès aux idées de Philopon bien avant leur mise par écrit définitive dans le *De opificio mundi*, mais cela pèche contre la vraisemblance.

[78] Procope, *Épitomé sur la Genèse*, GCS NF 22, p. 149-152. Pour une analyse de cette section, voir P. F. Beatrice, « Le tuniche di pelle. Antiche letture di *Gen.* 3, 21 », dans *La tradizione dell'enkrateia. Motivazioni ontologiche e protologiche*, éd. U. Bianchi, Roma, 1985, p. 433-484 ; M. Heimgartner, *Pseudojustin, Über die Auferstehung. Text und Studie*, Berlin – New York, 2001 (*PTS*, 54), p. 258-272.

44 DIMITRIOS ZAGANAS

« le corps subtil et digne du séjour dans le paradis, que certains ont appelé 'étincelant' » et par lequel l'âme était véhiculée[79], et en les tuniques de peau (Gn 3, 21) le corps dont parle Job 10, 11 : « Tu m'as vêtu de peau et de chair, tu m'as tissé d'os et de nerfs ». Aux exégètes allégoristes s'opposent, selon l'*Épitomé*, tous les didascales de l'Église, comme en témoigne un catalogue d'autorités patristiques avec référence à leurs écrits (numérotés et marqués en italiques) :

1 Κλήμης ἐν τρίτῳ Στρωματεῖ

2 καὶ Διονύσιος ὁ Ἀλεξανδρέων ἐπίσκοπος *ἐν τῇ εἰς τὸν Ἐκκλησιαστὴν ἑρμηνείᾳ*

3 καὶ Πέτρος ὁ τῆς αὐτῆς πόλεως ἐπίσκοπός τε καὶ μάρτυς *ἐν τῷ Περὶ ψυχῆς πρώτῳ λόγῳ*

4 καὶ Ἀθανάσιος πάλιν ὁ Ἀλεξανδρείας *ἐν τῷ κατὰ Ἀρειανῶν δευτέρῳ λόγῳ*

5 *καὶ ἐν τῷ βίῳ τοῦ μεγάλου Ἀντωνίου*

6 καὶ Θεόφιλος ὁ τοῦτον διαδεξάμενος *ἐν ἐπιστολῇ γραφείσῃ τοῖς ἐν Κωνσταντινουπόλει κατὰ τῶν τὰ Ὠριγένους φρονούντων*

7 καὶ Κύριλλος ὁ τούτου διάδοχος *ἐν ἐπιστολῇ γραφείσῃ πρὸς τοὺς ἐν <Φουᾷ> μοναχούς*

8 καὶ Εἰρηναῖος ὁ Λουγδούνων ἐπίσκοπος *ἐν τῷ τρίτῳ λόγῳ τῆς κατὰ τῶν αἱρέσεων πραγματείας κεφαλαίῳ νθ' καὶ ξε'*

9 καὶ Ἰουστῖνος ὁ φιλόσοφός τε καὶ μάρτυς *ἐν τῷ περὶ ἀναστάσεως λόγῳ*

10 καὶ Βασίλειος ὁ Καππαδόκης *ἐν ς' τῆς Ἑξαημέρου*

11 *καὶ ἐν τῇ εἰς τὸν α' ψαλμὸν ὁμιλίᾳ*

12 καὶ ὁ τούτου ἀδελφὸς Γρηγόριος *ἐν τῇ Περὶ τοῦ ἀνθρώπου πραγματείᾳ ἐν κεφαλαίῳ κθ'*

13 καὶ Γρηγόριος ὁ Θεόλογος *ἐν τῷ Ἀπολογητικῷ*

14 *καὶ ἐν ἄλλοις τε πολλοῖς καὶ ἐν τῷ β' Θεολογικῷ*

15 καὶ *ἐν Ἀγλαοφῶντι* Μεθόδιος, ἐξ οὗ τινας ἐννοίας ἐν τοῖς φθάσασι παρεθέμεθα[80].

---

[79] Voir sur ce sujet H. Crouzel, « Le thème platonicien du 'véhicule de l'âme' chez Origène », *Didaskalia*, 7 (1977), p. 225-237 (sur le témoignage de Procope, p. 231-234), repris dans Id., *Les fins dernières selon Origène*, Aldershot, 1990 (Variorum Collected Studies, 320), p. 225-237.

[80] Procope, *Épitomé sur la Genèse*, *GCS NF* 22, p. 151.51–152.69.

PROCOPE COMPILATEUR ET PROCOPE SOPHISTE DE GAZA   45

Loin d'être centrée sur Gn 3, 21, cette liste d'auteurs et d'œuvres renvoie à un florilège contre la doctrine de la préexistence des âmes, qui n'est probablement pas l'œuvre de Procope ou d'un caténiste antérieur[81], mais une source utilisée par Procope, c'est-à-dire une compilation doctrinale reprise dans sa compilation exégétique. Cela explique pourquoi, au lieu de citer en abrégé et de manière anonyme le contenu des extraits, Procope donne ici exceptionnellement et uniquement les références des citations. À en juger par l'ordre des références, le florilège oppose principalement aux « allégoristes », sans doute à Origène et à ses adeptes, la tradition ecclésiastique d'Alexandrie : Clément et les évêques Denys, Pierre, Athanase, Théophile et Cyrille, ce qui représente la première moitié de la liste. Dans l'autre moitié figurent de Pères anciens (Justin, Irénée), les trois Cappadociens et Méthode d'Olympe.

En ce qui concerne les quinze écrits mentionnés, l'étude comparative de M. Heimgartner[82] permet de constater qu'à l'exception de l'*Homélie sur le Psaume 1* de Basile, tous les textes sont attestés dans d'autres florilèges anti-origénistes. Plus précisément, treize citations se lisent dans le traité anonyme Πρὸς τοὺς λέγοντας τὰς ψυχὰς τῶν ἀνθρωπίνων προϋπάρχειν σωμάτων, datant probablement du second quart ou du milieu du VIe siècle, qui est conservé dans le codex *Vatopedinus* 236[83] ; six citations se retrouvent dans la *Lettre au patriarche Ménas* (ou *Édit*

---

[81] Le fait que parmi les écrits cités dans le florilège, certains sont aussi utilisés dans la chaîne sur la Genèse ou dans l'*Épitomé* de Procope n'implique pas un rapport de dépendance entre le florilège et les chaînes, comme le suggère METZLER, dans *Prokop von Gaza, Der Genesiskommentar* (n. 18), p. XCV, car ils le sont de façon différente et dans un but différent.

[82] Voir le tableau dans HEIMGARTNER, *Pseudojustin* (n. 78), p. 259.

[83] *Ad eos qui dicunt humanis corporibus animas praeexistere*, dans *Athos, Vatop.* 236, fol. 113v-127r. HEIMGARTNER, *Pseudojustin* (n. 78), p. 235-244, décrit le contenu exact du florilège patristique. Pour la datation, voir M. RICHARD, « Nouveaux fragments de Théophile d'Alexandrie », dans *Nachrichten der Akademie der Wissenschaften in Göttingen. Philologisch-historische Klasse*, 2 (1975), p. 57-65, ici p. 57 (repris dans ID., *Opera Minora II*, n° 39, Turnhout – Leuven, 1977) ; J. DECLERCK, « Théophile d'Alexandrie contre Origène. Nouveaux fragments de l'*Epistula synodalis prima* (CPG 2595) », *Byzantion*, 54 (1984), p. 495-507, ici p. 498 n. 13, et introd. dans *Eustathe d'Antioche, De engastrimytho, contra Origenem*, Turnhout, 2002 (CCSG, 51), p. CCLXIX. La datation proposée par HEIMGARTNER, *Pseudojustin* (n. 78), p. 285-286 (premier tiers du VIe s.), doit être écartée parce qu'elle prend pour *terminus ante quem* la mort de Procope de Gaza, l'auteur présumé de l'*Épitomé*.

contre Origène) de l'empereur Justinien, datant de 542/3. Le fait que cinq citations d'œuvres dans l'*Épitomé* (n° 3-5, 12-13) sont communes avec les deux florilèges montre qu'elles étaient des lieux classiques de la polémique contre la préexistence des âmes au VIe siècle. Que Cyrille d'Alexandrie soit le plus récent des auteurs invoqués dans la source de Procope comme dans les autres florilèges anti-origénistes, peut s'expliquer par la volonté de s'en tenir aux Pères de l'Église qui étaient, à cette époque-là, reconnus à la fois par les partisans et les adversaires du concile de Chalcédoine.

De quand pourrait dater le florilège anonyme et par ailleurs inconnu que reprend Procope ? Qualifiée d'allégorique, l'interprétation des tuniques de peau (Gn 3, 21) par le corps charnel implique bien que l'âme ait été créée et ait existé avant le corps, une idée très répandue dans les milieux origénistes du IVe au VIe siècle. Les florilèges patristiques visant à réfuter la doctrine de la préexistence des âmes font cependant leur apparition lors du déclenchement en Palestine de ce qu'il est convenu d'appeler la seconde crise origéniste[84]. Si les discussions relatives aux opinions origénistes ont lieu entre les moines depuis les années 510, c'est après la mort de saint Sabas (en 532) que le courant origéniste monte en puissance, ce qui provoque la réaction de plus en plus vive des moines anti-origénistes. Ces derniers ont pu obtenir en 542/3 une condamnation officielle des doctrines origénistes. Il est intéressant de noter, d'une part, que l'édit publié par Justinien[85] attaque en premier lieu la préexistence des âmes et s'appuie sur à peu près les mêmes autorités théologiques (les trois Cappadociens ; les évêques Pierre, Athanase, Théophile et Cyrille d'Alexandrie ; Jean Chrysostome) et, d'autre part, que six citations d'œuvres coïncident avec celles mentionnées dans l'*Épitomé* (n° 3-5, 7, 12-13), dont la rare citation de la *Lettre aux moines de Phua* de Cyrille (n° 7). Tous ces éléments donnent à penser que l'argument patristique joua un rôle important dans cette controverse et que le florilège dont dépend Procope n'est pas antérieur aux années 530-540,

---

[84] Sur cette crise, qui aboutit à la condamnation d'Origène, voir en dernier lieu *Verurteilung des Origenes. Kaiser Justinian und das Konzil von Konstantinopel 553*, éd. A. Fürst, T. R. Karmann, Münster, 2020 (Adamantiana, 15). Pour une bibliographie, voir A. C. Pirtea, « Astral Ensoulment and Astral Signifiers in Sixth-Century Readings of Origen and Evagrius. Justinian's Anathemas, Sergius of Rešʿaynā, John Philoponus », *Vigiliae Christianae*, 75 (2021), p. 483-523, ici p. 484 n. 1.

[85] Justinien, *Lettre au patriarche Ménas*, éd. E. Schwartz, Berlin, 1940 (*ACO*, 3), p. 189-214.

c'est-à-dire à l'époque où la querelle a pris une grande acuité. Le fait que Procope utilise comme source un florilège anti-origéniste implique qu'il lui soit postérieur et probablement postérieur à la condamnation de l'origénisme par Justinien. Cela permet de fixer un *terminus post quem* pour la confection de l'*Épitomé sur la Genèse* et pour la période d'activité de Procope : le milieu du vi[e] siècle.

Conclusion

Depuis longtemps considérée comme établie ou comme probable, l'identification de Procope le sophiste chrétien, l'auteur d'*Épitomés* et de chaînes exégétiques, avec Procope le sophiste de Gaza s'avère être une hypothèse gratuite et invraisemblable. Comme nous l'avons montré, l'intitulé original des commentaires bibliques ne précise jamais l'origine géographique de l'auteur. Le rattachement de ce dernier à Gaza (Γαζαίου) est tardif : proposé *in margine* par un copiste byzantin (vers la fin du ixe siècle) sur la base fragile de l'homonymie, il fut adopté et généralisé par les lecteurs, éditeurs et traducteurs de Procope à partir du milieu du xvie siècle. Un obstacle plus sérieux à l'assimilation des deux homonymes est le silence des anciens témoins : Choricius de Gaza ne dit rien qui puisse laisser penser que son maître Procope se soit lancé dans une vaste entreprise de compilation d'exégèses patristiques ; Photius présente quant à lui séparément les écrits sophistiques de « Procope le rhéteur (de Gaza) » et les commentaires sur l'Ancien Testament de « Procope le sophiste », comme s'il s'agissait des deux auteurs différents. Des informations que donne Choricius il ressort, du reste, qu'au long de sa vie Procope, sophiste officiel de Gaza, s'est consacré à l'exercice et l'enseignement de l'art oratoire à travers l'étude de la littérature païenne, et non pas à l'interprétation de la Bible. Cela explique d'ailleurs bien que ses textes connus sont imprégnés de la culture grecque classique, mais ne comportent la moindre référence à l'Écriture.

Au lieu de supposer qu'à un moment donné, le célèbre rhéteur de Gaza s'est transformé, voire s'est réduit en arrangeur de commentaires bibliques, ou d'imaginer chez lui la coexistence des deux âmes contradictoires et séparées, l'une païenne, l'autre chrétienne, force est de reconnaître deux écrivains portant le même nom (Προκοπίου) et le même qualificatif (σοφιστοῦ), qui n'ont aucun lien de parenté. Cette solution est confirmée par un argument qui n'a jamais été relevé par les critiques et qui nous paraît décisif : la reprise dans l'*Épitomé sur la*

48 DIMITRIOS ZAGANAS

Genèse des textes qui sont contemporains ou postérieurs à Procope de Gaza (mort vers 528), tels une réfutation de la coéternité du monde, un parallèle avec Jean Philopon et un florilège anti-origéniste. La compilation des sources aussi tardives fournit comme *terminus post quem*, pour la confection de cet *Épitomé*, le milieu du vi^e siècle et implique forcément que son auteur, Procope le sophiste chrétien, était actif après la mort du rhéteur de Gaza.

Abstract

The article questions the widespread identification of Procopius the compiler of Christian exegesis as the renowned sophist from Gaza. I argue that the original title of Procopius' biblical works never specifies the geographical origin of the author. His connection with Gaza (Γαζαίου) was suggested in the colophon of manuscripts by a Byzantine copyist, on the fragile basis of homonymy; it was adopted and generalized by readers, editors and translators of Procopius' commentaries from the mid-sixteenth century. A more serious obstacle to the two Procopii being the same person is the silence of ancient sources: Choricius of Gaza says nothing suggesting that his master Procopius embarked on a vast enterprise of compiling patristic exegeses; Photius presents separately, and evaluates differently, the writings of "Procopius the rhetorician" from Gaza and the biblical commentaries of "Procopius the sophist", as if they were by two different authors. Moreover, from the information provided by Choricius, it becomes clear that throughout his life Procopius, official sophist of Gaza, devoted himself to the practice and teaching of pagan rhetoric, not to biblical interpretation. This also explains why his known works abound in classical Greek culture, but make no reference to the Bible. Instead of assuming that at some point the famous rhetorician of Gaza was converted, i.e., reduced, into a compiler of biblical commentaries, and instead of imagining in him the coexistence of two contradictory and separate souls, one pagan, the other Christian, we should recognize two different writers with the same name (Προκοπίου) and the same qualifier (σοφιστοῦ). This solution is confirmed by a new argument which seems to be decisive: the *Epitome on Genesis* includes sources which are contemporary or posterior to Procopius of Gaza (died *c.* 528), such as a refutation of the eternity of the world, a parallel with John Philoponus and an anti-Origenist florilegium. The use of such late sources provides as *terminus post quem*, for the compilation of this *Epitome*, the mid-sixth century, and necessarily implies that its author, "Procopius the Christian sophist", was active after the death of Procopius of Gaza.

La ricezione di Origene (e dell'origenismo) nell'*Epitome in Genesim* di Procopio

Emanuela PRINZIVALLI

(*Roma*)

1. Il grande naufragio

Capire l'entità e la qualità del debito di Procopio, il sofista cristiano, nei confronti di Origene, per quanto riguarda l'esegesi genesiaca, è un compito difficile, a causa dell'intreccio di due circostanze sfavorevoli: lo stato rovinoso del complesso lavoro interpretativo di Origene su Genesi e la natura dell'*Epitome in Genesim* di Procopio.

Riguardo alla prima circostanza, Origene dedicò a Genesi un *Commentarius*, probabilmente in XIII libri[1], che arrivava sino a Gen. 5, 1, come Origene stesso ricorda in *CC* VI,49. Egli, inoltre, predicò su Genesi e compose un certo numero di commenti brevi che le fonti chiamano σημειώσεις, σχόλια o *excerpta*, come Girolamo traduce. Ciascuno dei tre gruppi di opere presenta problemi. Del *Commentarius* restano *rari nantes in gurgite vasto*. Per dare un'idea della qualità di quest'opera perduta non credo ci sia migliore indizio della menzione di uno dei

---

Abbreviazioni delle opere di Origene:
CC = Contra Celsum; *CIo* = Commentarius in Iohannem; *CGen* = Commentarius in Genesim; *HPs* = Homiliae in Psalmos; *HGen* = Homiliae in Genesim; *HIer* = Homiliae in Ieremiam; *Prin* = De principiis.

[1] Le fonti non sono concordi sul numero di libri: i quattro manoscritti dell'*Epistula* 33 di Girolamo recano nella lista il numero XIV; secondo Eusebio (*Historia ecclesiastica* VI,24) – il quale aggiunge che Origene precisa nell'introduzione al nono libro che i precedenti otto erano stati composti ad Alessandria – i tomi erano XII; secondo l'*Epistula* 36,9 di Girolamo e secondo Rufino (*Apologia contra Hieronymum* II,20) erano XIII. Karin Metzler propende per il numero XIII: K. METZLER, *Origenes, Die Kommentierung des Buches Genesis*, Berlin, 2010 (Origenes Werke mit deutscher Übersetzung, I/1), Einleitung, p. 4.

Procopius the Christian Sophist: Catenist, Compiler, Epitomist, ed. by D. Zaganas, J.-M. Auwers, J. Verheyden, IPM, 94 (Turnhout, 2024), pp. 49-75.
© BREPOLS ❧ PUBLISHERS   10.1484/M.IPM-EB.5.136513

passi più significativi e audaci del *CC*, in cui Origene, sollecitato dalla polemica e dallo scopo apologetico, si dilunga a paragonare il mito platonico di Poros e Penia e quello di Adamo ed Eva, riscontrando affinità tra la tentazione di Penia a quella del serpente, con la considerazione finale che Platone copia e peggiora quanto Mosè, nella sua sapienza, aveva narrato. Origene poi conclude:

> Ma non era questa l'occasione adatta per spiegare il mito di Platone, il racconto del serpente, del paradiso di Dio e di tutto quello che si trova scritto al riguardo: in modo approfondito, come siamo stati capaci, abbiamo trattato questi temi nel commento a Genesi[2].

Da come si esprime si può dedurre che persino il confronto con Platone era abbondantemente trattato nel *Commentarius in Genesim*. Del resto un commento di proporzioni tali che, come lo storico Socrate ci informa[3], solo al libro IX era giunto ad Adamo ed Eva (dunque al capitolo 2 di Genesi) per interrompersi a Gen. 5, 1, doveva dare uno spazio assolutamente preponderante ai cruciali capitoli 1–3. Considerata l'importanza determinante di tali capitoli per l'intero arco di sviluppo del pensiero cristiano occidentale (non tengo conto, in questo contesto, della ripresa di Genesi nella tradizione islamica) e considerato che l'arditezza della concezione cosmologica e antropologica origeniana aveva avuto il massimo spazio in questo *Commentarius*, la scomparsa, tranne pochi frammenti, dell'opera è una autentica disgrazia, non solo perché ci priva di passaggi fondamentali del suo pensiero – di cui qualcosa si recupera, paradossalmente, attraverso le voci critiche a noi giunte – ma perché rende difficile individuare il debito che gli altri autori, magari attraverso passaggi intermedi, hanno contratto con Origene[4].

Abbiamo poi XVI omelie su Genesi. Nell'*Epistula* 33 di Girolamo, contenente una lista di opere di Origene probabilmente ripresa dalla

---

[2] Origene, *CC* IV,39 (*SC* 132, p. 288): Οὔτε δὲ τὸν Πλάτωνος μῦθον οὔτε τὰ περὶ τὸν ὄφιν καὶ τὸν παράδεισον τοῦ θεοῦ καὶ ὅσα ἐν αὐτῷ ἀναγέγραπται γεγονέναι νῦν καιρὸς ἦν διηγήσασθαι· προηγουμένως γὰρ ἐν τοῖς ἐξηγητικοῖς τῆς Γενέσεως, ὡς οἷόν τ' ἦν, εἰς ταῦτα ἐπραγματευσάμεθα. Traduzione mia.

[3] Socrate, *Historia ecclesiastica* III,7,7: cfr. Metzler, *Origenes, Die Kommentierung* (n. 1), p. 54 (C II 3).

[4] Segnalo che a "Origene di Alessandria interprete di Genesi/Origen of Alexandria Commentator of Genesis" è stata dedicata una sezione monografica in *Adamantius*, 23 (2017), da me curata.

lista dell'*Apologia pro Origene* di Panfilo[5], il numero è in realtà XVII; i manoscritti che le riportano a volte ne contengono sedici, a volte diciassette. Tuttavia, la diciassettesima omelia è un falso, costruito su una parte dell'opera rufiniana *De benedictionibus patriarcharum*, ed è per questo che l'originaria cifra di XVI omelie data da Girolamo è stata corretta nei manoscritti in XVII. Queste omelie sono giunte a noi nella traduzione latina di Rufino: rappresentano un'antologia, che, se la lista di Girolamo corrisponde a quella di Panfilo, risale alla seconda metà del III secolo. Per comprendere il loro carattere antologico basta esaminarne il contenuto: le prime due omelie trattano di due episodi fondamentali di Genesi, la creazione dei sei giorni e la fabbricazione dell'arca di Noè; le omelie che vanno dalla III alla XIV corrispondono a un ciclo su Abramo e Isacco; le ultime due riguardano due episodi della vita di Giuseppe, che un'autocitazione interna di Origene rivela appartenenti a un ciclo più ampio su questo patriarca[6]. L'enunciazione dei temi mostra che si tratta appunto di una selezione antologica: è infatti impensabile che Origene, per dirne una, avesse rinunciato a predicare su Giacobbe, dopo aver predicato su Abramo e Isacco. Di conseguenza gli interrogativi si moltiplicano: forse, non sempre Origene aveva a disposizione i tachigrafi, quando predicava, o, forse, quando l'antologia è stata assemblata, già una parte delle trascrizioni era andata perduta. Allo stato attuale, non lo sappiamo. Quanto rimane del patrimonio dell'esegesi omiletica di Origene su Genesi è stato edito da Peter Habermehl[7], e riguarda, oltre le sedici omelie in traduzione latina e alcuni corrispondenti frammenti greci, altri frammenti provenienti da diverse fonti, ma soprattutto dalla *Catena in Genesim* edita da Françoise Petit[8] e dall'*Epi-*

---

[5] Credo che debba essere accolta la dimostrazione in merito di P. Nautin, *Origène. Sa vie et son œuvre*, Paris, 1977 (Christianisme antique, 1), p. 226-227.

[6] M. Simonetti, "Le *Omelie su Genesi* di Origene: un'antologia?", in *La biografia di Origene fra storia e agiografia. Atti del VI Convegno di Studi del Gruppo Italiano di Ricerca su Origene e la Tradizione Alessandrina*, ed. A. Monaci Castagno, Villa Verucchio, 2004 (Biblioteca di Adamantius, 1), p. 259-273; Id., "Introduzione generale", in *Origene, Omelie sulla Genesi*, ed. M. Simonetti, trad. M. I. Danieli, Roma, 2002 (Opere di Origene, 1), p. 8-12.

[7] P. Habermehl, *Origenes, Homilien zum Buch Genesis*, Berlin, 2011 (Origenes Werke mit deutscher Übersetzung, 1/2).

[8] F. Petit, *La chaîne sur la Genèse. Édition intégrale. I. Chapitres 1 à 3*, Leuven, 1991 (*TEG*, 1); *II. Chapitres 4 à 11*, Leuven, 1993 (*TEG*, 2); *III. Chapitres 12 à 28*, Leuven, 1995 (*TEG*, 3); *IV. Chapitres 29 à 50*, Leuven, 1996 (*TEG*, 4).

tome di Procopio. Karin Metzler, in un articolo, ha mostrato un uso più ampio dell'omelia II su Genesi nell'*Epitome* di Procopio[9].

Per quanto concerne gli scoli, la prima incertezza, a monte, è il significato stesso del termine nell'ambito delle opere origeniane. Karin Metzler[10] ritiene sia una denominazione di comodo, di chi aveva ordinato la biblioteca di Cesarea, per indicare tutto ciò che, di incerta origine, differiva da omelie e commentari finiti. Risch[11] suggerisce di considerarle note preparatorie di un commento da parte di Origene, mentre Markschies[12] ha proposto di pensare a note prese dagli uditori delle lezioni di Origene. L'ulteriore incertezza, a proposito degli scoli su Genesi, è la loro stessa individuazione. Per quanto riguarda il complesso delle reliquie origeniane appartenenti al *Commentarius in Genesim* e agli scoli abbiamo a disposizione l'edizione di Karin Metzler[13], nella quale con la sigla D sono indicati i frammenti che per lo più ("größtenteils") provengono dal *Commentarius*, mentre con la sigla E quelli che probabilmente provengono per lo più ("vermutlich großenteils") dagli scoli. Ben si comprende la prudenza dell'Editrice, dato che, per i frammenti dei quali le fonti (molteplici, a partire dalle più antiche, Panfilo ed Eusebio) non dichiarano la provenienza, non sempre – in special modo per quelli che riguardano il testo genesiaco sino a 5, 1 – si capisce se derivano dal commento o da scoli, oppure, come fa presente anche Dorival[14], da omelie perdute.

---

[9] K. METZLER, "Origenes über die Arche Noah. Die Bestimmung griechischer Fragmente der *Genesishomilien* (*CPG* 1411)", *Adamantius*, 16 (2010), p. 399-412.

[10] K. METZLER, "Origenes, 'Scholia' zum Buch Genesis. Fragen der Edition und der Gattungsbestimmung", *Adamantius*, 23 (2017), p. 32-44.

[11] E. X. RISCH, "Das Handbuch des Origenes zu den Psalmen. Zur Bedeutung der zweiten Randkatene im *Codex Vindobonensis theologicus graecus* 8", *Adamantius*, 20 (2014), p. 36-48, qui p. 44-46.

[12] Ch. MARKSCHIES, "Scholien bei Origenes und in der zeitgenössischen wissenschaftlichen Kommentierung", in *Origeniana Decima. Origen as Writer*, ed. S. KACZMAREK, H. PIETRAS, Leuven – Paris – Walpole, MA, 2011 (*BETL*, 244), p. 147-167.

[13] L'edizione è citata *supra*, alla nota 1.

[14] G. DORIVAL, "Origène dans la chaîne sur la Genèse", *Adamantius*, 23 (2017), p. 21-31.

2. Procopio e Origene nell'*Epitome in Genesim*

I due magistrali volumi di Karin Metzler[15], di edizione e traduzione dell'*Epitome in Genesim* di Procopio, sono l'attuale obbligato punto di partenza per ogni ricerca sulla ricezione di Origene, interprete di Genesi, da parte di Procopio. Questi fu personalità a tutto tondo, anche se dagli studiosi di letteratura cristiana antica è noto soprattutto in relazione alle catene, di cui egli non è il padre; tuttavia, è uno dei primi autori di catene, se non il più antico di cui si possa datare l'attività, come qualcuno pensa[16]. Però Procopio nell'*Epitome in Genesim* non fa il catenista. L'origine e il metodo di quest'opera sono indicati con chiarezza nelle prime battute del proemio. Egli fa riferimento a due stadi successivi di lavoro. In un primo momento dice di aver raccolto le interpretazioni sull'Ottateuco dei "padri e degli altri" dai loro lavori e dalle omelie (ἐκ τῶν πατέρων καὶ τῶν ἄλλων εἰς τὴν Ὀκτάτευχον ἐξηγήσεις συνελεξάμεθα ἐξ ὑπομνημάτων καὶ διαφόρων λόγων)[17]. Il passo è interessante sotto diversi aspetti. Innanzitutto il modo in cui Procopio si esprime fa pensare che la raccolta corrisponda a una catena esegetica (*Urkatene*) e, sempre da come Procopio si esprime, sembra che l'autore della raccolta, dunque della catena, sia lui stesso[18]. Al di là del problema della paternità della *Urkatene*, questa potrebbe essere una fonte in comune tra la *Catena in Genesim* conservata e l'*Epitome* di Procopio. Notevole è poi la distinzione fatta da Procopio tra i Padri e gli altri scrittori, che mostra la consapevolezza di non essersi voluto fermare agli autori di riconosciuta ortodossia, ma, d'altra parte, fa intendere che è consapevole della differenza e la condivide. Un simile immane lavoro aveva prodotto una tale mole di proposizioni, sia concordi sia discordi, da essere ingestibile. Per cui in

---

[15] K. Metzler (ed.), *Prokop von Gaza, Eclogarum in libros historicos Veteris Testamenti Epitome. Vol. 1: Der Genesiskommentar*, Berlin – Boston, MA, 2015 (*GCS NF*, 22) (= *Prokop I*); Ead. (trad.), *Prokop von Gaza, Der Genesiskommentar übersetzt und mit Anmerkungen versehen*, Berlin, 2016 (*GCS NF*, 23) (= *Prokop II*).

[16] M. A. Barbàra, "Aspetti del genere letterario delle catene esegetiche greche", in Ead., *Estratti catenari esegetici greci. Ricerche sul* Cantico dei cantici *e altro*, Pisa, 2019 (Testi e studi di cultura classica, 76), p. 15-42, qui p. 26.

[17] *Prokop I*, p. 1, 2-3.

[18] Metzler (*Prokop I*, p. xiv) avanza l'ipotesi che Procopio abbia partecipato alla composizione della *Urkatene*. Vedi la discussione di R. Ceulemans, "The Transmission, Sources and Reception of Procopius' Exegesis of Genesis. Observations in the Wake of the New Edition", *Vigiliae Christianae*, 71 (2017), p. 205-224, qui p. 213.

un secondo momento, continua Procopio, egli decide di ridurlo. Il metodo adottato è il seguente: quando tutti gli autori concordano su una interpretazione la si enuncia una sola volta (προσάπαξ εἰπεῖν); se sono discordi si riportano in breve le diverse interpretazioni in modo che risulti "un unico corpo" (πρὸς τὸ διὰ πάντων ἓν γενέσθαι σῶμα) che contempli le voci di tutti esposte da uno solo[19]. Inoltre, per rendere più chiara l'esposizione, ci sono passi di raccordo che Procopio dichiara essere suoi. In definitiva, il suo essersi nutrito alle grandi tradizioni esegetiche lo indusse a optare per la forma-commentario, che gli avrebbe consentito una forma letteraria accettabile e un risultato teso alla armonizzazione delle diverse posizioni autoriali. L'aspetto positivo di questa impostazione è il risultato: un commentario che non differisce, a grandi linee, dai commentari degli autori precedenti, grazie all'attività redazionale: ma il rovescio della medaglia è rappresentato dall'obliterazione delle fonti, per cui nessun autore viene menzionato e anzi il procedimento, stando a quanto dichiara Procopio, produce, specie nei casi di concordanza, un testo rielaborato e quasi autoriale, rendendo ardua la caccia delle fonti.

Si comprende bene, allora, l'alea di incertezza che avvolge la questione della ricezione dell'interpretazione origeniana di Genesi nell'*Epitome*: da una parte abbiamo le sparse reliquie di un immenso lavoro, dall'altro un'opera completa basata su fonti molteplici, ma che, al contrario della catena, nasconde le sue fonti.

Procopio, peraltro, potrebbe aver avuto la possibilità di attingere direttamente ai libri di Origene presenti nella biblioteca di Cesarea[20], e Metzler lo conferma indirettamente, constatando che, per quanto riguarda il *Commentarius*, Procopio non riprende solo dalla *Urkatene* ma anche dalla tradizione diretta[21]. Nel secondo volume, dedicato alla traduzione in tedesco dell'*Epitome*, Metzler ha prodotto un

---

[19] *Prokop I*, p. 1, 5-15.

[20] F. Petit, "La chaîne grecque sur la Genèse, miroir de l'exégèse ancienne", in *Stimuli: Exegese und ihre Hermeneutik in Antike und Christentum. Festschrift für Ernst Dassmann*, ed. G. Schöllgen, C. Scholten, Münster, 1996 (Jahrbuch für Antike und Christentum. Ergänzungsband, 23), p. 243-253, qui p. 245; B. ter Haar Romeny, "Procopius of Gaza and His Library", in *From Rome to Constantinople. Studies in Honour of Averil Cameron*, ed. H. Amirav, B. ter Haar Romeny, Leuven – Paris – Dudley, MA, 2007 (Late Antique History and Religion, 1), p. 173-190, qui p. 188 e nota 68.

[21] *Prokop I*, p. cxvi-cxvii.

LA RICEZIONE DI ORIGENE NELL'*IN GENESIM*

accuratissimo elenco delle fonti e paralleli individuati nell'*Epitome*[22], sicché, per quanto concerne Origene, oltre ai frammenti tratti dal *Commentarius*, dalle omelie e dagli scoli, riscontra la presenza di piccoli brani di altre opere, segnatamente dal *Commentarius in Canticum*, da quello su Efesini, dalle omelie su Geremia, su Giosuè e su Luca[23]. Molto peraltro resta non identificato, donde la speranza di Metzler che l'edizione da lei prodotta incoraggi nuovi studi. La stessa Studiosa si è dedicata, in anni precedenti, all'esame di alcuni aspetti della ricezione dell'interpretazione origeniana di Genesi da parte di Procopio[24].

In queste pagine intendo concentrarmi su alcuni versetti dei capitoli 1-3 di Genesi, punto di partenza e ispirazione, come dicevo sopra, per la visione antropologica cristiana nelle sue molteplici declinazioni, costituendo essi lo spartiacque per individuare le diverse scuole di pensiero, e la cui interpretazione ha provocato a Origene le più aspre critiche. Al tempo di Procopio, già secoli di polemiche erano trascorsi e lui ne era ben consapevole. Di lì a poco l'origenismo sarebbe stato condannato nel secondo Concilio di Costantinopoli (553). Nella stessa Alessandria, dove la reazione antiorigeniana del vescovo Teofilo aveva avuto largamente cause di opportunità politico/ecclesiastica, alla fine si era optato, soprattutto con Cirillo, per una posizione di "éclectisme intelligent"[25]. Non stupisce dunque la cautela di Procopio e il numero esiguo di passi tratti dall'esegesi genesiaca di Origene che si riscontrano nei capitoli dell'*Epitome* dedicati a Gen. 1-3[26]. Per quanto riguarda questo atteg-

---

[22] *Prokop II*, p. 478-564.

[23] *Prokop II*, p. 550-551.

[24] K. METZLER, "Patristische Genesiskommentare am Beispiel von Origenes und Prokop von Gaza", in *Kommentare. Interdisziplinäre Perspektiven auf eine wissenschaftliche Praxis*, ed. Th. WABEL, M. WEICHENHAN, Frankfurt am Main, 2011 (Apeliotes, 10), p. 47-63; EAD., "Auf Spurensuche. Rekonstruktion von Origenes-Fragmenten aus der sogenannte Oktateuchkatene des Prokop von Gaza", in *Quaerite faciem eius semper. Studien zu den geistesgeschichtlichen Beziehungen zwischen Antike und Christentum. Dankesgabe für Albrecht Dihle zum 85. Geburtstag aus dem Heidelberger "Kirchenväterkolloquium"*, ed. A. JÖRDENS *et al.*, Hamburg, 2008, p. 214-228.

[25] La definizione è di D. ZAGANAS, *La formation d'une exégèse alexandrine post-origénienne. Les* Commentaires sur les Douze Prophètes *et sur* Isaïe *de Cyrille d'Alexandrie*, Leuven – Paris – Bristol, CT, 2019 (*TEG*, 17), p. 345.

[26] I riferimenti probabili o sicuri secondo l'elenco di METZLER (*Prokop II*, p. 550) riguardano le linee 123-124 e 139-177 dell'introduzione dell'*Epitome*; tre linee (4-7) su

56 EMANUELA PRINZIVALLI

giamento, giova rammentare quanto ho detto poco prima, a proposito della distinzione procopiana tra "i Padri e gli altri": Procopio non dimentica che Origene è tra "gli altri". Anticipando dunque ciò che cercherò di mostrare nel seguito, va osservato che il complesso dell'*Epitome* si orienta su altri autori e impostazioni e talvolta è manifestamente ostile a Origene (esaminerò questi casi). Pur se, in generale, Origene è sempre presente nell'*Epitome*, come dimostra il complesso delle citazioni sicure riscontrabili, nella parte sulla protologia Procopio è particolarmente sospettoso e cauto nei confronti dell'Alessandrino. Tuttavia è da notare che egli fa ricorso anche a Didimo il Cieco, che appartiene alla più stretta e fedele tradizione origeniana: il *Commentarius in Genesim* didimiano, pur nella maggiore sinteticità e in una certa evidente preoccupazione di tenere conto delle subentrate e diffuse istanze letteraliste, condivide, per quello che si riesce a vedere della prima parte, stanti le pessime condizioni del papiro, le ardite allegorie[27] di Origene, oltre che le sue concezioni esoteriche.

Alcune importanti soluzioni dell'*Epitome* dipendono, del resto, proprio da Didimo, come dirò meglio in seguito. Qui ne indico una. Procopio mutua da Didimo un'argomentazione diretta contro Mani, che rappresentò una costante preoccupazione e un conseguente bersaglio per gli autori cristiani, dalla seconda metà del III secolo in poi. Prendendo spunto da Gen. 1, 2ab "la terra era invisibile e informe e la tenebra sopra l'abisso" (ἡ δὲ γῆ ἦν ἀόρατος καὶ ἀκατασκεύαστος, καὶ σκότος ἐπάνω τῆς ἀβύσσου) i manichei sostenevano l'eternità della materia (= terra) e l'esistenza di un primo principio malvagio (= tenebra), sfruttando la presenza nel testo dei Settanta del tempo imperfetto ἦν[28]. In effetti sussisteva una difficoltà causata dal verbo greco, giacché proprio su questo si era appoggiato il cristiano Ermogene, sostenitore

---

Gen. 1, 11; due linee (97-98) su Gen. 1, 20. Si tratta, come si vede, di pochissimo. Due eccezioni, in quanto in questo caso il materiale è più consistente, concernono, come vedremo, Gen. 1, 14 (linee 213-218 e 233-317) e Gen. 1, 28 (linee 40-44; 45-51).

[27] Il papiro della parte iniziale del *Commentarius in Genesim* di Didimo, ritrovato a Tura in Egitto, è molto corrotto. Tuttavia si capisce che Didimo dava, a proposito della tenebra, dell'abisso e delle acque la stessa interpretazione allegorica che Procopio respinge (su ciò vedi più avanti nel testo): cfr. Didimo, *Commentarius in Genesim*, fol. 4 (*SC* 233, p. 40-41).

[28] Traduzione dell'ebraico *haytah*. L'imperfetto ἦν era scelta obbligata per tradurre l'unico tempo del passato in ebraico, il perfetto.

dell'eternità della materia[29], e Origene stesso[30], interpretando Ioh. 1, 1, aveva precisato che, mentre l'aoristo indica un'azione compiuta nel tempo, come avviene in Ioh. 1, 14 (Καὶ ὁ λόγος σὰρξ ἐγένετο), l'imperfetto sta ad affermare l'eternità del Logos che era sempre presso Dio (καὶ ὁ λόγος ἦν πρὸς τὸν θεόν). Didimo, attaccando Mani, risolve la questione dicendo che non sempre il tempo imperfetto indica l'eternità, ma a volte è messo in rapporto con ciò che è mortale, e fa l'esempio del versetto di Hiob 1, 3: il tutto è ripreso da Procopio, compreso l'esempio scritturistico[31].

3. Il commento dell'*Epitome* a Gen. 1,1-2 e il recupero dell'interpretazione origeniana di Gen. 1, 3

a. Il riassunto dell'interpretazione di Gen. 1, 1-2 nell'Epitome

Affinché il lettore, che eventualmente non abbia letto l'*Epitome* nell'originale o nella traduzione di Metzler, abbia un'idea del modo di procedere di Procopio, darò, a modo di esempio, un riassunto dell'interpretazione di Gen. 1,1-2, nella quale avremo occasione di incontrare, sia pure indirettamente, Origene. Porrò tra parentesi in corsivo solo l'indicazione del nome dell'autore utilizzato di volta in volta da Procopio[32], rimandando all'apparato dell'edizione di Metzler per ogni specificazione sulla fonte. L'*Epitome* è condotta secondo l'andamento consueto dei commentari cristiani, di cui Origene diede l'esempio: si esamina il testo biblico per larga parte, anche se non sempre nel caso di Procopio, pericope per pericope.

Cominciamo dunque.

"In principio Dio creò il cielo e la terra" (Gen. 1, 1). Il primo tema e la prima difficoltà sono costituiti dall'espressione "nel principio",

---

[29] Come si legge in *Adversus Hermogenem* 27,1, Tertulliano respinge l'affermazione di Ermogene, dicendo che l'imperfetto può essere usato per qualsiasi cosa, sia che questa prima non fosse o che prima fosse.

[30] Origene, *CIo, fr.* 1 in Ioh. 1,1 (*GCS*, Orig. 4, p. 483-484).

[31] Didimo, *Commentarius in Genesim*, fol. 2b (*SC* 233, p. 36); cfr. *Prokop I*, p. 14, 16-20.

[32] Le indicazioni sono tratte da METZLER, *Prokop I*. Essendo il mio un riassunto a volte non tengo conto delle espressioni di una sola riga, per le quali Metzler dichiara la non identificazione della fonte.

che può riferirsi: 1. al tempo; 2. al fondamento sul quale si costruisce il resto della creazione; 3. all'abilità del creatore; 4. al fine utile se ha un principio; 5. al momento atemporale che dà inizio al tutto (per tutti questi significati cfr. *Basilio di Cesarea di Cappadocia*[33]); 6. al comando (*Didimo*); 7. oppure al capo (*Eusebio di Emesa*). Indi Mosè (*n.b. considerato, come di consueto, l'autore del libro sacro*) menziona Dio perché sia chiaro che il creatore precede ogni creatura (*fonte non identificata*) ed usa il verbo ἐποίησεν e non ἦν, come all'inizio del Vangelo di Giovanni, perché il tempo finito si addice alle cose temporali e create (*Severiano di Gabala*[34]). Nascono però equivoci dall'aver i Settanta tradotto con ἐποίησεν il corrispondente ebraico che, se fosse stato reso con ἔκτισεν o con ἀνέδειξεν avrebbe indicato più chiaramente la creazione dal nulla (*Eusebio di Emesa*); ἡ πρώτη ἡμέρα differisce molto dagli altri giorni perché in esso si crea dal nulla (*Severiano di Gabala*). Bisogna poi spiegare perché Dio crea prima il cielo, che è il tetto dell'edificio, rispetto alle fondamenta, la terra: ma Dio non è costretto dalla necessità e la magnificenza del cielo mostra la grandezza di Dio e l'altezza cui l'uomo aspira, come provano numerosi passi biblici di appoggio (*Giovanni Crisostomo* e *Severiano*).

"La terra era invisibile e informe" (Gen. 1, 2a), perché coperta dalle acque e perché incolta. Aquila traduce vuota[35]. Dunque non degna di essere guardata (*Severiano*). La Scrittura non intende parlare della terra in quanto materia, altrimenti avrebbe dovuto dire lo stesso del cielo (*fonte non identificata*). Mani dice, sbagliando, che il verbo ἦν, in questo caso, indica l'eternità della materia, ma il verbo "era" invece non sempre indica eternità (*Didimo*)[36]. Forse si dice invisibile perché non c'era ancora l'essere umano a vederla oppure perché non c'era la luce (*Acacio di Cesarea*). Perché poi la terra è informe? Perché è ancora priva di ogni ornamento, in modo che risalti l'opera di chi poi la plasma (*fonte non identificata*). Perché invece Dio ha creato il cielo perfetto? Dalla sua perfezione si capisce che avrebbe potuto creare subito perfetta anche la

---

[33] Ma si tenga presente che Basilio ha in mente l'amplissima trattazione di Origene nel primo libro del *CIo*.

[34] L'osservazione, come detto sopra nel testo, è già in altri, tra cui Origene, *CIo, fr.* 1.

[35] È da sottolineare che Procopio a volte si sofferma sulle varianti degli altri traduttori biblici: aveva forse la possibilità di consultare gli *Hexapla* o le trae da altri autori?

[36] Si ricordi quanto ho detto in precedenza nel testo, a proposito di questa interpretazione didimiana.

LA RICEZIONE DI ORIGENE NELL'*IN GENESIM*

terra. Non lo ha fatto a causa dell'essere umano, perché, essendo la terra madre comune, non le desse onori divini, se fosse stata perfetta, ma si volgesse al creatore (*Giovanni Crisostomo*).

"E la tenebra era sopra l'abisso" (Gen. 1, 2b). Alcuni pensano, sbagliando, che ciò significhi che la sostanza del male (= tenebra) sia eterna, e di ciò si è detto prima. Ma la Scrittura non avrebbe potuto esprimere altrimenti l'insussistenza: la tenebra è mancanza di luce. È impossibile che la sostanza sia più potente di Dio (*fonte non identificata*). Dunque, vista l'abbondanza delle acque dell'abisso e l'assenza di luce (= tenebra) la terra non era visibile, perché l'aria non era illuminata (*Basilio*). Né l'oscurità, se intesa come corpo, può impedire la luce spirituale, che è Dio (*fonte non identificata*, ma giustamente in apparato Metzler[37] richiama tutto il brano di Basilio, *Hexaemeron* II,4 per una certa affinità).

b. Il recupero di una interpretazione origeniana

Nella sezione che ho appena riassunto c'è un ultimo brano che riporto di seguito:

> Alcuni hanno avuto l'ardire di identificare la tenebra con il diavolo e l'abisso con i demoni e quando Dio disse "sia la luce" ci fu il Figlio di Dio. E non si vergognano di dire che il diavolo è più antico del Figlio di Dio, e anche la terra e il cielo per mezzo del quale sono stati fatti.
>
> Se non che il diavolo, che era stato buono, per suo arbitrio è divenuto diavolo[38].

Questi passi non sono identificati da Metzler. L'Editrice tuttavia riporta in apparato sia la testimonianza di Diodoro di Tarso, che si oppone a questa interpretazione, sia l'indicazione della *Collectio Coisliniana* che l'attribuisce a Origene[39]. L'interpretazione è senz'altro di Origene, per

---

[37] *Prokop I*, p. 16.

[38] *Prokop I*, p. 16, 79–17, 88: ἐτόλμησαν δέ τινες εἰπεῖν ὅτι "σκότος" ὁ διάβολός ἐστιν, "ἄβυσσος" δὲ οἱ δαίμονες· ὅτε δὲ εἶπεν ὁ θεός· γενηθήτω φῶς, γέγονεν ὁ υἱὸς τοῦ θεοῦ. καὶ οὐκ αἰσχύνονται τοῦ υἱοῦ πρεσβύτερον τὸν διάβολον λέγοντες καὶ τὸν οὐρανόν τε καὶ γῆν, δι' οὗ καὶ ταῦτα ἐγένετο· πλὴν ὅτι γεγονὼς ἀγαθὸς ὁ διάβολος ἐξ ἑαυτοῦ προῆλθε διάβολος.

[39] *Prokop I*, p. 16. L'amico Dimitrios Zaganas mi suggerisce che la frase πλὴν ὅτι γεγονὼς ἀγαθὸς ὁ διάβολος ἐξ ἑαυτοῦ προῆλθε διάβολος potrebbe essere presa da Didimo, *Commentarius in Genesim*, fol. 109, 2-5 (*SC* 233, p. 256), dove in effetti c'è piena affinità concettuale, anche se non letterale. Ma l'ascendenza è comunque origeniana.

quanto riguarda l'identificazione di tenebra e abisso rispettivamente con diavolo e demoni. L'*Epitome* torna a confutare questa interpretazione nel successivo commento a Gen. 1, 2c ("e lo spirito di Dio si portava sopra l'acqua"). In questo caso, in chiusura di spiegazione, si aggiunge:

> e alcuni pensano che con il nome di spirito siano indicate le potenze sante, così come con abisso le potenze malvagie, sopra le quali c'è la tenebra, cioè il diavolo[40].

Come Metzler segnala in apparato, è Origene stesso a dire, in *CC* VI,49, che nel *Commentarius in Genesim* aveva interpretato gli elementi della creazione, nominando esplicitamente l'abisso, la tenebra, l'acqua e lo Spirito di Dio, sicché questo breve passo di Procopio figura nell'edizione dei frammenti origeniani su Genesi[41]. Ma in che modo Origene aveva interpretato questi elementi della creazione? Nel passo del *CC* non lo dice, tuttavia possiamo facilmente ricavarlo da altri passi, che convergono a confermare che la tenebra è il diavolo, l'abisso i demoni, le acque inferiori le potenze demoniache e quelle superiori le angeliche. Origene, infatti, in *CIo* 32,313, afferma, a proposito del tradimento di Giuda, che la precisazione "ed era notte" di Ioh. 13, 30 indica simbolicamente la notte nell'anima di Giuda "quando Satana entrò in lui, cioè *la tenebra sopra l'abisso* [corsivo mio]". Invece nella prima omelia su Genesi, giunta a noi nella traduzione di Rufino, è più prudente. Origene dice: "Qual è l'abisso? Certamente quello nel quale saranno il diavolo e i suoi angeli" (*Quae est abyssus? Illa nimirum in qua erit diabolus et angelis eius*). Nei manoscritti si nota l'oscillazione tra il futuro *erit* e l'imperfetto *erat* (che alluderebbe alla preesistenza)[42]. Anche l'*in qua* potrebbe essere una prudenziale modifica di Rufino rispetto a un originale nominativo femminile[43], che identificherebbe senz'altro l'abisso con le potenze

---

Sempre Zaganas ritiene che la frase ἐτόλμησαν ... ἐγένετο sia verosimilmente tratta da Severiano di Gabala, *De mundi creatione* 1,5, *PG* 56, col. 435, probabilmente influenzato da Diodoro.

[40] *Prokop I*, p. 19, 122-125: τινὲς δὲ τὸ ἅγιον πνεῦμα νοήσαντες ἐνταῦθα λέγεσθαι ἁγίας δυνάμεις τὰ ὕδατα παρεδέξαντο, ὥσπερ καὶ τὴν "ἄβυσσον" πονηρὰς δυνάμεις, ἐφ᾽ ὧν τὸ "σκότος" ἦν, ὁ διάβολος.

[41] Metzler, *Origenes, Die Kommentierung* (n. 1), p. 38 (C I 1 Sekundärüberlieferung).

[42] Origene, *HGen* I,3 (*SC* 7bis, p. 26). Cfr. *ivi* il commento di L. Doutreleau.

[43] Cfr. il commento di Simonetti, in *Origene, Omelie sulla Genesi* (n. 6), p. 39 n. 5.

LA RICEZIONE DI ORIGENE NELL'*IN GENESIM*

demoniache. Ma c'è da dire che in Origene è presente questa specifica oscillazione per cui a volte l'abisso si identifica con i demoni, a volte è il luogo in cui vanno i demoni, per influsso del versetto di Lc. 8, 31[44]. In ogni caso il contesto omiletico, pur portando Origene ad affrontare prevalentemente tematiche di ordine ascetico e spirituale, non lo rendeva omissivo rispetto alla sua impostazione ormai consolidata. Infatti, per quanto riguarda l'interpretazione delle acque della creazione, una delle nuove omelie sui Salmi, scoperte nel *Monacensis Graecus* 314, conferma limpidamente che le acque dell'abisso rappresentano per Origene le potenze malvagie, mentre le acque sopra le quali c'è lo spirito di Dio (Gen. 1, 2c) sono le potenze "più divine" (περὶ δυνάμεων θειοτέρων)[45]. Tale esegesi è anche confermata dalla testimonianza di Epifanio conservata nella traduzione latina di Girolamo in *ep.* 51,5. Origene era spinto ad avanzare siffatta interpretazione dal problema posto da alcuni passi biblici (per esempio Ps. 76, 17ac) nei quali le acque figurano come esseri animati.

Allora, se l'identificazione dell'esegesi origeniana nel secondo passo dell'*Epitome* è sicura, perché Metzler non avanza esplicitamente la medesima ipotesi anche per il primo passo? Ciò che nel primo fa problema, per cui credo che l'Editrice abbia voluto mantenersi prudente, è la parte centrale, dove Procopio contrasta l'interpretazione che la luce sia il Figlio (ὅτε δὲ εἶπεν ὁ θεός· γενηθήτω φῶς, γέγονεν ὁ υἱὸς τοῦ θεοῦ), perché ciò significherebbe posporre cronologicamente il Figlio al diavolo[46]. Ritengo che qui abbiamo una traccia, tenue ma preziosa, che consente di recuperare l'interpretazione origeniana di Gen. 1, 3. Bisogna preliminarmente sgombrare il campo da equivoci: Origene è chiarissimo nell'identificare il Figlio/Sapienza con l'iniziale "in principio" di Gen. 1, 1[47]. Il Figlio è il principio, ontologico, da cui tutto proviene, colui

---

[44] Si constata questa oscillazione in una delle nuove omelie scoperte sui Salmi (*H2Ps* 36,5), per la quale vedi testo e commento di L. Perrone, in *Origene, Omelie sui Salmi. Codex Monacensis Graecus 314*, ed. L. PERRONE, vol. 1, Roma, 2020 (Opere di Origene, IX/3a), p. 254-257 e n. 13. Questa omelia è conservata anche nella traduzione latina di Rufino, che ha cura di oscurare alcune affermazioni di Origene.

[45] *H3Ps* 76,1; cfr. il testo (p. 116, 12) e il commento di L. Perrone, in *Origene, Omelie sui Salmi. Codex Monacensis Graecus 314*, ed. L. PERRONE, vol. 2, Roma, 2021 (Opere di Origene, IX/3b), p. 116-117 e n. 3. Meno chiaro è invece il passo di *HGen* I,2.

[46] Si veda il testo riportato alla nota 38.

[47] Cfr. Origene, *HGen* I,1 (*SC* 7bis, p. 24): *Quod est omnium principium nisi Dominus noster et Salvator omnium Iesus Christus, primogenitus omnis creaturae?* A conferma della limpida affermazione dell'omelia, conservata nella traduzione rufi-

per mezzo del quale ogni cosa ha inizio. In *CC* II,9 Origene sintetica-
mente afferma che è a Cristo che Dio rivolge il comando della creazione
e il primo dei comandi elencati è quello riguardante la luce (cfr. anche
CIo I,110). Sembrerebbe dunque, al primo sguardo, non attribuibile a
Origene quello che la fonte di Procopio denuncia come un errore, cioè
l'identificazione della luce di Gen. 1, 3 con Cristo. Ma per comprendere
come invece Origene abbia potuto identificare la luce con Cristo, si deve
innanzitutto tenere presente la lettera del testo dei Settanta. Al contrario
di certi traduttori moderni del testo settantistico, che traducono disin-
voltamente Gen. 1, 3 con "fu fatta la luce", Origene è attentissimo a ogni
singola parola. Pertanto, in un altro passo del *CC*, criticando la super-
ficialità di Celso, Origene osserva che mentre la Scrittura usa il verbo
"fece" (ἐποίησεν) per la creazione del cielo, della terra, del firmamento,
delle piante, delle stelle, dei mostri marini, degli animali e dell'uomo,
per la luce dice solo "la luce fu" (καὶ ἐγένετο φῶς). Inoltre, aggiunge, per
la raccolta dell'acqua (Gen. 1, 6 e 1, 9) e per la produzione delle piante
dalla terra (Gen. 1, 11) la Scrittura dice "e così fu" (καὶ ἐγένετο οὕτως)[48].
In effetti questa seconda espressione torna altre volte nel racconto di
creazione, ma solo in questi due casi non è accompagnata dal verbo
ἐποίησεν, come avviene invece in Gen. 1, 15; 1, 20; 1, 24; 1, 30. Origene
sottintende che tutte queste peculiarità richiedono un'interpretazione
accurata. Stante la posizione isolata dell'espressione riguardante la luce
(unico caso in cui si dice soltanto: ἐγένετο), possiamo ipotizzare, con
l'aiuto dell'accusa riprodotta da Procopio, che il comando pronunciato
da Dio Padre abbia proprio per oggetto il Figlio il quale "fu" nel senso
che "divenne" (secondo la versatilità di significato del verbo γίγνομαι)

---

niana, si veda Origene, *CIo* I,111 (*SC* 120, p. 118): "Cristo però è creatore, inteso come
Principio, in quanto è Sapienza e si chiama Principio perché è Sapienza" (Δημιουργὸς
δὲ ὁ Χριστὸς ὡς ἀρχή, καθ' ὃ σοφία ἐστί, τῷ σοφία εἶναι καλούμενος ἀρχή).

[48] Origene, *CC* IV,55 (*SC* 120, p. 324-326): Οὔπω δὲ λέγω ὅτι, εἴπερ ὑπέμεινε καὶ
ἠνέσχετο ἐπακοῦσαι τῶν, ὥς φησι, συγγραμμάτων Μωϋσέως καὶ τῶν προφητῶν,
ἐπέστησεν ἄν, τί δήποτε τὸ μὲν *ἐποίησεν ὁ θεὸς* ἐπ' οὐρανοῦ καὶ γῆς τέτακται καὶ τοῦ
καλουμένου στερεώματος ἔτι δὲ καὶ φωστήρων καὶ ἀστέρων καὶ μετὰ ταῦτα ἐπὶ κητῶν
μεγάλων καὶ πάσης ψυχῆς *ζῴων ἑρπετῶν, ἃ ἐξήγαγε τὰ ὕδατα κατὰ γένη αὐτῶν,* καὶ
παντὸς πετεινοῦ πτερωτοῦ κατὰ γένος καὶ ἑξῆς τούτοις ἐπὶ τῶν θηρίων *τῆς γῆς κατὰ*
γένος καὶ τῶν κτηνῶν *κατὰ γένος* καὶ πάντων τῶν ἑρπετῶν *τῆς γῆς κατὰ γένος* αὐτῶν καὶ
τελευταῖον ἐπὶ τοῦ ἀνθρώπου, μὴ εἰρημένου δὲ τοῦ *ἐποίησε* περὶ ἑτέρων, ἀρκεῖται ὁ λόγος
περὶ φωτὸς μὲν τῷ *Ἐγένετο φῶς* ἐπὶ δὲ συναγωγῆς μιᾶς παντὸς ὕδατος τοῦ ὑποκάτω
παντὸς τοῦ οὐρανοῦ τῷ *Ἐγένετο οὕτως.*

luce per il cosmo delle creature razionali, cioè per quella che secondo Origene è la prima creazione[49], simboleggiata dalla creazione del cielo e della terra[50]. Questa prima creazione si trova già in una condizione di incipiente differenziazione allorché vengono menzionati l'abisso e la tenebra, dato il significato attribuito a questi due elementi da Origene. Tale differenziazione, causata dai movimenti del libero arbitrio di ciascuna creatura razionale, è, dunque, in atto prima della creazione del firmamento e della terra arida (cioè di Gen. 1, 6-9), cioè del mondo attuale, creato da Dio proprio a motivo delle differenze tra le creature, per costituire, con le sue suddivisioni, il luogo e il mezzo di recupero di quelle che si sono allontanate da Dio. Insieme con il mondo attuale, viene creato il tempo[51]; di conseguenza il giorno "uno" (Gen. 1, 1-5) è in una condizione di a-temporalità[52] (perciò è "uno"), differenziandosi dagli altri giorni, secondo, terzo e così via. In questo giorno "uno" è adombrata la prima creazione nel suo momento iniziale di creazione degli esseri razionali i quali, per il fatto stesso di venire all'esistenza dotati di libero arbitrio, nell'atto stesso di venire creati si relazionano in vario modo al creatore, come tenebra, abisso, acque superiori e inferiori. A conferma si può addurre quanto Origene dice in *CIo*:

> [il Salvatore] diventa molte cose e forse tutte le cose, per cui ha bisogno di lui ogni creatura che può essere liberata. Per questo egli *diventa luce* [corsivo mio] degli uomini, allorché questi, accecati dal male morale, hanno bisogno di quella luce che brilla nelle tenebre e non è afferrata

[49]   Su cui, per esempio, cfr. Origene, *Prin* II,9,6.

[50]   Fortunatamente in *HGen* I,2 (*SC* 7bis, p. 28) Origene accenna alla simbologia del cielo: [...] *in principio et ante omnia coelum dicitur factum, id est omnis spiritalis substantia, super quam velut in throno quodam et sede Deus requiescit*. Egli non fa altrettanto con la simbologia della terra, che deve essere ricavata, e può identificarsi con il principio della materia, segno della mutevole creaturalità: cfr. G. Lettieri, "Dies una. L'allegoria di 'coelum et terra in Principio' ricapitolazione del sistema mistico-speculativo di Origene", *Adamantius*, 23 (2017), p. 45-84, qui p. 67-71.

[51]   La creazione del tempo insieme con il mondo sensibile è affermata in *HGen* I,1. La si trova anche in Filone, *De opificio mundi* 35.

[52]   Che, si badi, non vuol dire coeternità con Dio Padre e il suo Logos. L'accusa, formulata contro Origene, di considerare le creature coeterne con il Logos, avanzata per la prima volta da Metodio di Olimpo (*De creatis, apud* Fozio, *Bibliotheca* 235) è riproposta come peculiare dottrina origeniana periodicamente dalla critica contemporanea.

64 EMANUELA PRINZIVALLI

dalle tenebre, mentre non sarebbe forse divenuto luce degli uomini, se questi non si fossero venuti a trovare nelle tenebre[53].

Origene sta commentando Ioh. 1, 4-5 ("e la vita era la luce degli uomini, la luce splende nelle tenebre e le tenebre non l'hanno afferrata"). Egli aggiunge, per spiegare meglio le varie denominazioni assunte da Cristo, che se i "santi" avessero perseverato nella primitiva beatitudine, sarebbe "rimasto unicamente Sapienza, forse anche Logos e forse anche Vita e in ogni caso Verità, ma non certamente le altre cose che assunse per causa nostra"[54]. Da cui si deduce che "luce" è una denominazione assunta ai fini dell'opera di recupero "degli uomini", cioè, in generale, dei λογικοί, le creature razionali, come si evince da un passo successivo (*CIo* I,158-161). In questo Origene prende in esame, a partire dall'autoaffermazione di Gesù in Ioh. 8, 12 ("io sono la luce del mondo"), alcune denominazioni, considerandole equivalenti: "luce vera" (Ioh. 1, 9), "luce delle genti" (Is. 49, 6) e appunto "luce degli uomini", proponendo la distinzione tra la luce sensibile, quella creata nel quarto giorno (Gen. 1, 14) e la luce vera, cioè il Salvatore che illumina gli "esseri dotati di logos" (λογικοί). Origene specifica che si tratta di ogni ordine di esseri di cui il Salvatore è "il sole che dà origine al gran giorno del Signore" (allusione ad Ap. 16, 14)[55]. Queste premesse fanno intuire una delle direttrici (stante la

[53] *CIo* I,119-120 (*SC* 120, p. 122-124): ὁ δὲ σωτὴρ ἡμῶν [...] πολλὰ γίνεται ἢ καὶ τάχα πάντα ταῦτα, καθὰ χρῄζει αὐτοῦ ἡ ἐλευθεροῦσθαι δυναμένη πᾶσα κτίσις. Καὶ διὰ τοῦτο γίνεται φῶς τῶν ἀνθρώπων, ὅτε ἄνθρωποι ὑπὸ τῆς κακίας σκοτισθέντες δέονται φωτὸς τοῦ ἐν τῇ σκοτίᾳ φαίνοντος καὶ ὑπὸ σκοτίας μὴ καταλαμβανομένου, οὐκ ἄν, εἰ μὴ γεγόνεισαν ἐν τῷ σκότῳ οἱ ἄνθρωποι, γενόμενος ἀνθρώπων φῶς. La traduzione è di E. CORSINI, *Origene: Commento al vangelo di Giovanni*, Torino, 1968, p. 154-155.

[54] Origene, *CIo* I,123 (*SC* 120, p. 124): Τάχα γὰρ σοφία ἔμενε μόνον ἢ καὶ λόγος ἢ καὶ ζωή, πάντως δὲ καὶ ἀλήθεια· οὐ μὴν δὲ καὶ τὰ ἄλλα ὅσα δι' ἡμᾶς προσείληφε.

[55] Si legga *CIo* I,160-161 (*SC* 120, p. 140): Φῶς δὴ κόσμου αἰσθητὸν ὁ ἥλιός ἐστιν, καὶ μετὰ τοῦτον οὐκ ἀπᾳδόντως ἡ σελήνη καὶ οἱ ἀστέρες τῷ αὐτῷ ὀνόματι προσαγορευθήσονται. Ἀλλὰ φῶς μὲν αἰσθητὸν τυγχάνοντες οἱ γεγονέναι παρὰ Μωσεῖ λεγόμενοι τῇ τετάρτῃ ἡμέρᾳ, καθὸ φωτίζουσι τὰ ἐπὶ γῆς, οὐκ εἰσὶ φῶς ἀληθινόν· ὁ δὲ σωτὴρ ἐλλάμπων τοῖς λογικοῖς καὶ ἡγεμονικοῖς, ἵνα αὐτῶν ὁ νοῦς τὰ ἴδια ὁρατὰ βλέπῃ, τοῦ νοητοῦ κόσμου ἐστὶ φῶς· λέγω δὲ τῶν λογικῶν ψυχῶν τῶν ἐν τῷ αἰσθητικῷ κόσμῳ, καὶ εἴ τι παρὰ ταῦτα συμπληροῖ τὸν κόσμον, ἀφ' οὗ ὁ σωτὴρ εἶναι ἡμᾶς διδάσκει, τάχα μέρος αὐτοῦ τὸ κυριώτατον καὶ διαφέρον τυγχάνων καί, ὡς ἔστιν εἰπεῖν, ἥλιος ἡμέρας μεγάλης κυρίου ποιητής ("Ora, la luce sensibile del mondo è senza dubbio il sole e, in via subordinata, si potrà applicare, senza alcuna improprietà, questa denominazione anche alla luna e alle stelle. Ma poiché questi luminari, che Mosè dice creati

moltiplicazione dei livelli interpretativi consueta in Origene, forse erano più di una) lungo la quale potrebbe essersi sviluppata la spiegazione origeniana di Gen. 1, 4, il versetto che enuncia la divisione della luce dalle tenebre nonché la denominazione della luce come giorno e delle tenebre come notte: se il Salvatore è luce che illumina, chi lo segue diventa a sua volta luce, cioè giorno, essendo separato dalle tenebre, cioè notte.

Al termine del recupero dell'interpretazione origeniana di Gen. 1, 3, ci si può chiedere perché mai la fonte di Procopio non abbia compreso l'intenzione di Origene, che di certo non pospone Cristo al diavolo. Data la non accettazione della dottrina della preesistenza da parte di Procopio (in questo senso egli riporta anche un frammento di un *Florilegio antiorigeniano*, che esaminerò in seguito), tutto il resto dell'esegesi origeniana gli risulta inaccettabile e dunque egli non può far altro che estremizzare, e in sostanza svisare, il pensiero di Origene[56]. Il rapido accenno all'originaria natura buona del diavolo ("Se non che il diavolo, che era stato buono, per suo arbitrio è divenuto diavolo"), che sembra essere un'ulteriore osservazione che Procopio trova in una fonte e riporta, essendo connessa con il discorso sul diavolo, si spiega con la sua costante preoccupazione di non offrire nessuna sponda ai dualisti, come si vedrà anche in seguito: può peraltro essere anche il recupero subliminale dell'autentica interpretazione di Origene o di Didimo[57].

c. Il riassunto dell'interpretazione di Gen. 1, 2c nell'Epitome

Riprendo ora a riassumere l'*Epitome*, per quanto riguarda l'esegesi di Gen. 1, 2c: "E lo Spirito di Dio si portava sopra le acque". Gli uni di-

---

nel quarto giorno, sono luce sensibile, in quanto illuminano ciò che è sulla terra, essi non sono luce vera. Il Salvatore, invece, illumina gli esseri dotati di logos e di parte dominante perché il loro intelletto possa vedere quelle che sono le realtà proprie della sua capacità visiva: egli è quindi luce del mondo intelligibile, voglio dire, delle anime dotate di logos che sono nel mondo sensibile, e di ogni altro possibile ordine di esseri che riempiono quel mondo, da cui il Salvatore ci dichiara nel suo insegnamento di provenire, costituendone forse la parte più eccelsa e più nobile e, per così dire, il sole che dà origine al gran giorno del Signore"; trad. CORSINI, p. 162-163).

[56] L'identificazione della luce di Gen. 1, 3 con il logos era già in Teofilo di Antiochia (*Ad Autolycum* II,13), ma nel suo caso si tratta di un breve accenno e la luce del logos non è altro che la luce creatrice che separa tenebre e giorno, intesi letteralmente. Dunque nulla di paragonabile all'esegesi origeniana, quale l'ho ricostruita.

[57] Vedi *supra* nota 39.

66 EMANUELA PRINZIVALLI

cono che è lo Spirito santo (*Eusebio di Emesa* e altri[58]) perché specifica "di Dio", che si dice solo dello Spirito santo (*fonte non identificata*). Il verbo ebraico indica la cova di un uccello sul nido per vivificare (*Eusebio di Emesa, Teodoro bar Koni, Teodoreto*[59]). In questo modo chiarisce che gli elementi non hanno in sé nessuna potenza (*fonte non identificata*). Nessuna parola greca poteva rendere bene il concetto e dunque dice ἐπεφέρετο, parola estranea al divino (*Eusebio di Emesa*). Altri hanno respinto questa interpretazione (perché l'increato non si può annoverare nella creazione: *fonte non identificata*), lo spirito di Dio è l'aria, e qualsiasi creatura è di Dio (*Eusebio di Emesa*). L'aria è qualcosa di mobile e di leggero, più vicino all'incorporeo e, perché non si pensasse che fosse qualcosa di diverso da una creatura, ha aggiunto di Dio (*Eusebio di Emesa*). È una consuetudine della Scrittura specificare l'aria come di Dio, come attestano diversi passi della Scrittura (*fonte non identificata*)[60]. Dunque spirito a volte indica l'aria a volte il vento, creature di Dio (*Diodoro di Tarso*) che si muovono secondo la sua volontà. Alcuni pensano che sia l'energia di Dio che governa le acque (*Eusebio di Emesa*). Altri che indichi il battesimo (*fonte non identificata*) perché nell'acqua c'è la purificazione maggiore (*Giovanni Damasceno*). Il principio del mondo è l'acqua e quello del Vangelo il Giordano (*Cirillo di Gerusalemme*). Infine, la chiusa antiorigeniana (*vedi sopra*): "e alcuni pensano che con il nome di spirito siano indicate le potenze sante, così come con abisso le potenze malvagie, sopra le quali c'è la tenebra, cioè il diavolo".

Se il lettore avrà avuto la pazienza di seguire il riassunto dell'interpretazione condotta nell'*Epitome* su Gen. 1, 1-2 avrà notato che l'attenzione di Procopio al testo biblico è massima soprattutto a proposito dell'*incipit*, un luogo classico sul quale gli interpreti si erano sempre concentrati soprattutto per la presenza del termine "principio", e che una particolare attenzione è data anche all'espressione "Spirito di Dio". L'esegesi dell'*Epitome* in generale si basa su un'attenta disamina del significato letterale delle parole e non indugia quasi mai sull'allegoria (a parte l'identificazione dello Spirito di Dio con lo Spirito santo, largamente condivisa, e l'identificazione delle acque con quelle battesimali, con una valenza immediatamente ecclesiale), e anzi esplicitamente vi si

---

[58] L'identificazione è già in Origene, *Prin* I,3,3, dove fra l'altro rimanda al *CGen*.

[59] La stessa idea è anche in Basilio, *Homiliae in hexaemeron* II,6,3.

[60] METZLER, *Prokop I*, p. 18 in apparato segnala la somiglianza con Teodoreto, *Quaestiones in Genesim* 8.

oppone, quando si tratta di respingere il significato allegorico di tenebra, abisso, spirito e acque. Vi è poi una polemica manifesta e continua,
contro il dualismo dei primi principi. Non a caso l'unico nome fatto in
questi capitoli è quello di Mani: costui è il nemico dichiarato.

Stando alle fonti individuate da Metzler per l'interpretazione
dei due primi versetti di Genesi la parte da protagonista la fanno gli
autori appartenenti all'area palestinese e antiochena (spiccano i nomi di
Eusebio di Emesa e Giovanni Crisostomo), ma anche Basilio il Grande,
con le *Omelie sull'Esamerone*, fa sentire il suo peso. Anzi, direi che, se si
mette a confronto il testo dell'*Epitome* con l'interpretazione di Basilio
condotta nella prima e nella seconda omelia sull'Esamerone, si consta-
terà che il debito è pervasivo e consiste nell'atmosfera antidualista che si
respira nelle pagine. Procopio, peraltro, forte delle molteplici fonti uti-
lizzate, integra o corregge a volte Basilio. Per esempio, laddove Basilio
affermava la congruità del verbo ἐποίησεν[61] rispetto a verbi meno pre-
gnanti come "produrre" o "fondare", l'*Epitome* invece ne sottolinea la
problematicità rispetto all'ebraico. Successivamente Procopio non esi-
terà a collocare la creazione degli angeli dopo quella del cielo e della
terra[62], spiegando che in questo modo gli angeli possono apprendere di
essere essi stessi creature (una spiegazione che viene da fonte non identificata), mentre per Basilio (*Hexaemeron* I,5,1) la creazione degli angeli
precede quella del cielo e della terra, collocandosi al di fuori del tempo.

Non deve sfuggire inoltre, come abbiamo visto sopra, che Procopio
polemizza a due riprese, e in posizione di evidenza, con un'interpretazione che, senza ombra di dubbio, risale a Origene. Ritengo che nella
particolare attenzione rivolta da Procopio a tale confutazione abbia gio-
cato la lettura attenta della pagina basiliana. Il Cappadoce nella seconda
omelia sull'Esamerone, confuta l'interpretazione che vede nella tenebra sopra l'abisso la potenza del male, che non riceve l'essere da un altro,
ma da sé: in altri termini, confuta l'interpretazione della tenebra come
principio primo. L'obiettivo polemico di Basilio è manifesto ed enun-
ciato: si tratta del manicheismo, che aveva rinverdito ed estremizzato le

---

[61] Basilio si esprime così in *Homiliae in hexaemeron* I,7,3, ed. M. NALDINI, Milano, 1990, p. 24: οὐχὶ ἐνήργησεν, οὐδὲ ὑπέστησεν, ἀλλὰ Ἐποίησεν.

[62] *Prokop I*, p. 19-20: Ποιήσας δὲ τὸν οὐρανὸν καὶ τὴν γῆν οὐδεμίαν ἀφῆκε φωνήν·
οὐδὲ γὰρ ἦσαν οἱ διὰ ταύτης ὀφείλοντες ἐκπαιδεύεσθαι. μετ' οὐρανοῦ δὲ καὶ γῆς καὶ τοὺς
ἀγγέλους παραγαγὼν εἶτα παιδεῦσαι τούτους βουλόμενος, ὡς καὶ αὐτῶν ἐστι δημιουργός,
μή ποτε αὐτομάτως ὑφεστάναι νομίσωσι...

posizioni di Marcione e dei Valentiniani (*Hexaemeron* II,4,2 e II,4,3). Basilio aggiunge poi che "certuni hanno fantasticato" che l'abisso sia la massa delle potenze avverse. Basilio allude a Origene, ma ribadisce subito dopo, contro i dualisti, che la tenebra non è una potenza sovrana contrapposta al bene (*Hexaemeron* II, 4,5). Si capisce dunque perché il Cappadoce respinga l'interpretazione: non è tanto l'allegorismo in sé che contesta, quanto la contiguità, che gli appare evidente, con una posizione dualista più estrema, contro la quale si diffonde nelle pagine successive. Il Cappadoce torna a dedicare un congruo spazio, nella terza omelia sull'Esamerone (*Hexaemeron* III,9), a confutare "quelli di Chiesa" che, con il pretesto dell'ἀναγωγή e di pensieri più alti, si rifugiano nelle allegorie proponendo l'identificazione delle acque superiori con le potenze buone e quelle inferiori con le potenze malvagie, altra interpretazione origeniana, come abbiamo visto. Basilio la respinge con sufficienza, degradandola a chiacchiere di vecchie, e conclude, lapalissianamente, che l'acqua è acqua. Qui sembra che l'oggetto degli strali di Basilio sia l'allegorizzazione in sé, ma, ancora una volta, il motivo più profondo del rifiuto di allegorizzare il racconto di creazione è da individuare nel pericolo rappresentato dal dualismo manicheo, che si fondava sul metodo allegorico, e, in linea subordinata, nell'opposizione alla dottrina della preesistenza (il fratello di Basilio, Gregorio di Nissa, motiva dicendo che non si può considerare l'origine della vita terrena sotto il segno del male). Al medesimo intento antidualista era sensibile Procopio, come si è visto, il quale, a conferma dell'ampio utilizzo delle omelie esameronali di Basilio, riprende nell'*Epitome*, a proposito delle acque, la confutazione da lui fatta a *Hexaemeron* III,9[63].

4. La creazione dell'*anthropos*: una mediazione difficile

Quanto detto sinora credo mostri il problema con cui fare i conti: quando si tratta di un'interpretazione comune a più autori, per la quale lo studioso moderno può ritrovare una consonanza più o meno letterale nell'*Epitome* con uno specifico autore, tale interpretazione può essere stata condivisa anche da Origene ed egli può anzi talvolta essere a capo stesso della filiera (si veda i casi sopra menzionati dell'identificazione dello spirito di Gen. 1, 2 con lo Spirito santo, oppure quello del verbo al tempo imperfetto per esprimere l'eternità); possiamo però provarlo

---

[63] *Prokop I*, p. 36-37 e apparato.

LA RICEZIONE DI ORIGENE NELL'*IN GENESIM*

solo limitatamente, per quanto ci è dato di conoscere delle opere origeniane, restando poi impossibile sapere se Procopio avesse o no contezza dell'ascendenza origeniana. Siamo invece in grado di identificare i casi in cui, pur non essendo nominato, Origene è bersaglio di critica. È dunque ben giustificata l'ipotesi di Metzler che il proemio contenga materiale origeniano, più o meno rielaborato, in misura anche maggiore rispetto a quanto è possibile individuare, cioè a proposito della visione di Dio a Mosè e della confutazione della teoria della coeternità della materia con Dio[64].

Di certo, su alcuni temi Origene era l'autorità di riferimento. Non stupisce dunque ritrovare nell'*Epitome* la celeberrima confutazione origeniana dell'astrologia, contenuta nel terzo libro del *Commentarius in Genesim* e citata per la prima volta dalla *Philocalia*[65], quindi da Eusebio di Cesarea[66], e poi, con tradizione separata, dalla *Catena in Genesim*[67]. Procopio riprende un passo di tale confutazione[68].

Più interessante, per precisare ulteriormente la posizione di Procopio riguardo Origene, l'esame dell'*Epitome* per il commento a Gen. 1, 26-28, la creazione dell'ἄνθρωπος a immagine di Dio. L'inizio della trattazione presenta un inserto nell'archetipo, in posizione dunque non ordinata rispetto al resto, dal momento che interrompe un passo preso da Basilio, *Hexaemeron* IX,6. In questo inserto, probabilmente aggiunto da Procopio stesso in un secondo momento[69], si fornisce una solenne spiegazione preliminare[70], presa da fonte ignota, sul perché Dio, assolutamente buono, abbia creato un uomo imperfetto, risolvendo l'aporia

---

[64] *Prokop I*, p. CXVII e nota 338: le affinità identificate nel proemio si trovano alla p. 2, in cui il pensiero citato da Procopio è prossimo a *HIer* XVI,2 (vedi apparato di p. 2); alla p. 5, in cui l'affinità si riscontra con un frammento del *CGen* conservato in Eusebio, *Praeparatio evangelica* VII,20,3 (vedi apparato di p. 5) e alle p. 6-7, con la medesima attestazione in Eusebio, *Praeparatio evangelica* VII,19 (vedi apparato di p. 6).

[65] *CGen* III su Gen. 1,14: *Philocalia* 23,1-11.14-21 (*SC* 226, p. 130–166, 22; 174–204, 28).

[66] Eusebio, *Praeparatio evangelica* VI,11, *GCS*, Eus. 8/1, p. 344, 4–360, 12.

[67] Fr. 100, ed. PETIT, *La chaîne sur la Genèse* (*TEG* I, p. 69-76).

[68] *Prokop I*, p. 53, 233–56, 317. Tutte le testimonianze suddette costituiscono la sezione D 7 nell'edizione di METZLER, *Origenes, Die Kommentierung* (n. 1), e quella di Procopio figura come Sekundärüberlieferung.

[69] Cfr. la spiegazione di METZLER in *Prokop II*, p. 59-60 note 265 e 266.

[70] *Prokop I*, p. 64-67.

con il richiamo al valore centrale della libertà umana. L'argomento della libertà gode di una lunga tradizione, che ha in Origene, come è noto, il suo maggiore rappresentante. Metzler nota il ricorrere, sia nell'inserto sia nell'introduzione all'*Epitome*, di una stessa modalità di ragionamento, che riduce *ad absurdum* la tesi avversaria, il che porta a pensare all'uso di una medesima fonte, che potrebbe essere Origene stesso: tuttavia, giustamente, la Studiosa, pur avanzando tale ipotesi, si mantiene prudente[71], perché la specificità del pensiero qui espresso non si riscontra in opere note dell'Alessandrino.

Il commento a Gen. 1, 26, a parte le fonti non identificate, che occupano gran parte, è un *collage* nel quale spiccano Gregorio di Nissa e Teodoro di Mopsuestia sugli altri (Basilio, Giovanni Filopono, Didimo il Cieco, Diodoro di Tarso), il che è segno evidente della volontà di Procopio di normalizzare e rendere compatibili tradizioni diverse.

È opportuno ora prendere in esame l'utilizzazione che Procopio fa di Didimo. Partiamo dal punto[72] in cui nell'*Epitome* si discute se l'essere a immagine di Dio (Gen. 1, 26) riguardi l'anima o il corpo o l'insieme dei due, e si precisa che l'uno non può sussistere senza l'altro, anche se è soprattutto l'anima ad essere a immagine, non però in quanto tale, ma se ha la virtù che le viene dalla conformazione al Figlio di Dio (cfr. Rm. 8, 29). Questo è uno dei casi in cui si potrebbe pensare, oltre che a una fonte non individuata (come segnala Metzler) a un pensiero dello stesso Procopio, che mette insieme le varie suggestioni di scuole antropologiche cristiane diverse. A onor del vero, un pensiero simile si trova anche in Didimo il Cieco[73]. Però il seguito va in un'altra direzione. Si continua infatti ammettendo che l'immagine è principalmente nell'anima, e questa si riflette sul corpo, donde il corpo del maschio rispecchia la sua anima "più divina" rispetto a quella della donna (διόπερ ἀνὴρ θεοειδεστέραν ἔχων γυναικὸς τὴν ψυχὴν μέχρι τοῦ σώματος ἔχει): infatti al maschio è detto di non coprirsi il capo, mentre alla donna sì (cfr. I Cor. 11, 7: "L'uomo non deve coprirsi il capo, perché egli è immagine e gloria di Dio; la donna invece è gloria dell'uomo"). L'incarnazione del Logos viene a sanare l'immagine caduta e nella resurrezione della carne si presenterà a Dio colui che era stato creato

---

[71] *Prokop II*; p. 61 nota 269.

[72] *Prokop I*, p. 71, 235–72, 267.

[73] E. Prinzivalli, M. Simonetti, *La teologia degli antichi cristiani (secoli I-V)*, Brescia, 2012 (Letteratura cristiana antica, n.s., 26), p. 316.

LA RICEZIONE DI ORIGENE NELL'*IN GENESIM*

a immagine. Ci troviamo in un'atmosfera antiochena: questi autori, infatti, valorizzavano il versetto di I Cor. 11, 7 per negare protologicamente alla donna l'essere a immagine, recuperandolo tuttavia nella redenzione[74]. Nell'*Epitome* il pensiero appare più sfumato, ma tutto sommato prossimo. A partire da questo punto Metzler individua un'altra fonte[75]: sempre in base a I Cor. 11, 7 nell'*Epitome* viene fatto notare che Paolo si riallaccia al racconto di Gen. 2, 22 (la creazione della donna dalla costola di Adamo) per cui, si conclude, anche se quanto all'apprezzamento dell'immagine la donna è inferiore all'uomo, è tuttavia tratta da lui. Si conferma l'appartenenza di tale affermazione a una visione moderatamente negativa circa la situazione protologica della femmina, vicina all'impostazione antiochena e lontana dall'alessandrina: infatti i due racconti di creazione sono qui considerati in modo unitario, mentre gli alessandrini li tengono separati, e l'inferiorità femminile qui riguarda l'anima stessa, non solo il corpo, come invece è per gli alessandrini. La brevissima frase successiva (ὅθεν κεφαλὴν αὐτῆς εἶπε τὸν ἄνδρα) combacia con il pensiero di Diodoro di Tarso[76]. La successiva fonte[77], non identificata, a meno che non sia un raccordo dello stesso Procopio, sottolinea che Paolo da un lato mostra la gerarchia perché solo dell'uomo dice che il suo capo è Cristo (il riferimento in questo caso è a I Cor, 11, 3: "voglio però che sappiate che di ogni uomo il capo è Cristo, e capo della donna è l'uomo, e capo di Cristo è Dio"), dall'altro la mescola perché poi riconduce tutto a Dio (riferimento a I Cor. 11, 12: "come infatti la donna deriva dall'uomo, così l'uomo ha vita dalla donna: tutto poi viene da Dio"). Arrivati a questo punto, Procopio passa a Didimo. Per dare un'esemplificazione delle piccole modifiche cui Procopio sottopone il testo originale, presento in sinossi, nell'originale greco, la fonte e l'*Epitome*:

[74] K. E. Børresen, "Immagine di Dio, immagine dell'uomo? L'interpretazione patristica di Genesi 1, 27 e 1 Corinzi 11, 7", in *A immagine di Dio. Modelli di genere nella tradizione giudaica e cristiana*, ed. K. E. Børresen, Roma, 2001, p. 163-218.

[75] *Prokop I*, p. 72, 267–73, 278.

[76] *Prokop I*, p. 73, 278-279.

[77] *Prokop I*, p. 73, 279-282.

Didimo, *Comm. in Gen.*, fol. 62, 12-21 (*SC* 233, p. 158):	Prokop I, p. 73, 282-288:
Τὸ δὲ ἄρσεν καὶ θῆλυ ἐποίησεν αὐ[τ]οὺς ἐξεταστέον, πῶς, περὶ ἑνὸς ἀνθρώπου προστάξαντος τοῦ Θεοῦ, ἡ ἀνταπόδοσις λέγει· Ἐποίησεν αὐτούς. Καὶ εἴη ἂν κατὰ τὸ ῥητὸν ἀπόδειξις αὕτη τοῦ ὁμοούσιον εἶναι τὴν γυναῖκα τῷ ἀνδρί, ὑπὸ ἓν εἶδος αὐτῶν ταττομένων καὶ διὰ τοῦτο εἰρημένου τοῦ ποιήσωμεν ἄνθρωπον· τὸ δὲ ἄρσεν καὶ θῆλυ παραστατικὸν τῶν τμημάτων <ὧν> τῆς διαδοχῆς ἕνεκεν ὁ Θεὸς ᾠκονόμησεν, ἐμφαῖνον ἅμα ὡς καὶ ἡ γυνὴ *κατ᾽ εἰκόνα* Θεοῦ ἐστιν, τῶν αὐτῶν δεκτικοὶ ἀμφότεροι, μιμήσεώς τε τῆς πρὸς Θεὸν καὶ τῆς τοῦ ἁγίου Πνεύματος μετουσίας καὶ ἀναλήμψεως ἀρετῆς[78].	ὥστε εἴ ποτε μὲν ὡς περὶ ἑνός φησιν ἄνθρωπον, ποτὲ δὲ αὐτούς, ἀπόδειξις αὕτη τοῦ ὁμοούσιον εἶναι τὴν γυναῖκα τῷ ἀνδρὶ ὑπὸ ἓν εἶδος αὐτῷ ταττομένη· εἰ δὲ τοῦτο, καὶ ἡ γυνὴ **διὰ τοῦ ἀνδρὸς** *κατ᾽ εἰκόνα* θεοῦ ἐστιν· τῶν γὰρ αὐτῶν δεκτικοὶ ἀμφότεροι, μιμήσεώς τε τῆς πρὸς τὸν θεὸν καὶ τῆς τοῦ ἁγίου πνεύματος μετουσίας καὶ ἀναλήψεως ἀρετῶν[79].

Procopio adatta l'inizio in modo da correlarlo alla frase precedente, che abbiamo visto sopra, e poi riporta con fedeltà quasi assoluta il resto. Non sfugga l'importanza dell'attribuzione alla donna da parte di Didimo di una parola "pesante" come l'ὁμοούσιος, che l'Alessandrino coerentemente sviluppa secondo un paradigma di parità assoluta tra uomo e donna, a livello spirituale, stante l'impostazione alessandrina che privilegia nel composto umano l'anima quale sede dell'essere a immagine di Dio. Ma non deve sfuggire neppure la modifica, tanto piccola quanto significativa, che Procopio fa (oltre al breve taglio riguardante la procreazione, avendo già affrontato in precedenza il discorso): difatti egli

[78] "Bisogna esaminare le parole 'maschio e femmina li fece', per quale motivo, se prima Dio aveva comandato a un solo essere, nella frase correlata è detto: 'li fece'. Secondo il senso letterale si potrebbe dire che questa è la prova che la donna è consustanziale all'uomo: infatti tutti e due sono elencati sotto una medesima specie e per questo motivo è detto: 'Facciamo l'uomo'. L'espressione 'maschio e femmina' indica la distinzione fra loro cui Dio ha provveduto in funzione della discendenza, ma allo stesso tempo mostra come la donna sia 'a immagine di Dio'. Tutti e due hanno la stessa capacità di imitare Dio, di partecipare dello Spirito e di acquisire virtù".

[79] "Sicché se a volte si dice di un solo 'uomo', a volte invece (si dice) 'li' (fece), questa è la prova che la donna è consustanziale all'uomo, essendo elencata sotto una stessa specie: se è così, anche la donna, tramite l'uomo, è 'a immagine di Dio'. Tutti e due hanno la stessa capacità di imitare Dio, di partecipare dello Spirito e di acquisire virtù".

specifica che la donna è a immagine di Dio "tramite l'uomo" (διὰ τοῦ ἀνδρός), in questo modo combina quanto detto ora con le precedenti frasi di diversa impostazione, riproponendo la subordinazione implicita nel racconto di Gen. 2, 22 nonché nelle formule usate da Paolo in I Cor. 11, 9 (διὰ τὸν ἄνδρα) e in I Cor. 11, 11 (ἐκ τοῦ ἀνδρός).

Il commento a Gen. 1, 27 vede l'uso esclusivo di Gregorio di Nissa e di una fonte non identificata, per un anticipo del commento di Gen. 2, 7. Per quanto riguarda Gen. 1, 28, il commento è più breve e, dopo una proposizione iniziale tratta da Severiano di Gabala, prosegue con una fonte non identificata. Vi è però un brano tratto da Origene, identificabile in base alla *Catena in Genesim* (Petit, fr. 73 e 173) e appartenente a un libro imprecisato (dal IV all'VIII) del *Commentarius in Genesim*, rispetto al quale Procopio è tradizione secondaria[80]. In esso Origene si chiede perché dalla lista degli animali sui quali l'ἄνθρωπος, in base a Gen. 1, 28, ha il dominio, manchino τὰ κήτη καὶ τὰ θηρία. La risposta è che non tutti gli animali sono "per l'uomo". I rettili sono utili per la farmacopea, ma il serpente non rientra tra i rettili, bensì tra le bestie selvatiche. Gli animali sui quali l'ἄνθρωπος ha il dominio sono gli stessi menzionati in Ps. 8[81].

Non posso non ricordare, sempre a proposito del commento a Gen. 1–3, che Procopio attinge anche a un *Florilegio antiorigeniano*, allorché arriva a commentare Gen. 3, 21, sulle tuniche di pelle di cui Dio riveste i progenitori dopo il peccato. La prima interpretazione riportata da Procopio, e risalente a Ippolito, Metodio ed Eusebio di Emesa (fonti individuate da Metzler), identifica le tuniche con la morte fisica che segue il peccato[82]. Procopio si affida poi a Severiano di Gabala[83] per citare le critiche agli allegoristi. In effetti il passo era, tradizionalmente, tra i più tormentati, per l'accentuato antropomorfismo e le aporie, più o meno fondate, che presentava, a partire dalla difficoltà di pensare a una creazione ulteriore da parte di Dio dopo il suo riposo sabbatico, e dalla deduzione che, se c'erano tuniche fatte di pelle, Dio doveva aver provocato la morte di qualche animale: le risposte provengono da

---

[80] Cfr. METZLER, *Origenes, Die Kommentierung* (n. 1), p. 164 (D 11).

[81] *Prokop I*, p. 85. Per la corrispondenza dei due piccoli brani (ll. 40-45 e 45-51) con la *Catena in Genesim* cfr. apparato.

[82] *Prokop I*, p. 149, 16-18: cfr. fonti in apparato.

[83] *Prokop I*, p. 149, 8-12: cfr. fonti in apparato.

74   EMANUELA PRINZIVALLI

passi di Teodoro di Mopsuestia[84]. Nella parte finale del commento a Gen. 3, 21 Procopio si serve del *Florilegio antiorigenista*, fonte comune del *Florilegio Vatopedi 236* e della *Lettera a Mena* di Giustiniano[85], nel quale si ricorda l'interpretazione allegorica che distingue le tuniche di pelle, cioè il corpo fatto di carne e sangue, dal corpo sottile e degno di soggiornare in paradiso (τὸ λεπτομερὲς σῶμα καὶ ἄξιον τῆς ἐν παραδείσῳ διαγωγῆς), avuto al momento della creazione. Il frammento è stato ampiamente analizzato[86] e trova la sua chiarificazione in un brano tratto dal *Commentarius in Genesim* di Didimo il Cieco[87], nel quale l'Alessandrino distingue il corpo leggero di Gen. 2, 7, di cui l'anima, creata a immagine di Dio secondo Gen. 1, 26-27, viene dotata, dal corpo pesante dopo il peccato. Questa spiegazione si inquadra naturalmente nella dottrina della preesistenza, sostenuta da Origene e da Didimo, ma, per quanto riguarda lo specifico dell'identificazione delle tuniche di pelle con il corpo di carne, è più antica, trovandosi in Filone, negli encratiti, nei valentiniani[88]. Dunque sembra opportuna l'attribuzione generica agli "allegoristi" presente nel *Florilegio*, che poi elenca la nutrita schiera degli oppositori a tale interpretazione[89], aperta da Clemente Alessandrino e continuata in ordine sparso e non cronologico, dove gli autori più antichi, Giustino, Ireneo, sono frammisti ai più recenti, i Padri Cappadoci, per chiudersi, significativamente, con l'*Aglaofone*, un'opera di Metodio di Olimpo, dal quale i compilatori del florilegio dichiarano di aver preso alcune informazioni: visto che

---

[84] *Prokop I*, p. 150: per le fonti vedi apparato.

[85] Cfr. METZLER, *Prokop I*, p. XCIV-XCV.

[86] La migliore trattazione, che mostra come anche Origene condividesse questa interpretazione, si trova in M. SIMONETTI, "Alcune osservazioni sull'interpretazione origeniana di Genesi 2,7 e 3,21", *Aevum*, 36 (1962), p. 370-381; ID., "Didymiana", *Vetera Christianorum*, 21 (1984), p. 129-155: entrambi gli articoli sono ripubblicati in ID., *Origene esegeta e la sua tradizione*, Brescia, 2004, rispettivamente alle p. 111-122 e 393-412.

[87] Didimo, *Commentarius in Genesim*, fol. 106, 10-12 (*SC* 233, p. 250) e 108, 6-7 (*ibid.*, p. 254). Teodoreto di Ciro (*Quaestiones in Genesim* 39, *PG* 80, col. 137D-140A) riporta la stessa interpretazione come di Origene, sulla quale ci sono altre attestazioni indirette: cfr. METZLER, *Origenes, Die Kommentierung* (n. 1), p. 190-192 (D 22).

[88] Cfr. Filone, *Quaestiones in Genesim* 53: Cassiano in Clemente Alessandrino, *Stromata* III,95,2; *Excerpta ex Theodoto* 55,1; Tertulliano, *Adversus Valentinianos* 24.

[89] Per l'elenco accurato di questi autori e delle opere di riferimento nel *Florilegio*, cfr. le pagine di METZLER citate alla nota 85.

Metodio vi combatte Origene e i suoi seguaci, è evidente che il *Florilegio* ha di mira innanzitutto Origene.

In conclusione, l'analisi del commento dell'*Epitome* a Gen. 1–3 mostra quanto Procopio fosse avvertito dell'importanza di Origene e della tradizione origeniana più fedele e tuttavia condividesse la critica nei confronti di un allegorismo considerato eccessivo e i timori circa la sua particolare visione antropologica che, in modo del tutto paradossale – visto che per tutta la vita Origene aveva combattuto i dualismi – poteva all'epoca risultare contigua al manicheismo, che costituiva per gli ecclesiastici di allora un pericolo incombente[90].

Abstract
It is not easy to examine the contours of the debt that Procopius the sophist owes to Origen's exegesis of Genesis, on account of two unfavourable circumstances: on the one hand, the largely incomplete nature of the preserved texts of the Alexandrian on this biblical book, and on the other, the fact that Procopius' *Epitome* is not a catena but a commentary that harmonises the interpretations of previous exegetes and hides its sources. Procopius was perfectly aware of the often violent criticisms of the Alexandrian: he even uses an anti-Origenist florilegium. He is conscious of the importance of Origen's exegesis and nevertheless agrees with the criticisms about an allegorisation which he considers excessive and dangerous. Consequently, his use of Origen on the first three chapters of Genesis, which are of crucial importance for Christian exegesis of all time, is very cautious, limited and mainly distinguishable in the case of criticism, albeit indirect. Procopius partially compensates for this by drawing from Didymus the Blind, a close follower of Origen, but with some modifications. The analysis of the *Epitome* confirms the Origenian interpretation of the waters of the abyss (Gen 1:2) and allows to recover the important identification of the light in Gen 1:3 with the Son, who initiates his work for the rational creatures.

---

[90] Ricordo che Zaccaria Scolastico (465/6-536 *c.*), originario di Gaza, fu vescovo di Mitilene e scrisse una *Refutatio* contro i manichei.

Procopius' *Eclogai in Genesim* as a Source for Reconstructing the Lost Genesis Commentary by Theodore of Mopsuestia

Benjamin Gleede

(*Tübingen*)

If this volume aims to finally respond to the *desideratum* of actually appreciating Procopius as an exegete and theologian in his own right, the present contribution might seem a little misplaced. As the title makes clear, it is not primarily dealing with Procopius' own theology or exegetical method within its genuine historical context, but rather seems to repeat the mistakes of nineteenth- and twentieth-century *Quellenforschung* in exploiting later collections only for the sake of hypothetically reconstructing earlier sources. In the meantime, it should be well known that the problem of this approach was not only its often highly speculative character, but also its one-sided perspective in looking at the sources. Reconstructing the religious history of say, Achaemenid Persia, one was relying on documents of early Islamic origin and exploiting them for possible archaic elements without ever appreciating the historical context of their actual origin, i.e. the Zoroastrianism of the early Islamic period and the concrete presuppositions that led to the respective reconfiguration of more or less archaic material.[1] In this light, it would actually be highly questionable methodologically, if we just compared the Procopius text with what we know from Theodore's Genesis-exegesis and thus tried to establish one or the other possible new fragment. This step has to be preceded by analysing the character of the collection we are dealing with here as exactly as possible; in other words: we need to know especially what kind of sources Procopius had

---

[1] Cf. J. Verheyden, B. Gleede, "Introduction", in *Zoroastrian Dualism in Jewish, Christian, and Manichaean Perspective* (*ETL* 96/2), Leuven, 2020, p. 193-198. – For considerable improvements made to this article in the course of editing I have to thank not only the editors of this volume, but especially the reviewer Lucas Van Rompay.

Procopius the Christian Sophist: Catenist, Compiler, Epitomist, ed. by D. Zaganas, J.-M. Auwers, J. Verheyden, IPM, 94 (Turnhout, 2024), pp. 77-106.
© BREPOLS ☙ PUBLISHERS   10.1484/M.IPM-EB.5.136513

78   BENJAMIN GLEEDE

at his disposal (Theodore's commentary itself or rather catena excerpts) and how exactly he dealt with them. Most of the time, he clearly does not cite literally, but rather paraphrases and in the process even amalgamates different texts of similar content. If this is the case, source-criticism also remains an essential part of clarifying Procopius' own profile as exegete and theologian in his own right. If he is indeed to be distinguished from the rhetorician of Gaza, his works present us with nothing but his own digest of Patristic exegesis. A fairly clear idea of the material he digested is thus just as essential to understanding his work as an analysis of the forms and methods according to which he digests it. In what follows, I will admittedly be talking more about the dish, Theodore's Genesis commentary, than its actual digestion in Procopius' *Eclogai*. A good dietician will, however, agree that a thorough analysis of the digestion product seems impossible without a clear conception of its components, a comparison which perhaps seems unwise to push any further at this point.

1. Procopius and Theodore: The *status quaestionis*

To start with, we will try answering the foremost and most basic question concerning our topic: Did Procopius actually use Theodore's commentary on Genesis directly or did he rely on intermediate sources? Procopius' work presents itself as an abridgement of a far more extensive Genesis *catena*, probably the *Urkatene*, which also forms the basis for the Genesis catena that has been transmitted in a vast number of versions and manuscripts, critically analysed and edited by Françoise Petit.[2] As Procopius is, however, on some occasions considerably richer in content than the *catena* we have, he either presents more material from the *Urkatene* or supplies additional material from the original sources. Karin Metzler firmly argues for the latter alternative. She describes Procopius' method as a kind of *Nachlese*, a supplementary consultation of selected sources already employed in the *Urkatene*, yet more briefly and selectively. Working probably in "Origen's" library in Caesarea in Palestine, Procopius, according to Metzler, mostly supplements the catena selection from Alexandrian exegetical works: Philo, Origen, Didymus, Cyril, the Origenists Basil and Gregory of Nyssa, but also

---

[2] F. PETIT, *La chaîne sur la Genèse. Édition intégrale*, 4 vols, Leuven, 1991-1996 (*TEG*, 1-4).

Apollinaris of Laodicea and Eusebius of Emesa.[3] The latter is nowadays considered by many scholars as the first exponent of the so-called "Antiochene" approach to exegesis, i.e. more interested in historical perspective and philological detail and critical towards allegorical speculations.[4] Following his approach, the Genesis creation account was commented or preached upon by Diodore of Tarsus, John Chrysostom, Severian of Gabala and – most importantly – Theodore of Mopsuestia. In the case of Chrysostom and Severian, we know the original works and thus can be fairly sure that the few fragments Procopius offers beyond the extant *catena* are most probably taken from the *Urkatene*. More difficult are the cases of Eusebius and Diodore: As we know the former's commentary only from a possibly abbreviated Armenian translation,[5] the various fragments offered by the *catena* without correspondence to the Armenian text and often ascribed to both Eusebius and Diodore present a problem. Do they in fact mostly belong to Diodore and were falsely ascribed to Eusebius only because of Diodore's questionable dogmatical reputation as proto-Nestorian? Or did those passages all vanish from the Armenian translation due to considerable abbreviations by its author, who thus probably also obscured a big part of the immense debt Diodore's commentary owed to Eusebius'? Metzler seems to favour the latter alternative and wants to ascribe a great deal of the "Antiochene" material to be found in Procopius beyond the *catena* to his intensive *Nachlese* of Eusebius' commentary. This is probably also one of the reasons why she does not believe in such a *Nachlese* for Theodore's commentary. She deems the Greek transmission of Theodore's works

---

[3] K. Metzler, introduction in *Prokop von Gaza, Eclogarum in libros historicos Veteris Testamenti epitome. Vol. 1: Der Genesiskommentar (GCS NF, 22)*, Berlin – Boston, MA, 2015, p. XXIII-XXVII. This suggestion had already been made by F. Petit, "La chaîne grecque sur la Genèse, miroir de l'exégèse ancienne", in *Stimuli: Exegese und ihre Hermeneutik in Antike und Christentum. Festschrift für Ernst Dassmann*, ed. G. Schöllgen, C. Scholten, Münster, 1996 (Jahrbuch für Antike und Christentum. Ergänzungsband, 23), p. 243-253, here p. 244.

[4] Cf. B. ter Haar Romeny, *A Syrian in Greek Dress. The Use of Greek, Hebrew and Syriac Biblical Texts in Eusebius of Emesa's Commentary on Genesis*, Leuven, 1997 (*TEG*, 6), p. 140-148; L. Van Rompay, "Antiochene Biblical Interpretation: Greek and Syriac", in *The Book of Genesis in Jewish and Oriental Christian Interpretation*, ed. J. Frishman, L. Van Rompay, Leuven, 1997 (*TEG*, 5), p. 103-123.

[5] Eusèbe d'Émèse, *Commentaire de la Genèse*, ed. F. Petit et al., Leuven – Paris – Walpole, MA, 2011 (*TEG*, 15). Cf. bel. n. 60.

as too fragmentary for a direct consultation by the *Urkatene* and thus postulates a broad Theodore florilegium from which all of Theodore's material in the *Urkatene* and Procopius was drawn.[6] This is all the more astonishing, as Françoise Petit had already argued to the contrary in her appreciation of Procopius' sources in 1991: For her, even a preliminary comparison between Procopius and the anonymous Syriac Genesis commentary preserved in a manuscript from Diyarbakir reveals enough parallels to establish a direct consultation of Theodore's commentary by Procopius with relative certainty.[7]

In my opinion, this view is strongly corroborated, if we take a look at the considerable influence Theodore's commentaries exerted for a long time also beyond the confessional borders of the Christological controversy. In the second half of the fifth century, Theodore's Genesis commentary was obviously read with quite positive appreciation both by the Chalcedonian Gennadius of Constantinople and by the Monophysite Jacob of Sarug, and even in the late sixth century, it became the main target of refutation in the scientific *Hexaemeron* commentary by the Monophysite John Philoponus.[8] As a recent monograph on the shape of the earth in Christian antiquity has shown, Procopius' remark that "most exegetes" regard the earth as flat because of Isa 40:22 mostly reflects the immense influence of Theodore's commentary. The same monograph also establishes with certainty the Theodorian origin of one rather long Procopius excerpt in the commentary on Gen 1:6. What Procopius presents there is a list of five reasons for creating the firmament, a list which reoccurs not only in Gennadius of Constantinople, but also in many later East Syrian authors, most clearly in Theodore bar Konai and Isho'dad of Merv. Although they do not explicitly ascribe this list to their beloved "interpreter", the Mystic Isaac of Nineveh presents a passage from "Theodore's paragraph on the firmament" that corresponds almost word-for-word with the fifth reason of our list as presented by Procopius.[9] This actually leaves little

[6] Cf. METZLER, Introduction in *Prokop von Gaza*, GCS NF 22, p. CIII-CIV, CVI-CVII, CXXII.

[7] F. PETIT, "Les fragments grecs d'Eusèbe d'Émèse et de Théodore de Mopsueste. L'apport de Procope de Gaza", *Le Muséon*, 104 (1991), p. 349-354.

[8] Cf. B. GLEEDE, *Antiochenische Kosmographie? Zur Begründung und Verbreitung nichtsphärischer Weltkonzeptionen in der antiken Christenheit*, Berlin – New York, 2021 (*TU*, 191), p. 74.

[9] GLEEDE, *Antiochenische Kosmographie?* (n. 8), p. 83-90.

room for doubting the Theodorian origin of the entire Procopius passage. If the fragment was not part of the *Urkatene*, Procopius must have extended his *Nachlese* also to Theodore's commentary. Any attempt to gather more examples like this one reveals, however, a quite fundamental problem: With Isaac's quotation we were obviously exceptionally lucky. Without it, we would definitely have a prominent and characteristic piece of Antiochene exegetical exegesis, but perhaps no really unequivocal means for tracing its origin to Theodore himself, rather than Diodore, Eusebius of Emesa or maybe even some less prominent exponent of the relevant tradition.

2. The Extant Information on Theodore's Commentary

If Theodore is to emerge as at least the most plausible of the possible options, we need a more specific picture of both the theological and possibly literary profile of his commentary and especially of the way it was exploited by later authors.[10] Within this horizon, parallels between Procopius and the East Syrian authors of the (eighth or) ninth century could possibly be evaluated as to their Theodorian origin both positively, if a certain idea specifically matches the Theodorian line of exegesis, and negatively, by exclusion of alternative "Antiochene" influence in the respective passages in Procopius and/or his Antiochene parallel. At first, we thus have to recapitulate what we know about Theodore's commentary and its reception. As we know from the Syriac catalogues of Theodore's works, the Genesis commentary comprised three books and was dedicated to a certain Alphaeus.[11] Apparently, Photius still had the entire first book at hand, an "Interpretation of creation" subdivided into seven τόμοι, which he describes as "neither pompous in style nor very clear, avoiding the allegorical method as far as possible and interpreting according to the historical meaning", but also "full of repetitions, graceless and unentertaining".[12] Among the Greek and

---

[10] The best starting point for its reconstruction is still R. Devreesse, *Essai sur Théodore de Mopsueste*, Città del Vaticano, 1948 (*StT*, 141), p. 5-25.

[11] Abdisho bar Brika, "Catalogus librorum omnium ecclesiasticorum", in *Bibliotheca orientalis* III/1, ed. J. Assemani, Roma, 1725, p. 31; *Chronicle of Seert* I,53, Paris, 1910 (*PO*, 5), p. 289.

[12] Photius, *Bibliotheca*, cod. 38, 8a.14-22 (ed. R. Henry, vol. 1, Paris, 1959, p. 23): Ἀνεγνώσθη Θεοδώρου Ἀντιοχέως οὗ ἡ ἐπιγραφὴ ἑρμηνεία τῆς κτίσεως· ἐν τόμοις ἑπτὰ ἡ πρώτη βίβλος ἐπεραίνετο. Τὴν δὲ φράσιν οὔτε λαμπρὸς οὔτε λίαν σαφής, φεύγων δὲ τὸν

82 BENJAMIN GLEEDE

Syriac fragments preserved mainly in the *catenae*, the vast majority deal with mankind's divine image and likeness, status in paradise and subsequent fall, some more substantial Syriac pieces and also with Cain and Abel and the flood. Thus, for the text itself, we are comparatively well-informed regarding Theodore's views on Gen 1:26–8:14, especially the paradise-episode, which is the subject of about 80 percent of the *catena*-fragments, but know barely anything about the rest.[13]

This rather meagre number of direct remnants is, however, by no means representative of the considerable reception history of the text. This history probably begins less than a decade after Theodore's death, with Theodoret's *Questions on Genesis*, which, according to Guinot's analysis,[14] are based not only on Diodore's commentary and Chrysostom's homilies, but first and foremost on Theodore's com-

---

δυνατὸν αὐτῷ τρόπον τὰς ἀλληγορίας, καὶ κατὰ τὴν ἱστορίαν τὴν ἑρμηνείαν ποιούμενος. Ταὐτολογεῖ δὲ τὰ πλεῖστα, καὶ ἄχαρίς πως καὶ ἀηδὴς εἶναι δοκεῖ, ἀλλὰ καὶ τὸ Νεστορίου δόγμα, εἰ καὶ πρὸ Νεστορίου ὑπῆρχεν, ὑπερευγόμενος.

[13] Up to now, we have had to gather the Theodore fragments not only from the *Genesis catena* (ed. PETIT, *TEG* 1), the *Collectio Coisliniana* (ed. F. PETIT, *Catenae Graecae in Genesim et in Exodum. II. Collectio Coisliniana in Genesim*, Turnhout – Leuven, 1986 [*CCSG*, 15]) – the genuine material in the *Catena Nicephori* (*PG* 66, cols 636-645) is derived from those two sources –, but also from the following separate publications: *Theodori Mopsuesteni fragmenta syriaca: e codicibus Musei Britannici Nitriacis*, ed. E. SACHAU, Leipzig, 1869 (Introduction and on Gen 1:26–2,15); F. PETIT, "L'homme créé à l'image de Dieu. Quelques fragments grecs inédits de Théodore de Mopsueste", *Le Muséon*, 100 (1987), p. 269-281; R. TONNEAU, "Théodore de Mopsueste : interprétation du livre de la Genèse", *Le Muséon*, 66 (1953), p. 45-64 (on Gen 3:14-24); T. JANSMA, "Théodore de Mopsueste : interprétation du livre de la Genèse. Fragments de la version syriaque", *Le Muséon*, 75 (1962), p. 63-92 (on Gen 4:15–8:13); G. RAMBOW, "Theodore vs. the 'Arians' and the Parable of Humanity's Creation. A Syriac Fragment of Theodore of Mopsuestia's *Commentary on Genesis* 1,26", *JECS*, 25 (2017), p. 231-254. For a general evaluation of the later East Syrian exegesis for the reconstruction of Theodore's cf. T. JANSMA, "Investigations into the Early Syrian Fathers on Genesis. An Approach to the Exegesis of the Nestorian Church and to the Comparison of Nestorian and Jewish Exegesis", in *Oudtestamentische Studiën*, 12 (1958), p. 69-181.

[14] J.-N. GUINOT, "L'importance de la dette de Théodoret de Cyr à l'égard de l'exégèse de Théodore de Mopsueste", *Orpheus*, 5 (1984), p. 68-109, here p. 70-78 (reprinted in ID., *Théodoret de Cyr exégète et théologien. Vol. 1 : Le dernier grand exégète de l'école d'Antioche au Ve siècle*, Paris, 2012, p. 219-256).

mentary. In the second half of the fifth century, we find at least three avid users of the work in question. Whereas the Genesis commentary of Gennadius, Chalcedonian patriarch of Constantinople, is preserved only in fragments mainly from the *Collectio Coisliniana*,[15] the two series of Syriac *memre* on the creation account by Narsai, founding father of the "Nestorian" school of Nisibis, and by Jacob of Sarug, the leading poet of the Monophysite movement, offer considerably more material for comparison. Whereas for Narsai, at least according to the analyses of Philippe Gignoux, the "source principale" of his *memre* is clearly none other than Theodore's commentary,[16] Taeke Jansma does not believe in direct Theodorian influence on Jacob due to the confessional boundary[17] – despite the undeniable presence of Theodorian material. However, as Jacob explicitly admits in his letters that he read the newly translated Antiochene authors during his studies in Edessa in the early 470s,[18] I see no strong reason for denying the possibility of direct Theodorian influence also on a Monophysite like Jacob, especially as Theodore's historically oriented commentaries rarely touch on the dogmatical issues at stake in the Christological controversy.

At least exegetically, Diodore, Theodore and Theodoret retained a lot of their esteem in both Monophysite and Chalcedonian circles even beyond the Three chapters controversy of the 540s and 550s, which apparently did change a lot. Both the Monophysite Ps.-Caesarius[19] and the Nestorian Cosmas Indicopleustes[20] no longer (explicitly) rely on

[15] Cf. L. Van Rompay, "Gennadius of Constantinople as a Representative of Antiochene Exegesis", *Studia Patristica*, 19 (1989), p. 400-405.

[16] Cf. Ph. Gignoux, introduction in *Narsaï, Homélies sur la création*, Turnhout, 1997 (*PO*, 34), p. 470-495, here p. 495. For Theodorian influences in Narsai's many homilies on the rest of Genesis cf. J. Frishman, *The Ways and Means of the Divine Economy. An Edition, Translation and Study of Six Biblical Homilia by Narsai*, unpublished PhD diss., Leiden, 1992, esp. p. 34-37 and 115-119.

[17] T. Jansma, "L'Hexaméron de Jacques de Sarûg", *L'Orient syrien*, 4 (1959), p. 3-14, 129-162, 253-284, here p. 159-160.

[18] Jacob of Edessa, *Epistula* 14 (*CSCO* 110, p. 59). An English translation of this text can be found in *The Cambridge Edition of Early Christian Writings. Vol. 4: Christ: Chalcedon and Beyond*, ed. M. DelCogliano, Cambridge, 2022, p. 304-308.

[19] Cf. Gleede, *Antiochenische Kosmographie?* (n. 8), p. 169-174.

[20] Cf. esp. Book X of Cosmas Indicopleustes' *Christian Topography* (*SC* 197, p. 239-313).

84   BENJAMIN GLEEDE

Theodore as guaranteeing their "Antiochene" reading of the Genesis account, but rather take refuge in Severian's homilies. In the 560s in Alexandria, when John Philoponus fought for a reestablishment of the scientific, "Alexandrian" reading of the Genesis account, he still chose Theodore as his main target for refutation, but apparently could not rely on a complete copy of his commentary anymore.[21] As the extremely disproportionate use of Theodore quotations throughout his commentary shows, he probably had to get by with a *florilegium* of select passages. Thus, Photius seems to have been very lucky in having the first book of the work preserved in his library, as the reception history as far as we can reconstruct it is, from the seventh century onwards, limited to East Syrian circles only. Those circles produced at least four works deserving special attention here, all written shortly before or after the year 800: the select questions on Genesis by Isho'bar Nun, the anonymous commentary preserved in a manuscript from Diyarbakir, the *Liber scholiorum* by Theodore bar Konai and the Genesis commentary by Isho'dad of Merv. Any determination of the relationship between those four sources presents serious complications: Ultimately, they all draw upon one common source, for Lucas Van Rompay something like a digest of traditional Syriac exegesis, which is in many respects close to but not identical with Theodore's commentary.[22] As to the Anonymus Diyarbakir and Isho'dad, the similarities between the two are much closer and more frequent. This leads Van Rompay to the conclusion that Isho'dad directly copied from the Anonymus (and from Isho'bar Nun), yet not without sometimes correcting and clarifying them in the light of other sources, possibly the commentary of the Interpreter.[23]

[21] Cf. B. GLEEDE, "Christian Apologetics or Confessional Polemics? Context and Motivation of Philoponus' *De opificio mundi*", in *Light on Creation. Ancient Commentators in Dialogue and Debate on the Origin of the World*, ed. G. ROSKAM *et al.*, Tübingen, 2017 (*STAC*, 104), p. 157-167, here p. 162-163.

[22] L. VAN ROMPAY, introduction in *Le commentaire sur Genèse-Exode 9, 32 du manuscrit (*olim*) Diyarbakır 22*, Leuven (*CSCO*, 484), p. XLV-XLVI. As it quotes Michael Badoqa, who was active at the school of Nisibis around the year 600, this source has to belong to the seventh century.

[23] *CSCO* 484, p. XLVII-LII. Van Rompay's arguments are targeted against the hypothesis of E. G. CLARKE, *The Selected Questions of Isho'bar Nun on the Pentateuch*, Leiden, 1962, p. 165-182, according to whom Isho'dad, bar Konai and bar Nun drew independently upon a common source, possibly Theodore. Van Rompay's conclusions are confirmed by C. MOLENBERG, *The Interpreter Interpreted. Iso'bar Nun's Selected Questions on the Old Testament*, unpublished PhD diss., Groningen,

Van Rompay's scepticism in ascribing their agreements too quickly to Theodore as the common, most appreciated source is rooted in his view on the Antiochene exegetical tradition as a whole: For him, most of the commonalities between fourth and fifth century authors such as Eusebius of Emesa, Ephraem, Eznik of Kolb, and Narsai of Nisibis are best explained by a common school tradition of exegetical *topoi*, which was handed down orally at first and literally incorporated into the aforesaid works later on. Greek commentaries such as the ones by Diodore and especially Theodore would not only have drawn upon this tradition in the very beginning, but in a simplified and vulgarized version would have been integrated into it as time went by – instead of being studied in their (more) authentic Syriac versions,[24] as the Syriac manuscript tradition shows, which left us with only one single commentary (the one on John) preserved in its entirety.[25]

3. How to Extract Theodore from Procopius?

In this light, the enterprise of retrieving authentic Theodore from Procopius by a systematic comparison with later East Syrian material has to face the following fundamental scepticism: Both Procopius and the East Syrian authors seem to amalgamate similar material in a way that makes it hard to differentiate between different "Antiochene" sources there. For Procopius, Metzler's edition clearly documents the various fusions Theodore has to undergo especially with Eusebius, Severian of Gabala and John Chrysostom – a fusion that would very often simply go unnoticed, if we could not compare the original texts. For the East Syrian material, we are even more in the dark concerning the original

1990, esp. p. 138-167. Already a preliminary assessment of the relationship between those authors and Procopius reveals, however, quite a few instances where Procopius' Greek agrees most specifically (or even exclusively) with Isho'dad (cf. bel. nn. 38 and 66), who would in this case actually reproduce a common source in the most accurate way rather than emend his Syrian predecessors.

[24] On the simplification of Theodore texts already in the process of their translation cf. Barhadbeshabba Arbaia, *Historia ecclesiastica* 32, ed. F. NAU, Paris, 1913 (*PO,* 9), p. 622 and A. VÖÖBUS, "Abraham De-Bēt Rabban and His Rôle in the Hermeneutic Traditions of the School of Nisibis", *Harvard Theological Review,* 58 (1965), p. 203-214, here p. 209-210.

[25] Cf. L. VAN ROMPAY, "Quelques remarques sur la tradition syriaque de l'œuvre exégétique de Théodore de Mopsueste", in *IV Symposium Syriacum 1984,* ed. H. DRIJVERS *et al.,* Roma, 1987 (Orientalia Christiana Analecta, 229), p. 33-43.

content of the "school tradition" and its secondary enrichment by Theodorian (or Diodorian) motifs. We also have to reckon with direct influence from Eusebius of Emesa, who also had been translated into Syriac and was definitely used at least by Isho'dad.[26]

In order to at least mitigate this scepticism and make our enterprise seem viable, we have to establish at least four premises:

1. Procopius actually did turn directly to Theodore's commentary in his *Nachlese* and exploited it to a considerable degree.

2. Procopius' occasional tendency to blend and amalgamate different material is not a ubiquitous trait of his selection, but limited to certain passages.

3. The numerous agreements between Procopius and the East Syrian material are often specific enough to postulate a concrete common source behind the two.

4. This source is most likely to be Theodore, especially if Eusebius can be excluded on the basis of the Armenian version.

a. A massive Theodore presence in Procopius

The first and second premise already seem plausible from Metzler's indications, if we look, for example, at the exegesis of Gen 1:26. Apart from a mixed section in the middle (67,131–69,188), Procopius confronts his reader with four relatively homogenous blocks there: One of uncertain origin treating the theodicy problem (64,13–67,128), one summarizing Gregory of Nyssa's exegesis in *De hominis opificio* (70,189–71,234), one on the image of God in man and woman mostly inspired by Didymus (71,235–73,295) and a final one, in which the Theodorian sections are not identified on the basis of the catena, but mostly by parallels in Theodoret and Philoponus (74,296–78,435). With only one exception, all the bits left unidentified by Metzler have close parallels not only in the East Syrian material, but also in other "Theodorian" sources, Theodoret or Philoponus, as the following table shows:

---

[26] Cf. Eusèbe d'Émèse, *Commentaire de la Genèse* (*TEG*, 15), p. 367-369. Isho'bar Nun apparently does not know Eusebius' commentary, when he incorrectly identifies Basil's Syriac source on the spirit in Gen 1:2 as Ephraem (ed. CLARKE [n. 23], p. 23). For the correct identification cf. L. VAN ROMPAY, "L'informateur syrien de Basile de Césarée. À propos de Genèse 1,2", *OCP*, 58 (1992), p. 245-251.

Procopius, *In Gen.* 1,26 (*GCS NF* 22, p., l.)	Content	East Syrian texts (*CSCO*, vol., p., l.)	Other Theodore
74,313–75,333	Man as link between the sensible and intelligible realm	Isho'dad: 126, 44,6-28; 47,23-27 (156, 47,13–48,9; 51,10-14) Anonymus: 483, 21,1-6 (484, 28,5-11) Bar Konai: 69, 52 (431, 87)	*Intr. Gen.* (ed. Sachau, 8/5) Theodt., *Qu. Gen.* 20 (ed. Fernández, p. 24,20–25,5)
75,333-339	Man as God's visible representation analogous to Emperor-statue	126, 45,19-26 (156, 49,5-12)	Frg. 2 Petit (*Muséon* 100, p. 274-275) *Coll. Coisl.* 71,1-16 (*CCSG* 15, p. 69)
75,339-354	Restoration of human nature by Jesus "united with the godhead"		
76,355-373	"Likeness of God" as analogy of (re-) creating-powers	126, 47,29–48,2 (156, 51,17-19) 483, 21,17-21 (484, 29,11-16) 69, 53 (431, 88)	Frg. 3 and 6 Petit (*Muséon* 100, p. 276.278) Theodt., *Qu. Gen.* 20 (ed. Fernández, p. 25,12–26,4) Philop., *Opif.* VI,14 (ed. Reichardt, p. 256)
76,374-77,384	"Ubiquity" and judgemental power of human mind	126, 48,2-11 (156, 51,19-29)	Theodt., *Qu. Gen.* 20 (ed. Fernández, p. 26,5-19) Philop., *Opif.* VI,15-16 (ed. Reichardt, p. 260-262)
77,385–78,435	Likeness of the Trinity in the human soul	126, 47,5-19 (156, 50,18–51,4) 483, 21,8-17 (484, 29,1-11) 69, 53 (431, 87-88) Isho'bar Nun, *Qu.* 12 (ed. Clarke, p. 26)	Theodt., *Qu. Gen.* 20 (ed. Fernández, p. 26,19–27,8) Philop., *Opif.* VI,17 (ed. Reichardt, p. 265)

88 BENJAMIN GLEEDE

If it were not for the Christological paragraph, we could be fairly certain that we are dealing with an actually homogenous and quite extensive (five pages in Metzler's edition) presentation of Theodore's exegesis here. This exception, however, reveals itself as merely apparent, as soon as one has a closer look at it:

As all of this was shattered by sin, God refreshed it by the divine economy in the Lord Christ, even elevated it to the better and granted us superiority vis à vis the entire creation. For he united our nature with himself and transformed legal behaviour and death into an immortal and immutable nature. And it is adored, they claim, by the entire creation as being the image of the godhead united with it, by which one can imagine the invisible divine substance with us and is created anew in immutability through the resurrection. For now, they are mutable, as the myriads of demons indicate. As a witness for this, they adduce Paul saying: "In him was created everything in heaven and on earth", in the sense of "recreated" (Col 1:16). He is "image of the invisible god" (Col 1:15a), they say, as he shows to the creature the divine "firstborn of all creation" (Col 1:15b), as he was the first to be reborn to the new creation through the resurrection.[27]

In this text, Procopius – slightly troubled – reports on a Christological and an angelological aspect of the conception he is about to describe, which apparently seems a little extreme: In the paragraph before, it was stated, following Theodore, that the divine image in man entails the latter's full representative power vis à vis the divine, i.e. in being subject to man the creature – visible and invisible – serves God himself. That this entails man becoming an object of worship is obviously a consequence to be reserved for the Christological context: By the unification between the man Jesus and the divine Logos, the former receives the

---

[27] Procopius, *In Gen.* 1,26, GCS NF 22, p. 75,339-354: Ταῦτα δὲ διὰ τὴν ἁμαρτίαν σεσαλευμένα θεὸς διὰ τῆς κατὰ τὸν δεσπότην Χριστὸν οἰκονομίας ἀνέρρωσε, μᾶλλον δὲ καὶ πρὸς τὸ κρεῖττον ἀνήγαγε κατὰ πάσης τῆς κτίσεως ὑπεροχὴν ἡμῖν παρασχόμενος· τὴν γὰρ ἡμετέραν φύσιν ἑνώσας ἑαυτῷ καὶ νομίμην πολιτείαν καὶ θάνατον εἰς ἀθάνατον μὲν καὶ ἄτρεπτον μετέστησε φύσιν· καὶ παρὰ πάσης, φασί, προσκυνεῖται τῆς κτίσεως εἰκὼν ὥσπερ ὑπάρχουσα τῆς ἡνωμένης θεότητος, δι' ἧς ἀόρατον οὖσαν τὴν θείαν οὐσίαν φαντάζονται σὺν ἡμῖν ἀνακτισθέντες εἰς ἀτρεπτότητα διὰ τῆς ἀναστάσεως· νῦν γάρ εἰσι τρεπταί, ὡς αἱ τῶν δαιμόνων μυριάδες σημαίνουσι· καὶ μάρτυρα παράγουσι Παῦλον λέγοντα ὅτι *ἐν αὐτῷ ἐκτίσθη πάντα τά τε ἐν οὐρανοῖς καὶ τὰ ἐπὶ τῆς γῆς*, ἀντὶ τοῦ "ἀνεκτίσθη"· *εἰκόνα τε τοῦ θεοῦ τοῦ ἀοράτου* φησὶν αὐτὸν ὡς ἂν δεικνύντα τῇ κτίσει τὸν θεῖον *πρωτότοκόν τε πάσης κτίσεως*, ὡς πρῶτον διὰ τῆς ἀναστάσεως εἰς τὴν καινὴν ἀποτεχθέντα κτίσιν.

PROCOPIUS' *ECLOGAI IN GENESIM* AS A SOURCE 89

name above all other names (Phil 2:9), is exalted to the right hand of God and empowered to exert judgement in God's place, as we can read in Theodore's *De incarnatione*:

> He fulfils the function of image in two ways. For those who love somebody often put up statues of those people after their death and consider this to be sufficient consolation for their death: Looking at him in his image they think they see the one who can neither be seen nor is present, thus putting at ease the flame and power of desire. But also the people who have images of emperors in their city seem to honour those who are not present, as if they were present and to be seen, by the cult and veneration of those images. Both of these, however, are fulfilled in Christ. For everyone who is with him and follows virtue, both loves him being ready to pay off any debt towards God and honours him greatly. His divine nature completes the love in him, even if it is not seen, as everyone considers to see God through him and to be always in his presence. And they pay to him all the honours, just as to an image of the emperor, as the divine nature can be said to be in him and is seen in him.[28]

That this entails a veneration of man exalted in Christ by the entire creation, visible and invisible, is explicitly stated in a fragment preserved by Leontius of Byzantium[29] and also the exegesis of Col 1:15-16,

[28] Cf. Theodore of Mopsuestia, *De incarnatione* frg. 41 JANSEN (*PTS* 65, p. 257): "Et secundum duas rationes locum imaginis obtinet. qui enim amant quosdam, post mortem eorum saepius imagines statuentes hoc sufficiens mortis solatium habere arbitrantur et eum qui non uidetur nec praesens est, tamquam in imagine aspicientes putant uidere, ita flammam desiderii et uigorem placantes. sed etiam illi qui per ciuitates habent imperatorum imagines, tamquam praesentes et uidendos honorare uidentur eos qui non sunt praesentes, cultu et adoratione imaginum. ista autem utraque per illum adimplentur. omnes enim qui cum illo sunt, et uirtutem sequuntur et debitorum dei parati redditores diligunt eum et ualde honorant, et caritatem quidem ei diuina natura, licet non aspicitur, adimplet in illo qui ab omnibus uidetur, sic omnibus existimantibus ut ipsum uidentibus per illum et illi semper praesentibus; et honorem uero omnem sic adtribuunt tamquam imagini imperiali, cum quasi in ipso sit diuina natura et in ipso spectatur".

[29] Theodore of Mopsuestia, *De incarnatione* frg. 39 JANSEN (*PTS* 65, p. 256): Ἐντεῦθεν οὖν καὶ τοσαύτη γέγονε περὶ τὸν ἄνθρωπον ἡ τιμή, καταξιωθέντα θείας ἐνοικήσεως, τοῦ τε καθῆσθαι ἐκ δεξιῶν τοῦ Πατρὸς καὶ προσκυνεῖσθαι παρὰ πάσης τῆς κτίσεως. οὐδὲ γὰρ ἂν ὁ Θεὸς οὕτως ἁπλῶς καὶ ἄνευ τινὸς χρησίμου λόγου ἄνθρωπον μὲν ἀνελάμβανε καὶ ἥνου πρὸς ἑαυτόν, προσκυνεῖσθαι παρὰ τῆς κτίσεως παρασκευάζων ἁπάσης (τὰς δέ γε νοητὰς φύσεις προσκυνεῖν ἐδικαίου), εἰ μὴ τὰ περὶ αὐτὸν γεγονότα κοινὴ πάσης ἦν εὐεργεσία τῆς κτίσεως.

especially the reference of the titles "image of the invisible God" and "firstborn of all creatures" to the resurrected Christ, which is fully in line with Theodore's exegesis in the commentary on the minor Pauline epistles.[30] That Theodore actually presented this Christology in the relevant context is proven by the Monophysite Philoponus, who strongly complains about Theodore's blasphemous theory about the restoration of the divine image by not only making an ordinary man immutable, but also having him adored by the entire creation.[31]

All of this not only proves that Theodore's commentary actually did play a role within Procopius' *Nachlese*, but that this role was a rather prominent one. According to my analysis of the first three chapters of Genesis, the following previously unidentified passages can be assigned to Theodore on the basis of undoubtedly Theodorian material alone:

Procopius (*GCS NF*, 22)	Content	Theodorian material
In Gen. 1,3 (19,17–20,42)	Divine creation commands educating angels	*Intr. Gen.* (ed. Sachau, 4-5/3)
In Gen. 1,5 (23,49–24,67)	Exact meaning of "night" and "day"	Philop., *Opif.* II,15 (ed. Reichardt, p. 84)
In Gen. 1,5 (25,90-107)	Easter as argument for the priority of darkness/night	Philop., *Opif.* II,20 (ed. Reichardt, p. 95)
In Gen. 1,6 (30,3–32,57)	Reasons for creating the firmament	Gleede, *Antiochenische Kosmographie?* (n. 8), p. 84-88
In Gen. 1,6 (34,125–35,144)	Instructive value of creation out of nothing and from something	*Intr. Gen.* (ed. Sachau, 3-7/2-4)
In Gen. 1,14 (45,28-35)	Instructive value of temporal creation-sequence	*Intr. Gen.* (ed. Sachau, 3/2)
In Gen. 1,27 (80,63–81,79)	Image of God in man and woman	*In Gen.* 1,27 (ed. Sachau, 24/15)
In Gen. 1,28 (84,13-22 [84,22–85,39?])	Why does he not bless the land-animals, but only the water-animals?	*In Gen.* 1,28 (ed. Sachau, 25-26/16-17)
In Gen. 3,20 (149,9-13)	Eve as mother of all living creatures	Par. 4 Tonneau (*Muséon* 66, 49/59)
In Gen. 3,24 (157,16–158,25)	Nature of the Cherub	Par. 10 Tonneau (*Muséon* 66, 56-57/63) *Coll. Coisl.* 125 (*CCSG* 15, p. 128)

[30] *Theodori Episcopi Mopsuesteni in epistolas B. Pauli commentarii*, ed. H. B. SWETE, vol. 1, Cambridge, 1880, p. 261-267.

[31] John Philoponus, *De opificio mundi* VI,10, ed. W. REICHARDT, Leipzig, 1897, p. 247-251.

PROCOPIUS' *ECLOGAI IN GENESIM* AS A SOURCE   91

If Eusebius is represented with 21 excerpts in the *Eclogai* on Gen 1–3 according to Metzler, this already would yield almost twice as many for Theodore.

b. *Certain examples: connecting pieces*

The crucial point is, however, to what extent we can also ascertain Theodorian origin based on much later East Syrian parallels alone. Promising test cases for this are provided by passages where two short Theodore fragments known from the *catena* are connected by a longer section of uncertain origin, which in some cases displays parallels to other Antiochene material. For Metzler, this indicates that Procopius received his additional Theodore from the *Urkatene*, which would have presented a quotation in full, afterwards to be excerpted by the extant *catena* and paraphrased more comprehensively by Procopius.[32] In my opinion, however, the frequency and occasional length of those instances show that Procopius rather reintegrated the *catena* fragments into their original context using Theodore's commentary.

A good example is probably the commentary on Gen 2:23-24, the creation of Eve from Adam's rib. The *catena*, as we have it, has three Theodore fragments there, apparently in inverted order, as the first is concerned with the name "woman" (v. 23b),[33] the second with Adam's recognition of Eve (v. 23a)[34] and the third with the complementary character of the sexes (v. 24).[35] In Procopius and the East Syrian material, the passages equivalent to those fragments appear in the correct

---

[32] METZLER, Introduction in *GCS NF* 22, p. CXXII.

[33] *Cat. Gen.* 315 PETIT (*TEG* I, p. 214): Τὸ μὲν ὄνομα τῆς γυναικὸς τῆς συναφείας ἐστὶ καὶ τῆς γαμικῆς κοινωνίας δηλωτικόν, ἀφ' ἧς ἀλλήλοις τε συμπλεκόμενοι καὶ εἰς ταὐτὸν ἀλλήλοις συνιόντες, εἰς μίαν τινὰ καθίστανται σάρκα. Εἰ δὲ καὶ κοινὸν ὄνομα λοιπὸν πασῶν ἐστιν, οὐ θαυμαστόν· ἅτε γὰρ τῆς τοιαύτης φύσεως εἰς τοῦτο γεγονυίας, εἰκότως κοινὸν ὄνομα τῶν τὴν αὐτὴν φύσιν ἐχουσῶν ἐγένετο.

[34] *Cat. Gen.* 316 PETIT (*TEG* I, p. 215): Εὔδηλον γὰρ ὅτι τῆς θείας ἐπιπνοίας ἦν τὸ ἐκ τῆς θέας αὐτῆς ἐπιγνῶναι τὸν Ἀδὰμ ὅτι ἐξ αὐτοῦ γέγονεν ἡ Εὔα, καὶ πόθεν, καὶ ἐπὶ τίσι, καὶ τίνα τάξιν εἰς τὸ ἑξῆς ἕξει πᾶσα γυνὴ πρὸς τὸν οἰκεῖον ἄνδρα· ταῦτα δὲ παρέσχεν αὐτῷ θεὸς ἐν τῷ τῆς ἐκστάσεως καιρῷ.

[35] *Cat. Gen.* 317 PETIT (*TEG* I, p. 216): Πᾶσιν γὰρ ἀνθρώποις, φησίν, τοῖς καθεξῆς τιμιώτερον ἔσται καὶ γονέων γυνή, οἳ τὰ τῶν γεννησαμένων ἐν δευτέρῳ τιθέμενοι, πρὸς ταύτην τε ὁρῶσιν ἔχοντες συναφείας, μεθ' ἧς καὶ οἶκον ἔχειν ἡγοῦνται κοινόν, καὶ ἀποτελεῖν γεννήματα, ἀμφοτέρων τε ὁμοίως ὄντα κοινά, ἅτε καί ἐξ ἀμφοτέρων ἑστῶτα καὶ τῆς αὐτῆς μετέχοντα οὐσίας, ὡς εἶναι αὐτοῖς τῇ πρὸς ἅπαντα κοινωνίᾳ μίαν τινὰ τὴν σάρκα.

92   BENJAMIN GLEEDE

order[36] and the general outline of the commentaries on v. 23b and 24 is perfectly analogous: In Procopius, the Anonymus and Isho'dad, the starting point is the problem of why Eve should be called "woman, because she was taken from the man", as obviously not all women are taken directly from a man.[37] The answer is found in v. 24: Women are called women, taken from man, because of their predisposition for marital union.[38] His first argument for this, as presented by Procopius and Isho'dad, was 1 Cor 7:34, the separation between women and virgins notwithstanding community of nature, which of course also allows for calling the virgins women in a looser sense.[39] The second, more specific argument, is, however, explicitly presented by Procopius alone, whereas in the Syriac parallels it seems to vanish between the lines. The fact that man and woman are of one and the same nature manifests itself in the "law (i.e. institutional structure) of marriage" which shows the derivation of woman from man in that it is man who not only initiates marriage, but also dominates it. Thus, womanhood fulfils itself in the functional restitution of a natural derivation, the return

[36] Procopius, *In Gen.* 2,18-23 (*GCS NF* 22, p. 125,104-106, only represented by one line in Isho'dad of Merv, *Commentary on Genesis*, *CSCO* 126, p. 70,23-24, and in Anonymus Diyarbakir, *CSCO* 483, p. 33,19-20.

[37] Procopius, *In Gen.* 2,23-24 (*GCS NF* 22, p. 117,2): Οὐκ ἐπειδὴ "ἐλήφθη", "κέκληται", φασίν ... Cf. Anonymus Diyarbakir, *CSCO* 484, p. 44: "Or, ce n'est pas qu'elle fût appelée femme parce qu'elle fut prise de lui ; sinon, comment les femmes (suivantes) pourraient-elles recevoir cette appellation, alors qu'elles n'ont pas été prises de leurs maris ?" (*CSCO* 156, p. 76,21-23). For the sake of legibility, we restrict ourselves to quoting the French translations by L. Van Rompay and C. Van den Eynde.

[38] Procopius, *In Gen.* 2,23-24 (*GCS NF* 22, p. 117,2-3): ἀλλ᾽ ἔστι τὸ μὲν "γυνή" τῆς γαμικῆς συναφείας σημαντικόν. Cf. Anonymus Diyarbakir, *CSCO* 484, p. 44: "Ce nom de femme est l'expression de la venue et de l'approche et de la rencontre et de l'union conjugale" (*CSCO* 156, p. 76,25-26).

[39] Procopius, *In Gen.* 2,23-24 (*GCS NF* 22, p. 117,3-6): τοιγαροῦν ἀντιδιαιρεῖ Παῦλος τὴν γυναῖκα τῇ παρθένῳ λέγων· μεμέρισται καὶ ἡ γυνὴ καὶ ἡ παρθένος περὶ ἀγάμων καὶ γεγαμημένων τὸν λόγον ποιούμενος. Cf. Isho'dad of Merv, *Commentary on Genesis*, *CSCO* 156, p. 76: "Ainsi aussi l'Apôtre n'a-t-il pas voulu appeler femme la vierge et la non-mariée: *Il y a une différence*, dit-il, *entre la femme et la vierge*". As this argument also comes up in Theodore bar Konai, *Liber scholiorum* II,55 (*CSCO* 431, p. 100), Isho'dad can hardly have consulted the common source exclusively via the Anonymus.

under the dominion of man.[40] From a source-critical point of view, the most interesting point is that this kind of dreadful chauvinism is not really echoed in the Syrian parallels, despite being the most important point of the text as it is presented by Procopius. If we had to rely on the Syriac commentators alone, the specific problem of why exactly a woman should be called woman, because she was taken "from man", receives at best a vague answer. In comparison with the *catena*, both the Syrians and Procopius seem to abbreviate the text considerably, but unlike the Syrians, Procopius actually seems to have grasped the most important point and treats it with appropriate attention, maybe even over-stresses it a little. The Syrians did give relevant hints for establishing the Theodorian origin of the entire passage, yet it was Procopius who – working on the Greek original – actually revealed its true gist, which would have almost entirely vanished if we had needed to rely on the second-hand presentation by the Syriac sources only.

Whereas in that example we can actually be certain about the Theodorian origin of the entire passage, as it establishes a perfectly coherent connection between two undoubtedly Theodorian texts, which are again partially paralleled by other Theodorian material, we will now turn to an example which is a little more problematic. In the *catena* on Gen 2:7, we have only a quite short Theodore fragment, obviously an exegesis of "living soul",[41] which in Procopius is preceded by two longer passages with considerable parallels in the Syriac commentaries. The first expounds the difference between God moulding the body and breathing a soul into it, by characterizing the latter as internal action constituting a certain kinship between the soul and the Divine.[42]

---

[40] Procopius, *In Gen.* 2,23-24 (*GCS NF* 22, p. 117,6-12): αὐτὸ δὲ τὸ γαμικὸν καὶ ἡ πρὸς τὸν ἄνδρα σχέσις διὰ τοῦτό ἐστιν, ἐπειδήπερ ἐστὶν "ἐξ" αὐτοῦ· εἰκότως γὰρ αὐτῷ συνάπτεται τῆς αὐτῆς οὐσίας ὑπάρχουσα. λοιπὸν τὸν ἐξ ἐκείνου διατρέχοντα νόμον δηλῶν· "ἕνεκα τούτου", φησίν, "καταλείψει ἄνθρωπος" καὶ τὰ ἑξῆς. καὶ ἐπειδὴ τῆς γαμικῆς συναφείας ἡγεμὼν ὁ ἀνήρ, ἐπ' αὐτοῦ τὸν λόγον ἐξήτασεν.

[41] *Cat. Gen.* 202 PETIT (*TEG* I, p. 140): Ἵνα εἴπῃ· τῆς ψυχῆς ἐγγεγονυίας τῷ σώματι, τὸ σύμπαν εἰς τὸ ζῆν κατέστη· ὥστε καὶ τὸ σῶμα λοιπὸν τῇ ψυχῇ συμπεπλεγμένον ζωῆς μετέχειν, τῷ πάντῃ εἶναι λοι πὸν ζῶν διὰ τῆς πρὸς τὴν ψυχὴν συμπλοκῆς.

[42] Procopius, *In Gen.* 2,7 (*GCS NF* 22, p. 99,81-89): Θεοῦ δὲ ἐνέργειαν δηλοῖ καὶ τὸ "ἔπλασε" καὶ τὸ "ἐνεφύσησεν" οἰκείως ἑκατέρῳ πρὸς τὴν διάφορον φύσιν χρησαμένου τοῦ λόγου· τὸ μὲν γὰρ διαπλαττόμενον ἔξωθεν γίνεται, τὸ δὲ ἐμφύσημα ἔνδοθεν ἐκπέμπεται, ἐπεὶ καὶ ἐν ἡμῖν ἔξωθεν μὲν τὸ σῶμα, ἔνδον δὲ ἡ ψυχὴ πλεῖστον οὖσα τῷ θεῷ οἰκειοτέρα τοῦ σώματος. γινώσκει τε γὰρ αὐτὸν καὶ παιδεύεται παρ' αὐτοῦ· κἀκεῖνο διὰ ταύτην

94   BENJAMIN GLEEDE

Whereas all of this also comes up both in the Anonymus Diyarbakir and Isho'dad of Merv,[43] a third aspect is missing there, which seems, however, to be quite crucial to Theodore's thought: Body and soul mutually depend on each other, as the latter makes possible the resurrection of the former and the former triggers the education process of the latter. As this is perfectly in line with what Theodore has to say about the education of angels and humans in the Genesis commentary in general,[44] we can feel quite certain in actually attributing the first passage in its entirety to the blessed interpreter.

The second passage preceding the catena fragment is, however, considerably less well equipped with Syriac parallels. It deals with the problem of why Gen 2:7 talks about a πνοὴ ζωῆς rather than a πνεῦμα ζωῆς. Procopius' source firstly adduces Rom 8:2 and 1 Cor 15:44 as prooftexts that the πνεῦμα ζωῆς actually refers to the μέλλουσα κατάστασις, the future constitution, i.e. this spirit will grant us immortality in the life to come rather than maintain our biological functions in this life. Just as the title "God of mercy" refers to God qua procuring mercy, πνεῦμα ζωῆς refers to the spirit qua providing eternal life and πνοὴ ζωῆς to the creative aspiration providing temporal life.[45] In Isho'dad

ἀπολαύει τῆς ἀναστάσεως· τοιγαροῦν καὶ οἰκείωσις περὶ ταύτην μείζων ἐμφαίνεται ἔνδοθεν ἐκπεμπομένῳ κτιζομένη τῷ ἐμφυσήματι.

[43] Anonymus Diyarbakir, CSCO 484, p. 34: "Or, il est clair que ce qui est 'formé' est (quelque chose) de l'extérieur, mais ce qui est 'soufflé' est émis de l'intérieur. Il signifia donc par cela l'affinité (divine) de l'âme: elle est douée de raison et apparentée à Dieu. C'est donc bien à propos qu'il ne l'appela pas 'esprit de vie', mais haleine de vie, parce que, à elle seule, elle est inapte à vivifier le corps, mais (elle en est capable seulement) si, à côté d'elle, (tout) ce qui est nécessaire pour son alimentation est disponible; c'est à cette condition que l'(âme) demeure dans le (corps) et le meut à toutes sortes d'actions. Et quand le corps est froid, elle le rend chaud, parce qu'elle est chaude par son activité. Et par sa présence elle (est destinée à) le mouvoir à la respiration. Il l'appela donc haleine de vie, c'est-à-dire: par elle (le corps) se met à respirer" (CSCO 156, p. 59,8-18 ; 448, p. 23,7-9).

[44] Cf. fragments 1, 3 and 4 of our second table above.

[45] Procopius, In Gen. 2,7 (GCS NF 22, p. 99,89–100,105): καλῶς δέ, καθάπερ εἴρηται πρότερον, οὐ πνεῦμα ζωῆς, ἀλλὰ "πνοὴν ζωῆς" εἶπε. περὶ μὲν γὰρ τῆς μελλούσης καταστάσεως, καθ' ἣν ἀθάνατοί τε καὶ ἄτρεπτοι γινόμεθα διὰ τῆς ἀναστάσεως τῆς τοῦ πνεύματος χάριτος ἐν ἀμφοτέροις κρατούσης ἡμᾶς, φησὶν ὁ μακάριος Παῦλος· ὁ γὰρ νόμος τοῦ πνεύματος τῆς ζωῆς ἐν Χριστῷ Ἰησοῦ ἠλευθέρωσέ με ἀπὸ τοῦ νόμου τῆς ἁμαρτίας καὶ τοῦ θανάτου πνεῦμα ζωῆς τοῦ πνεύματος τὴν χάριν εἰπών· καὶ πάλιν· σπείρεται σῶμα ψυχικόν, ἐγείρεται σῶμα πνευματικόν, τοῦτο μὲν εἰπὼν ψυχικόν ὡς τῇ τῆς ψυχῆς

and the Anonymus, we also find the contrast between πνοὴ ζωῆς and πνεῦμα ζωῆς, yet presented along entirely different lines. For those two, the πνοὴ ζωῆς does not qualify for a πνεῦμα, because it is incapable of maintaining the life of the body on its own, but rather needs bodily preconditions for doing so.[46] Only in Isho'dad, we also find a remark concerning the "future condition" for which the πνεῦμα ζωῆς is reserved according to Rom 8:2.[47] A third parallel in Theodore bar Konai even adduces both the Pauline proof-texts from the Procopius passage, yet argues along the lines of the other Syrians in making the πνοὴ incapable of maintaining temporal life on its own, whereas the *pneuma* obviously is able to grant eternal life without any qualification.[48]

If we want to put it pointedly, the Syrians in some sense advocate an exegesis of πνοὴ ζωῆς opposite to the one paraphrased by Procopius: Whereas for the latter, the phrase had to be interpreted as "aspiration providing temporal life", the former want to understand it as "aspiration incapable of fully providing eternal life on its own". Yet, this would probably exaggerate the contrast, as both accounts are by no means incompatible. Theodore may well have pointed out both the similarity and the dissimilarity between the soul and the Divine, which would match not only the claim of mutual dependence of body and soul we found in the first Procopius passage, but also Theodore's anti-Platonic anthropology in general. That he actually adduced both passages from Paul in order to establish the contrast between πνοὴ and πνεῦμα seems highly probable in the light of bar Konai. An uncertainty remains, however, concerning the analogy between "God of mercy", "spirit of life" and "breath of life".[49] As this is a supplementary element which

---

κινούμενον παρουσίᾳ, πνευματικὸν δὲ ἐκεῖνο ὡς τῇ τοῦ πνεύματος περικρατούμενον χάριτι.

[46] Cf. *supra*, n. 43.

[47] Isho'dad of Merv, *Commentary on Genesis* (*CSCO* 156, p. 59-60): "Mais touchant l'état futur, dans lequel nous serons immortels, il est dit: L'esprit de vie qui est en Jésus-Christ t'a libéré de (la loi du péché et de la mort), savoir l'Esprit donne la vie immortelle".

[48] Theodore bar Konai, *Liber scholiorum* II,26A (*CSCO* 448, p. 23): "Et c'est au sujet de l'homme nouveau que nous sommes devenus par le Christ que Paul dit: La Loi de l'esprit de vie qui est en Jésus-Christ t'a libéré de la loi du péché et de la mort, et encore: On sème un corps animé (psychique), il en ressuscite un corps spirituel, et il appelle spirituel le corps qui est nôtre, parce que l'Esprit-Saint nous achève alors (dans l'état futur) par l'immortalité au-dessus de tout besoin".

[49] Procopius, *In Gen.* 2,7 (*GCS NF* 22, p. 100,100-105): ὡς γὰρ θεὸν ἐλέους καλεῖ τὸν ἐλεεῖν εἰωθότα τε καὶ δυνάμενον, οὕτω καὶ "πνεῦμα ζωῆς" τὸ ταύτην οἷς ἂν ἐθέλῃ

96   BENJAMIN GLEEDE

– in contrast to the chauvinist exposition of "from him" in the first example – is by no means necessary for the general course of the argument, we cannot totally exclude the possibility that Procopius inserted this from elsewhere.

c. Problematic examples: possible contamination

What does this mean for the two aspects of our initial scepticism, i.e. the possible or probable contamination and adulteration of "Theodorian" material both in Procopius and the East Syrians? As to the one regarding Procopius, we actually have to admit at least the possibility of a major Theodore block being contaminated with other material. A clear example for this is provided by the commentary on Adam naming the animals (Gen 2:20), where the Theodorian concept of man exerting power over the animals by providing them with names according to his nature is extended to Eve, as she is "led towards Adam" (Gen 2:22c) just like the animals. Naming her is thus an expression of Adam's *natural* dominion over Eve and insight into her essence – a conception that is obviously inspired by Theodore's archenemy Apollinaris and alien to Theodore's exegesis,[50] as he seems to have considered the naming of Eve as a result of

δωρούμενον· ἐνταῦθα δὲ "πνοὴν" εἶπε "ζωῆς" ἅτε μὴ τῆς ψυχῆς ἐχούσης τοῦ πνεύματος τὸ ἀξίωμα, ἐκ δὲ θεοῦ λαβούσης τὸ διὰ τῆς οἰκείας παρουσίας πρὸς ἀναπνοήν τε κινεῖν τὸ σῶμα καὶ τὴν ἐντεῦθεν ζωήν. Cf. Theodore of Mopsuestia, *In Psalmos* 67,21a, ed. R. Devreesse, Città del Vaticano, 1939 (*StT*, 93), p. 440: Ὥσπερ Θεὸν ἐλέους λέγει ἀπὸ τοῦ "ἐλεεῖν", οὕτω καὶ Θεὸν τοῦ "σώζειν", τουτέστιν Αὐτὸς ὁ περισώζειν ἀπὸ κινδύνων δυνάμενος.

[50] Procopius, *In Gen.* 2,18-23 (*GCS NF* 22, p. 112,36–113,53): Ἀναγκαίως οὖν ἐπαναλαβὼν τὸν περὶ αὐτῶν λόγον ἤδη πεποιημένων φησὶν ὡς ποιήσας αὐτὰ τῷ Ἀδὰμ ὡς ἂν δεσπότῃ προσήγαγε (δεσπότου γὰρ τὸ τοῖς κτήμασι τιθέναι προσηγορίας) προστάξας ἐπιθεῖναι τούτοις ὀνόματα. ὁ δὲ ταῦτα σοφῶς καθ᾽ ἣν ἐκ θεοῦ δύναμιν εἴληφε πρὸς τὰς οὐσίας τούτων ἐτίθετο, *ὡς καὶ τῇ γυναικὶ διττὴν προσηγορίαν ἐτίθετο, τὴν μὲν ἀπὸ τῆς σχέσεως τοῦ ἀνδρός, ἐξ οὗπερ εἴληπτο (ὅθεν τις ἑρμηνεύσας ἀνδρίδα ταύτην παρωνύμως ἐξέδωκε), τὴν δὲ ὡς μητέρα τῶν ζώντων καλέσας ζωήν· ὡς φυσικῶς δὲ τεθέντα πάντα ἅπερ ὠνόμασε θεὸς ἐβεβαίωσεν.* ὥσπερ δὲ διὰ τοῦ πρώτου ἀνθρώπου τούτων ἄρχειν οἱ ἐφεξῆς πάντες εἰλήφαμεν, οὕτω καὶ τὸ τιθέναι τούτοις προσηγορίας κατὰ γλῶτταν ἕκαστος τὴν ἰδίαν. ἅμα δὲ καὶ διὰ τοῦτο τὸν περὶ τῶν ἀλόγων προὔλαβε λόγον, ἵνα κατὰ καιρὸν εἴπῃ διὰ τούτου τῶν εἰς ἄρρεν τε καὶ θῆλυ διῃρημένων παραδείγματος· "τῷ δὲ Ἀδὰμ οὐχ εὑρέθη βοηθὸς ὅμοιος αὐτῷ", καὶ ἅμα δεικνὺς ὡς οὐ κατὰ τὸν αὐτὸν τρόπον ἐκείνοις τὸ ἄρρεν τε καὶ θῆλυ γεγένηται. (Non-Theodorian part italicized). One should, however, consider the possibility that *Cat. Gen.* 286 Petit (*TEG* I, p. 197: only indirect attribution to Apollinaris!) is just as incorrectly ascribed to the bishop of Laodicea as

supernatural, prophetic ecstasy on the part of Adam.[51] Although this is a quite intricate example of Procopian amalgamation, we are not misled by a clear parallel between Procopius and the East Syrian material here, as the latter rather guides us in excluding the non-Theodorian material.

Thus, the crucial question actually is, whether there is a specific textual parallel between Procopius and the East Syrians, which does not go back to Theodore's commentary, but rather to Eusebius', Diodore's or perhaps other *catena* material or *scholia*. Unfortunately, this question is far too complex to receive a definitive answer in this context. The most problematic one is obviously the Diodore option, as his commentary apparently depended so heavily upon the one by Eusebius that already the attribution of the relevant Greek fragments is highly problematic.[52] To my knowledge, we do not have any traces of a Syriac translation of his commentary, let alone its usage by the relevant authors. As to a possible consultation of Genesis *catena* material by the East Syrian authors, we have no evidence that this material as such was ever translated into Syriac. The two most important analogous collections we know are probably the so-called *London collection* of West Syrian origin, which was working with sometimes abridged Syriac translations of the Greek commentary works themselves,[53] and the so-called *Garden of Delights*, an East Syrian lectionary that apparently exploits the very same common source as the Anonymus and Isho'dad.[54] At any rate, any accord based on a *scholion* or *catena* fragment transmitted from Greek into Syriac would be merely coincidental and could not explain the frequency of commonalities to be found between Procopius and the East Syrian "common source".

The parallels I have examined closely so far (Chapt. 1–3) show only one single example of a possibly Diodorian influence on the East Syrians,

---

frg. 83 (*TEG* I, p. 52), which in the light of numerous parallels (see table below) has to be restituted to Theodore.

[51] Anonymus Diyarbakir, *CSCO* 483, p. 33-34; Isho'dad of Merv, *Commentary on Genesis*, *CSCO* 126, p. 68-69.

[52] Cf. METZLER, introduction in *GCS NF* 22, p. CIII-CIV.

[53] Cf. B. TER HAAR ROMENY, "Les Pères grecs dans les florilèges exégétiques syriaques", in *Les Pères grecs dans la tradition syriaque*, ed. A. SCHMIDT et al., Paris, 2007, p. 63-76, here p. 70-71.

[54] Cf. L. VAN ROMPAY, "The Development of Biblical Interpretation in the Syrian Churches of the Middle Ages", in *Hebrew Bible/Old Testament. The History of Its Interpretation*, ed. M. SAEBØ, vol. 1/2, Göttingen, 2000, p. 559-577, here p. 571.

98 BENJAMIN GLEEDE

which, however, on closer inspection turns out to be nothing but the result of a misattribution in the *Collectio Coisliniana*. Fragment 106 of this collection presents a peculiar interpretation of Gen 3:1b where the snake tries to exaggerate the divine commandment as pertaining to "all the trees in the garden". According to the interpreter identified by the *Collectio* as Diodore, the devil speaking through the snake would not have distorted a divine commandment given only a few hours before so severely, if he actually had been able to hear it. Thus, the commandment must have been issued inaudibly in the hearts of the protoplasts, and the devil was just guessing on the basis of the protoplasts' deviating alimentary habits.[55] This exegesis is reproduced quite precisely both by Procopius and the East Syrians,[56] yet embedded into a context that clearly testifies to its Theodorian origin. According to Procopius, Eve corrects the snake informing her about the wording of the commandment, which, however, does not completely correspond to the one given in Gen 2:16-17 either. The fact that Eve adds "which is in the middle of the paradise" and "neither shall you touch it" can, as the divine commandment was only given a few hours before, not be explained as specifications added by Eve. Instead, she finally gives the actual wording originally simplified by Moses and thus enables the snake to lure her into the temptation of becoming like God.[57] As the latter two specific elements of interpretation, Eve's adequate representation of the divine commandment and the devil's reliance on Eve's "betrayal", are attested for Theodore by the *Genesis catena*,[58] and Procopius' continuation of the *Collectio Coisliniana* fragment is partly paralleled by the East Syrians,[59] there can hardly be any doubt that the entire context goes back to Theodore and the attribution in the *Collectio* is just a mistake.

This leaves us with Eusebius of Emesa as the only alternative, which actually seems both probable and lends itself to an actual verification or falsification. Even if the Armenian translation we have is slightly abridged,[60] it still provides a thorough insight in the gen-

---

[55] *Collectio Coisliniana*, CCSG 15, p. 108-109.

[56] Procopius, *In Gen.* 3,1 (*GCS NF* 22, p. 123,157-179); *CSCO* 126, p. 78,26–79,11 (*CSCO* 156, p. 84,31–85,15); *CSCO* 483, p. 36,13–37,8 (*CSCO* 484, p. 46,16–47,12).

[57] Procopius, *In Gen.* 3,1 (*GCS NF* 22, p. 123,179–124,203).

[58] *Cat. Gen.* 333 and 336 PETIT (*TEG* 1, p. 225-228).

[59] Procopius, *In Gen.* 3,1 (*GCS NF* 22, p. 123,179–124,189), cf. *CSCO* 126, p. 79,20–80,9 (*CSCO* 156, p. 85,28–86,1); *CSCO* 483, p. 37,19-26 (*CSCO* 484, p. 47,25–48,2).

[60] The editors consider the text to be "virtuellement complète" (*TEG* 15, p. xxx-II), as a comparison between the Armenian version and the Greek *catena* fragments

PROCOPIUS' *ECLOGAI IN GENESIM* AS A SOURCE

eral line of his exegesis. Looking for possible contaminations with Theodore in Procopius that might also be reflected in the East Syrian "common source", we might find an interesting example at the beginning of Procopius' commentary on Gen 2:18-23: The paragraph aims to explain why the creation of Eve was "resumed" at that point of the Mosaic account apparently a second time after the initial report in Gen 1:27 and its first "resumption" in 2:7. The crucial concept here is ἐπανάληψις, Theodore's technical term for the various repetitions and resumptions to be found in the account(s) of especially Gen 1 and 2.[61] The explanation that Procopius presents for this "resumption" is apparently a fusion of at least Theodore, Apollinaris and Eusebius of Emesa. As the course of the argument shows, the basic proposal that the full account of Eve's creation was "resumed" after the description of paradise (Gen 2:8-17), as Gen 2:18 directly picks up Gen 2:7, is formulated in the first lines without actual correspondence to Theodorian parallels.[62] Later on, Procopius wants to furnish us with two reasons for this corollary to the creation of Eve, the first one obviously taken from a *catena* fragment ascribed to Apollinaris,[63] the second one "pedagogical" and again strongly recalling Theodorian thought: Adam was to be taught by an example resembling himself that God was his creator, just as the angels had to be taught about their creation from nothing by the creation of light and soul.[64]

rarely reveals major abbreviations (e.g. *Cat. Gen.* 234, *TEG* 15, p. 200). However, the version itself does not present a homogeneous running commentary, but seems to pick out verses to be interpreted rather arbitrarily.

[61] Cf. *Cat. Gen.* 288 Petit (*TEG* 1, p. 119); *Cat. Niceph.* 5 (*PG* 66, col. 637AB); *In Gen.* 1,6 (apud Procopius, *GCS NF* 22, p. 30,7 [cf. ab. n. 9]). As the East Syrian parallels show, also Procopius, *In Gen.* 2,7 (*GCS NF* 22, p. 97,3.5; cf. *CSCO* 483, p. 23,17-18; 126, p. 52,28–53,1) can with a high probability be ascribed to Theodore.

[62] Procopius, *In Gen.* 2,18 (*GCS NF* 22, p. 111,3-6): Πάλιν ἐπανάληψις, οὐκ ἐπ' ἀναιρέσει τῶν πρόσθεν, ἀλλ' ἐπ' ἀναπληρώσει τοῦ λείποντος τρόπου τῆς γυναικείας κατασκευῆς τῶν περὶ τοῦ παραδείσου μέσων ἐμβεβλημένων· ἁρμόσει γὰρ τὰ περὶ τῆς γυναικὸς ἐφεξῆς ἀποδίδοσθαι τῷ καὶ ἐγένετο ὁ ἄνθρωπος εἰς ψυχὴν ζῶσαν.

[63] Procopius, *In Gen.* 2,18 (*GCS NF* 22, p. 111,6-12): ἐξήρτησε δὲ ἐπίτηδες τοῦ ἀνδρὸς τὴν γυναῖκα τὸ κρεῖττον ἀποδεικνὺς τῆς τοῦ ἄρρενος φύσεως (γυνὴ γὰρ ἐκτίσθη διὰ τὸν ἄνδρα, καθὰ καὶ Παύλῳ δοκεῖ· αἰτιατοῦ γὰρ κρεῖττον τὸ αἴτιον, ὡς καὶ τοῦ Σαββάτου ὁ ἄνθρωπος, φησὶν ὁ σωτήρ· αἴτιον δὲ οὐ ποιητικὸν ὡς θεὸς ὁ ἀνήρ, ἀλλ' ὡς τελικόν, ὥνπερ καὶ γέγονεν), clearly derived from *Cat. Gen.* 285 Petit (*TEG* 1, p. 196-197).

[64] Procopius, *In Gen.* 2,18 (*GCS NF* 22, p. 111,12–112,14): ἅμα δὲ καὶ τὸν Ἀδὰμ πεῖσαι τῇ πείρᾳ βουλόμενος δι' ὁμοίου τοῦ παραδείγματος, ὡς καὶ αὐτοῦ δημιουργός ἐστι καὶ ποιητής. Cf. frg. 5 of our second table.

As the account of vv. 18-23 is thus nothing but a more extensive and detailed recapitulation of God's creation of animals, man, and woman, we have to assume that Eve was already at Adam's side when he received the commandment in v. 16, even if "some people" claim that Adam received the commandment alone and Eve learned about it from him.[65] If we compare the commentary of Eusebius *ad locum*, we learn that those "some people" include none other than Theodore's Antiochene predecessor. Unlike Theodore, Eusebius considers the previous reports on the creation of man (and woman) as anticipations of what is reported in Gen 2:18-23 and thus has to answer the question of how Eve can be held accountable for transgressing a command that was issued before she was even created.[66] Hence, Procopius clearly distinguishes between the positions of Theodore and Eusebius here and the real problem is again the contamination of Theodore and Apollinaris. Yet again, the general gist of Theodore's interpretation is to be reconstructed from the East Syrian material: That the derivation of Eve from Adam speaks of a "superior nature" of the latter, as Procopius claims following Apollinaris, is not easily reconciled with Theodore's insistence on the consubstantiality of man and woman: Eve is not only created immediately after Adam in order to receive commandment and punishment together, but also her function as "help" for Adam has no connotation of substantial inferiority, which is explicitly reserved for the service Adam is provided with by the mindless animals.[67] Thus, we encoun-

[65] Procopius, *In Gen.* 2,18 (*GCS NF* 22, p. 112,15-20): ὅτι δὲ ἐπανάληψις τὸ παρὸν δῆλον· κοινῶς γὰρ ἀμφότεροι τὴν περὶ τοῦ μὴ φαγεῖν ἔλαβον ἐντολὴν καὶ ὡς παραβάντες ἐτιμωρήθησαν. τινὲς δὲ τὰ πρῶτα κατὰ προαναφώνησιν λέγοντες, φασί, τιμωρηθῆναι καὶ τὴν γυναῖκα ὡς μαθοῦσαν τὴν ἐντολὴν ἐξ Ἀδάμ, ὡς καὶ οἱ ὕστερον Ἰουδαῖοι τῶν πατέρων δεξαμένων τὸν νόμον.

[66] Eusèbe d'Émèse, *Commentaire de la Genèse* (*TEG* 15, p. 52-53). METZLER (*GCS NF* 22, p. 112) clearly misattributes ll. 15-17 to Eusebius.

[67] Procopius, *In Gen.* 2,18 (*GCS NF* 22, p. 112,28-35): "βοηθὸν" δέ φησι κοινωνὸν τῶν κατὰ τὸν βίον ἁπάντων, καὶ τὸ κατ᾽ αὐτὸν δὲ τὴν τῆς φύσεως ὁμοτιμίαν παρίστησιν· ἔστι γὰρ καὶ παρὰ κρείττονος καὶ παρ᾽ ἐλάττονος ἔσθ᾽ ὅτε βοηθεῖσθαι ὡς παρὰ τῶν ἀλόγων ζώων· ἀλλ᾽ ὅτι μηδέν ἐστι τούτων κατὰ τὸν Ἀδάμ μηδὲ τῆς ὑπὸ θεοῦ κοινωνεῖ ποιήσεως, μειζόνως ἐστὶ δοῦλα καὶ τοῖς ποσὶν ὑποτέτακται αὐτοῦ κατὰ τὸν ψαλμῳδόν. For the part left unidentified by Metzler cf. Anonymus Diyarbakir, *CSCO* 484, p. 41: "Les mots *Faisons-lui une aide comme lui*, (c'est) pour dire: selon une égalité de nature, pour qu'elle l'aide, (mais) ni comme un sujet ni comme un chef"; Ishoʻdad of Merv, *Commentary on Genesis*, *CSCO* 156, p. 72 : "Les mots : *Je lui ferai une aide comme lui*,

ter another Theodore block, which is enriched by an easily discernible sidenote regarding Eusebius' alternative view and contaminated with a heterogenous, Apollinarian argument, which could without the help of the *catena* only be expunged by very subtle (and speculative) internal criticism.

4. Conclusion

Where does all of this leave us methodologically with our enterprise of extracting Theodore from Procopius? Most importantly, we can considerably mitigate the scepticism with regard to the East Syrians: If we detect a really specific parallel between Procopius and the Syriac texts in language and structure of the exegetical argument, we can be fairly certain that the latters' "common source" actually reflects Theodore here, as the alternatives (*catena* material, Diodore, Eusebius of Emesa) are either highly improbable or, in the case of Eusebius, can actually be checked and excluded. As to the Procopian side of this scepticism, however, we had to admit that amalgamation of alien material into longer "Theodore-blocks" is a real threat here – a threat, however, which can be dealt with by thorough internal criticism regarding its textual structure and content. If the Procopius excerpt introduces supplementary thoughts or arguments that are unparalleled in the East Syrians and unnecessary or even a little unfit for the general gist of the exegetical argument, those passages have to raise suspicion as to the homogeneity of the excerpt. If we can assure both a Theodorian context and Theodorian parallels for an excerpt, we can be fairly certain about its authenticity. If one of those is missing, the excerpt needs a thorough internal analysis as to homogeneity and can only be accepted with reservations. At any rate, a collection of those fragments should not restrict itself to presenting them as *genuina* or *dubia*, but also introduce an intermediate category of *fortasse contaminata*, i.e. those texts where an undoubtedly Theodorian base layer could be contaminated with heterogenous material. For the first three chapters of Genesis, we can thus draw up the following

savoir, de même nature que lui. Et pour montrer qu'elle n'est pas comme l'aide qui lui vient des animaux, etc., il ajoute les mots : *comme lui*, savoir, en tout égale à lui, pour qu'elle ne l'aide ni comme un sujet ni comme un chef ; car, *elle est une aide comme lui et une colonne d'appui pour lui*, dit le Sage". Again, Isho'dad seems to reproduce the source more fully, which he could hardly do if he entirely depended upon the Anonymus.

quite impressive list of most probably Theodorian material, continuous pieces always counted as one with already identified material included:

Procopius (*GCS NF* 22, p., l.)	Content	East Syrian material (*CSCO*, vol., p., l.)	Other Theodore
In Gen. 1,2 (18,107-114)	"Divine spirit" as wind	483, 9,12-13 (484, 13,5-6) 126, 17,23-25 (156, 20,11-13)	*CSCO* 484, p. 13 n. 49
In Gen. 1,3 (19,17–20,42)	Divine creation commands educating angels		*Intr. Gen.* (ed. Sachau, 4-5/3)
In Gen. 1,4a (21,26-34); 1,5 (22,16-20)	Instructive value of the verse for angels	483, 10,6-14 (484, 14,16-26) 126, 19,17–20,5 (156, 22,5-13)	
In Gen. 1,5 (23,49–24,67)	Exact meaning of "night" and "day"	483, 10,23-27 (484, 15,10-15) 126, 22,19-25 (156, 25,4-10)	Philop., *Opif.* II,15 (ed. Reichardt, p. 84)
In Gen. 1,5 (29,231–30,262)	Priority of darkness before light	483, 11,2-16 (484, 15,18–16,7)	Philop., *Opif.* II,19-20 (ed. Reichardt, p. 93. 95)
In Gen. 1,6 (30,3–32,57)	Reasons for creating the firmament	483, 13,23–14,2 (484, 19,5-15) 126, 25,16–26,10 (156, 28,3-23)	Gleede, *Antiochenische Kosmographie?* (n. 8), p. 84-88
In Gen. 1,6 (34,125–35,144)	Instructive value of creation out of nothing and from something		*Intr. Gen.* (ed. Sachau, 3-7/2-4)
In Gen. 1,6 (36,165-178)	Upper waters preserving the firmament against heat	483, 14,3-8 (484, 19,16-22) 126, 26,10-20 (156, 28,24-34)	
In Gen. 1,9 (39,70-79)	Instructive value of subsequent creation-comments	483, 14,18-26 (484, 20,10-20) 126, 27,21-24 (156, 29,31–30,3)	

PROCOPIUS' *ECLOGAI IN GENESIM* AS A SOURCE 103

Procopius (*GCS NF* 22, p., l.)	Content	East Syrian material (*CSCO*, vol., p., l.)	Other Theodore
In Gen. 1,11 (42,32-44)	Description of herbs	483, 15,21–16,5 (484, 21,20–22,2) 126, 33,6-9 (156, 35,27-32)	
In Gen. 1,14 (45,28-35)	Instructive value of temporal creation sequence		*Intr. Gen.* (ed. Sachau, 3/2)
In Gen. 1,14 (46,61–47,75)	Distribution of primordial light to luminaries	483, 17,9-20 (484, 23,10-22) 126, 34,25–35,9 (156, 37,11-28) *Liber scholiorum* I,99 (55, 42; 431, 80)	*Cat. Gen.* 83 (misattributed to Apollinaris) Theodt., *Qu. Gen.* 14 (ed. Fernández, 16-17)
In Gen. 1,20 (57,18-24)	Water as origin of birds	126, 40,19-25 (156, 43,40–44,2) *Liber scholiorum* I,94 (55, 41; 431, 79)	
In Gen. 1,20 (60,94-97)	Procreation blessing for plants	483,19,24-30 (484, 26,8-16) 126, 41,12-19 (156, 44,19-26)	Continuation of *Cat. Gen.* 120
In Gen. 1,26 (74,313–78,435)	Man as image and likeness of God	Cf. first table above	
In Gen. 1,27 (80,63–81,79)	Image of God in man and woman		*In Gen.* 1,27 (ed. Sachau, 24/15)
In Gen. 1,28 (84,13-22)	Why does he not bless the land animals, but only the water animals?		*In Gen.* 1,28 (ed. Sachau, 25-26/16-17)
In Gen. 2,2 (89,52-58)	Segregation of the seventh day	483, 23,10-11 (484, 32,1-2) 126, 52,14-17 (156, 55,53–56,2)	Continuation of *Coll. Coisl.* 76
In Gen. 2,7 (97,3–98,32)	First and second account of the creation of man	483, 23,17-21; 24,26–25,2; 24,19-24 (484, 32,9-14; 34,1-6; 33,16-21) 126, 52,28–53,4; 54,15-24 (156, 56,14-19; 58,12-21)	Context for *Cat. Gen.* 201

Procopius (*GCS NF* 22, p., l.)	Content	East Syrian material (*CSCO*, vol., p., l.)	Other Theodore
In Gen. 2,7 (99,81–100,110)	Creation of Adam as living soul	Cf. ab. nn. 41-48	Context for *Cat. Gen.* 202
In Gen. 2,9 (108,110–109,139)	Function of the two trees in paradise	483, 29,5-25 (484, 38,25–39,20) 126, 60,23–61,24; 62,7-29 (156, 65,24–66,19; 67,2-25)	Context for *Cat. Gen.* 246 *Coll. Coisl.* 96 (*CCSG* 15, p. 99-100)
In Gen. 2,17 (110,1–111,37)	Primordial mortality; pedagogical exaggeration of death-threat	483, 29,29–30,4.12-31,6 (484, 39,25-29; 40,12–41,4) 126, 64,3-6; 65,14-20 (156, 68,26–69,3; 70,22–71,4)	*Coll. Coisl.* 115 (*CCSG* 15, p. 118-119)
In Gen. 2,18 (111,3-7.12–112,17.20 –113,41.48-53)	Resumption of the creation of Eve; her name	Cf. ab. nn. 61-67	Context for *Cat. Gen.* 281, 288, 291, 294
In Gen. 2,21 (114,69–115,111)	Creation of Eve from Adam's rib	126, 67, 3-5 (156, 72,15-18) 483, 32,13-18 (484, 42,17-22) 126, 68,15–69,1 (156, 73,32-74,15) 483, 33,1-4 (484, 43,8-11) 126, 69,20-23 (156, 75,4-7) 69, 72 (431, 100) [?] 483, 33,19–34,4 (484, 44,3-10) 126, 70,23–71,3 (156, 76,8-17) 483, 34,16-20 (484, 44, 23-27) 126, 72,7-13 (156, 77,22–78,1)	Context for *Cat. Gen.* 299, 302, 303, 316
In Gen. 2,23 (117,2-17)	Man and woman	Cf. ab. nn. 33-40	Context for *Cat. Gen.* 315 and 317

Procopius (*GCS NF* 22, p., l.)	Content	East Syrian material (*CSCO*, vol., p., l.)	Other Theodore
In Gen. 3,1 (122,136–125,221)	The snake as the devil's instrument; Its approach to Eve	Cf. ab. n. 56	Context for *Cat. Gen.* 322, *Coll. Coisl.* 106, *Cat. Gen.* 333, 336
In Gen. 3,6 (126,1-7)	Eve's lustful stare	483, 38,20–39,1 (484, 48,28–49,3) 126, 82,8-14 (156, 87,26-32)	
In Gen. 3,7-8 (130,107–132,163)	Pedagogical value of commandment and sin: the fig tree	483, 40,9–41,8 (484, 50,14–51,17) 126, 84,8–85,7 (156, 89,23–90,21) *Liber scholiorum* II,82 (55, 82; 431, 106)	Context for *Cat. Gen.* 356, *Coll. Coisl.* 96
In Gen. 3,9 (132,1-14)	"Adam, Adam"	483, 41,9-14 (484, 51,18-23) 126, 85,22-26 (156, 91,5-13)	
In Gen. 3,10 (133,7-18*)	God questioning Adam	483, 41,14-20 (484, 51,23–52,3) 126, 85,27–86,5 (156, 91,10-17)	Contaminated with Severian
In Gen. 3,10 (134,33-38)	Generalization of rebuke and correction	483, 41,25-28 (484, 52,8-11)	Continuation of *Cat. Gen.* 377
In Gen. 3,14 (137,58–138,66)	The serpent's posture	483, 36,6-7; 42,13-15 (484, 46,10-11; 52,26-29) 126, 76,4-9; 86,24-27 (156, 82,5-11; 92,8-11)	Introduction for *Cat. Gen.* 392 (misattrib.)
In Gen. 3,18 (146,16-25)	Primordial vegetarianism	483, 43,25–44,2 (484, 54,19-24) 126, 89,13-18 (156, 95,9-14)	References to Theod.-material in *GCS NF* 22, 42,36-38; 112,15-17

Procopius (*GCS NF* 22, p., l.)	Content	East Syrian material (*CSCO*, vol., p., l.)	Other Theodore
In Gen. 3,18 (147,47–148,92)	Primordial mortality, potential of acquired immortality		Context for *Cat. Gen.* 418 (δευτέρα ἀθανασία)
In Gen. 3,20 (149,7-15)	Eve's name as divinely inspired hope	483, 44,4-9 (484, 54,26–55,4) 126, 89,20–99,1 (156, 95,15-27)	Par. 4 Tonneau, (*Muséon* 66, 49-50/59)
In Gen. 3,22 (152,5–153,16)	God mocks Adam due to his complete disappointment	483, 44,23-26 (484, 55,18–56,2) 126, 91,3-14 (156, 96,30–97,7)	Par. 6 Tonneau (*Muséon* 66, 53-54/60-61)
In Gen. 3,24 (157,13–158,25)	Cherub as pedagogical vision		Par. 10 Tonneau (*Muséon* 66, 58-59/63)
In Gen. 3,24 (159,50-60)	God exiles Adam like a king		Continuation of *Cat. Gen.* 460 Par. 9 Tonneau (*Muséon* 66, 54/62)

Abstract

Until now, the massive presence of Theodore of Mopsuestia in Procopius' *Eclogai in Genesim* has not generally been recognized. In fact, quite a number of Theodorian passages in Procopius can be identified from the direct witnesses we have of his Genesis commentary alone. The crucial question is, however, whether the numerous agreements between Procopius and the later East-Syrian Genesis commentaries (esp. Isho'dad of Merv and the Anonymus Diyarbakir) are in themselves sufficient to establish Theodore's commentary as the common source. Discussing several examples, the author confirms this hypothesis with certain reservations concerning the possible amalgamation of different "Antiochene" commentators (Eusebius of Emesa, Diodore of Tarsus), especially by Procopius.

I *Commentarii in Genesim* di Procopio di Gaza e il *De opificio mundi* di Giovanni Filopono[*]

Tiziano F. OTTOBRINI

(*Vercelli*)

> [...] μὴ ὡς ἀνθρώπων εἰπόντων,
> ἀλλ' ὡς θεοῦ δι' αὐτῶν φθεγξαμένου
>
> Proc. Gaz., *In Gen.*, p. 1, ll. 1-2 (Metzler)

Benché il rapporto tra Procopio di Gaza e Giovanni Filopono risulti essere un tema a oggi pressoché inesplorato, si tratta di un aspetto capace di presentarsi connotato da singolare importanza e fecondo di risultati: una volta aver riconosciuto che i due autori sono quasi contemporanei (fine del V e prima metà del VI secolo)[1] e compongono entrambi un commentario al Genesi (Procopio nella forma di un commento continuo sulla base di precedenti catene[2], Filopono nella forma della sola

---

[*] Questo contributo è stato realizzato nell'àmbito del PRIN 2017 "Racconti di creazione come luoghi di interculturalità dinamica", diretto dalla prof.ssa A. Longo (Università dell'Aquila). Desidero ringraziare fervidamente i professori J.-M. Auwers, M.-H. Congourdeau, J. Verheyden e D. Zaganas per la loro cortesia e per tutti i loro fruttuosi suggerimenti, che ho accolto volentieri nella loro larga maggioranza, negli snodi fondamentali. Ovviamente, notifico *ex condicto* che la prospettiva offerta nel presente saggio è dello scrivente.

[1] Procopio di Gaza muore all'altezza del 528/9 cosicché, se è vero che è lo stesso Procopio autore dell'*Epitome in Genesim* (distinguere, infatti, il Procopio autore dei commentari biblici dal Procopio retore e dalla cronologia appartenente a quest'ultimo, allo stato attuale delle conoscenze, sarebbe un'ipotesi alquanto ardita), precede sì Filopono (che morì intorno al 570) ma tuttavia, in termini di periodo di attività, si assiste alla contiguità tra il periodo maturo del primo e la stagione iniziale del secondo.

[2] Rilievi sulla plausibilità del nome di catene per questo genere ipomnematico (σειρά non è attestato nelle fonti greche in nostro possesso), su Procopio come uno

---

Procopius the Christian Sophist: Catenist, Compiler, Epitomist, ed. by D. Zaganas, J.-M. Auwers, J. Verheyden, IPM, 94 (Turnhout, 2024), pp. 107-132.
© BREPOLS ∰ PUBLISHERS   10.1484/M.IPM-EB.5.136513

ripresa della pericope esameronale), bisogna sottolineare che il periodo in esame non è una stagione qualsiasi per la storia dell'esegesi nella forma del commentario biblico, perché segna un profondo rinnovamento: Procopio procede nella direzione del commento a impostazione catenistica, con ampia fruizione di estratti da autori precedenti[3], mentre Filopono opera piuttosto una innovazione di tipo concettuale (reagendo al modello demiurgico mutuato dal *Timeo* di Platone, che integra in larga parte con i filosofemi della filosofia aristotelica)[4]. In tale ottica, approfondire il rapporto tra Procopio e Filopono porterà nuove acquisizioni nell'economia delle conoscenze di ambedue gli scrittori: dal punto di vista di Procopio, sarà infatti possibile entrare un po' di più nel suo *atelier* e capire le dinamiche della sua *Quellenforschung* mentre, dall'angolazione filoponiana, emergerà come il suo Esamerone abbia punti di contatto interessanti, stimolanti e, per certi versi, problematici con Procopio.

dei primi autori (se non proprio come πρῶτος εὑρετής) in quest'àmbito e sui caratteri strutturali di tale genere – in sé e in rapporto allo sviluppo in commenti propriamente intesi –, cfr. la sintesi offerta in D. Westberg, "Rhetorical Exegesis in Procopius of Gaza's *Commentary on Genesis*", *Studia Patristica*, 60 (2013), p. 95-108, qui p. 99-101 e n. 20. Sui due livelli di intervento di Procopio (da centonista e da commentatore) non mancano rilevanti considerazioni circa il Cantico dei cantici in M. A. Barbàra, "L'interpretazione del Cantico dei cantici attraverso l'*Epitome* di Procopio di Gaza (CChr.SG 67)", *Adamantius*, 23 (2017), p. 463-469.

[3] Fondamentale per questi e tutti gli aspetti storico-esegetici connessi è la *Einleitung* vergata da K. Metzler contenuta in *Prokop von Gaza, Eclogarum in libros historicos Veteris Testamenti epitome. Vol. 1: Der Genesiskommentar*, Berlin – Boston, MA, 2015 (*GCS NF*, 22), soprattutto p. xi-xxx circa la transizione da una prima fase (catene) a una seconda fase, recenziore, nella forma del commento che andremo esaminando (più libera nell'adattamento delle fonti compilate e senza indicazione dell'autore da cui provengono).

[4] Sulla specificità della pervasiva ripresa in Filopono di categorie aristoteliche nella sezione esameronale del Genesi (da Filone Alessandrino in poi, invece, piuttosto legata alla matrice del *Timeo* platonico), mi soffermo in T. F. Ottobrini, *Giovanni Filopono e l'esegesi biblica di matrice aristotelica. Il De opificio mundi*, Milano, 2023 (Temi metafisici e problemi del pensiero antico. Studi e testi, 151), ove se ne restituisce anche un repertorio e censimento ragionato. Per una presentazione a tutto tondo della sua poliedrica personalità, il rimando più recente è alla voce stesa su Filopono da M. Perkams in *Philosophie der Kaiserzeit und der Spätantike*, ed. C. Riedweg, C. Horn, D. Wyrwa, Basel – Berlin, 2018 (Grundriss der Geschichte der Philosophie. Die Philosophie der Antike, 5/3), p. 2033-2051, soprattutto p. 2035-2038.

1. Paralleli tra il *De opificio mundi* di Filopono
e i *Commentarii in Genesim* di Procopio

Seguendo la ricostruzione di Karin Metzler, nei *Commentarii in Genesim* di Procopio incontriamo due stretti paralleli[5] con il *De opificio mundi* di Filopono, il primo dei quali riguarda la creazione della luce e delle tenebre reciprocamente divise (Gn 1, 4b)[6]:

> Καὶ διεχώρισεν ὁ θεὸς ἀναμέσον τοῦ φωτὸς καὶ ἀναμέσον τοῦ σκότους.
>
> Ἄμικτα γὰρ ἀλλήλοις εἴ γε τὸ μὲν ἕξις, τὸ δὲ καθέστηκε στέρησις, ἅπερ ἀλλήλοις ἀσύμβατα τοῦ ἑτέρου ἀνυποστάτου τυγχάνοντος.

> "E Dio separò a mezzo la luce e a mezzo la tenebra".
>
> Infatti, sono incommiste l'una all'altra, se è vero che un ente risulta abito mentre l'altro privazione: sono inconciliabili l'uno all'altro, perché dei due l'uno viene a essere insussistente.

in cui al lemma genesiaco tratto dalla Settanta segue un commento che presenta strette simiglianze con Filopono[7]:

> τριχῶς ἀλλήλων αὐτὰ διέκρινεν, ἄμικτόν τε καὶ ἀκοινώνητον αὐτῶν τὴν φύσιν ποιήσας· τὰ τε γὰρ ἐναντία διακεκριμένας ἔχει τὰς οὐσίας, καὶ αἱ στερήσεις πάλιν ἀσύμβατοί εἰσι ταῖς ἕξεσιν· ἀλλ' οὐδέ ἐστί τι τούτων ἕτερον μεταξύ.

---

[5] Gli autori citati dalla Metzler nel suo *apparatus fontium*, infatti, valgono spesso, ma non sempre, come le fonti di Procopio *stricto sensu*; si tratta quindi di volta in volta di valutare se si tratti di citazioni o di semplici simiglianze (come è stato rilevato in *Prokop von Gaza, Der Genesiskommentar*, p. CXIII; G. DORIVAL, recensione a *Prokop von Gaza, Eclogarum in libros historicos Veteris Testamenti epitome, t. I. Der Genesiskommentar, Hrsg. K. Metzler*, in *Revue d'Histoire Ecclésiastique*, III [2016], p. 228-233 e R. CEULEMANS, "The Transmission, Sources and Reception of Procopius' Exegesis of Genesis. Observations in the Wake of the New Edition", *Vigiliae Christianae*, 71 [2017], p. 205-224, qui p. 223).

[6] Proc. Gaz., *Comm. in Gen.*, p. 21, ll. 1-5 (METZLER) (*ad* Gn 1, 4).

[7] Philop., *De op.* II, 14 (p. 226, ll. 14-17 SCHOLTEN [= S.]); l'edizione critica citata è di C. SCHOLTEN, *Johannes Philoponos, De opificio mundi — Über die Erschaffung der Welt*, 3 vol., Freiburg im Breisgau, 1997 (Fontes Christiani, 23, 1-3), basata sull'edizione del REICHARDT (Leipzig, 1897). A integrazione di quest'ultima valgono le osservazioni di A. BOFFI, "Osservazioni sull'edizione di G. Reichardt del commento all'*Hexaemeron* di Giovanni Filopono", *Athenaeum*, 68 (1990), p. 545-549. Il versetto genesiaco secondo la Settanta è riportato anche da Filopono, *De op.* II, 13 (p. 224, ll. 21-22 S.).

le ha distinte vicendevolmente in tre modi, facendone la natura non commista né condivisa: infatti, i contrarî hanno le sostanze separate e le privazioni sono a loro volta inconciliabili con gli abiti: ma nemmeno vi è un altro ente in mezzo a essi.

Prima di entrare nei contenuti, va sottolineato che Procopio riporta il verso biblico secondo la sola traduzione greca della Settanta, comportando per ciò stesso una differenza rilevante rispetto a Filopono, il quale commenta il passo in questione dopo aver riferito insieme con la Settanta anche le due versioni greche della metà del II secolo redatte da Aquila e Simmaco (non viene qui citato anche Teodozione), in quanto differenti *juxta litteram* dalla Settanta stessa[8] e, quindi, suscettibili di promuovere un'altra interpretazione[9]; prescindendo da questioni puramente grafiche – e, in gran parte, convenzionali e oscillanti – come l'univerbazione o meno di ἀναμέσον[10], consta che Filopono è alle prese con la natura della luce e della tenebra, nel tentativo di mostrare che la loro sostanza non può essere messa su un piano *ex aequo*[11], bensì solo la luce è in senso proprio, mentre alla tenebra pertiene solo lo statuto ontologico di ciò che è privazione di un positivo[12]. Una declinazione, questa, del primato dell'essere sul non essere, riducendo la tenebra a un

---

[8] A partire dall'ebraico ויבדל אלהים בין האור ובין החשך Aquila volge: καὶ διεχώρισεν ὁ θεὸς μεταξὺ τοῦ φωτὸς καὶ μεταξὺ τοῦ σκότους; circa Simmaco si ricorda solo che usò διέστειλεν invece di διεχώρισεν (Philop., *De op*. II, 13, [p. 224, l. 22 – p. 226, l. 2 S.]).

[9] In merito alla ripresa delle versioni esaplari di Origene in Filopono e sulla sinossi tetraplare che apre l'analisi dell'Alessandrino, cfr. T. F. Ottobrini, "La struttura del *De opificio mundi* di Giovanni Filopono e le traduzioni veterotestamentarie alternative alla Settanta. Tra fisica e scienza divina della creazione del mondo", in *Il poema del mondo*, ed. E. Giannetto, Catania, 2020 (Maat Studies, 8), p. 39-100, nello specifico p. 72.

[10] Quanto a Procopio, prevale la grafia unificante, ma la prima delle due occorrenze presenta discrezione grafica in bc, per cui cfr. Proc. Gaz., *Comm. in Gen.*, p. 21 (Metzler), apparato critico *ad locum*. Univerbato anche nel Corderius, in *De op.* II, 14 (p. 226, l. 9 S.), a fronte di κατὰ μέσον attestato nella tradizione manoscritta (cfr. Philop., *De Op.* II, 14, p. 226, apparato critico *ad locum*).

[11] Tanto che, quando c'è l'una, non c'è l'altra: ἅμα μὲν γὰρ αὐτὰ ἐν τῷ αὐτῷ εἶναι τόπῳ ἀδύνατον, ἀντιπαραχωροῦσι δὲ τούτου ἀλλήλοις (Philop., *De op.*, II, 14 [p. 226, ll. 21-22 S.]).

[12] Philop., *De op.* II, 15 muove l'accusa a Teodoro di Mopsuestia – ma già il suo accolito Teodoreto di Ciro avrebbe prese le distanze in merito – di essere manicheo nel sostenere che la tenebra sia sostanza (οὐσία), come stigmatizza per le medesime

I *COMMENTARII IN GENESIM* E IL *DE OPIFICIO MUNDI* III

rango ontologico di subordinazione rispetto alla luce: la tenebra non partecipa dell'essere in senso autonomo ma è soltanto privazione di luce[13]. Come è evidente, Filopono argomenta e giustifica la sua posizione con un netto impiego di categorie speculative mutuate da Aristotele (Filopono è infatti noto in prevalenza come commentatore di Aristotele), segnatamente la dottrina della potenza e dell'atto (qui nella forma di privazione e atto: στέρησις e ἕξις), dei contrarî (ἐναντία) e del frammezzo (μεταξύ). Con l'eccezione di quest'ultimo filosofema (per cui tra luce e tenebra non si darebbe una via intermedia, così che la seconda altro non sia se non sottrazione della prima), si noterà che Procopio presenta lo stesso materiale lessicale, con la precisazione che anche al filoponiano ἀσύμβατοι fa corrispondere, in una forma di geminazione, ora l'equivalente ἄμικτα, ora esattamente ἀσύμβατα. Invece, il *kolon* conclusivo della pericope procopiana (τοῦ ἑτέρου ἀνυποστάτου τυγχάνοντος) non sembra continuare la lettera di Filopono, presentandosi quasi come un'estensione esplicativa di quanto precede, basata su un lessico di chiara matrice neoplatonica.

Considerando che un tratto tipicamente filoponiano è la tendenza a intervenire nelle questioni accampate dal Genesi con categorie aristoteliche[14], si può senz'altro valorizzare il parallelo proposto da Metzler,

---

ragioni anche gli antichi Egizî, allorché questi accreditavano alle tenebre di essere palpabili (ψηλαφᾶν, *ibid.*, p. 230, ll. 2-4 S.).

[13] Filopono rigetta, così facendo, la tesi dei Manichei, per cui bene e male (luce e tenebra) si collocherebbero su un piano di parità, determinando i due principî che alla pari governano la realtà; contro i Manichei – definiti *irreligiosissimi* (ἀσεβέστατοι) in *De op.* VII, 10 (p. 624, l. 4 S.) – il Grammatico staffila ripetuti e virulenti attacchi proprio nella negazione della categoria di sostanza come predicabile della tenebra, culminando nell'autocontraddizione in cui i Manichei cadono circa il male sostanziale (κακὸν οὐσιῶδες: se ad es. ogni uomo fosse malvagio perché nato da donna, allora sarebbero tali anche i Manichei stessi, donde verrebbe che le loro affermazioni non devono essere accolte in quanto provenienti da soggetti malvagi (*De op.* VII, 11).

[14] In particolare, Filopono porterà altri argomenti di ascendenza aristotelica ancora per ricusare che la tenebra sia sostanza (come lo è la luce), contestando che la tenebra sia una per numero (in *De op.* II, 16): a) se la tenebra non è una, allora non si può parlare della tenebra come di un principio, facendo cadere la tesi dei Manichei; b) Filopono mutua la categoria del "ciò che è secondo numero" da numerosi passi aristotelici, in ispecie tolti dalla *Fisica* (ampiamente da lui commentati *ad locum*), ove si indaga il rapporto tra la categoria del numero e la sostanza e, nello specifico, il rapporto unitario tra il numero e il fenomenico che si restituisce nel movimento: cfr. la

che accosta qui Procopio al testo di Filopono, stante che Procopio doveva avere presente la posizione dell'Alessandrino, su cui interviene con adattamenti e con una glossa[15]. Questa considerazione offre un valido contributo per intendere perché Procopio abbia ritenuto di citare qui Filopono, giacché questi affrontava la questione in modo originale, senza pregressi presso altri autori: infatti, dopo aver scritto [...] συνελεξάμεθα ἐξ ὑπομνημάτων καὶ διαφόρων λόγων ταύτας ἐρανισάμενοι, circa il modo in cui attingerà ora a questa e ora a quella fonte, criterio dirimente è che i contenuti illustrati non siano già stati esposti da altri, per ragioni di economia di spazio[16]:

> ἀλλ' ἐπεὶ τὰς ῥήσεις αὐτὰς τῶν ἐκθεμένων ἐπὶ λέξεως ἐξεθέμεθα, εἴτε σύμφωνοι πρὸς ἀλλήλας ἐτύγχανον εἴτε καὶ μή, καὶ πρὸς πλῆθος ἄπειρον ἡμῖν ἐντεῦθεν τὸ σύγγραμμα παρετείνετο, συνεῖδον νῦν πρὸς μέτρον εὐσταλὲς συνελεῖν τὴν γραφὴν ἐπειγόμενος, εἰ μέν τι σύμφωνον εἴρηται ἅπασι, τοῦτο προσάπαξ εἰπεῖν· εἰ δέ τι διάφορον, καὶ τοῦτο συντόμως ἐκθέσθαι πρὸς τὸ διὰ πάντων ἓν γενέσθαι σῶμα τῆς συγγραφῆς ὡς ἑνὸς καὶ μόνου τὰς ἁπάντων ἡμῖν ἐκθεμένου φωνάς. προσθήσομεν δέ τι καὶ ἔξωθεν εἰς τρανοτέραν ἔσθ' ὅτε παράστασιν.

sostanza e il suo carattere di uno per numero in *Phys.* 186a22; 186b14; 186b35; l'uno si dice in modi diversi, tra cui quello secondo numero in *Phys.* 187a1; 187a6; l'identico o diverso secondo numero in *Phys.* 194a30; l'avvicendamento e l'unità secondo numero in *Phys.* 198a33; il rapporto tra movimento e unità secondo numero in *Phys.* 212a7.

[15] La familiarità di Procopio con il contesto neoplatonico è difficilmente dubitabile, perché esso rappresentava naturalmente l'orientamento filosofico allora prevalente (come per i temi platonici anche in Procopio, cfr. E. AMATO, "Procopio e il *dies rosarum. Eros* platonico, *agape* cristiana e rappresentazioni pantomimiche nella Gaza tardoantica", in *Rose di Gaza. Gli scritti retorico-sofistici e le* Epistole *di Procopio di Gaza*, ed. E. AMATO, Alessandria, 2010 (Hellenica, 35), p. 56-70. La sua familiarità con le questioni neoplatoniche non può essere provata oggi dai due frammenti della *Refutatio Procli Institutionis theologiae*, perché l'attribuzione a Procopio di questo scritto deve ritenersi molto dubbia e va presa con molta cautela (con buona pace di Amato, cfr. A. GIOFFREDA, M. TRIZIO, "Nicholas of Methone, Procopius of Gaza and Proclos of Lycia", in *Reading Proclus and the* Book of Causes. *Vol. 2: Translations and Acculturations*, ed. D. CALMA, Leiden, 2021 (Studies in Platonism, Neoplatonism, and the Platonic Tradition, 26), p. 94-135.

[16] Proc. Gaz., *Comm. in Gen.*, p. 1, ll. 3-4 (METZLER) e, rispettivamente, *ibid.*, ll. 4-13.

I *COMMENTARII IN GENESIM* E IL *DE OPIFICIO MUNDI* 113

> ma quando abbiamo trasposto alla lettera le lezioni esatte dei passi trasposti – sia che fossero in consonanza l'uno con l'altro sia no – e, per questo, ci siamo trovati che l'opera finiva con l'essere di una mole sconfinata, mi sono fatto dell'idea di riassumere lo scritto secondo la misura conveniente, vedendomi costretto, se una cosa risulta detta da tutti in modo consonante, a dirla una volta sola mentre, se lo è in modo differente, a trasporre anche questa in maniera compendiaria, allo scopo che ne venga un unico corpo di scrittura a partire da molti, in quanto una sola e unica cosa traspone le voci di tutti. Però aggiungeremo qualcosa anche dall'esterno, talora, per un'esposizione più limpida.

Questa dichiarazione programmatica è preziosa, perché restituisce le ragioni per cui Procopio avrebbe dovuto fare ricorso a un quasi contemporaneo come Filopono: siccome i materiali trascelti in un primo tempo da Procopio per commentare Genesi andavano dilatandosi oltremisura (πρὸς πλῆθος ἄπειρον), si rendeva necessario operare dei tagli o una sintesi, secondo un principio di *krisis/khrêsis*[17]: se si trattava di più testimonianze fondamentalmente equivalenti (εἰ μέν τι σύμφωνον εἴρηται ἅπασιν), allora ne veniva riportata una, che valesse a titolo di tutte, mentre se dicevano cose differenti (εἰ δέ τι διάφορον), allora l'autore antico ne operava un riassunto. Possiamo pensare, alla luce di questo, che Procopio scorgesse la singolarità della tesi di Filopono intento a commentare aristotelicamente la questione della sostanza della luce e della privazione ousiologica della tenebra, procedendo di qui a citarlo. Di più, la sua posizione era tanto unica che non solo non poteva essere surrogata da fonti precedenti ma induceva Procopio a fare eccezione rispetto alla propria tendenza di citare autori suffragati dall'autorità del tempo, andando ora verso un contemporaneo, invece. Su tale base, poi, Procopio interverrà su quella che doveva essere la forma a lui nota del pensiero di Filopono, modificandolo liberamente per quanto necessario ai suoi scopi.

In un'altra sezione del suo commento al Genesi Procopio viene accostato al *De opificio mundi* di Filopono, allorché è in argomento il

---

[17] La terminologia è chiaramente presa a prestito da un grande studioso di cose cristiane come Ch. GNILKA per presentare un processo di selezione sempre critica, mai solo di accrezione o discrezione: *ΧΡΗΣΙΣ Chrêsis. Die Methode der Kirchenväter im Umgang mit der antiken Kultur. Vol. 1: Der Begriff des rechten Gebrauchs*, Basel, 2012.

difficile plurale con cui Dio parla di Sé circa la creazione dell'uomo, al vertice della settimana protogonica[18]:

διὰ τοῦτο σιωπήσας ἐν τοῖς ἄλλοις ἐνταῦθα λέγει· "ποιήσωμεν", ἵνα γνῷς ὅτι δι' οὗ γέγονας, δι' αὐτοῦ καὶ σῴζῃ. ὡς περὶ ἑνὸς δὲ εἰπὼν τοῦ ἀνθρώπου, πληθυντικῶς τὸ ἀρχέτωσαν ἐπήγαγε τῇ προγνώσει.

> per questo, dopo aver taciuto negli altri casi, qui dice: "Facciamo", perché tu sappia che è mediante Colui dal quale sei nato che vieni anche salvato. E pur essendosi riferito a un solo uomo, ha fatto seguire all'anticipazione il "comandino" al plurale.

La testimonianza, per quanto breve (il segmento confrontabile con Filopono inizia da ὡς περὶ ἑνός), contiene un termine-spia molto significativo, perché il centro delle argomentazioni vira intorno al πληθυντικῶς, che lo stesso Filopono aveva impiegato per illustrare la sua esegesi[19]:

εἰπὼν γὰρ ὁ θεός· "ποιήσωμεν ἄνθρωπον, κατ' εἰκόνα καὶ ὁμοίωσιν ἡμετέραν", πληθυντικῶς ἐπήγαγε "καὶ ἀρχέτωσαν τῶν ἰχθύων τῆς θαλάσσης".

> Dio infatti, dopo aver detto "Facciamo l'uomo a nostra immagine e simiglianza" (Gn 1, 26), ha aggiunto al plurale "e comandino sui pesci del mare" (Gn 1, 26).

Bisogna anzitutto avvertire che, pur commentando lo stesso verso genesiaco, il contesto argomentativo di Procopio e Filopono differisce lievemente per tonalità: il Gazeo accentua il carattere escatologico del ποιήσωμεν (Uno è Colui che fece l'uomo e Uno Colui che lo salverà) e la questione del numero plurale è riferita in modo esplicito al poco successivo ἀρχέτωσαν, mentre Filopono affronta *recta via* il plurale ποιήσωμεν, interrogandosi su chi possa essere accluso a Dio nell'atto di creazione dell'uomo. Per Procopio il "comandino" sui pesci del mare è al plurale ma si riferisce all'uomo (singolare collettivo), quando invece per Filopono il plurale del "comandino" non desta problemi (rinviando agli uomini tutti) ma si deve chiarire piuttosto perché non sia impiegato il singolare nel precedente "facciamo". Al netto di questo, i termini impiegati (ovviamente ποιήσωμεν quale *Lesart* ma soprattutto πληθυντικῶς, ἀρχέτωσαν e anche ἐπήγαγε) sono spie linguistiche che segnano una forte coincidenza tra i due esegeti. Va notato, peraltro, che se c'era un

---

[18] Proc. Gaz., *Comm. in Gen.*, p. 69, ll. 186-189 (Metzler) (*ad* Gn 1, 26).

[19] Philop., *De op.* IV, 7 (p. 400, ll. 10-12 S.).

I *COMMENTARII IN GENESIM* E IL *DE OPIFICIO MUNDI*   115

autore che nel commento al Genesi avesse dedicato molta attenzione al plurale che qui occorre[20], questi può essere individuato senza forzature in Filopono, a partire dalla valutazione se il plurale in causa metta insieme Dio e gli angeli (opzione poi rigettata)[21]:

> ταῖς δὲ πληθυντικαῖς φωναῖς τῇ "ποιήσωμεν" καὶ τῇ "κατ᾽ εἰκόνα ἡμετέραν" ἢ ὡς οἱ ἄλλοι φασίν "κατ᾽ εἰκόνα ἡμῶν" ἐπέστησαν ἅπαντες οὐ Χριστιανοὶ μόνον, ἀλλὰ καὶ Ἰουδαίων οἱ λόγιοι.

> ai plurali "Facciamo" e "A nostra immagine" o, come dicono gli altri, "A immagine di noi", hanno posto attenzione non solo tutti i cristiani ma anche i dotti fra gli Ebrei.

Con sensibilità anzitutto di grammatico, Filopono passa al vaglio della sua esegesi perché le Scritture impieghino il numero plurale; al netto della considerazione che sotto la domanda fervono molteplici richiami condensati qui col richiamo agli Ebrei[22], si investiga se il plurale possa in qualche modo accludere a Dio anche gli angeli almeno come loro

---

[20]   Non in generale ma ricorrendo specificatamente al significativo πληθυντικῶς: autori precedenti avevano già fatto virare l'attenzione al plurale in questo passo – a cominciare da Filone di Alessandria (cfr. *De conf. ling.* 169; *De fuga* 68; 71) che usava la forma corradicale ma più generica πλῆθος –; sarà però lo stesso uso specifico di πληθυντικῶς a configurarsi come l'elemento che qui suggerisce la connessione tra Procopio e Filopono. Va anche notato che πληθυντικῶς in riferimento a Gn 1, 26 occorre nella *Catena in Genesim*, fr. 160 PETIT, dove è attribuito a Giovanni Crisostomo; il fatto che però questo *locus* non sia per noi individuabile nell'opera crisostomica rende questa testimonianza molto incerta e non sappiamo se tale scelta terminologica avesse qui un'efficace connotazione interpretativa, come accade invece in Filopono (tanto più che il termine porta la questione a un ben preciso livello – quello grammaticale –, di tipica pertinenza filoponiana).

[21]   Philop., *De op.* VI, 3 (p. 508, ll. 7-10 S.).

[22]   In àmbito giudaico si attesta, ad es., che Dio si consiglia con gli angeli prima di creare l'Adam (*b. Sanh.* 38b e *passim*) e promulga con loro la Legge (*S. Nu.* 102a 12, 5 e 68, 18, oltre a *M. Ex.* 20, 18 e *Pes. r.* 21), fermo restando che per la letteratura rabbinica agli angeli (cfr. B. REBIGER, "Angels in Rabbinic Literature", in *Angels: The Concept of Celestial Beings. Origins, Development and Reception*, ed. F. V. REITERER, T. NICKLAS, K. SCHÖPFLIN, Berlin – New York, 2007 [Deuterocanonical and Cognate Literature, Yearbook 2007], p. 629-644) non è concesso in alcuna misura di oscurare il governo di Dio sul creato (questo è il senso per cui gli angeli sono creati prima del Giardino di Eden, entro i sette giorni prototipici, in *Gen r.* 21, 3, 24).

partecipazione di pura assistenza. Poco oltre, Filopono passerà in esame anche la possibilità che si tratti di un plurale maiestatico, escludendo però anche questa soluzione perché costituirebbe piuttosto un uso tra gli uomini e non attestato altrove nella favella divina[23]. In più luoghi del trattato Filopono dibatteva sui plurali insoliti nel Genesi, come nel caso dei cieli (οὐρανοί, calco nel greco biblico dell'ebr. שמים) in luogo dell'atteso singolare, in *De op.* III, 3, o nell'analogo caso delle acque (ὕδατα, ebr. מים) con la sottesa difficoltà interpretativa delle acque primordiali in *De op.* III, 5 e IV, 4, con il problema delle stesse acque primordiali; soprattutto l'esegeta entrava, con molta finezza, nelle dinamiche linguistiche che governassero i *pluralia tantum* tipici in molti toponimi[24].

Anche la seconda pericope di Procopio presa in considerazione, pertanto, può certamente recare memoria del commento filoponiano, con gli adattamenti di cui si diceva. Se nel primo caso è stata la specificità aristotelica nel campo del Genesi ad attrarre lo sguardo dell'autore di Gaza su Filopono, nel secondo caso è stata piuttosto la competenza

[23] Nella seconda parte del capitolo (p. 508, l. 25 – p. 510, l. 6 S.) Filopono constata che sì in Euripide, *Andr.* 355 si legge ἡμεῖς in riferimento alla sola Andromaca (ἡμεῖς σοι κελεύομεν e ἡμεῖς γὰρ εἰ σὴν παῖδα φαρμακεύομεν) ma non si constata che questo avvenga in alcun altro luogo della Scrittura riguardo a Dio, bensì al contrario si inneggia a Dio piuttosto al singolare: "Il Signore Dio tuo è Signore uno" (Dt 6, 4). "Non vi è Dio fuori di me" (Dt 32, 39). "Nessun buono se non il Signore unico" (Mc 10, 18; cfr. Lc 18, 19). "Tu confidi che uno è il Signore, bene fai" (Gc 2, 19).

[24] Così in Philop., *De op.* IV, 6 dove si indaga il plurale di Ἀθῆναι, Θῆβαι e Πλαταιαί, nonché l'occorrenza sia vetero- sia neotestamentaria del singolare sineddochico *pro pluralibus*, come per l'uomo e la chiesa: "Facciamo l'uomo a nostra immagine e simiglianza" (Gn 1, 26). "L'uomo è simile a vanità" (Ps 143, 4 LXX). "Voi in quanto uomini morirete" (Ps 81, 7 LXX). "Non rimarrà il mio spirito su questi uomini" (Gn 6, 3). Chiesa e chiese: "Affinché egli renda la Chiesa a sé gloriosa, senza macchia o ruga" (Ef 5, 27). "Tu sei Pietro e su questa pietra edificherò la mia Chiesa e le porte degli inferi non prevarranno contro di essa" (Mt 16, 18). "Noi non abbiamo questa abitudine né le <chiese>" (1 Cor 11, 16). "Disponga tutte le chiese" (1 Cor 7, 17); Filopono compie qui un ulteriore scatto aristotelico, ricorrendo al singolare evidentemente come indice di ciò che è la specie o il genere comprensivo di tutte le cose singolarmente, il plurale invece come indicante gli individui sotto la specie. Infatti, la Chiesa viene a indicare l'insieme stesso delle chiese di Cristo, dovunque fossero e tutte quante: ché questa è la confessione di Pietro: "Tu sei Pietro e su questa pietra edificherò la mia chiesa e le porte degli inferi non prevarranno contro di essa" (Mt 16, 18).

dell'Alessandrino come grammatico[25]. Infatti, ipotizzare una terza fonte – precedente sia a Procopio sia a Filopono e da cui entrambi avrebbero attinto – non è impossibile ma è piuttosto improbabile. Questa ipotesi è molto difficile e poco economica perché innanzitutto, da un lato, si tratterebbe di una fonte totalmente sconosciuta, di cui non abbiamo altri indizî, tanto che – in assenza di altri elementi – sembra trattarsi di una mera ipotesi *ad hoc*, una semplice ipotesi filologica; dato che, invece, ci è pervenuta una fonte molto simile alle pericopi di Procopio ed è appunto lo stesso Filopono, in mancanza di altri elementi sarà molto più facile e più economico ipotizzare che Procopio avesse accesso a qualche redazione del testo filoponiano. In secondo luogo, questa presunta fonte doveva avere alcune caratteristiche (rispettivamente di impostazione aristotelica e anche grammaticale) tipiche di Filopono nel commentare il testo del Genesi e non caratteristiche della linea principale degli esameroni: di conseguenza, supporre di congetturare l'esistenza di una terza fonte sembra piuttosto una *fictio philologica* ancora – una sorta di *Philoponus ante litteram* –, per spiegare il contatto mediato tra Procopio e l'Alessandrino, quando invece basterebbe pensare a Filopono stesso come fonte di Procopio, con le avvertenze cronologiche che verranno menzionate immediatamente sotto.

2. Questioni cronologiche circa la fruizione di Filopono in Procopio

Se è vero che l'analisi dei due passi sopraccitati mostra non solo che nulla osta a che vi si riconosca un'effettiva citazione di Filopono da parte di Procopio ma anche solidi riscontri positivi e costruttivi in tale direzione, emergeranno allora almeno due rilevanti considerazioni di ordine cronologico, la prima riguardante la composizione del *De opificio mundi* di Filopono – o, *rectius*, la circolazione di alcune sue idee che l'Alessandrino avrebbe fatto poi confluire in questo trattato – e la seconda, invece, inerente al modo in cui Procopio fruiva delle proprie fonti nel redigere gli estratti sottesi al suo commentario genesiaco. Lo scritto filoponiano, infatti, non pare potersi datare a prima del 546-548 (almeno nella redazione in cui lo conosciamo oggi) mentre l'opera di Procopio deve rimontare pressoché al torno di anni 526-528, anno della sua morte.

[25] Basterà qui ricordare che la sensibilità di grammatico aveva condotto Filopono, oltre ad attendere alla richiamata e notoria produzione ipomnematica di tipo filosofico, anche a vergare un trattato quale il *De vocabulis quae diversum significatum exhibent secundum differentiam accentus*.

118 TIZIANO F. OTTOBRINI

Sulla vita dello scrittore gazeo siamo non molto informati ma disponiamo tuttavia delle notizie essenziali per collocarne la fine delle attività; grazie alla più recente[26] ricostruzione di Eugenio Amato[27], si può affermare che è centrale il sincronismo offerto dal sisma che distrusse la città di Antiochia nel 526, imprescindibile per identificare gli eventi cataclismatici su cui Procopio si sofferma nella *Monodia per Antiochia*[28]. Va altresì notato che potrebbe essere implicato, piuttosto, il sisma di poco

[26] Sullo sfondo, fondamentale resta la ricostruzione biografica di Procopio allestita da W. ALY nel 1957 per la *Paulys Realencyclopädie der classischen Altertumswissenschaft*; tra le fonti antiche rilevano segnatamente l'*Epitafio* di Coricio, il *cod.* 160 della *Bibliotheca* di Fozio, da cui dipende l'anonimo (forse identificabile con Gennadio Scolario) della *Vita Choricii* trascritta nel codice *Riccard. gr.* 12 (fol. 101), oltre alle notizie autoschediastiche contenute nella silloge epistolare di Procopio (in ispecie le *Epp.* XXXI; XXXVIII; XLVI; LXXII e CXIV GARZYA, LOENERTZ e l'*Ep.* I AMATO) e dalle lettere a lui inviate dal retore Megezio.

[27] E. AMATO, "Dati biografici e cronologia di Procopio di Gaza", in *Rose di Gaza* (n. 15), p. 1-9, qui p. 8-9 e n. 41. Per certo Procopio doveva essere già defunto nel 535/536, quando è ricordato nell'elogio funebre dell'allievo prediletto Coricio: tale epitafio è databile con sicurezza perché vi si legge dell'inaugurazione di un edificio balneare per intervento del vescovo Marciano (*Op.* VIII, 52, p. 128, ll. 2-4 FOERSTER, RICHTSTEIG), opera anteriore alla *laus* per Aratios e Stefano (*Op.* III FOERSTER, RICHTSTEIG), profferita da Coricio medesimo nel 535/536, in cui si fa menzione dell'apertura di un secondo (ἕτερον) bagno (*Op.* III, 55, p. 63, ll. 13-16 FOERSTER, RICHTSTEIG). Nessuna indicazione sulla morte di Procopio sarà invece deducibile dal riscontro della durata della sua vita – avrebbe raggiunto la stessa età che Demostene, cioè 62 o 63 anni, secondo Coricio (*Op.* VIII, 49, p. 127, ll. 2-3 FOERSTER, RICHTSTEIG = Procop. Gaz., T. XI AMATO: ἀπῆλθε καὶ Δημοσθένης τὴν αὐτὴν τῷ τεθνεῶτι [*sc.* Προκοπίῳ] βεβιωκὼς ἡλικίαν) –, stante che la mancanza della data di nascita non consente di articolare il relativo computo.

[28] Si tratta del terremoto del maggio 526, regnante l'imperatore Giustino, che rase al suolo Antiochia, ivi compreso l'antico borgo sacro di Dafne, colpendo anche la città di Oronte in concomitanza con la festa liturgica dell'Ascensione di Cristo, mietendo la cifra spaventosa di circa 250.000/300.000 vittime, anche in ragione del rilevante concorso di pellegrini (cadde, tra gli altri, il vescovo Eufrasio): cfr. soprattutto Jo. Mal., *Chron.* p. 419-421 DINDORF; Procop. Caes., *Pers.* II, 14; Evagr., *Hist. eccl.* IV, 5; Jo. Lyd., *Mag.* III, 54; Theoph., *Chron.*, p. 172-173 DE BOOR; Cedren., I, p. 641 BEKKER (per l'impatto sulla popolazione, tra i moderni cfr. F. VERCLEYEN, "Tremblements de terre à Constantinople : l'impact sur la population", *Byzantion*, 58 (1988), p. 155-173, qui p. 157-158; insieme, S. BUSÀ, "'Manifestazioni dell'ira divina'. Eziologie sismiche 'religiose' in età giustinianea", *Arys*, 10 (2012), p. 337-362, qui p. 355 e anche p. 358 n. 104).

posteriore, quello del novembre 528, sotto Giustiniano, che fece strage di circa 5000 abitanti in un'Antiochia ancora profondamente segnata dal precedente fenomeno sismico[29]; ipotesi di terremoti più risalenti sono o meno probabili o del tutto da escludersi[30].

Occorre quindi prendere come riferimento *ante quem* per Procopio il più comprensivo torno di anni 526-530[31] (per ragioni di cautela non è, infatti, possibile fare ulteriori precisazioni sulla base della sola posizione incipitaria del Genesi nell'ordine dell'Ottateuco cui andava l'attenzione di Procopio[32]: la catena del Genesi doveva sì aver preceduto quelle degli altri libri su cui lavorò il Gazeo ma questo non esclude *ipso facto* che la produzione ipomnematica sul primo libro biblico abbia seguíto la conclusione della produzione catenistica e non sia andata di pari passo con lo spoglio per la catene); siamo ben prima che Filopono avesse perfezionato il proprio *De opificio mundi*, databile con buona approssimazione all'intervallo 546 *c.*-560. Lo scritto filoponiano dispone di un solido termine *post quem non*, ricavabile dal suo proemio, laddove l'Alessandrino indirizza un tributo di lode a un Sergio, accostabile alla *dignitas* di ἀρχιερεύς: τιμιωτάτη μοι κεφαλή, Σέργιε, καὶ τῶν ἐν ἀρχιερεῦσι θεοῦ τελούντων μέγιστον ἐγκαλλώπισμα[33]. Esclusa la possibilità avanzata di identificare questo destinatario in Sergio di Costantinopoli (patriarca

---

[29] Per cui cfr. Jo. Mal., *Chron.*, p. 442 DINDORF; Procop. Caes., *Hist. Arc.* 18; Evagr., *Hist. eccl.* IV, 6; Theoph., *Chron.*, p. 177 DE BOOR; Cedren., I, p. 646 BEKKER.

[30] Così la proposta del terremoto del 457/458, avanzata in J. DRÄSEKE, "Prokopios' von Gaza *Widerlegung des Proklos*", *Byzantinische Zeitschrift*, 6 (1897), p. 55-91, qui p. 83-84, che fu molto meno catastrofico dei due citati e colpì più che altro il quartiere reale di Antiochia sull'isola dell'Oronte (se ne riferisce almeno in Zonar., *Chron.* XIV, 1, p. 125 BÜTTNER-WOBST; Jo. Mal., *Chron.*, p. 369 DINDORF; Evagr., *Hist. eccl.* II, 12; Niceph. Call., *Hist. eccl.* XV, 20).

[31] Così da ultimo vien fatto anche da METZLER in *Prokop von Gaza, Der Genesiskommentar* (n. 3), p. X e n. 5, nella breve nota biografica di Procopio, con rinvio agli stessi argomenti sopra addotti.

[32] Per una presentazione sintetica della produzione esegetica di Procopio (che, almeno a livello di catene, si estende a ricomprendere i libri storici, Isaia, il *Cantico dei Cantici*, etc.), cfr. C. MORESCHINI, E. NORELLI, *Storia della letteratura cristiana antica greca e latina*, vol. 2, t. 2, Brescia, 1996, p. 973-976.

[33] Philop., *De op.* I, *prooem.* (p. 74, ll. 6-7 S.); va altresì ravvisato che, trovandosi nella pagina proemiale (da supporre vergata, come invalso per le pagine prefatorie, alla conclusione dell'opera tutta), il rimando cronologico sarà più che altro significativo della fine dello scritto, senza nulla dire su una sua gestazione anche lunga da presupporsi alle spalle.

120   TIZIANO F. OTTOBRINI

su quella cattedra tra il 610 e il 638) e anche quella di guardare a Sergio di Resh'aina (*ante* 536), noto fondamentalmente per essere stato traduttore in siriaco di molti testi filosofici greci, oltre che per il proprio interesse verso il *corpus Areopagiticum* e in àmbito medico[34], fisico e teologico, appare attendibile di fissare lo sguardo su Sergio di Tella, patriarca miafisita di Antiochia secondo la cronotassi tra il 557-560[35]. Questa collocazione cronologica così stretta, tuttavia, può venire revocata in dubbio dal fatto che l'appellazione di Sergio come accostabile alla carica di vescovo (ἀρχιερεύς)[36] non appare del tutto irrefragabile, in ispecie per la formulazione al plurale dell'indirizzo di omaggio in cui compare[37]: posto che non crea particolari difficoltà l'affettuoso epiteto estimativo di κεφαλή[38], anche a prescindere d'altro[39], l'espressione non dice *apertis verbis* che il nostro fosse patriarca in prima persona bensì lo presenta come decoro grandissimo al confronto e al cospetto del collegio degli ἀρχιερεῖς, non *eo facto* come ragguardevole al loro confronto appartenendo anche al loro collegio.

Procedendo *per cacumina*, dal sincronismo di Sergio si può comunque trattenere la data del 560 (ché Sergio è supposto vivente) mentre il

---

[34] Per la ricostruzione della cronologia dell'Esamerone di Filopono, cfr. J. SCHAMP, "Photios et Jean Philopon : sur la date du *De opificio mundi*", *Byzantion*, 70 (2000), p. 135-154, qui soprattutto p. 147.

[35] Così anche SCHOLTEN in Philop., *De op.*, p. 29 e p. 74 n. 10 *ad loc.*

[36] Cfr. già E. W. BROOKS, "The Patriarch Paul of Antioch and the Alexandrine Schism of 575", *Byzantinische Zeitschrift*, 30 (1929-1930), p. 468-476, qui p. 469-471.

[37] Dubbî in tale direzione erano già stati sollevati in W. WOLSKA, *La* Topographie chrétienne *de Cosmas Indicopleustès. Théologie et science au VI⁰ siècle*, Paris, 1962 (Bibliothèque byzantine. Études, 3), p. 70. Peraltro, richiederebbe forzature soverchie il tentativo di pensare che Sergio potesse essere chiamato ἀρχιερεύς prima di essere elevato all'episcopato (cfr. É. ÉVRARD, "Les convictions religieuses de Jean Philopon et la date de son commentaire aux *Météorologiques*", *Bulletin de l'Académie royale de Belgique, Classe des Lettres et Sciences morales et politiques, 5⁰ série*, 39 [1953], p. 299-357, qui p. 300).

[38] Già in Plat., *Phaedr.* 264a8; *Gorg.* 513c8; *Ion* 531d12.

[39] Basti qui richiamare che in Fozio (quando tratta del *De opificio mundi* filoponiano, *cod.* 240) Sergio non compare menzionato come vescovo, senza che per questo si debba arrivare alla congettura che si tratti di una glossa intrusa nell'unico manoscritto del secolo XI (*Vindobonensis Theologicus Graecus* 29 [V]), da cui è tràdita l'opera, ovvero di una qualifica negligibile nella biografia di Sergio (sulla questione, cfr. SCHAMP, "Photios et Jean Philopon" [n. 34], p. 137-138 e n. 9).

termine *a quo* deve essere rivisto e un valido appoggio è procurato dalla *Topographia Christiana* di Cosma l'Indicopleuste[40]. L'opera di questo estravagante e iattante autore è, infatti, presupposta in non radi attacchi – atrabiliari tanto quanto anonimi – da parte di Filopono, a partire dal riferimento cosmiano che può essere individuato nel richiamo ai molti (πολλοί) che lo accusarono di aver trascurato la parola divina nella confutazione degli eternalisti in àmbito filosofico, nei due *De aeternitate* contro Proclo e contro Aristotele[41]; Filopono si oppone alla visione meccanicistica che Cosma sosteneva in àmbito angelologico[42] e contro il medesimo procede nel confutare che il cosmo potesse avere altra forma se non sferica sulla base dei fenomeni legati alle eclissi e all'alternanza luce/tenebra[43]; poco oltre (*De op.* III, 10) l'argomentazione di Filopono è lastricata di rimandi critici e polemici alla *Topographia Christiana* nella *querelle* contro gli adepti di Teodoro di Mopsuestia, i quali sostenevano che il corpo celeste non fosse affatto sferico[44]; parimenti basterà convocare ancora la ricusazione del paradigma del cosmo

---

[40] Per cui l'edizione di riferimento è di W. WOLSKA-CONUS, *Cosmas Indicopleustès, Topographie chrétienne*, 3 vol., Paris, 1968, 1970, 1973 (*SC*, 141, 159, 197) e, per un inquadramento complessivo, cfr. WOLSKA, *La* Topographie chrétienne *de Cosmas* (n. 37).

[41] Philop., *De op.* I, *prooem.* (p. 72, l. 13 – p. 74, l. 3 S.), in cui Scholten riconosce una nota polemica avverso il cosmotipo a guisa di tabernacolo sostenuta dall'Indicopleuste (Philop., *De op.*, p. 73 n. 6 *ad loc.*).

[42] Quasiché gli angeli spingessero materialmente gli astri, giustificandone il corso regolare, in Philop., *De op.* I, 9 (su cui cfr. T. F. OTTOBRINI, "Un'angelologia cristiana contemporanea a Dionigi ps.-Areopagita. Questioni sugli angeli nel *De opificio mundi* di Giovanni Filopono", in *L'esegesi aristotelica alla prova dell'esegesi. Il* De opificio mundi *di Giovanni Filopono*, ed. A. LONGO, T. F. OTTOBRINI, Roma, 2023 (Studi di storia della filosofia antica, 15), p. 191-222.

[43] Cfr. Philop., *De op.* III, 9 (p. 312, l. 15 – p. 314, l. 9 S.); scorgendo la filigrana della *Top. christ.* VI, 8-10 addotto da Scholten, in Philop., *De op.*, p. 325 n. 55 che così commenta: "(Cosmas) hält den Erdschatten nicht für konisch, sondern kreisförmig. Es ist überraschend, daß Johannes Philoponos nicht die Kugelgestalt der Erde mittels der Kreisförmigkeit des konischen Schattens bei Verfinsterung beweist".

[44] Cosma, *Top. christ.* II, 17 e 21; IV, 4; VII, 84; VIII, 20 e 24; X, 31; XII, 13. Sull'implausibilità delle tesi cosmiane in Filopono dal punto di vista del riscontro scientifico, v. T. F. OTTOBRINI, "L'immagine plasma la realtà. Intorno all'eidopoietica del tabernacolo noetico nella *Topographia Christiana* di Cosma Indicopleuste", *Adamantius*, 26 (2020), p. 306-319.

quale tenda (σκηνή) che Filopono adduce circa la mobilità dei cieli, proponendo la sua propria esegesi di Eb 8, 2 ("E della tenda verace, che il Signore e non uomo ha fissato")[45], oltre che in ordine alla tesi per cui un unico oceano non circonda tutta la terra né è in contatto con il Mar Rosso ma si dànno parecchie masse d'acqua, distinte l'una dall'altra[46].

Se l'opera di Cosma è da presupporre all'Esamerone di Filopono, la prima costituirà anche il *terminus post quem* della seconda e tale giro di anni dovrà essere posto per indizî interni negli anni 546-549[47]; così facendo, si perviene a inferire per il *De opificio mundi* una cronologia – più ampia della precedente ma anche, proprio per questo, più sicura e non facilmente modificabile – tra il 548 c. e il 560. *Rebus sic stantibus* Procopio, fruendo in qualche modo del commento filoponiano prima del 530 c., mostra di aver accesso a una sua qualche versione molto precocemente, rappresentando *de facto* – cosa su cui finora non si è riflettuto – non solo la prima attestazione dello scritto filoponiano[48], ma soprattutto una fruizione che precede la sua forma compiuta e/o quella sotto cui noi oggi lo abbiamo recepito. L'ipotesi di una *Urverbreitung* almeno del pensiero filoponiano su singoli aspetti sollecitata dal Genesi, ove non di singoli luoghi testuali del *De opificio mundi* pressoché in forma di *recensio aperta*, si profila come pienamente attendibile se si pensa a) alla temperie in cui Procopio affronta le questioni poste da Genesi 1 e b)

---

[45] Philop., *De op.* III, 11 (p. 338, l. 24 – p. 340, l. 11 S.), sotto cui traluce Cosma, *Top. christ.* IV, 5; V, 212 e 218; VII, 16 (per variazioni cfr. almeno Joh. Chrys., *Hom. in Hebr.* XIV, 1). Più in generale l'intiero capitolo in questione contiene rinvii contro Cosma nel sostenere che in nessun luogo viene detto apertamente dalla Scrittura che il cielo sia immoto (in ispecie *Top. christ.* II, 9; IV, 5; VII, 55-56; VIII, 20; X, 31).

[46] Philop., *De op.* IV, 5, in ripresa, ad es., di Cosma, *Top. christ.* II, 24, 29-32 e 53; III, 25; IV, 7. Per il rapporto tra Filopono e Cosma, cfr. OTTOBRINI, *Giovanni Filopono e l'esegesi biblica* (n. 4).

[47] Convergono sul punto SCHOLTEN, in Philop., *De op.*, p. 64-66 e SCHAMP, "Photios et Jean Philopon" (n. 34), p. 137 e 147 (dove si colloca il trattato avanti il concilio di Costantinopoli del 553, pur indicando per refuso gli anni 446-449), sul fondamento delle deduzioni di Wanda Wolska-Conus, ivi citata.

[48] Poco si sa sul suo *Fortleben*, se non che avrebbe annoverato tra i suoi fruitori un lettore d'eccezione come Fozio (*ante* 897), il quale cita la pagina ipomnematica di Filopono in tre codici: *Bibliotheca*, cod. 18 (p. 23, ll. 22-25 HENRY) circa la sua opposizione a Teodoro di Mopsuestia in materia creazionistica; cod. 23 (p. 27, ll. 11-18 HENRY) quanto allo stile del Nostro e il suo sinfonico allineamento a Basilio di contro al citato Teodoro; infine, cod. 240 (p. 166 ss. HENRY), in cui dibatte intorno alla questione dell'esegesi dell'"in principio" (Philop., *De op.* I, 4).

al canone di autori che trasceglie nel suo commento in questa sezione. Partendo da questo secondo aspetto, il capitolo 1 del Genesi (l'unico che consenta di confrontare Filopono[49] e Procopio) mostra che il Gazeo – al netto di fonti non identificabili – cita pressoché sempre fonti di IV secolo: nell'ordine in cui ne compare la prima evocazione, Basilio di Cesarea, Didimo di Alessandria, Eusebio di Emesa, Severiano di Gabala, Giovanni Crisostomo, Acacio di Cesarea, Diodoro di Tarso, Apollinare di Laodicea, Teodoro di Mopsuestia, Gregorio di Nissa (la maggior parte dei quali citati ripetutamente)[50]. Il rimando a Teodoreto di Ciro[51] eccede di poco questo schema cronologico (*ante* 457 c.). Come emerge con chiarezza, l'attenzione di Procopio va ad autori di vario orientamento ma tutti, comunemente, ormai lontani nel tempo e riconducibili, quindi, a una forma di canone di autorità – la ripresa di Origene, in questo senso, interrompe il criterio cronologico visto ma si giustifica con facilità proprio alla luce dell'importanza dell'autore –; Filopono rappresenta invece un'incursione nel contemporaneo.

Su questa base sarà agevole affrontare anche il primo dei due punti sopra introdotti, cioè la temperie in cui Procopio scrive, e dare così anche una giustificazione alla fruizione precoce di un'opera che doveva essere ancora *in fieri*: la prima metà del VI secolo, infatti, non è un periodo qualsiasi o anodino per il dibattito sulla creazione del mondo, giacché su questo aspetto si stava giocando una partita decisiva tra cristiani e pagani. Filopono interviene nella disputa, scrivendo in uno stretto arco di anni dopo il 529[52] almeno due trattati sulla cosmoktisi (*De aeternitate*

---

[49] Il *De opificio mundi* di Filopono arriva a considerare Gn 2, 2 nell'*explicit* del penultimo capitolo (VII, 13 [p. 634, ll. 16-19 S.]).

[50] Fanno eccezione in queste direttrici cronologiche pochi casi: nell'ordine in cui compaiono, un cursorio rinvio di Procopio a se stesso (Proc. Gaz., *Comm. in Gen.*, p. 29, ll. 229-230 [METZLER]) e Origene (*ibid.*, p. 41, ll. 4-6; la lunga pericope di p. 53, l. 233 – p. 56, l. 317; un frego tangenziale alla p. 60, ll. 97-99; tre brevi richiami in successione alla p. 85, ll. 40-44, 44-45, 45-51; infine alla chiusa del commento a Gn 1, alla p. 86, ll. 9-20).

[51] Per cui cfr. Proc. Gaz., *Comm. in Gen.*, p. 32, ll. 51-54 (METZLER).

[52] Così anche nel prospetto di Philop., *De op.*, p. 29 e p. 40, nn. 21-22; questi scritti risultano impliciti nelle πραγματεῖαι che inaugurano *De op.* I, *prooem.* (p. 74, ll. 1-3). Filopono si produce in materia anche nelle opere minori *De contingentia mundi* e ai corollarî *De aeternitate mundi*, per cui cfr. F. SEZGIN, *Geschichte des arabischen Schrifttums. Band 3: Medizin-Pharmazie, Zoologie-Tierheilkunde bis ca. 430*, Leiden, 1970, p. 157-160.

mundi contra Proclum e, rispettivamente, *contra Aristotelem*[53], in cui si oppone alle tesi eternalistiche invalse presso il *milieu* neoplatonico, facendo leva su argomenti solo filosofici; col *De opificio mundi* il Nostro prenderà la parola sugli stessi aspetti ma parlando ora non più contro pagani ma contro quei cristiani che, pur condividendo la tesi di fondo creazionistica e antieternalistica, perpetravano errori esegetici ed erano incapaci di trovare l'accordo sinfonico tra la Rivelazione biblica e il mondo dei fenomeni (e, con questi, anche con la ricerca scientifica, che indaga l'ordine fenomenico)[54]. Attesoché il cristiano Filopono, quindi, doveva riflettere da tempo sulle questioni relative alla creazione del mondo anche prima di entrare nell'agone espressamente da un punto di vista confessionale, merita considerare altresì che le medesime questioni erano state affrontate nello stesso giro di anni anche da Zacaria Scolastico, nel suo *Ammonio*, o *De mundi opificio*. Va sottolineato che il tema della creazione del mondo e il connesso argomento dell'eternità del cosmo furono oggetto di esame da parte di Ammonio[55] e che questi fu maestro sia di Filopono[56] sia di Zacaria (ne fu allievo in Alessandria, c. 485-487), il quale ultimo nel trattato surriferito si impegna a esplorare in prima persona la plausibilità speculativa delle contrapposte tesi di un mondo eterno e creato, portando a confrontarsi la linea filosofica e quella genesiaca. Se si considera che lo scritto del vescovo di Mitilene[57] data con tutta verisimiglianza intorno al 520 – piuttosto che negli anni di permanenza in Beirut (487-491)[58] – e che, peraltro, Zacaria

---

[53] Sulla possibilità di individuare un ulteriore testo *In Aristotelem* diverso dal citato potrebbe far pensare PSI XIV, 1400; per questo papiro, di cui è peraltro dubbia anche l'attribuzione al Filopono, si rinvia al fondamentale L. S. B. MacCoull, L. Siorvanes, "PSI XIV 1400. A Papyrus Fragment of John Philoponus", *Ancient Philosophy*, 12 (1992), p. 153-170 e Philop., *De op.*, p. 43.

[54] La centralità dell'intendimento di salvare i fenomeni nel programma filoponiano (e di creare armonia tra la scienza teolemaica e il dettato della Rivelazione), cfr. T. F. Ottobrini, "Salvare i fenomeni e aristotelismo cristiano in VI secolo. L'*Esamerone* di Giovanni Filopono tra scienza ed esegesi biblica", in *La memoria del cielo*, ed. E. Giannetto, Catania, 2019 (*Maat Studies*, 4), p. 75-101.

[55] Cfr. K. Verrycken, "The Metaphysics of Ammonius son of Hermeias", in *Aristotle Transformed. The Ancient Commentators and Their Influence*, ed. R. Sorabji, London, 1990, p. 199-231.

[56] Sul rapporto tra Filopono e Ammonio, mi soffermo in Ottobrini, *Giovanni Filopono e l'esegesi biblica* (n. 4).

[57] Cfr. Verrycken, "The Metaphysics of Ammonius" (n. 55), p. 210-215.

[58] Facendo astrazione da osservazioni cursorie – con periodizzazione 487-491/2 in G. Bardy, s.v. "Zacharie le rhéteur", in *Dictionnaire de Théologie Catholique*, 15

I *COMMENTARII IN GENESIM* E IL *DE OPIFICIO MUNDI*   125

può essere identificato con l'omonimo fratello di Procopio[59], si configura un quadro generale molto chiaro: intorno al 530 il dibattito sulla cosmoktisi era fervido in àmbito cristiano e, per sua natura, investiva la pericope esameronale del Genesi; Filopono risulta essere coinvolto nel dibattito da protagonista, pronunciandovisi dapprima in quanto filosofo e poi in quanto cristiano ma già nella prima fase doveva andar maturando le posizioni che avrebbe suffragato nell'Esamerone (il *De opificio mundi* non può, infatti, nascere come *Minerva galeata* già perfezionato ma raccoglie suggestioni e affonda le radici in un pregresso tempo di incubazione e maturazione critica); il suo trattato ipomnematico *quo talis* non doveva essere ancora redatto ma evidentemente è del tutto legittimo che il pensiero dell'autore almeno su singoli aspetti potesse avere già una propria circolazione. Singole personalità eminenti per competenze e incardinate in ambienti attenti alle questioni sul Genesi potevano senz'altro accedervi, secondo canali tuttavia a noi non altrimenti determinabili. Così sarà stato per Procopio: *che* egli potesse accedere a primizie filoponiane è assolutamente plausibile, il *come* resta solo indiziario e comunque indeterminabile nei dettagli[60].

(1950), col. 3676-3680, qui col. 3679 e confermata da M. WACHT, *Aeneas von Gaza als Apologet. Seine Kosmologie im Verhältnis zum Platonismus*, Bonn, 1969 (Theophaneia. Beiträge zur Religions- und Kirchengeschichte des Altertums, 21), p. 18 n. 17 –, nel più specifico studio di M. E. COLONNA, "Zacaria Scolastico, il suo *Ammonio* e il *Teofrasto* di Enea di Gaza", *Università di Napoli. Annali della Facoltà di Lettere e Filosofia*, 6 (1956), p. 107-118, qui p. 117 n. 9, si sostiene con ottimi argomenti che Zacaria abbia scritto il dialogo in questione negli anni di Costantinopoli (dove ebbe a risiedere dal 491), almeno dieci o venti anni dopo il 480-490, quando Enea di Gaza scrisse il suo *Teofrasto*, specificamente dopo il rifiuto del monofisismo, (che ebbe luogo nel 512) e forse dopo la morte di Enea medesimo (*c.* 518); più estesamente sulla vita e le opere del Nostro, cfr. M. MINNITI COLONNA, *Zacaria Scolastico, Ammonio, introduzione, testo critico, commentario*, Napoli, 1973 p. 15-32, in ispecie p. 44-45 e n. 28. Cfr. anche VERRYCKEN, "The Metaphysics of Ammonius" (n. 55), p. 211 n. 94.

[59] Procopio ebbe tre fratelli: Filippo, Vittore e appunto Zacaria; su quest'ultimo cfr. AMATO, "Dati biografici e cronologia" (n. 27), p. 3 n. 16 e l'archeologia della *pervexata quaestio* (Sikorski contrario, Honigmann favorevole all'identificazione) in MINNITI COLONNA, *Zacaria Scolastico, Ammonio* (n. 58), p. 18-20.

[60] Per avere un'idea delle pulsioni profonde e dei sommovimenti tellurici che dovevano presiedere in antico all'estensione presuntivamente definitiva di un testo tra gli autori cristiani, vale il rimando *mutatis mutandis* circa il genere omiletico a N. LIPATOV-CHICHERIN, "Preaching as the Audience Heard It. Unedited Tran-

126 TIZIANO F. OTTOBRINI

3. Procopio *vs* Filopono circa l'originale ebraico di Gn 1, 1-2 e 4; parerga

Si è riscontrato sopra che Procopio, a differenza di Filopono, accorda piena fede alla traduzione greca della Settanta, senza ricorrere al confronto con le altre versioni esaplari; ora questo aspetto merita di essere approfondito. Infatti, con Filopono il tratto in questione non costituisce solo l'architettura formale e sistematica dell'Esamerone ma entra anche dentro le fibre del commento stesso, giacché fornisce copioso materiale per varie osservazioni critiche su molteplici aspetti esegetici messi in luce – o messi *meglio* in luce – da uno dei tre traduttori origeniani Aquila, Simmaco e Teodozione (tutti risalenti alla metà del II secolo), in contrapposizione con la traduzione prototipica della Settanta[61]. Per parte sua, invece, Procopio non pare accordare alto significato non solo alle traduzioni esaplari ma neanche all'ipotesto ebraico nel corso del suo commento del capitolo 1 del Genesi (l'unico considerabile, in quanto il solo coestensivo con il *De opificio mundi* dell'Alessandrino), tanto che i rinvii al medesimo sono del tutto sporadici.

Per rendersene conto basterà notare che Procopio nel torno di testo evocato non richiama mai Simmaco e Teodozione e anche verso Aquila[62] – il più semitizzante dei tre interpreti – nutre un interesse alquanto circoscritto, citandolo solo due volte (e, per di più, in modo tangenziale, nell'economia del discorso)[63]:

ὁ γὰρ Ἀκύλας ἀντὶ τοῦ "ἀόρατος" εἶπε *κενή*, τοῦτ' ἔστι κόσμου παντὸς ἐστερημένη, ὅσος ἐν φυτοῖς ὁρᾶται καὶ ποταμοῖς καὶ πηγαῖς.

---

scripts of Patristic Homilies", *Studia Patristica*, 64 (2013), p. 277-297 (specificamente sul genere dei trattati, cfr. p. 280 n. 15).

[61] La compaginazione del *De opificio mundi* di Filopono risulta, infatti, tutta incardinata sulla presenza, in apertura di ogni sezione, di una *collatio* della quattro versioni greche (la Settanta e le tre di Aquila, Simmaco e Teodozione), che è il punto di partenza e presupposto insostituibile di ogni analisi successiva: sui caratteri di tale struttura, cfr. nello specifico OTTOBRINI, "Salvare i fenomeni" (n. 54), p. 89-96.

[62] Si pensi che Aquila di Sinope era tannaita, allievo di Rabbi Aqîba (*ante* 137) e proselita dell'ebraismo prima di convertirsi al cristianesimo e poi far ritorno all'ortodossia ebraica (cfr. Epiph., *De pond. et mens.* 15); a prescindere dalle sovrapposizioni con l'Onkelos del Targûm, è patente la prossimità di Aquila alla *forma mentis* giudaica.

[63] Proc. Gaz., *Comm. in Gen.*, p. 14, ll. 4-7 (METZLER) (*ad* Gn 1, 2).

infatti Aquila invece di "invisibile" ha detto vuota, cioè privata di tutta la decorazione che è visibile nelle piante, nei fiumi e nelle sorgenti.

Si tratta di una citazione in cui viene velocemente vagliato in termini anche linguistici che cosa si intendesse per "l'invisibilità" che il Genesi predica della terra: la resa di Aquila trova la soluzione per cui "invisibile" vorrebbe dire "vuoto", in quanto priva di piante, fiumi e sorgenti; di qui, non essendoci nulla da vedere sulla terra, anche la terra stessa sarebbe stata qualificabile come invisibile. In modo consimile, ma da fonte non identificabile, è desumibile l'altro riferimento ad Aquila, in ordine alla bellezza del cosmo appena creato[64]:

> τὸ "καλὸν" ἐπὶ τῆς κτίσεως οὐκ αἰσθητῇ θέᾳ ληπτέον· θεὸς γὰρ οὐχ οὕτως ὁρᾷ, γνώσει δὲ οἰκείᾳ καθ᾽ ἣν ἕκαστον ἑώρα, οὐ πρὸς θέαν πάντως καλόν, πρὸς δὲ τὴν χρείαν τὴν ἑαυτοῦ καὶ τὴν πρὸς τὰ λοιπὰ συμφωνίαν ἀνάλογον (δι᾽ ἣν καὶ Ἀκύλας τὸ "σὺν" φιλεῖ προστιθέναι).

> il "bello" in riferimento alla creazione deve essere inteso non con la vista sensibile; infatti, Dio non vede così, ma con la conoscenza appropriata secondo la quale vede ogni cosa: "bello" non certo in rapporto alla vista ma in rapporto all'esigenza sua e alla consonanza analogica relativa alle altre cose (per la quale anche Aquila ama aggiungere il "con").

In questo quadro Aquila trova posto fugacemente, come un frego di penna, nello schema di un'argomentazione *a fortiori* circa la natura della vista di Dio: il mondo a Lui pare bello alla vista in termini noetici, non già alla vista del senso fisiologico.

Queste prime tracce di una differente impostazione tra Procopio e Filopono (e, per conseguenza, una minore predisposizione di Procopio a riprendere Filopono su tali aspetti) va confermandosi immediatamente, considerando il complementare aspetto del peso da accordare nel commento all'ipotesto ebraico del Genesi.

Posto che le versioni alternative alla Settanta fornivano a Filopono il modo per cogliere – nelle mutue differenze – aspetti dell'originale ebraico sottostante[65], è riscontrabile che Procopio cerca di risalire alla

---

[64] Proc. Gaz., *Comm. in Gen.*, p. 20, ll. 1-6 (Metzler) (*ad* Gn 1, 4).

[65] Che Filopono non intendesse la lingua ebraica ha alle spalle una lunga tradizione: egli parla di "coloro che sono periti nella lingua ebraica" nella chiusa di

128   TIZIANO F. OTTOBRINI

Vorlage semitica non per quella via ma direttamente, il che vien fatto di illustrare a partire da alcuni casi patenti, come in concomitanza con l'espressione incipitaria del Genesi ἐν ἀρχῇ[66]:

> ἐν δὲ τῷ Ἑβραϊκῷ ἡ "ἀρχὴ" "κεφαλὴ" σημαίνει· καὶ δύναται οὐρανὸν καὶ τὴν γῆν πρῶτα ὄντα τῶν ὁρωμένων δημιουργήματα "κεφαλὴν" καλεῖν, ὥσπερ κεφαλὴ σώματος οὐ τῇ θέσει μόνον, ἀλλὰ καὶ τῇ αἰσθήσει καὶ τῇ ζωῇ ἡγεμονικωτέρα.

> > in ebraico, "principio" significa testa: e può chiamare "testa" anche il cielo e la terra, in quanto sono le prime cose create tra quanto si vede, come la terra è assolutamente preminente non solo per posizione ma anche per la sensazione e per la vita.

Trasmettendo un pensiero ripreso da un grande autore quale Eusebio di Emesa (*c.* 295-360)[67], Procopio rilevava come l'originale biblico impiegasse non l'astratta nozione di principio bensì la più concreta nozione di testa (κεφαλή), in piena aderenza con l'originale biblico[68]. Sullo stesso punto si pronuncia anche Filopono, con rilievi molto fini[69]:

> τί τὸ "ἐν κεφαλαίῳ" ἀντὶ τοῦ "ἐν ἀρχῇ" παρὰ τῷ Ἀκύλᾳ σημαίνει.

> "ἐν κεφαλαίῳ ἔκτισεν ὁ θεὸς σὺν τὸν οὐρανὸν σὺν τὴν γῆν". τινὲς μὲν οὖν τὸ "ἐν κεφαλαίῳ" ταὐτὸν δηλοῦν φασι τῷ "ἐν ἀρχῇ" ἀπὸ τῆς ἀρχῆς

De op. III, 3 (τῆς Ἑβραίων γλώττης πληθυντικῶς – φασὶν οἱ ταύτης εἰδότες –), assunto già da W. REICHARDT come segnale che Filopono non leggesse l'ebraico (*Joannis Philoponi De opificio mundi libri VII*, Leipzig, 1897, p. XI e n. 4).

[66] Proc. Gaz., *Comm. in Gen.*, p. II, ll. 24-28 (METZLER) (*ad* Gn 1, 1).

[67] Per il suo orientamento esegetico nel seno della scuola antiochena, cfr. R. B. TER HAAR ROMENY, *A Syrian in Greek Dress. The Use of Greek, Hebrew, and Syriac Biblical Texts in Eusebius of Emesa's* Commentary on Genesis, Leuven, 1997 (*TEG*, 6), p. 89-III.

[68] Questo è il senso dell'ebraico בראשית. Il punto aveva destato le cure di autori come Gregorio di Nissa, *Apol. in hex.*, *PG* 44, col. 69D-72A: il Cappàdoce interveniva nell'esegesi della pericope sulla creazione cosmica intendendo portare soccorso al fratello Basilio di Cesarea che, nel ciclo di *Omelie sull'Esamerone* (379), aveva sollevato aspre critiche per inadeguatezza nell'approccio scientifico ai temi agitati (cfr. M. ALEXANDRE, "L'exégèse de Gen. I, 1-2a dans l'*In Hexaemeron* de Grégoire de Nysse. Deux approches du problème de la matière", in *Gregor von Nyssa und die Philosophie. Zweites Internationales Kolloquium über Gregor von Nyssa*, ed. M. ALTENBURGER, H. DÖRRIE, U. SCHRAMM, Leiden, 1976, p. 159-192).

[69] Philop., *De op.* I, 4 (p. 92, l. 19 – p. 94, l. 5 S.).

I *COMMENTARII IN GENESIM* E IL *DE OPIFICIO MUNDI* 129

τοῦ σώματος τῆς κεφαλῆς. ἐμοὶ δὲ δοκεῖ μᾶλλον σημαντικὸν εἶναι τοῦ συνηρημένως ὁμοῦ γενέσθαι οὐρανόν τε καὶ γῆν. οὐ γὰρ τὸ μὲν αὐτῶν πρῶτον, τὸ δὲ δεύτερον ἐποίησεν ὁ θεός. κεφάλαιον γὰρ καλεῖν εἰώθαμεν τὴν ἐν ἑνὶ πολλῶν ἅμα συναίρεσιν ὡς καὶ ὁ τοῦ Σιρὰκ δηλοῖ λέγων· "κεφαλαίωσον ἐν ὀλίγῳ πολλά" (Sir 32 [35], 8 LXX). ἐδήλωσε δὲ καὶ ἡ προσθήκη τῆς σὺν προθέσεως συνδυασμὸν ὡς τὰ πολλὰ δηλούσης· σὺν ἐμοὶ ἦλθες, σὺν ἐμοὶ περιπατεῖς, συνέστιος, σύμψηφος. τὸ μὲν "ἐν ἀρχῇ ἐποίησεν ὁ θεὸς τὸν οὐρανὸν καὶ τὴν γῆν" οὐχ οὕτως εἶχεν ἐναργῆ τοῦ ἅμα γενέσθαι τὰ δύο τὴν δήλωσιν. τὸ δὲ "ἐν κεφαλαίῳ σὺν τὸν οὐρανὸν σὺν τὴν γῆν" τὸ μὴ τὸ ἕτερον τοῦ ἑτέρου προηγήσασθαι δείκνυσι.

> *Che cosa significhi "in capo" invece che "in principio" in Aquila.*

> "In capo Dio fondò a un tempo sia il cielo sia la terra". Alcuni dunque dicono che "in capo" mostri lo stesso che "in principio", poiché il principio del corpo è la testa. Ma a me sembra piuttosto che sia significativo del fatto che cielo e terra siano creati insieme, congiuntamente: infatti, Dio non fece l'uno come primo e l'altro come secondo. Solitamente, infatti, chiamiamo "capitale" la collazione in uno di molti a un tempo, così come anche il Siracide mostra, allorché dice: "Ricapitola in poco molte cose!" (cfr. Sir 32 [35], 8 LXX). Anche l'aggiunta della preposizione "con" mostra un appaiamento, come mostra per solito: con me sei andato, con me passeggi, convivente, consenziente. Infatti, "Dio fece in principio il cielo e la terra" non avrebbe avuto evidente allo stesso modo la dimostrazione che i due sono stati creati insieme. Invece, "in capo insieme il cielo insieme la terra" indica che l'uno non ha preceduto l'altro.

Al di là della considerazione che questo passo allargasse l'orizzonte fino a ricomprendere, per es., il parallelo costituito dal Siracide, è evidente il differente impianto: Filopono fa riferimento esplicito alla traduzione di Aquila, tra gli estensori raccolti nelle colonne degli *Hexapla*[70], mentre

---

[70] Si noti l'approccio contrapposto tra Filopono e Origene, da cui pure quegli ricuperava le versioni alternative in parola: Filopono le usa come mezzo per intendere qualcosa dell'ebraico mediante il loro confronto mentre Origene (che conosceva l'ebraico e, quindi, non aveva questa necessità di filtro) salva tali versioni e, nei commenti, vi ricorre per ampliare la base della sua esegesi allegorica (a più traduzioni diverse, infatti, corrisponderanno più possibilità di illuminare gli aspetti della parola rivelata, ultimamente inattingibile); per ciò cfr. Ottobrini, "Salvare i fenomeni" (n. 54), p. 78-82.

TIZIANO F. OTTOBRINI

Eusebio (e Procopio, riprendendolo) andava direttamente all'ebraico, sfondo di tutte le traduzioni. Questa linea si estrinseca analogamente, sempre facendo capo all'Emeseno[71]:

> Ἑβραῖος δέ τίς φησιν, ὅτι οὐ λέγει τὸ Ἑβραϊκόν· "πηγὴ δέ τις ἀνέβαινεν ἐκ τῆς γῆς" ἀλλά "τι εἶδος" [...]

> un ebreo afferma che l'ebraico non dice: "una fonte veniva su dalla terra", ma "una qualche forma" [...]

dove si cerca di risalire ancora all'ebraico in via diretta (mediante un non specificato dotto di lingua ebraica). Tornando ancora al perimetro della sezione esameronale e lasciando Eusebio di Emesa per una fonte non più identificabile, Procopio mostra di muoversi ancora allo stesso modo[72]:

> ἡ δὲ γῆ ἦν ἀόρατος, θαυμαστὸν οὐδέν· ἦν γὰρ γενομένη· μετὰ γὰρ τὸ "ἐποίησέ" φησι τὸ ἦν ἀόρατος. τὸ δὲ Ἑβραϊκὸν τῷ "ἐποίησε" σημαίνει καὶ τὸ "ἔκτισεν" καὶ τὸ "ἀνέδειξεν", ὅπερ ἔοικε μᾶλλον δηλοῦν ἡ γραφή, ὡς "ἐξ οὐκ ὄντων ἀνέδειξεν".

> "e la terra era invisibile" non è nulla di straordinario: infatti, era esistente; infatti, dopo "fece" ha detto "era invisibile". E l'ebraico con "fece" indica anche "creò" e "portò a manifestazione", cosa che la Scrittura sembra piuttosto mostrare, in quanto "portò a manifestazione dal non essere".

Qui con riferimento al lessico creazionistico della Scrittura, Procopio indaga il senso del *fare* biblico quando Dio tolse dal non essere il cosmo, salvando ancora un commento che puntava all'ebraico, senza sostare sulle vie intermedie. Sono tutte spie, queste presentate, che convergono nel confermare in Procopio un differente modo di relazionarsi ai fatti linguistico-traduttologici sottesi al Genesi: a) in Filopono essi sono centrali, in Procopio invece residuali; b) Filopono guarda ai traduttori esaplari, Procopio di rado, al massimo cita Aquila e talora evoca l'ebraico in sé; c) non sorprenderà, allora, che il commentario del Gazeo – suscettibile agli altri aspetti di novità dell'opera filoponiana – non ricorra invece a citare Filopono sotto l'aspetto dell'esegesi della lettera ebraica.

---

[71] Proc. Gaz., *Comm. in Gen.*, p. 95, ll. 42-43 (Metzler) (*ad* Gn 2, 4).

[72] Proc. Gaz., *Comm. in Gen.*, p. 11, l. 46 – p. 12, l. 50 (Metzler) (*ad* Gn 1, 1).

4. Osservazioni conclusive

L'esito cui perviene l'esplorazione critica ora condotta può essere riassunto in tre punti principali: a) il commento al Genesi di Procopio costituisce un particolare punto di osservazione per indagare l'Esamerone di Filopono e viceversa, perché le due opere rappresentano due antitetici ma anche complementari approcci allo stesso tipo di lavoro esegetico. b) Indagare per la prima volta sui parallelismi tra Filopono e Procopio ha permesso di cogliere tratti importanti nel modo di operare dello scrittore gazeo: senza escludere del tutto una terza fonte anteriore a entrambi gli autori e alla quale entrambi potessero in qualche modo attingere indipendentemente in tempi diversi (allo stato attuale delle conoscenze questa sarebbe un'ipotesi molto temeraria), più semplicemente si potrebbe argomentare a favore della possibilità da parte di Procopio a percepire gli impulsi provenienti da una mente fervida come quella di Filopono, peraltro in una fase compositiva ancora fluida dell'opera di quest'ultimo e, per certo, in anticipo rispetto alla sua redazione *ne varietur*. c) Si può rilevare che i commentatori nella prima metà del VI secolo potevano trattare il Genesi sia alla maniera di Procopio (prendendo elementi scelti dalla tradizione dei commentarî già composti sull'argomento) sia alla maniera di Filopono (con un approccio fortemente improntato alla *novitas*, non senza frequenti accenti polemici e una palese propensione all'indagine speculativa): la linea filoponiana sarebbe nata abortita, quella di Procopio sarebbe stata invece destinata a un continuo incremento. Era ormai il tempo delle compilazioni, non per nostalgia dei fasti passati, ma per matura consapevolezza del *depositum fidei* custodito nei secoli[73].

Abstract

The essay aims to expose the relationship between Philoponus' *De opificio mundi* and Procopius' *Commentarii in Genesim* 1:1-2 and 4. Three main aspects are taken into account: parallels between the works; the chronological question; and their different approaches to the Hebrew

---

[73] Né vada negletto che la disposizione interiore con cui Procopio dichiara di dare voce agli autori che riprende – ἐν δὲ τῇ ἐπαναλήψει τοῦ ῥητοῦ καὶ τὰ δοκοῦντα τοῖς ἄλλοις περὶ τούτου ἐκθήσομαι in Proc. Gaz., *Comm. in Gen.*, p. 94, ll. 174-175 (METZLER) (*ad* Gn 2, 4) – quella dell'uomo di fede, che impetra il Suo aiuto per contribuire al Suo regno con l'esercizio del magistero della parola: οὐκοῦν συνεργὸν ἡμῖν τὸν θεὸν γενέσθαι καλέσαντες ἐντεῦθεν ἀρξώμεθα, *ibid.*, p. 1, ll. 13-14 (METZLER) (*prooemium*).

original of Gen 1 by means of the Hexaplaric translations. It shows how the pericopes of Procopius that are similar to those of Philoponus are characterized precisely by an Aristotelian influence, which is the typical trait of the commentary on Genesis by Philoponus himself. This may lead us to think that these passages are quotations by Procopius from the work of Philoponus, since it seems difficult to imagine the existence of a third source capable of commenting on hexameron with a similar proliferation of Aristotelian categories.

Prokop und seine Quellen für den *Exoduskommentar*

Karin METZLER
(*Berlin*)

Zu der Frage, wie Prokop seine Quellen fand und wie er mit ihnen umging, gibt es keine externen Testimonien, und im Werk nur Rahmenangaben. Daher möchte ich Prokops Vorgehen am Beispiel wichtiger Autoren und Werke darlegen: In welchem Umfang Prokop seine Quellen bearbeitete, werde ich anhand seiner Rezeption der Schrift *De vita Moysis* des Gregor von Nyssa demonstrieren. Wie weit er sich auf ein neues Studium bestimmter Originalschriften einließ, möchte ich an der Auseinandersetzung mit der Schrift *De adoratione et cultu in spiritu et veritate* des Kyrill von Alexandrien aufzeigen. Um den Inhalt des Buches Exodus in seinem Kommentar umfassend zu kommentieren, griff Prokop auch zu den Resten einer (uns nicht mehr bekannten) Schrift Didymus' des Blinden, die sich noch in der Bibliothek fanden. Danach gilt es, diese und weiterführende Aspekte zusammenzuführen, um den Charakter des Gesamtwerks zu umreißen.

1. Prokop und die Katene

Zunächst möchte ich daran erinnern, in welchem Rahmen wir uns mit dem Exoduskommentar[1] bewegen. Er gehört zum großen exegetischen Werk des Prokop von Gaza zu den ersten Büchern des Alten Testament (der „Eclogarum in libros historicos veteris testamenti epitome"[2]). Das

---

[1] *Prokop von Gaza, Eclogarum in libros historicos Veteris testamenti epitome. Vol. 2: Der Exoduskommentar*, ed. K. METZLER, Berlin – Boston, MA, 2020 (*GCS NF*, 27). (Die Edition wird im Folgenden als „Procopius, *In Exodum*, ed." zitiert.) Übrigens soll in Kürze auch Prokops Leviticuskommentar in meiner Ausgabe in der Reihe *GCS* erscheinen; es wird sich um eine *editio minor* handeln, da die parallele armenische und griechische Katenenüberlieferung nicht befriedigend ediert ist.

[2] Zum Titel vgl. METZLER in: Procopius, *In Exodum*, ed., p. XIII-XIV; im Folgenden kurz „Heptateuchkommentar" genannt.

Procopius the Christian Sophist: Catenist, Compiler, Epitomist, ed. by D. Zaganas, J.-M. Auwers, J. Verheyden, IPM, 94 (Turnhout, 2024), pp. 133-163.
© BREPOLS ❧ PUBLISHERS   10.1484/M.IPM-EB.5.136513

134   KARIN METZLER

Werk muss entstehungsgeschichtlich auf dem Hintergrund einer Gattung gesehen werden, der es selbst nicht angehört: der Katene. Die Gattung Katene entstand im 6. Jahrhundert, als die Exegese der „Kirchenväter" des 3. und 4. Jahrhunderts kanonisch geworden war.[3] Die klassische Erscheinungsform der Katene ist die, dass relativ kurze Textausschnitte bestimmten Versen des betreffenden biblischen Buches zugeordnet werden, in der Regel mit der Nennung des Autors im Genitiv am Anfang, im Sinne einer Zwischenüberschrift: „Das ist die Auslegung des XY". Die Exzerpte der Katene werden in der Reihenfolge des biblischen Buches angeordnet. Für ihre theologische Ausrichtung ist festzuhalten, dass die zitierten Autoren nebeneinander aufgeführt werden, ohne dass es eine Rolle spielt, welcher Schule der Autor angehört und nach welcher Methode er ausgelegt hat. Auch ein jüdischer Exeget wie Philo wurde aufgenommen, auch Autoren, die als Häretiker verurteilt worden waren; allerdings wurden Aussagen zu den empfindlichen Punkten des christologischen Streits vermieden.[4]

Am Anfang des Gesamtwerkes, zu Beginn des Genesiskommentars, gibt Prokop in einem Proömium Hinweise zu Entstehungsbedingungen, Quellen und Intentionen seines Werkes.[5] Er schildert seine Vorgeschichte so:

> Auch früher schon haben wir – Gott schenkte die Fähigkeit – die niedergelegten Auslegungen zum Oktateuch aus den Vätern und anderen zusammengestellt, die wir aus Kommentaren und verschiedenen Schriften gesammelt hatten. Aber als wir die Formulierungen der Darlegungen selbst im Wortlaut ausbreiteten, ob sie nun miteinander übereinstimmten oder auch nicht, und sich uns das Werk zu unendlicher Länge erstreckte, [...][6]

[3] Vgl. METZLER in: Procopius, *In Exodum*, ed., p. XXI-XXIII.

[4] *Prokop von Gaza, Eclogarum in libros historicos Veteris testamenti epitome. Vol. 1: Der Genesiskommentar*, ed. K. METZLER, Berlin – Boston, MA, 2015 (*GCS NF*, 22), p. XIII (die Edition des Genesiskommentars wird im Folgenden als „Procopius, *In Genesim*, ed." zitiert).

[5] Das Proömium ist bisher eher als Testimonium für die verloren gegangene Katene (die Urkatene) ausgewertet worden, z. B. G. DORIVAL, "Des commentaires de l'Écriture aux chaînes", in *Le monde grec ancien et la Bible*, ed. C. MONDÉSERT, Paris, 1984 (Bible de tous les temps, 1), p. 361-386, hier p. 363-364. In unserem Zusammenhang geht es um den Charakter des Werks, das die Urkatene ablöste.

[6] Procopius, *In Genesim*, ed., p. 1: Ἤδη μὲν καὶ πρότερον θεοῦ τὸ δύνασθαι χορηγήσαντος τὰς καταβεβλημένας ἐκ τῶν πατέρων καὶ τῶν ἄλλων εἰς τὴν ὀκτάτευχον

PROKOP UND SEINE QUELLEN FÜR DEN *EXODUSKOMMENTAR*   135

Was Prokop schildert, lässt sich nicht anders verstehen, als dass er zunächst an einer Katene im präzisen Sinn arbeitete, nämlich Exzerpte aus vorliegenden Schriften anderer zusammenstellte. Diese Katene, die er anfangs erarbeitet oder an der er mitgewirkt hat, muss die Quelle gewesen sein, die er mit der erhaltenen Exoduskatene[7] teilt; ich nenne sie Urkatene.[8]

Der Leser ist also grundsätzlich darüber informiert, dass das riesige Werk nicht auf einen einzigen Verfasser zurückgeht, sondern auf fremden Quellen beruht, Exzerpten aus Kirchenvätern. Im Layout des Werkes tritt aber nirgends mehr in Erscheinung, dass hier mehr als eine Perspektive eingenommen wird.

Prokop schildert dann, wie er sich dazu entschloss, die Anlage seines eigenen Werkes grundlegend umzustellen:

> [...] da nun beschloss ich, die Schrift auf ein handliches Maß zusammenzufassen, indem ich, wenn etwas übereinstimmend von allen gesagt ist, es nur ein für alle Mal sagte; wenn aber etwas Unterschiedliches gesagt ist, dass ich auch dies gedrängt ausbreitete mit dem Ziel, dass meine Schrift insgesamt ein einziger Leib sei, als ob von uns als einem Einzigen die Äußerungen aller dargelegt würden. Wir werden aber auch manchmal etwas von außen zur klareren Demonstration hinzusetzen. Rufen wir also Gott an, er möge uns ein Beistand werden, und beginnen wir von diesem Punkt.[9]

Mit diesen Sätzen übt er grundsätzliche Kritik an der Gattung Katene: Er nimmt Anstoß an ihrer übergroßen Länge einerseits und ihrem

---

ἐξηγήσεις συνελεξάμεθα ἐξ ὑπομνημάτων καὶ διαφόρων λόγων ταύτας ἐρανισάμενοι. ἀλλ' ἐπεὶ τὰς ῥήσεις αὐτὰς τῶν ἐκθεμένων ἐπὶ λέξεως ἐξεθέμεθα, εἴτε σύμφωνοι πρὸς ἀλλήλας ἐτύγχανον εἴτε καὶ μή, καὶ πρὸς πλῆθος ἄπειρον ἡμῖν ἐντεῦθεν τὸ σύγγραμμα παρετείνετο, [...]. Die Übersetzung oben stammt aus: *Prokop von Gaza, Der Genesiskommentar*, tr. K. METZLER, Berlin – Boston, MA, 2016 (*GCS NF*, 23), p. 1 (im Folgenden als „Procopius, *In Genesim*, tr." zitiert).

   [7] *Catena in Exodum*, ed. F. PETIT, Leuven – Paris – Sterling, VA, 2000-2001 (*TEG*, 10-11) (im Folgenden als „*Catena in Exodum*, ed. PETIT" zitiert).

   [8] METZLER in: Procopius, *In Exodum*, ed., p. XIV.

   [9] Procopius, *In Genesim*, ed., p. 1: [...] συνεῖδον νῦν πρὸς μέτρον εὐσταλὲς συνελεῖν τὴν γραφὴν ἐπειγόμενος, εἰ μέν τι σύμφωνον εἴρηται ἅπασιν, τοῦτο προσάπαξ εἰπεῖν· εἰ δέ τι διάφορον, καὶ τοῦτο συντόμως ἐκθέσθαι πρὸς τὸ διὰ πάντων ἓν γενέσθαι σῶμα τῆς συγγραφῆς ὡς ἑνὸς καὶ μόνου τὰς ἁπάντων ἡμῖν ἐκθεμένου φωνάς. προσθήσομεν δέ τι καὶ ἔξωθεν εἰς τρανοτέραν ἔσθ' ὅτε παράστασιν. οὐκοῦν συνεργὸν ἡμῖν τὸν θεὸν γενέσθαι καλέσαντες ἐντεῦθεν ἀρξώμεθα. Übersetzung: Procopius, *In Genesim*, tr., p. 1.

Mangel an Struktur andererseits; nach seinem Urteil wiederholen sich dadurch gleiche Auslegungen, und einander widersprechende Deutungen bleiben nebeneinander stehen. Damit beansprucht der Autor des Proömiums ein gehöriges Maß an Autorität. Seine grundsätzliche Kritik richtet sich gegen eine Gattung, die in Blüte steht und noch über Jahrhunderte gepflegt werden wird (ganz abgesehen davon, dass er selbst Katenen erarbeitet hat[10]).

Prokop will stattdessen ein kürzeres, konsistentes Werk vorlegen, in dem er die verschiedenen Positionen ordnet und zusammenfasst. Sein Ziel ist es, die ihm vorliegenden Auslegungen aus einer einzigen Perspektive darzulegen und damit ein einheitliches Werk zu schaffen, einen „einzigen Leib". Und nicht nur, dass er das fremde Material neu strukturiert, er kündigt an, er werde „Eigenes" ergänzen.

Was ist aus diesen Vorsätzen geworden? Im Werk ist das Ziel einer größeren Strukturierung zum guten Teil erreicht (auch wenn weiterhin manches Gegensätzliche nebeneinander stehen bleibt), das Ziel größerer Kürze muss als verfehlt betrachtet werden. Dem Aspekt der Länge gehe ich an anderer Stelle nach,[11] in unserem Rahmen möchte ich den ersten Aspekt beleuchten. Bereits die Tatsache, dass Prokop in seinem Werk keine Autoren angibt und keine Abgrenzung unterscheidbarer Einzelexzerpte vornimmt, ist ein Gegenentwurf zur Katene, die die Vielstimmigkeit der Auslegung herausstreicht; Prokop zielt seinem Anspruch nach auf eine einheitliche Perspektive. Darüber hinaus wird die Struktur wesentlich durch die Art und Weise bestimmt, wie

---

[10] Procopius Gazaeus, *Epitome in Canticvm canticorvm cum praefatione*, ed. J.-M. AUWERS, M.-G. GUÉRARD, Turnhout, 2011 (*CCSG*, 67). Procopius Gazaeus, *Catena in Ecclesiasten necnon Psevdochrysostomi Commentarivs in evndem Ecclesiasten*, ed. S. LEANZA, Turnhout, Leuven, 1978 (*CCSG*, 4). F. PETIT, *Autour de Théodoret de Cyr*. La Collectio Coisliniana *sur les derniers livres de l'Octateuque et sur les Règnes*. Le Commentaire sur les Règnes *de Procope de Gaza*, Leuven – Paris – Dudley, MA, 2003 (*TEG*, 13), p. 99-128, 177-183. Zu Prokops Katene zum Buch Proverbien, die in zwei Rezensionen vorliegt, vgl. M. GEERARD, J. NORET, *Clavis Patrum Graecorum. Concilia. Catenae*, Turnhout, ²2018, Nr. C 90 und C 91, und https://clavis.brepols.net/clacla/OA/Details.aspx?id=9D64B24C9B2944B28329 AFE9A76B56DA, zuletzt aufgesucht am 7. Juli 2022.

[11] K. METZLER, "Ein Wust von Exegesen? Eine zeitgenössische Kritik an der Gattung Katene", in *Ordres et désordres dans les chaînes exégétiques grecques / Phenomena of Order and Disorder in Greek Exegetical Catenae,* ed. A. LORRAIN, J.-M. AUWERS, Turnhout (*IPM*), in Vorbereitung.

Prokop mit seinen Quellen umgeht; mit der Struktur ändert er den Charakter der exegetischen Kompilation und wird vom Kompilator zum Autor. Das soll hier am Beispiel der Bearbeitung dreier Autoren gezeigt werden.

2. Prokops Arbeitsweise

a. Das Ausmaß der Bearbeitung

Zuerst sollte man sich vor Augen halten, in welch hohem Maße Prokop die Texte bearbeitet. Dass er sie bearbeiten musste, ergab sich bereits aus dem Zweck, Dubletten zu beseitigen und das Gesamtwerk zu straffen; schon dafür musste er Argumente paraphrasieren und Gedankengänge zusammenfassen. Kürze konnte er z. B. dadurch gewinnen, dass er für zusammengesetzte Ausdrücke einfache Synonyme wählte, selbst auf Kosten der begrifflichen Schärfe. Auch wenn solch ein Vorgehen zu erwarten war, kann es einen in Erstaunen setzen, in welchem Ausmaß Prokop in den Text seiner Vorlagen eingreift; dies kann man dort verfolgen, wo die Vorlage auch in direkter Überlieferung erhalten geblieben ist.

Allerdings gibt es auch in der Katene Bearbeitungen. Die Neigung hierzu ist in ihren verschiedenen Überlieferungsgruppen verschieden; bei einer, nach Karo und Lietzmann Typ III genannt, findet sich in vielen Fällen eine starke Zusammenfassung. Doch daneben steht ein Großteil der Fragmente, in denen die Katene, auch die des Typs III, getreulich den Text der Vorlage reproduziert; oder sie bearbeitet ihn maßvoll, indem sie z. B. Bibelzitate kürzt oder parallele Satzteile weglässt.[12] Hingegen kann man bei Prokop (eben dort, wo man den Vergleich hat) meist nur stärker und schwächer bearbeitete Passagen unterscheiden. Das eindrucksvollste Beispiel ist die Bearbeitung der beiden Kyrillwerke *De adoratione* und *Glaphyra in Pentateuchum*. Zu Kyrill unten; das Maß der Bearbeitung soll an Beispielen aus *De vita Moysis* des Gregor von Nyssa demonstriert werden.[13]

---

[12] Zur Bearbeitung des Wortlauts von Bibelzitaten in patristischer Zeit vgl. K. METZLER, *Welchen Bibeltext benutzte Athanasius im Exil? Zur Herkunft der Bibelzitate in den Arianerreden im Vergleich zur ep. ad epp. Aeg.*, Opladen, 1997 (Abhandlungen der Nordrhein-Westfälischen Akademie der Wissenschaften, 96).

[13] Zur Stellung dieser Autoren im Exoduskommentar vgl. METZLER in: Procopius, *In Exodum*, ed., p. XCV-XCVI; CI-CII.

KARIN METZLER

Der Vergleich beschäftigt mich ständig bei der Vorbereitung des *apparatus fontium* einer Edition; dazu benutze ich schon vorhandene Bestimmungen[14] oder recherchiere selbst.[15] Ergebnis ist z. B., dass anscheinend eine bestimmte Passage bei Prokop auf eine bestimmte Passage bei Gregor von Nyssa zurückgeht. Um das zu überprüfen, kann man den fraglichen Prokoptext neben Gregors Text legen und zunächst die Wörter markieren, zu denen sich in der postulierten Vorlage eine Entsprechung mit demselben Wortstamm findet.

Ein Beispiel: Prokop bearbeitet folgenden Text Gregors, in dem Ex 10,22 ausgelegt wird: „Es kam Dunkelheit auf". Durch Fettdruck werden die Textteile markiert, die sich bei Prokop wiederfinden.

> Κατὰ τὴν διάνοιαν ταύτην νόει μοι καὶ **τὸν ἀέρα** διὰ τῆς ῥάβδου, τοῖς μὲν τῶν **Αἰγυπτίων** ὀφθαλμοῖς **μελαινόμενον**, ἐπὶ δὲ τῶν Ἑβραίων τῷ **ἡλίῳ καταλαμπόμενον**. δι' οὗ μάλιστα βεβαιοῦται τῆς ἀποδοθείσης διανοίας ὁ λόγος ὅτι **οὐκ** ἄνωθέν τις **ἀναγκαστικὴ** δύναμις **τὸν μὲν ἐν ζόφῳ, τὸν δὲ ἐν φωτὶ γενέσθαι** παρασκευάζει, ἀλλ' οἴκοθεν ἔχομεν ἐν τῇ ἑαυτῶν φύσει τε καὶ προαιρέσει τὰς τοῦ φωτός τε καὶ σκότους αἰτίας οἱ ἄνθρωποι, πρὸς ὅπερ ἂν ἐθέλωμεν ἐν τούτῳ γινόμενοι. καὶ γὰρ κατὰ τὴν ἱστορίαν οὐ διά τινος τείχους ἢ ὄρους ἐπιπροσθοῦντος τὰς ὄψεις καὶ τὰς ἀκτῖνας ἀποσκιάζοντος ὁ τῶν Αἰγυπτίων ὀφθαλμὸς ἐν σκότῳ ἦν· ἀλλ' **ἐπίσης πάντα τοῦ ἡλίου καταφωτίζοντος** ταῖς ἀκτῖσιν, **οἱ μὲν** Ἑβραῖοι **τοῦ φωτὸς** κατετρύφων, **οἱ δὲ ἀναισθήτως** εἶχον **τῆς χάριτος**.[16]

[14] Für den Exoduskommentar vor allem L. EISENHOFER, *Procopius von Gaza. Eine literarhistorische Studie*, Freiburg im Breisgau, 1897, p. 28-35. *Catena in Exodum*, ed. PETIT.

[15] Vor allem mithilfe der elektronischen Volltextsammlung *Thesaurus Linguae Graecae* (TLG), Irvine.

[16] Gregorius Nyssenus, *De vita Moysis* II 80,1–81,6, ed. M. SIMONETTI, Milano, 2011, p. 102-104. – Übersetzung: „Gemäß diesem Verständnis betrachte mir auch die Luft, wie sie sich zwar mithilfe des Stabes für die Augen der Ägypter schwarz verfärbte, bei denen der Hebräer hingegen von der Sonne erhellt wurde. Dadurch wird unbedingt der Sinn des dargelegten Verständnisses bekräftigt, dass keine zwingende Macht von oben den einen so vorformt, dass er in die Dunkelheit, den anderen, dass er ins Licht kommt, sondern dass wir Menschen von Haus aus in der eigenen Natur und Willensentscheidung die Ursachen des Lichts und des Dunkels haben, weil wir in das gelangen, was wir jeweils wollen. Denn auch nach dem historischen Ablauf war nicht durch irgendeine Mauer oder Grenze, die sich den Blicken in den Weg stellte und die Strahlen zu Schatten machte, das Auge der Ägypter im Dunkel; son-

PROKOP UND SEINE QUELLEN FÜR DEN *EXODUSKOMMENTAR* 139

Bei Prokop wird daraus folgendes Fragment:

Ἐκ τοῦ πάλιν ἐφ’ ἡμῖν· ὁ μὲν **ἀὴρ Αἰγυπτίοις ἐμελαίνετο**, ὁ δὲ **ἥλιος Ἑβραίοις κατέλαμπε**· θεὸς γὰρ **οὐκ ἀναγκάζει τὸν μὲν ἐν φωτί**, **τὸν δὲ ἐν ζόφῳ γενέσθαι**. ἐπίσης γὰρ **πάντα τοῦ ἡλίου φωτίζοντος** οἱ μὲν ἀπέλαυον **τοῦ φωτός**, **οἱ δὲ τῆς χάριτος** οὐκ **ἠσθάνοντο**.[17]

Markiert wurden hier die Entsprechungen im Wortstamm, die einen sehr hohen Grad der semantischen Entsprechung anzeigen: Fast alles, was Prokop schreibt, entspricht im Sinn dem Original. Dennoch verändert Prokop die Vorlage stark. Er leitet die Auslegung mit einer Themenangabe ein: Ἐκ τοῦ πάλιν ἐφ’ ἡμῖν, ordnet sie der Problematik des Freien Willens zu; danach kürzt er Gregor deutlich. So werden zwei längere Sätze Gregors übersprungen, und die Partikeln zeigen einen ganz leicht variierten Gedankengang an. Die stärkste Veränderung ist jedoch die im Wortmaterial. Markiert man nicht mehr, wo Prokop mit demselben Wortstamm formuliert, sondern mit derselben grammatischen Wortform, so ergeben sich längst nicht mehr so viele markierte Wörter:

Ἐκ τοῦ πάλιν ἐφ’ ἡμῖν· ὁ μὲν ἀὴρ Αἰγυπτίοις ἐμελαίνετο, ὁ δὲ ἥλιος Ἑβραίοις κατέλαμπε· θεὸς γὰρ **οὐκ** ἀναγκάζει **τὸν μὲν ἐν φωτί**, **τὸν δὲ ἐν ζόφῳ γενέσθαι**. ἐπίσης γὰρ **πάντα** τοῦ ἡλίου φωτίζοντος οἱ μὲν ἀπέλαυον **τοῦ φωτός**, **οἱ δὲ τῆς χάριτος** οὐκ ἠσθάνοντο.[18]

dern während in gleicher Weise die Sonne alles mit ihren Strahlen erhellte, schwelgten die Hebräer im Licht, die anderen aber waren unempfindlich für die Gnade".

[17] Procopius, *In Exodum*, ed., p. 67. Parallelüberlieferung: *Catena in Exodum*, ed. PETIT, fragm. 265 (*TEG*, 10), p. 201-202. Im *apparatus fontium* der Prokopedition wird das Fragment im Sinne einer Stellenangabe nach der Fragmentnummer der Katene benannt; diese Benennung impliziert nicht, dass der Text mit dem Katenenfragment identisch ist; in diesem Fall unterscheiden sie sich stark, da das Katenenfragment der Vorlage Gregors sehr nahe steht. – Vorlage: Gregorius Nyssenus, *De vita Moysis* II 80,1–81,6, ed. SIMONETTI, p. 102-104 (siehe vorige Anm.). – Übersetzung nach: *Prokop von Gaza, Der Exoduskommentar*, tr. K. METZLER, Berlin – Boston, MA, 2020 (*GCS NF*, 28), 2020, p. 66 (im Folgenden als „Procopius, *In Exodum*, tr." zitiert): „(Sc. Das rührt) wieder von dem her, was in unserer Macht steht [d. h. was dem Freien Willen unterliegt]: Die Luft verfärbte sich für die Ägypter schwarz, die Sonne aber schien den Hebräern; denn Gott zwingt nicht den einen, ins Licht zu kommen, den anderen in die Dunkelheit; während nämlich die Sonne alles gleichermaßen erleuchtete, genossen die einen das Licht, die anderen nahmen die Gnade nicht wahr".

[18] Nachweise wie Anm. 17.

Die wörtliche Entsprechung ist also längst nicht so hoch wie die semantische; dabei ist die Wortstellung nicht einmal berücksichtigt.[19] Im Quellenapparat schreibe ich also: „vgl. Gr. Nyss., v. Mos. II 80,1–81,6".

Es gibt auch Fragmente, zu denen ich „nach Gr. Nyss." oder „frei nach Gr. Nyss." schreibe, wenn sich die Entsprechung nur noch durch wenige Stichworte zu erkennen gibt. Zum Beispiel deutet Gregor den Totschlag, den Mose am Ägypter begeht (Ex 2,11-12), moralisch, als Kampf um Tugenden (gemäß der μεσότης-Lehre) sowie dogmatisch gegen Lehren und Glaubensinhalte, die „andersstämmig" (ἀλλόφυλος) sind und deshalb abgetötet werden müssen; Prokop fasst den Abschnitt, der bei Simonetti auf anderhalb Druckseiten verteilt ist,[20] in folgendem Absatz zusammen:

Πάλιν δὲ κατ' ἀρετὴν ἐκλαβεῖν ἐστι τὰ προκείμενα· πᾶς οὖν **λόγος ἀλλόφυλος τῷ Ἑβραίῳ ἀνθίσταται·** καὶ δεῖ **μέσον** ἀμφοῖν γεγονότα καταγωνίσασθαι τὸν **ἀλλόφυλον,** ἀλλὰ μὴ τοὐναντίον παθεῖν ὥσπερ οἱ παρατραπέντες ἐξ εὐσεβείας πρὸς ἀλλόκοτα **δόγματα.** ὁ δὲ **Μωσαϊκὴν** καὶ **γενναίαν** ἔχων **ψυχὴν μέσος** ὢν εὐσεβείας καὶ **εἰδωλολατρείας, ἀκολασίας καὶ σωφροσύνης, δικαιοσύνης καὶ ἀδικίας, τύφου καὶ μετριότητος** τὰ μὲν οἷον **Αἰγύπτιον νεκροῖ** „πατάξας" τῷ κρείττονι καὶ ὥσπερ **Ἑβραίῳ λόγῳ,** τὰ δὲ πρὸς σωτηρίαν ἐκφέρει καὶ **νίκην** δι' αὐτῶν **καθελὼν** τὸν **ἀντίπαλον·** ὁ δὴ ποιεῖν ἀδυνατοῦντας **φευκτέον ἐνθένδε πρὸς τὴν μείζω καὶ ὑψηλοτέραν τῶν μυστηρίων διδασκαλίαν·** κἂν **ἀλλοφύλῳ** δέῃ τῇ **ἔξω** συνοικῆσαι **σοφίᾳ,** τοὺς ἀδίκους „**ποιμένας**" καὶ κακῶν **διδασκάλους** ἀποσοβήσαντες καὶ τὴν αὐτῶν **ἐλέγξαντες πλάνην. οὕτως ἐφ' ἑαυτῶν ἰδιάσωμεν** χωρὶς **μάχης** ἐν **ὁμονοίᾳ** τῶν ἐν ἡμῖν δογμάτων τε καὶ λογισμῶν βιοτεύοντες **προβάτων δίκην** ὑπὸ τοῦ λόγου τούτοις **ἐπιστατοῦντος ποιμαινομένων.** ὅτε καὶ ἐν **εἰρήνῃ διάγουσι καὶ ἀπολέμῳ** διαγωγῇ ἡ **ἀλήθεια** ταῖς **ἰδίαις μαρμαρυγαῖς** φανεῖται **τῆς ψυχῆς** τὰς **ὄψεις περιαυγάζουσα.**[21]

---

[19] Aus τὸν μὲν ἐν ζόφῳ, τὸν δὲ ἐν φωτὶ γενέσθαι wird z. B. τὸν μὲν ἐν φωτί, τὸν δὲ ἐν ζόφῳ γενέσθαι.

[20] Gregorius Nyssenus, *De vita Moysis* II 13,1–19,3, ed. SIMONETTI, p. 68-72.

[21] Procopius, *In Exodum*, ed., p. 15. Es handelt sich um ein Zwischenstück, die Stelle bei Gregor ist also in der Katene nicht verwendet. Das Exzerpt ist bei Prokop dem Auslegungsbereich Ex 2,11-25 zugeordnet, daraus ergibt sich die Kennzeichnung der Lemmazitate. – Verbesserte Übersetzung nach: Procopius, *In Exodum*, tr., p. 14: „Wiederum lässt sich der Text hinsichtlich der Tugend auffassen: Jede fremde Lehre nun steht der hebräischen entgegen, und wenn der Mensch zwischen beide gerät,

PROKOP UND SEINE QUELLEN FÜR DEN *EXODUSKOMMENTAR*   141

Hervorgehoben sind hier wieder die Entsprechungen dem Wortstamm nach, die die semantische Entsprechung veranschaulichen (sie werden wieder großzügig gewertet, z. B. auch bei einem Wechsel vom Verb zum Substantiv).

Daneben gibt es, wie gesagt, Fragmente, die wörtlich[22] oder fast wörtlich[23] aus der Quelle entnommen werden, aber sie sind eher die Ausnahme.

muss er die fremde bekämpfen, es darf ihm aber nicht das Umgekehrte widerfahren, so wie denen, die sich von der Frömmigkeit abwenden hin zu fremden Lehren. Wer aber eine mosaische und edle Seele hat und in der Mitte zwischen Frömmigkeit und Götzendienst, Zügellosigkeit und Besonnenheit, Gerechtigkeit und Ungerechtigkeit, Eitelkeit und Mäßigung steht, der tötet einerseits den, der gleichsam Ägypter ist, indem er ihn mit der besseren und gewissermaßen hebräischen Lehre ‚erschlägt‘, andererseits gelangt er gleichsam zu Rettung und Sieg, nachdem er den Gegner durch sie [d. h. die genannten Tugenden] getötet hat; diejenigen also, die dies nicht zu tun vermögen, müssen hierhin fliehen, zur größeren und höheren Lehre der Mysterien; und wenn sie mit der fremden Weisheit außerhalb (sc. des Christentums) zusammenwohnen müssen, (sc. sollen sie leben,) indem sie doch sowohl die ungerechten ‚Hirten‘ und die Lehrer übler Dinge verscheuchen als auch ihren Irrtum widerlegen. In dieser Weise wollen wir bei uns selbst in unserer Art leben, ohne Kampf, in Übereinstimmung mit den Lehren und Gedanken in uns, die in der Art von Schafen, die vom Logos, der diesen voransteht, geweidet werden. Dann, wenn sie ihr Leben auch in Frieden und einem unkriegerischen Wandel führen, erscheint die Wahrheit mit ihrem eigentümlichen Funkeln und erleuchtet die Augen der Seele".

[22] So Procopius, *In Exodum*, ed., p. 29-30: CatEx 141 (d. h. übereinstimmend mit *Catena in Exodum*, fragm. 141, ed. PETIT): Gregorius Nyssenus, *De vita Moysis* II 34,2-6, ed. SIMONETTI, p. 78: δι' ἧς σωφρονίζονται οἱ ἁμαρτάνοντες. ἀναπαύονται δὲ οἱ τὴν ἀνωφερῆ καὶ δυσπόρευτον τῆς ἀρετῆς πορείαν ἀνύοντες διὰ τῶν ἀγαθῶν ἐλπίδων τῇ βακτηρίᾳ τῆς πίστεως ἐπερειδόμενοι· ἔστι γὰρ πίστις ἐλπιζομένων ὑπόστασις.

[23] Kaum Abweichungen zeigt Procopius, *In Exodum*, ed., p. 51: Zwischenstück, nach Gregorius Nyssenus, *De vita Moysis* II 67,1-8, ed. SIMONETTI, p. 94-96 **καὶ πολλάκις ἐπιχειρεῖ ὁ** παρασοφιστὴς **τῆς ἀπάτης καὶ τὸ τῶν Ἑβραίων ποτὸν τῷ μολυσμῷ τοῦ ψεύδους αἷμα ποιῆσαι,** ὥστε καὶ **τὸν ἡμέτερον λόγον ἡμῖν μὴ τοιοῦτον** (A 183r) **εἶναι** δοκεῖν, **οἷός ἐστιν, ἀλλ' οὐκ** ἀχρειῶσαι **καθάπαξ τὸ ποτόν, κἂν ἐκ τοῦ προχείρου δι' ἀπάτης περιφοινίξῃ τὸ εἶδος·** πίνει γὰρ ὁ Ἑβραῖος τὸ ἀληθινὸν ὕδωρ, **κἂν παρὰ τῶν ἐναντίων πιθανῶς διαβάλληται, οὐδὲν πρὸς τὸ εἶδος τῆς ἀπάτης ἐπιστρεφόμενος.** (Fett gedruckt sind die Übereinstimmungen in der genauen Wortform.) In diesem Abschnitt könnte Prokops Bezeichnung für den Teufel, das *hapax legomenon* παρασοφιστής, gegenüber παρασοφισμός (Gregorius Nyssenus, *De vita Moysis* II 67,1, ed. SIMONETTI, p. 94) sogar die bessere Lesart sein.

142   KARIN METZLER

Wie ändert Prokop? Er will kürzen, das erklärt vieles, aber nicht alles. Sein Text wird kürzer als die Vorlage, wenn ein Kompositum durch ein Simplex ersetzt wird, wie (im ersten Beispiel) καταφωτίζοντος durch φωτίζοντος, oder eine Umschreibung durch den Oberbegriff, wie τοῖς ... τῶν Αἰγυπτίων ὀφθαλμοῖς durch Αἰγυπτίοις.

Wenn etwa κατετρύφων durch ἀπέλαυον ersetzt wird, so macht dies den Text kaum kürzer, aber er wird durch das gebräuchlichere Verb leichter verständlich. Ebenso ist θεὸς γὰρ οὐκ ἀναγκάζει nicht wesentlich kürzer als οὐκ ἄνωθέν τις ἀναγκαστικὴ δύναμις, aber schneller erfassbar. Der Wortgebrauch wird vereinfacht, wenn z. B. (im zweiten Text) παρατραπέντες ἐξ εὐσεβείας an der Stelle von καταλιπόντες τὴν πατρῴαν πίστιν[24] gebraucht wird oder wenn ἐν ὁμονοίᾳ steht, wo bei Gregor von den ὁμοφρονοῦσι καὶ ὁμογνωμοῦσι[25] die Rede ist.

Nicht immer wird Prokop beim Kürzen dem Gehalt der Vorlage ganz gerecht: Die Psychologie der Wahrnehmung, die in Gregors ἀναισθήτως εἶχον τῆς χάριτος steckt, wird z. B. von Prokop auf das Resultat reduziert: τῆς χάριτος οὐκ ἠσθάνοντο. Kürzer ist es freilich, und er vermeidet die eher literarische Konstruktion von Verb + Adverb mit einem zusammenfassenden Verb.

b. Der Vorgang der Nachrecherche

Ich habe an Beispielen aus der *Vita Moysis* des Gregor von Nyssa gezeigt, wie stark Prokop seine Fragmente bearbeitet. In seinen Paraphrasen entfernt er sich zwar vom originalen Wortlaut, kann aber große Teile der Schrift Gregors präsentieren. Dies ist auch Prokops Art, mit Schriften des Kyrill von Alexandrien umzugehen: Prokop bietet große Teile dieser Werke, dafür aber in starker Paraphrasierung und Zusammenfassung. Daneben haben diese Werke Einfluss auf die Struktur. Auf diesen Einfluss kommt es mir an, wenn ich jetzt auf die langen Textpassagen bei Prokop zu sprechen komme, die auf Kyrills Schrift *De adoratione* zurückgehen.

Dafür sollte man sich die Überlieferungsverhältnisse zwischen Urkatene, Katene und Prokop in Erinnerung rufen: Prokop und die Katene schöpften ihr Material zum großen Teil aus der Urkatene. Unter den Fragmenten der Urkatene trafen sie nicht dieselbe Auswahl, doch ungefähr der Hälfte der Textmenge beider Werke beruht auf

---

[24] Gregorius Nyssenus, *De vita Moysis* II 13,6-7, ed. SIMONETTI, p. 68.
[25] Gregorius Nyssenus, *De vita Moysis* II 18,3, ed. SIMONETTI, p. 70.

Exzerpten, die man für die Urkatene postulieren muss; in jedem Werk gibt es eine Anzahl anderer Fragmente, die man für die Urkatene voraussetzen kann, die aber jeweils nur für dieses Werk ausgewählt wurden. Die von beiden ausgewählten Fragmente stimmen aber in ihrem Wortlaut nicht überall überein, sondern es wurden, unabhängig voneinander, Bearbeitungen in der Art vorgenommen, wie sie oben am Beispiel Gregors von Nyssa dargelegt wurden.[26] Zusätzlich erweiterten beide ihr Material, wiederum unabhängig voneinander, um weitere Exzerpte; um diese Erweiterungen soll es im Folgenden gehen. Die Katene hat erweitert, indem sie neue Werke heranzog.[27] Bei Prokop kann ich keine neuen Werke benennen;[28] seine Erweiterung entstand dadurch, dass er sich einige der Werke erneut vornahm, die schon der Kompilator der Urkatene exzerpiert hatte.

[26] Auf die Übereinstimmung der gemeinsamen Quelle beziehen sich in den Quellenapparaten meiner Editionen die Verweise auf „CatGen" [d. h. übereinstimmend mit *Catena in Genesim*, ed. F. PETIT, Leuven, 1991-1996 (*TEG*, 1-4)] oder „CatEx" [d. h. übereinstimmend mit *Catena in Exodum*, ed. PETIT], aber nur im Sinne eines Hinweises auf die Entsprechung, nicht in dem Sinne, dass die erhaltene Katene Prokops Quelle wäre oder er denselben Text böte wie die Katene (vgl. METZLER in: Procopius, *In Exodum*, ed., p. CLXV). Manchmal ist der Wortlaut bei beiden identisch, aufgrund der starken Bearbeitung Prokops und der geringeren der Katene handelt es sich jedoch um eine überschaubare Anzahl.

[27] Für die Genesiskatene rechnet G. DORIVAL, "Origène dans la chaîne sur la Genèse", *Adamantius*, 23 (2017), p. 21-31, hier p. 23, mit einer Quelle mit hexaplarischen Lesarten und einer anderen mit Fragmenten von Severus von Antiochien, die beide Prokop nicht zugänglich waren. Mit hexaplarischen Lesarten sind die gemeint, die ausschließlich im Wortlaut, nicht innerhalb ganzer Sätze mitgeteilt werden; Petit bezeichnet sie im Textteil als „Gloses biblique" und führt sie im Register unter „Hexaples" auf. Vermutlich gilt bei beiden biblischen Büchern, Genesis und Exodus, dass die Katene Text ergänzt hat, der sich noch nicht in der Urkatene fand. Auch Prokop überliefert hexaplarische Lesarten, aber als Teil der benutzten Quellen; vgl. die entsprechenden Register: Procopius, *In Genesim*, ed., p. 481-482, und Procopius, *In Exodum*, ed., p. 306.

[28] Möglicherweise gab es Werke, die Prokop exzerpiert hat, zu denen aber weder der Kompilator der Urkatene noch der der Exoduskatene Zugang hatten; doch lassen sie sich nicht benennen. Das liegt daran, dass ein so großer Teil der Fragmente nicht identifiziert ist; sie lassen sich mit modernen Mitteln (in erster Linie dem *TLG*, vgl. Anm. 15) nicht auf eine Quellschrift zurückführen, weil sie uns nicht in direkter Überlieferung vorliegen. Unter ihnen mögen solche Quellschriften sein, auf die allein Prokop stieß.

Ein solches Werk ist Kyrills *De adoratione*, aus dem eine Fülle ausführlicher Ausschnitte aufgenommen wurde, sowohl in der Katene als auch bei Prokop.[29] Darüber hinaus hat Prokop jedoch noch weitere, wesentlich längere Fragmente, die keine Entsprechung in der Katene haben und vermutlich nicht in der Urkatene standen.

Diesen Vorgang habe ich einmal „Nachlese" genannt; inzwischen möchte ich lieber von „Nachrecherche" sprechen. Zur Veranschaulichung: Wenn ich mir, solange ich am Genesiskommentar arbeitete, Prokop bei seiner Arbeit vorstellte, so sah ich ihn an seinem Manuskript neben dem aufgeschlagenen Kodex der Urkatene sitzen und ab und zu zum Regal gehen und ein Originalwerk herbeiholen, aus dem er ergänzte, was dort zwischen zwei Textstücken der Urkatene stand. Der neu übernommene Text wurde ebenso bearbeitet wie die Übernahmen aus der Urkatene, also paraphrasiert und zusammengefasst, übrigens auch erweitert. Inzwischen stelle ich mir vor, dass Prokop zeitweise diese Originalschrift nahe an sein Manuskript heranzog und hauptsächlich nach ihr arbeitete, die Urkatene aber zur Seite schob und nur hin und wieder einen Blick auf sie warf, um von dort Exzerpte aus anderen Autoren zu ergänzen.

Nur diese Vorstellung, wie naiv sie auch sein mag, klärt einige Probleme im Exoduskommentar, die die Reihenfolge der Auslegungen aufwirft. Normalerweise erwartet man von einem exegetischen Werk, dass die Bibelverse (im Großen und Ganzen) in der Reihenfolge besprochen werden, in der sie im jeweiligen biblischen Buch stehen. Prokop legt jedoch die Verse des Exodus in dieser Reihenfolge aus:

Ausgelegte Exodus-Stelle	Kommentierung Prokops
Kap. 1–25	Procopius, *In Exodum*, ed., p. 1-195
Kap. 27,1-8	Procopius, *In Exodum*, ed., p. 196-197
Kap. 30,1-10	Procopius, *In Exodum*, ed., p. 197-201
Kap. 30,18-21	Procopius, *In Exodum*, ed., p. 201-203
Kap. 26	Procopius, *In Exodum*, ed., p. 203-208

---

[29] Cyrillus Alexandrinus, *De adoratione et cultu in spiritu et veritate*, PG 68, col. 133-1125 (= ed. J. AUBERT, 1638). Zum Werk vgl. METZLER in: Procopius, *In Exodum*, ed., p. XCV. – Die umfangreiche Übernahme steht im Gegensatz zur Genesisauslegung, in die nur 22 Fragmente übernommen wurden, vgl. B. VILLANI in: *Kyrill von Alexandrien, De adoratione et cultu in spiritu et veritate. Buch 1. Einführung, kritischer Text, Übersetzung und Anmerkungen*, ed. B. VILLANI, Berlin – Boston, MA, 2021 (*TU*, 190), p. 96.

Kap. 27,9-20	Procopius, *In Exodum*, ed., p. 208-211
Kap. 28–29	Procopius, *In Exodum*, ed., p. 211-224
Kap. 30,12-16	Procopius, *In Exodum*, ed., p. 224-225
Kap. 30,23-38	Procopius, *In Exodum*, ed., p. 225-230
Kap. 31–34	Procopius, *In Exodum*, ed., p. 230-264
Kap. 40	Procopius, *In Exodum*, ed., p. 264-265

Ein Bruch in der Abfolge ist insbesondere, dass nach einer Folge der Auslegungen bis Kapitel 30 die Auslegung von Kapitel 26 bis 40 neu aufgerollt wird, mit Passagen, die eigentlich zwischen den vorhergehenden Ausführungen ihren Platz hätten finden müssen, z. B. zu Kapitel 27 oder 30. Diese gestörte Reihenfolge erklärt sich zu einem guten Teil durch die Reihenfolge, in der die Exodusverse im Werk *De adoratione* besprochen werden:

Ausgelegte Exodus-Stelle	Von Prokop bei Cyr., *ador.* benutzte Vorlage
Kap. 1–24	Cyr., *ador.* II-X (*PG* 68, col. 232B5-704C2)
Kap. 25	
Kap. 27,1-8	**Cyr., *ador.* IX (*PG* 68, col. 593D13-644D6)**, ein einzelnes Fragment ist außerdem nach Cyr., *ador.* X (*PG* 68, col. 677A11-B1) bearbeitet
Kap. 30,1-10	
Kap. 30,18-21	
Kap. 26,1-37	
Kap. 27,9-20	
Kap. 28–29	Cyr., *ador.* XI (*PG* 68, col. 725C5-765B5)
Kap. 30,12-16	Cyr., *ador.* IV (*PG* 68, col. 344B11-345C2)
Kap. 30,23-38	Cyr., *ador.* IX (*PG* 68, col. 645B11-648C12), eingeschoben ist ein Fragment nach Cyr., *ador.* X (*PG* 68, col. 689D2-692B10)
Kap. 31–34	–
Kap. 40	Cyr., *ador.* X (*PG* 68, col. 692C13-693A14)

In dieser Tabelle wird der irreguläre Aufbau von Prokops Kommentar den Stellen aus Kyrills *De adoratione* gegenübergestellt, die jeweils herangezogen werden; alle anderen Quellen werden übergangen. Wenn bei Kyrill zusammenhängende Passagen angegeben sind, so bedeutet das, dass Prokop im Ganzen der Abfolge in Kyrills Text folgt; kleinere Vertauschungen werden dabei übergangen, ebenso Sprünge nach vorn.

146 KARIN METZLER

Zu Ex 31–34 sind alle Fragmente anderen Quellen entnommen; dazu unten.

Während die linke Spalte stark durcheinandergeraten ist, zeigt die rechte Spalte eine viel klarere Folge, obwohl auch sie nicht völlig stringent ist. Die Folge der Bibelverse in Kyrills Buch IX wurde beherrschend, als Prokop sich Kap. 25 zuwandte; die Folge bei Kyrill brachte bei Prokop die biblische Folge durcheinander. Für den Rest des Kommentars trägt Prokop offenbar Stücke aus Buch XI, IV, IX und X zusammen.

Dass in Kyrills Werk die Reihenfolge der Bibelverse nicht eingehalten wird, liegt übrigens daran, dass es kein Kommentar ist, sondern im Kern eine moralische Paränese;[30] das stellt die Protheoria klar heraus.[31] Kyrill zieht dazu die Exegese von Passagen aus den biblischen Büchern Genesis, Exodus usw. heran, die er über weite Strecken minutiös in der biblischen Reihenfolge bespricht, aber nicht überall.[32] Der Kompilator der Urkatene stellte sich auf diese Struktur ein und verteilte die Exzerpte auf die besprochenen Bibelverse. Prokop übernahm die Fragmente nur zum Teil aus der Urkatene und exzerpierte über Strecken hin neu; diesen Vorgang nenne ich Nachrecherche.

Wichtig ist in unserem Zusammenhang der Blick auf die Struktur des Werkes. Wir sehen, dass sich Prokop von seiner Vorlage, der Urkatene, löst, um sich stärker an Originalwerke zu binden. Während in der Urkatene vergleichsweise punktuell und nahe am Originalwortlaut präsentiert worden war, gibt Prokop den Gedankengang in viel größeren Bögen wieder, greift aber in den Wortlaut viel stärker ein (wie gesagt, die Eingriffe in Kyrills Wortlaut sind nicht geringer als die Eingriffe in den Wortlaut Gregors von Nyssa). Diesen Befund könnte man als paradox bezeichnen.

---

[30] Die Zielsetzung ist „moralische Ermahnung und Anleitung zu einem gottgemäßen Leben", so VILLANI, in: *Kyrill von Alexandrien, De adoratione* (s. Anm. 29), p. 25.

[31] Kyrill von Alexandrien, *De adoratione*, ed. VILLANI (s. Anm. 29), p. 132; darin das Stichwort ἠθικὴ ὑφήγησις. – M. R. CRAWFORD, "The Preface and Subject Matter of Cyril of Alexandria's *De Adoratione*", *JThS*, 64 (2013), p. 154-167, hier p. 164-165, arbeitet in der Auseinandersetzung mit älterer Literatur heraus, dass Kyrill in diesem Werk viel stärker auf die Paränese ausgerichtet ist als auf die christlich-jüdische Auseinandersetzung, in der man vorher die Hauptintention des Werkes sah; insbesondere scheint es auf das eremitische Mönchtum abzuzielen.

[32] Vgl. VILLANI in: *Kyrill von Alexandrien, De adoratione* (s. Anm. 29), p. 29.

PROKOP UND SEINE QUELLEN FÜR DEN *EXODUSKOMMENTAR* 147

c. Eigenständige Ergänzung

Der Vorgang der Nachrecherche führte speziell zur Erweiterung der Fragmente einer Schrift Didymus' des Blinden, die uns sonst unbekannt geblieben ist.

In der Tabelle, die Prokops Verwertung von Kyrills Schrift darlegte, war eine Lücke angeben: Zwischen den Kapiteln 30 und 40, also für neun Kapitel des Buches Exodus, fand Prokop in der Schrift *De adoratione* gar nichts, und nicht viel in den Quellen, die er bisher sonst genutzt hatte.[33] Da griff er zu einer Quelle, aus der auch der Kompilator der Urkatene geschöpft hatte, aber in viel geringerem Maße: In der Katene finden sich elf Fragmente unter dem Namen Didymus' des Blinden;[34] in einem Aufsatz, dessen Drucklegung noch aussteht, weise ich ihm bei Prokop 36 Fragmente zu, die zum Teil erheblich länger sind.[35] Sie stammen aus einem Werk des Didymus, das sonst unbekannt ist.[36]

[33] Für einen Gutteil der Fragmente zu Kapitel 31–34 (Procopius, *In Exodum*, ed., p. 230-264) lässt sich die Quelle nicht identifizieren. Zu Kapitel 32 (p. 231-237) fanden sich Fragmente aus Kyrills *Glaphyra in Pentateuchum* und Gregors *De vita Moysis* und einige aus der Schrift Severians *De paenitentia et compunctione*. Zu den Kapiteln 33–34 (p. 237-254; 258-262) wechseln die im Folgenden vorgestellten Didymus-Fragmente mit Fragmenten nicht identifizierter Autoren ab. In diese Folge wird ein Block von Fragmenten Gregors zu Ex 33,19–34,5 eingefügt (p. 254-258), am Ende von Kapitel 34 folgen noch einmal Gregor von Nyssa und Kyrill (p. 262-264). Kapitel 35–39 bleiben unkommentiert. Kapitel 40 wird mit wenigen Fragmenten besprochen.

[34] Folgende Katenenfragmente werden in mindestens einer Handschrift Didymus zugeschrieben: CatEx 732 [d. h. *Catena in Exodum*, fragm. 732, ed. PETIT] (Didymus fragm. 23), CatEx 1003 (fragm. 5), 1006 (fragm. 2 und 4), 1010 (fragm. 13), 1013 (fragm. 21), 1020 (Anfang, fragm. 24), 1022 (fragm. 35), 1023 (fragm. 33). Von den Katenenfragmenten schreibe ich ohne ein handschriftliches Zeugnis 1002bis (fragm. 7) und 1007 (fragm. 9) zu. Die restlichen 25 Fragmente sind nur bei Prokop überliefert.

[35] Die Fragmente werden in folgendem Aufsatz ausführlich vorgestellt: K. METZLER, "The Commentary on Exodus of Procopius of Gaza as a Source of New Fragments of Didymus the Blind", in *The Systematization of Knowledge in Late Antiquity. Catenae, Florilegiae and Related Collections*, ed. H. AMIRAV, E. FIORI, C. MARKSCHIES, Leuven (Late Antique History and Religion), in Vorbereitung. Vor der Veröffentlichung des Aufsatzes können die Fragmente in Edition und Übersetzung studiert werden und sind im Autorenregister zu finden (Procopius, *In Exodum*, ed., p. 339-340 und Procopius, *In Exodum*, tr., p. 350-351); ihre Zählung entspricht sich in allen Veröffentlichungen.

[36] Vgl. zum Werk: METZLER in: Procopius, *In Exodum*, ed., p. XCVI-XCVII, speziell Anm. 233. Dass es nicht mehr als ein Werk war, das hier herangezogen wurde, ist

148 KARIN METZLER

Weshalb ich diese Fragmente Didymus zuschreibe, lege ich im Einzelnen im Aufsatz dar. Hier nur so viel: Dem Nachweis dienen zuerst und vor allem die Parallelen zum anerkannten Werk. Eine Parallele liegt bereits vor, wenn die Aussagen einander dem Sinn nach entsprechen. Die Ähnlichkeit reicht aber oft noch weiter: Die Begrifflichkeit hat starke Entsprechungen zu Werken, die unbestritten Didymus zugeschrieben werden; es gibt typische Wörter und idiomatische Wendungen. An verschiedenen Stellen benutzt er dieselben Verse und Verskombinationen für den gleichen Zusammenhang. Dies ist ein Phänomen, das bei verschiedenen Kirchenvätern zu beobachten ist, bei Didymus aber in besonderem Maße. Ein besonderes Indiz liegt vor, wenn eine abweichende biblische Lesart auch in anderen Schriften des Didymus auftaucht.

Ich möchte die ersten Fragmente vorstellen, die bei Prokop unmittelbar aufeinander folgen. Bezugspunkt sind die Tafeln mit den Zehn Geboten, die an der Stelle der von Mose zerbrochenen Tafeln neu geschaffen werden, diesmal von der Hand des Mose beschriftet, nicht von der Hand Gottes selbst. Dem geht eine neuerliche Gottesbegegnung voraus, die in den Augen des Didymus Neues und Grundlegendes über die Offenbarungsweise Gottes aussagt, beginnend mit dem Vers Ex 33,11: „Und der Herr sprach zu Mose von Angesicht zu Angesicht".[37]

[fragm. 1:] Λαλεῖν λέγεται θεὸς οἷς ἀποκαλύπτει τὸ βούλημα· καὶ Παῦλος γὰρ οὐ δι' αἰσθήσεως ἤκουε παρὰ *τοῦ ἐν αὐτῷ λαλοῦντος Χριστοῦ* (vgl. II. Cor 13,3)· καὶ Δαυίδ· *ἀκούσομαι*, λέγων, *τί λαλήσει ἐν ἐμοὶ κύριος ὁ θεός* (Ps 84,9)· ἡ γὰρ „ἐν" πρόθεσις τὴν ἐν τῇ διανοίᾳ παρίστησιν ἀκοήν. καὶ Ἀμβακούμ φησιν· *ἀποσκοπεύσω, τί λαλήσει κύριος ἐν ἐμοί* (Hab 2,1).

aus der inneren Stringenz der Fragmente evident. Dass die Vorlage das Werk des Didymus nicht vollständig enthielt, ergibt sich aus dem Vergleich des Genesiskommentar des Didymus mit der Genesiskatene und Prokops Genesiskommentar: Didymus' Kommentar wird von Prokop bis zum Anfang von Gen 17 in großem Umfang und gleichmäßig verteilt ausgeschrieben, in ziemlich genau dem Umfang, in dem er auch auf dem Papyrus des Arsenioklosters in Tura erhalten ist (vgl. METZLER in: Procopius, *In Genesim*, ed., p. CII-CIII); ich schließe daraus, dass von diesem Werk weder in Tura noch in (vermutlich) Caesarea mehr erhalten war, da das Vorhandene ohne alle Vorbehalte benutzt wurde. Daher nehme ich auch an, dass Prokop bei seiner Nachrecherche über Ex 34 hinaus bis zum Ende des Buches Exodus weiterexzerpiert hätte, wenn die Vorlage vorhanden gewesen wäre.

[37] Bibelzitat bei Procopius, *In Exodum*, ed., p. 237: Καὶ ἐλάλησεν κύριος πρὸς Μωϋσῆν ἐνώπιος ἐνωπίῳ.

PROKOP UND SEINE QUELLEN FÜR DEN *EXODUSKOMMENTAR* 149

[fragm. 2, Entsprechung zu: *Catena in Exodum*, fragm. 1006a, ed. Petit:] τοῦτο δηλοῖ καὶ τό· „ἐνώπιος ἐνωπίῳ“· παρόντι γὰρ παρῆν αἰσθητὸν
οὐκ ἔχων πρόσωπον ὁ θεός, ἀλλὰ θεοπτίας ἡ ἀκοὴ καὶ ὁ λόγος, [fragm. 3:]
ὥστε μάτην ζητοῦσι, ποίᾳ διαλέκτῳ τοῖς ἁγίοις ἐλάλησεν ὁ θεός.[38]

Das Problem ist also, inwiefern gesagt werden kann, dass Gott „sprach“
und „von Angesicht“ zu sehen war. Nach Didymus kann das nur hei-
ßen, dass Mose Gottes „Sprechen“ in seiner διάνοια wahrnimmt, nicht
durch die Sinne. Mose wird Gottes Willen offenbart; Gott ist anwesend,
obwohl sein Angesicht nicht mit Sinnen wahrnehmbar ist.

Zur Zuschreibung: Die Autorschaft des Didymus ist nur für das
mittlere Fragment durch das Zeugnis einer Katenenhandschrift gesichert, Fragment 1 und 3 schreibe ich Didymus zu. Was gewinnt Prokop
mit ihnen? Fragment 3 spricht den Aspekt an, in welcher Sprache Gott
mit Menschen redet; dieser Hinweis eröffnet eine neue Perspektive,
man braucht Fragment 3 aber nicht, um Fragment 2 zu verstehen.
Gravierender ist es, wenn man, wie in der Katene, auf Fragment 1 ver-
zichten muss. In ihr wird nur Folgendes mitgeteilt:

Τουτέστι παρὸν (παρὼν Petit) παρόντι κατὰ πρόσωπον, οὐ σωματικῶς,
ἀλλὰ θεοπτίας γενομένης τοῦ λαλοῦντος πρὸς τὸν ἀκούοντα.[39]

In der Katene fehlt also die grundlegende Fragestellung: Wie ist überhaupt ein Sprechen Gottes zum Menschen denkbar? Prokops ergänztes
Exzerpt gibt dem Gedankengang des Didymus Raum, statt dass nur
einzelne Ausschnitte präsentiert werden. Auch hier kann man sehen,
wie sich Prokops Werk von der Struktur der Katene abwendet: Ihm
kommt es darauf an, den exegetischen Gedanken einer Quelle auszu-

---

[38] Procopius, *In Exodum*, ed., p. 237-238. – Übersetzung nach Procopius, *In Exodum*, tr., p. 242-243: [fragm. 1:] Man sagt, dass Gott mit denen spricht, denen er
seinen Willen offenbart; denn auch Paulus hörte nicht aufgrund seiner Wahrnehmung, wie „Christus in“ ihm „sprach (vgl. II. Cor 13,3)“; auch David, wenn er sagte:
„Ich werde hören, was mir Gott, der Herr, in mir sagen wird (Ps 84,9)“; denn die
Präposition „in“ stellt das Hören im Denken vor Augen. Auch Habakuk sagt: „Ich
werde auf das sehen, was der Herr in mir sagen wird (Hab 2,1)“. [fragm. 2:] Dies stellt
auch der Ausdruck „von Angesicht zu Angesicht“ klar; denn dem Anwesenden war
Gott anwesend, obwohl er kein mit Sinnen wahrnehmbares Antlitz hat, sondern das
Hören und die Rede gehörten zu einer Gottesschau, [fragm. 3:] so dass man vergeb-
lich forscht, in welcher Sprache Gott mit den Heiligen redete.
[39] *Catena in Exodum*, fragm. 1006a, ed. Petit, p. 288. Der Rest des Katenenfrag-
ments wird von Prokop später aufgenommen.

150 KARIN METZLER

leuchten, nicht durch einzelne Exzerpte den Spot auf einzelne Bibelverse zu richten.

Dies sind die ersten Fragmente zur Auslegung von Ex 33,11–34,1. In
den folgenden beschäftigt sich Didymus nicht nur mit der Frage, wie
Gott zu einem Menschen „spricht", sondern auch, wie der Mensch Gott
„sehen" kann – dies wird anlässlich des Verses Ex 33,22 erörtert: „Wenn
aber meine Herrlichkeit vorbeigeht, werde ich dich in eine Spalte des
Felsens stellen und dich mit meiner Hand bedecken".[40] Folgenden län-
geren Passus überliefert die Katene nicht:

[fragm. 29:] Προϋπάρχουσα γὰρ τῶν γενητῶν ἡ τοῦ θεοῦ „δόξα" ταῦτα
„παρέρχεται" κατὰ τό· δόξασόν με τῇ δόξῃ, ᾗ εἶχον παρὰ σοὶ πρὸ τοῦ τὸν
κόσμον εἶναι (Ioh 17,5). „ὀπὴ" δὲ „τῆς πέτρας", ὅτι μὴ οἷόν τε τὸ πλήρωμα
ὑπάρξαι Χριστοῦ (vgl. Eph 4,13) τοῖς ἔτι τῇδε διάγουσιν, ἀλλ' ἐξ αὐτοῦ
λαμβάνουσιν (ἐκ τοῦ γὰρ πληρώματος αὐτοῦ ἡμεῖς πάντες ἐλάβομεν [Ioh
1,16]) ἐκ μέρους γινώσκοντες καὶ προφητεύοντες (vgl. I. Cor 13,9)· ὅθεν
ἀγαπητὸν κἂν „ἐν ὀπῇ" γενέσθαι „τῆς πέτρας" τοῖς μὴ πᾶσαν ἐκπεριελθεῖν
δυναμένοις· θεὸς δὲ μόνος ὁ τιθεὶς „ἐν ὀπῇ τῆς πέτρας" τὸν ἄξιον, ὃς καὶ
τοὺς φωστῆρας ἔθετο ἐν τῷ στερεώματι (vgl. Gen 1,14) τοῦ οὐρανοῦ καὶ τὸν
Ἀδὰμ ἐν τῷ παραδείσῳ (vgl. Gen 2,8.15) ἐπὶ τῷ θείως γεωργεῖν. „ἐν ὀπῇ" δὲ
τίθησι „τῆς πέτρας" ἐπὶ τῷ τὰ „μετὰ θεὸν" ἰδεῖν· ταῦτα γὰρ μυστικῶς „τὰ
ὀπίσθια" (Ex 33,23 [Lesart])· „πέτρας" δὲ τῆς μονογενοῦς (vgl. I. Cor 10,4;
Ioh 1,14) (πολλαὶ γὰρ ψευδώνυμοι, ὁποῖος ἕκαστος τῶν λεγόντων· ἐγώ εἰμι ὁ
χριστός [Mt 24,5]). ψεκταὶ γοῦν πληθυντικῶς ἐν τρίτῃ (gegenüber Druck
korrigiert) τῶν Βασιλειῶν ὀνομάζονται πέτραι· στὰς γὰρ Ἡλίας ἐν τῷ ὄρει
εἶδε πνεῦμα μέγα κραταιὸν διαλῦον ὄρη καὶ συντρίβον πέτρας (vgl. I. Reg
19,11)· θεῖον γὰρ πνεῦμα συντρίβει πᾶν ὕψωμα ἐπαιρόμενον κατὰ τῆς
γνώσεως τοῦ θεοῦ (II. Cor 10,5)· ἀπολεῖ γὰρ τὴν σοφίαν τῶν ψευδωνύμων
σοφῶν καὶ τὴν σύνεσιν τῶν συνετῶν ἀθετήσει (vgl. I. Cor 1,19; 2,6)· καὶ
Ναοὺμ δέ φησιν ὁ θυμὸς αὐτοῦ τήκει ἀρχάς (Nah 1,6) (δηλαδὴ τὰς πρὸς ἃς
ἡ πάλη τοῖς ἁγίοις ἐστί [Eph 6,12]), καὶ πέτραι διεθρύβησαν ὑπ' αὐτοῦ (Nah
1,6), ἀπατηλοὶ σοφισταί, μιμητικαὶ πρὸς ἀπάτην τῆς μονογενοῦς πέτρας
(vgl. Ioh 1,14; I. Cor 10,4) ὑπάρχουσαι, καὶ δοκοῦσιν ἔχειν „ὀπάς", ἐν αἷς
ὁ ὑπερόπτης εὑρίσκεται διάβολος, πρὸς ὃν ἡ προφητεία· ἡ ὑπερηφανία τῆς
καρδίας σου ἐπῆρέ σε κατασκηνοῦντα ἐν ταῖς ὀπαῖς τῶν πετρῶν (Ob 3).
διανοίξεις δέ εἰσι βάθος δῆθεν ἐχόντων θεωρίας (vgl. Rm 11,33)· χρεία τοίνυν θεοῦ τοῦ δεικνύντος τὴν σοφίαν τὴν ἑαυτοῦ ἀπολλύντος (gegenüber

---

[40] Bibelzitat bei Procopius, In Exodum, ed., p. 252: Ἡνίκα δ' ἂν παρέλθῃ ἡ δόξα
μου, στήσω σε ἐν τῇ ὀπῇ τῆς πέτρας καὶ σκεπάσω σε τῇ χειρί μου. Übersetzung nach
Procopius, In Exodum, tr., p. 256.

PROKOP UND SEINE QUELLEN FÜR DEN *EXODUSKOMMENTAR* 151

Druck korrigiert) τε τὰς σοφίας τοῦ αἰῶνος τούτου (I. Cor 1,19), ἃς οὐ λαλεῖ Παῦλος ὁ μέγας, ἀλλὰ θεοῦ σοφίαν τὴν ἀποκεκρυμμένην ἐν μυστηρίῳ (vgl. I. Cor 2,7)· ᾗπερ ἐγγίζοντες οἱ τῶν ἄλλων πετρῶν κραταιοὶ ἡττῶνται καταπινόμενοι (vgl. Ps 140,6 [Lesart]) κατὰ τό· κατεπόθησαν ἐχόμενα πέτρας οἱ κραταιοὶ αὐτῶν, ὡς αἱ ῥάβδοι τῶν Αἰγύπτου σοφιστῶν ὑπὸ ῥάβδου τῆς Ἀαρών (vgl. Ex 7,12), τοῦ σκήπτρου τῆς ἀληθείας· ἐν ᾗ καθάπερ ἐν „πέτρᾳ" θεὶς ὁ θεὸς τὸν μυούμενον „σκέπει" τῇ δραστικῇ καὶ ποιητικῇ τῶν ὅλων δυνάμει, ὡς ἂν ἀβλαβὴς διαμένοι μηδενὸς ἁρπάζειν δυναμένου (vgl. Ioh 10,28s.) τὸν „σκεπόμενον" ὑπ' αὐτῆς. ἡ δὲ „χεὶρ" ἐπικείσεται τῷ θεολόγῳ, „ἕως ἂν παρέλθῃ" ὁ ὑπάρχων πρὸ τῶν αἰώνων, οὐ τοπικῶς, ὢν δὲ τῇ νοήσει πρὸ πάντων ἀναφαινόμενος, μεθ' ἣν „ἀφαιρεθεῖσαν χεῖρα" ὁρᾷ θεοῦ „τὰ ὀπίσθια" (Ex 33,23 [Lesart]) τὸ „πρόσωπον" ἰδεῖν οὐ δυνάμενος· θεοῦ γὰρ ὕπαρξιν ἰδεῖν προαιώνιον οὖσαν μὴ δυνηθεὶς ἐκ μεγέθους καὶ καλλονῆς κτισμάτων ἀναλόγως τὸν δημιουργὸν αὐτῶν θεωρεῖ (vgl. Sap 13,5 [Lesart])· τὰ γὰρ ἀόρατα αὐτοῦ ἀπὸ κτίσεως κόσμου τοῖς ποιήμασι νοούμενα καθορᾶται (Rm 1,20). τοιοῦτον καὶ τό· ἐπάρατε τοὺς ὀφθαλμοὺς ὑμῶν καὶ ἴδετε· τίς κατέδειξε ταῦτα πάντα· ὁ ἐκφέρων κατὰ ἀριθμὸν τὸν κόσμον αὐτῶν πάντας ἐπ' ὀνόματι καλέσει (Ies 40,26)· καὶ τεχνίτας γὰρ οὐκ ἰδόντες διὰ τῶν ἔργων ἐγνώκαμεν. εἰ δὲ ταῦτα πρὸς Μωϋσέα ὁ τοῦ θεοῦ ἐστι λέγων υἱός, „πρόσωπον" αὐτοῦ νοητέον τὴν τῆς θεότητος ὕπαρξιν, καθ' ἣν ἐστιν ἐν μορφῇ τοῦ θεοῦ (vgl. Phil 2,6), „ὀπίσω" δὲ τὰ κατὰ τὴν οἰκονομίαν.[41]

---

[41] Procopius, *In Exodum*, ed., p. 252-254. Übersetzung nach Procopius, *In Exodum*, tr., p. 257-259: [fragm. 29:] Da die „Herrlichkeit" Gottes vor den Kreaturen existiert, „geht" sie an diesen „vorbei", gemäß dem Wort: „Verherrliche mich mit der Herrlichkeit, die ich bei dir hatte, bevor es die Welt gab (Ioh 17,5)". „Eine Spalte des Felsens" (sc. heißt es), weil die „Fülle Christi (vgl. Eph 4,13)" nicht für diejenigen da sein kann, die noch hier weilen, doch sie „empfangen von" ihr („aus seiner Fülle empfangen wir" ja alle [Ioh 1,16]"), indem sie „stückweise erkennen und prophezeien (vgl. I. Cor 13,9)"; daher ist es denen, die nicht den ganzen Weg durchmessen können, lieb, auch nur „in eine Spalte des Felsens" zu kommen. – Derjenige, der den Würdigen „in eine Spalte des Felsens" setzte, ist allein Gott, der auch die Leuchten an das Himmelsfirmament (vgl. Gen 1,14) und Adam „ins Paradies setzte", um dort in göttlicher Weise das Land zu bestellen (vgl. Gen 2,8.15). „In eine Spalte des Felsens" aber setzt er ihn, damit er das sieht, was „hinter Gott" ist; dies bedeutet nämlich in übertragenem Sinn „die Rückseite (Ex 33,23 [Lesart])", und des „Felsens" bedeutet „des" einziggeborenen (sc. Felsens) (denn zahlreich sind die fälschlich so genannten, wie jeder, der sagt: „Ich bin der Christus [Mt 24,5]"). Tadelnd werden mithin im Dritten Buch der Königtümer „Felsen" im Plural genannt; denn als Elija auf dem Berg stand, sah er „einen großen, starken Wind, der Berge zerstörte und Fel-

152 KARIN METZLER

Die „Herrlichkeit" Gottes ist nach Didymus Christus, und sie muss „vorbeigehen", da der Mensch auf Erden der „Fülle Christi" (Eph 4,13) nicht gewachsen ist; daher kann er nur in der „Spalte des Felsens" den Herrn schauen, und nur den Rücken; in die Spalte setzt Gott auch nur

sen zerrieb (vgl. I. Reg 19,11)"; denn ein göttlicher Wind zerreibt „jede Erhöhung, die sich gegen die Erkenntnis Gottes erhebt (II. Cor 10,5)"; denn „er wird die Weisheit der" fälschlich so genannten „Weisen zerstören und den Verstand der Verständigen zunichtemachen (vgl. I. Cor 1,19);" und Nahum sagt: „Sein Zorn bringt Herrschaften zum Schmelzen (Nah 1,6)" (natürlich die, gegen die für die Heiligen das „Ringen" geht [vgl. Eph 6,12]), „und Felsen werden von ihm zerschmettert (noch Nah 1,6)", (sc. das heißt) trügerische Sophisten, Nachahmer des „einziggeborenen Felsens (vgl. I. Cor 10,4 und Ioh 1,14 u. ö.)", um zu betrügen, und sie scheinen „Spalten" zu haben, in denen sich ihr Aufseher, der Teufel, findet, auf den sich die Prophezeiung bezieht: „Der Hochmut deines Herzens erhebt dich, der du in den Spalten der Felsen wohnst (Ob 1,3)". Sie [d. h. die wahren „Spalten"] sind aber mithin Öffnungen derer, die eine Tiefe der Schau besitzen; es bedarf also Gottes, der seine eigene Weisheit zeigt und „die Weisheiten dieses Weltalters zunichte macht (vgl. I. Cor 1,19; 2,6)"; der große Paulus „redet" nicht von ihnen, sondern von „der Weisheit Gottes, die im Geheimnis verborgen liegt (I. Cor 2,7)"; wenn die „Starken der" anderen „Felsen" sich ihr nähern, „werden sie verschlungen" und besiegt, gemäß dem Wort: „Ihre Starken werden verschlungen, die sich am Felsen festhalten (vgl. Ps 140,6)", so wie die Stäbe der Weisen Ägyptens vom Stab Aarons (sc. verschlungen wurden) (vgl. Ex 7,12), dem Szepter der Wahrheit. In diese [d. h. die Wahrheit], gleichsam in einen „Felsen", setzt Gott den, der eingeweiht wird, und „beschirmt" ihn mit (sc. der „Hand",) der tätigen und schaffenden Macht des Alls, auf dass er unbeschadet bleibe, weil niemand den rauben kann, der von ihr „beschirmt wird". Die „Hand" aber wird auf dem Künder Gottes [d. h. auf Mose] liegen, „bis der vorbeigegangen ist", der vor den Weltaltern existierte, und zwar nicht in örtlichem Sinn (sc. „vorbeigegangen ist"), sondern indem er dem Denken vor allem (sc. anderen) erscheint; nachdem diese „Hand weggenommen" ist, sieht er [d. h. Mose] „die Rückseite" (Ex 33,23 [Lesart]) Gottes, da er nicht imstande ist, das „Angesicht" zu sehen; denn da er nicht fähig war, die Existenz Gottes zu sehen, die vor aller Ewigkeit bestand, „erschaut er aus der Größe und Schönheit der Geschöpfe in Entsprechung ihren Schöpfer (vgl. Sap 13,5 [Lesart])"; „denn das Unsichtbare von ihm wird seit der Erschaffung der Welt an den Geschöpfen mit der Vernunft wahrgenommen (Rm 1,20)". Von dieser Art ist auch der Vers: „Erhebt eure Augen und seht: Wer erschuf dies alles? Er, der ihre Welt nach der Zahl hervorbringt, wird alle beim Namen rufen (Ies 40,26)"; wir haben ja auch Künstler, die wir nicht gesehen hatten, an ihren Werken erkannt. Wenn es der Sohn Gottes ist, der dies zu Mose sagt, ist sein „Angesicht" als sein Sein in der Gottheit zu begreifen, der gemäß er „in der Gestalt Gottes (vgl. Phil 2,6)" ist, die „Rückseite" aber als das, was dem Heilsplan entspricht.

die, die dessen wert sind. Denen, die nach I. Cor 1,19 eine falsche Weisheit vertreten, werden Strafen angedroht; über die wahrhaft Weisen hingegen hält Gott seine schützende Hand. Insbesondere die Felsspalte ist Didymus wichtig: Den Felsen setzt er mit Christus gleich und spricht deshalb auch vom „eingeborenen Felsen" (obwohl er das Wort im Plural nur mit pejorativem Sinn kennt). Auch „Spalten" gibt es im guten und im schlechten Sinn, hier im eminent guten. Man erkennt gut die (selbst im Vergleich zu anderen Kirchenvätern ungewöhnlich) dichte Argumentation des Didymus mit Bibelzitaten. Prokop gibt also dem Gedankengang und Duktus der Kommentierung des Didymus großen Raum – man erhält den Eindruck, dass Prokop hier, anders als bei anderen Autoren, dem Wortlaut der Quelle in ungewöhnlich hohem Maße folgt.

Dieses Fragment ist überdies interessant für die Quellenbestimmung, da der Gedanke von der Felsspalte bereits an prominenter Stelle in Prokops Genesiskommentar vorkam; dieses Fragment wurde bereits von Richard A. Layton[42] Didymus zugeschrieben, was in der Edition des Genesiskommentars übersehen wurde und nachzutragen ist:[43]

> Ἡ τοίνυν Γένεσις Μωϋσέως ἐστὶ γραφὴ ἀνδρὸς ἑωρακότος θεόν, ὡς δυνατὸν ὑπῆρχεν ἰδεῖν, ᾧ στόμα πρὸς (vgl. Num 12,8) στόμα λελάληκεν ὁ θεός, ἐν εἴδει καὶ οὐ δι' αἰνιγμάτων. πλείονα δὲ γνῶσιν ἐπισπάσθαι βουλόμενος καὶ γνωστῶς ἰδεῖν (vgl. Ex 33,13) τὸν θεὸν οὐ διήμαρτε τῆς αἰτήσεως ὑπὸ τὴν ὀπὴν τῆς πέτρας κρυβείς (vgl. Ex 33,22) („ὀπὴ" δὲ „πέτρας" ἡ διὰ τοῦ σαρκωθέντος δι' ἡμᾶς υἱοῦ γνῶσίς ἐστι τοῦ πατρός), καὶ τὰ μετὰ θεὸν εἶδεν (vgl. Ex 33,23), ἅπερ ἐστὶν ὀπίσθια (Ex 33,23 [Lesart]), ἐξ ὧν ἀναλόγως ὁ δημιουργὸς αὐτῶν θεωρεῖται (vgl. Sap 13,5), ἅπερ ὡς εἰκὸς πλέον τῶν ἄλλων κατείληφεν.[44]

---

[42] R. A. Layton, "Moses the Pedagogue. Procopius, Philo, and Didymus on the Pedagogy of the Creation Account", in *Jewish and Christian Cosmogony in Late Antiquity*, ed. L. Jenott, S. K. Gribetz, Tübingen, 2013 (Texts and Studies in Ancient Judaism, 155), p. 167-192, hier p. 182-191.

[43] Bisher wurde das betreffende Fragment als nicht identifiziert eingeordnet und eine Zuschreibung an Origenes erwogen: Procopius, *In Genesim*, ed., p. 2. Auf Laytons Identifizierung wurde bereits hingewiesen: Metzler in: Procopius, *In Exodum*, ed., p. cxvii-cxix; Procopius, *In Exodum*, tr., p. 257 Anm. 1955.

[44] Procopius, *In Genesim*, ed., p. 2 (mit ergänzten Stellenangaben); Übersetzung nach: Procopius, *In Genesim*, tr., p. 2: Die Genesis des Mose ist nun die Schrift eines Mannes, der Gott gesehen hat, soweit es möglich war, ihn zu sehen, zu dem er „von Angesicht zu Angesicht" (vgl. Num 12,8) gesprochen hat, in sichtbarer Gestalt und nicht in Rätseln. Als er größere Erkenntnis an sich ziehen und Gott erkennbar se-

KARIN METZLER

Das neue Exodus-Fragment bekräftigt die Zuschreibung Laytons, der sich auf zwei andere Parallelen bei Didymus stützte. Die beiden Kommentare Prokops legen dar, dass die Sicht Moses auf den Rücken Gottes aus der Felsspalte heraus die einem Menschen einzig mögliche Gottesschau ist, die Mose nur durch sein Herausragen über andere Menschen möglich ist; in beiden Kommentaren wird dafür Sap 13,5 herangezogen. Allerdings fand sich der Gedanke vermutlich in verschiedenen Schriften, wie es für Didymus typisch ist; daher kann man nicht folgern, dass Prokop in der Einleitung des Genesiskommentars in der Schrift zum Buch Exodus nachgeschlagen habe.

Festhalten lässt sich für die Arbeitsweise des Prokop, dass er die Gedankenwelt des Didymus ausführlich zur Geltung bringt, das heißt, dass er auch den Fragen des Didymus breiten Raum gibt: Wie vollzieht sich der Aufstieg des Menschen, den Gott einer Erscheinung gewürdigt hat, bis zur Vollendung? Was bedeutet das Gespräch mit Gott für einen Menschen in seinem Verhältnis zu anderen Menschen? Wie sieht der Zielpunkt der Vollkommenheit aus? Welche Aussagen kann die Theologie über Gott machen? Welche Erkenntnis über Christus ist dem Menschen möglich? Wie stellt sich das Verhältnis des Christen zu Gott im Gegensatz zum Judentum dar?

Auch dies ist also ein Beispiel dafür, dass Prokop die Exzerpte in eine andere Gattung überführt. Diese andere Gattung ist in meinen Augen die des Kommentars.

3. Weitere Aspekte

Zum Thema der Quellen Prokops für den Exoduskommentar kann man im weiteren Horizont weitere Aspekte in den Blick nehmen; sie sollen hier nur skizziert werden.

a. Gattungsfrage

Von großer Wichtigkeit erscheint es mir, Prokops Werke zum Heptateuch als Kommentare zu bezeichnen, ein Gesichtspunkt, den ich

---

hen (vgl. Ex 33,13) wollte, verfehlte er seine Bitte nicht, als er sich in der Felsenhöhle verbarg (vgl. Ex 33,22) („Felsenhöhle" ist aber die Erkenntnis des Vaters mithilfe des Sohnes [vgl. I. Cor 10,4], der unseretwegen Fleisch geworden ist), und er sah den Bereich hinter Gott, das heißt die Rückseite (vgl. Ex 33,23 [Lesart]), aus der „in Entsprechung ihr Schöpfer erkannt wird (vgl. Sap 13,5)", den er natürlich in höherem Maß als die anderen erfasst hatte.

andernorts besprochen habe; dort sind die Merkmale angeführt, die für diese Bezeichnung sprechen, insbesondere das Proömium, die Verschleierung der Quellen, der Anspruch der Einheitlichkeit (des „einzigen Leibs").[45] Ich habe mich dort auch mit den Einwänden von Reinhart Ceulemans gegen sie auseinandergesetzt und dargelegt, warum ich wiederum den Begriff „Epitome" nicht für die geeignete Gattungsbezeichnung halte (in erster Linie, weil Prokop diese Bezeichnung auch für seine Hohelied-Katene benutzt, die den Gattungsmerkmalen der Katene entspricht).[46] An dieser Stelle genügt es mir, wenn die Beispiele für Prokops Umgang mit seinen Quellen vor Augen geführt haben, dass sein Werk ein ganz anderes Profil zeigt als die Katene, mit der es entstehungsgeschichtlich doch so eng verbunden ist.

b. Verfasserfrage

Analysiert man Prokops Arbeitsweise, so gewinnt sein Profil als Autor stärkere Kontur. Dies geschah hier zunächst unter der Voraussetzung, dass es sich um ein Werk des Rhetors Prokop von Gaza handelt. Lange ist die Identität des Verfassers mit dem berühmten Rhetor und Rhetoriklehrer, von dem biographische Details und genuin rhetorische Werke bekannt sind, nicht bezweifelt worden; damit war auch eine Datierung gegeben.[47] Die Ergebnisse zur Arbeitsweise sind vereinbar mit der Autorschaft eines Rhetors, wenn man bestimmte Voraussetzungen über Stilniveaus akzeptiert, von denen noch die Rede sein wird.

Dieses Bild ist neu zu durchdenken, wenn man Datierung oder Identität infragestellt. Georgios Makris hat die Datierung des Werks in Zweifel gezogen und es mitsamt der ganzen Gattung Katene auf etwa

---

[45] METZLER in: Procopius, *In Genesim*, ed., p. XVI-XIX; METZLER in: Procopius, *In Exodum*, ed., p. XXIV.

[46] METZLER in: Procopius, *In Exodum*, ed., p. XXIV-XXVI. – Auch DORIVAL, "Origène dans la chaîne" (s. Anm. 27), p. 22 plädiert für eine Unterscheidung der Gattungen Katene, Epitome und Kommentar; Epitome und Kommentar unterscheiden sich für ihn dadurch, dass der Kommentar einen Verfasser hat, die Epitome hingegen anonym die Fragmente verschiedener Autoren enthält. Auch dieser Position gegenüber halte ich die Bezeichnung Epitome für ungeeignet; mir scheint, dass man den Unterschied zwischen einem Kommentar, der tatsächlich von einem Verfasser stammt, und einem, der diesen Anschein zu erwecken sucht, vernachlässigen kann.

[47] Vgl. METZLER in: Procopius, *In Exodum*, ed., p. XVII-XX.

900 datiert und in Konstantinopel lokalisiert,[48] eine These, die mich nicht überzeugt hat.[49]

Dimitrios Zaganas[50] stellt in diesem Band die Identität des Verfassers Prokop „des christlichen Sophisten" mit dem Rhetor und Rhetoriklehrers Prokop von Gaza infrage und plädiert für eine bloße Namensgleichheit; er weist darauf hin, dass in den überlieferten Titeln zu verschiedenen Werken nur von Προκοπίου χριστιανοῦ σοφιστοῦ gesprochen und eine Herkunft aus Gaza nicht erwähnt wird, ebenso im Zeugnis des Photius in seiner „Bibliothek". Diesen vom Rhetor geschiedenen „christlichen Sophisten" datiert Zaganas in die zweite Hälfte des 6. Jahrhunderts oder später.

Auf dem jetzigen Stand der Diskussion kann ich nur konstatieren, dass die These sich mit meinen bisherigen Erkenntnissen zum Heptateuchkommentar im Großen und Ganzen vereinbaren lässt. Der entscheidende Vorteil der These: Sie löst das Problem, wie man Prokops Ausarbeitung der exegetischen Werke in den sonst bekannten Daten seiner Vita unterbringen soll, insbesondere, da alles darauf hinweist, dass das Werk in der Bibliothek von Caesarea Maritima ausgearbeitet wurde.[51] Bisher hatte man einige Mühe zu erklären, wie der Redner Prokop das mit seinen Pflichten als Leiter der Rhetorenschule in Gaza vereinbarte.[52]

Es gibt kleinere Einschränkungen, die aber die These eines anderen Autors mit demselben Namen nicht widerlegen. Die etwas komplizierte Überlieferungslage lässt es nicht zu, die Autorenangabe in allen unabhängigen Handschriften zu vergleichen; aber in keiner Handschrift

---

[48] E. Goeke-Mayr, G. Makris, "Dating the Codex *Patmiacus* 171. Iconoclastic Remarks on the Byzantine Illuminated Manuscripts of the *Book of Job* and on the Supposed Origins of the Catenas in the 6th Century", in *Griechisch-byzantinische Handschriftenforschung. Traditionen, Entwicklungen, neue Wege*, hg. C. Brockmann, D. Deckers, D. Harlfinger, S. Valente, Berlin – Boston, MA, 2020, p. 437-459 (Text) und 840-845 (Tafeln), hier p. 457-458: „Despite the total absence of external evidence, biblical catenas are up to now considered to be an invention of the 6th century. We have seen that they were invented around 900 in Constantinople".

[49] Metzler in: Procopius, *In Genesim*, tr., p. xxxi-xxxiii.

[50] D. Zaganas, "Procope compilateur d'exégèses et Procope sophiste de Gaza : un seul et même auteur ?", in diesem Band, p. 17-48.

[51] S. Metzler in: Procopius, *In Genesim*, ed., p. xxv-xxvii.

[52] Vgl. Metzler in: Procopius, *In Exodum*, ed., p. xvvii-xx.

PROKOP UND SEINE QUELLEN FÜR DEN *EXODUSKOMMENTAR*   157

wird Gaza genannt.[53] Ein Zeugnis für den verlorenen Anfang der
Handschrift K = Codex Athoniensis, Kutlumusiu 10 (3079 Lampros)
(Ende 11. bis erste Hälfte 13. Jahrhundert) legt jedoch nahe, dass die
Identifizierung des Autors mit dem Redner aus Gaza bereits in der frü-
hen Überlieferung vollzogen wurde.[54]

Belastbar aber bleibt das frühere Zeugnis des Photius: Im 9.
Jahrhundert las Photius ein Werk zu historischen Büchern des Alten
Testaments, das er mit dem Titel Προκοπίου σοφιστοῦ ἐξηγητικαὶ
σχολαὶ εἴς τε τὴν Ὀκτάτευχον τῶν παλαιῶν γραμμάτων καὶ εἰς τὰς
Βασιλείας καὶ δὴ καὶ τὰ Παραλειπόμενα bezeichnete.[55] Photius ver-

[53] Nur drei der unabhängigen Handschriften überliefern den Beginn des Werks
(Abc; nicht die akephalen Handschriften Ka), sie geben den Verfasser im Titel
zum Genesiskommentar an: Ἀρχὴ σὺν θεῷ τῆς εἰς τὴν Γένεσιν τῶν ἐκλογῶν ἐπιτομῆς
Προκοπίου Χριστιανοῦ σοφιστοῦ, eine Handschrift mit einem unleserlichen Zusatz,
s. Procopius, *In Genesim*, ed., p. 1, textkritischer Apparat zu „Titel,2". – Der sekun-
där ergänzte Pinax der Handschrift K führt προκοπίου χριστιανοῦ ἑρμηνία εἰς τὴν
παλαιὰν auf (s. Procopius, *In Genesim*, ed., p. 1, textkritischer Apparat zu „Titel,1-3");
der in A *in margine* ergänzte, aber auf dem Pergament beschnittene Pinax des Ioannes Chortasmenos bewahrt vom Verfasser nur ein π.

[54] Der Mönch und Klostergründer Pachomios Rhusanos schrieb im 16. Jahrhun-
dert auf dem Berg Athos kurze Ausschnitte aus der Handschrift K ab, die im *Codex
Venetus, Biblioteca Marciana gr.* II 105 (Mioni; coll. 563; Nanianus 127) (16. Jahrhundert) erhalten sind, vgl. R. Ceulemans, "A Post-Byzantine Reader of Prokopios of Gaza: Pachomios Rousanos in MS Venice, Marc. gr. II. 105 (Diktyon 70267)",
Byzantine Review, 2 (2020) No1, zugänglich über: https://www.uni-muenster.de/
Ejournals/index.php/byzrev/article/view/2751, zuletzt aufgesucht am 7. April 2022.
Zu diesem Zeitpunkt war die heute akephale Handschrift offenbar noch vollständig. Rhusanos gab den Titel mit ἐκ τῆς εἰς τὴν ὀκτάτευχον ἐπιτομῆς τῶν ἐκλογῶν
προκοπίου σοφιστου (*sic*) τοῦ γαζαίου: γενέσεως: wieder (fol. 35r, 1-2 im *Codex Venetus*),
vgl. Metzler in: Procopius, *In Exodum*, ed., p. cxxii-cxxv. Daraus ist zu schlie-
ßen, dass als Verfasser der Kommentare zu der Zeit, als die Handschrift K entstand,
der Rhetor aus Gaza angesehen wurde.

[55] Photius Constantinopolitanus, *Bibliothecae codices*, cod. 206, ed. R. Henry,
vol. 3, Paris, 1962 (Collection byzantine), p. 104. Der Titel ist von Photius offenbar
modifiziert worden, vgl. Metzler in: Procopius, *In Genesim*, ed., p. xxxiii. – Als
Photius das Werk las, war es also bereits mit den genuin nicht zugehörigen Kommen-
tierungen zu den Königs und Chronikbüchern zusammengewachsen; vgl. Metzler in: Procopius, *In Genesim*, ed., p. xxxii-xxxiii; R. Ceulemans, "The Transmission, Sources and Reception of Procopius' Exegesis of Genesis. Observations
in the Wake of the New Edition", *Vigiliae Christianae,* 71 (2017), p. 205-224, hier

KARIN METZLER

bindet seinen Namen also nicht mit dem Ortsnamen Gaza; allerdings spricht er nur von einem σοφιστής Prokop, nicht speziell einem christlichen Sophisten.[56]

Die These, dass der Verfasser nur im Namen mit dem Rhetor übereinstimmte, mit ihm nach Herkunft und Stellung aber nicht identisch war, sollte man daher ernstlich in Betracht ziehen. Dann wird man die bisherigen Überlegungen zu den Entstehungsbedingungen[57] überdenken müssen, etwa, in welchem Milieu der neue Prokop zu verorten ist. Woher kommt das Selbstbewusstsein, mit dem er seine radikale Kritik an der Gattung Katene vorbringt? Waren es seine Auftraggeber, die Prokops Kritik an der Gattung Katene ermutigten, weil sie dem großen „Unternehmen Katene" kritisch gegenüberstanden?

c. Gesichtspunkt der Sprachniveaus

Die Identität des Autors der Bibelkommentare mit dem berühmten Rhetor Prokop von Gaza ist also nicht gesichert. Bei der Beurteilung dieser Frage wird man außer nach externen Zeugnissen auch nach werkimmanenten Hinweisen suchen. Man könnte vermuten, dass sich etwa vom sprachlich-stilistischen Niveau her ein Indiz gewinnen lässt; doch sehe ich kein Indiz, das eine Autorschaft des Prokop von Gaza ausschließt.

Den Anlass, danach zu fragen, könnten gerade die oben angestellten Überlegungen über Prokops Bearbeitung des Textes von Gregor von Nyssa geben, bei der es sich zum guten Teil um stilistische Vereinfachungen handelt, die manchmal auch eine gedankliche Vereinfachung mit sich bringen. Bei einem Rhetoriklehrer und offiziellen Redner der Stadt Gaza wird man das nicht erwarten. Gerade Gregor ist ein Autor, bei dem einem Rhetor das Herz aufgehen müsste. Er deutet das Leben des Mose als Inbild der christlichen Lebensführung und gibt seiner Auslegung einen hochliterarischen Ausdruck;

p. 214-215; K. Metzler in: Procopius, *In Exodum*, ed., p. xxix. Das Zeugnis des Photius bezeugt mithin ein fortgeschrittenes Stadium der Überlieferung; aber das ist kein Argument gegen eine Verfasserangabe in ursprünglicher Form.

[56] D. Zaganas, "L'*Épitomé sur Isaïe* de Procope : l'œuvre et son auteur", in diesem Band, p. 249-268, hier p. 252-253.

[57] Vgl. das hypothetische Szenario von Metzler in: Procopius, *In Genesim*, tr., p. xxxiii-xxxv. Insbesondere erwäge ich, dass er als Auftragswerk entstand, das zur Dedikation an eine große Bibliothek in Konstantinopel dienen sollte. Diese Annahme wäre bei einem anderen Autor nicht ausgeschlossen.

seine Anforderung an das sprachliche Auffassungsvermögen seines Publikums ist kaum geringer als sein Anspruch an christliche Lebensführung.

Falls hier der Rhetor Prokop von Gaza am Werk ist, so liegt die Vereinfachung sicher nicht an seinem sprachlichen Unvermögen. Was er als Rhetor vermag, kann man an seinen kürzlich neu edierten Reden ersehen,[58] z. B. an der Rede, die er im Auftrag der Stadt Gaza auf Kaiser Anastasios I. gehalten hat.[59] Hier glänzt er mit sprachlichem Prunk; er verfasst sie in einer weitaus diffizileren Phraseologie und zeigt eine Vorliebe für dunkle Umschreibungen, die vom Zuhörer fordern, mitzudenken und Anspielungen zu verstehen; seine umfassende Bildung wird vorausgesetzt. Doch der Rhetor hat ein Publikum, das dieses Spiel zu goutieren weiß (selbst dann, wenn es die Anspielungen nicht verstehen sollte).

Während die genuin rhetorischen Werke einen äußerst elaborierten Stil pflegen, findet man in unseren Bibelkommentaren etwas, das man als gepflegte Prosa bezeichnen könnte, ein sprachliches Niveau, das man etwa einem gut ausgebildeten Theologen zutrauen kann. Ich kann aber in dem stilistischen Gegensatz kein Argument gegen die Echtheit der exegetischen Werke als Werke des Rhetors Prokop sehen. Ein Kommentar, speziell ein christlicher Kommentar, ist kein rhetorisches Werk, sondern ein Stück Fachliteratur und damit ein Gebrauchstext. Prokops gepflegte Prosa verlangt dem Benutzer noch genug ab, aber sie verzichtet auf das Spiel mit künstlichen Verdunkelungen. Prokop von Gaza (wenn er der Verfasser ist) zieht in verschiedenen Gattungen verschiedene sprachliche Register, wie es vor ihm und nach ihm üblich war.

Wenn z. B. Prokops Lehrer Choricius eine Preisrede auf den Bischof Marcianus hält,[60] so vermeidet er weitgehend christliche Termino-

---

[58] Procopius Gazaeus, *Declamationes*, ed. E. AMATO, G. VENTRELLA, Paris, 2014.

[59] Procopius Gazaeus, *Panegyricus in Anastasium imperatorem*, ed. E. AMATO, G. VENTRELLA, Paris, 2014, p. 235-330.

[60] Choricius Gazaeus, *Opera*, ed. R. FOERSTER, E. RICHTSTEIG, Stuttgart, 1972 (Bibliotheca Teubneriana), p. 1-26. Für die Ausführungen wurden benutzt: F. K. LITSAS, *Choricius of Gaza. An Approach to His Work. Introduction, Translation and Commentary*, PhD diss., Chicago, IL, 1980. D. WESTBERG, *Celebrating with Words. Studies in the Rhetorical Works of the Gaza School*, PhD diss., Uppsala, 2010.

160   KARIN METZLER

logie,[61] weil sie in einem Enkomion keinen Platz hat. Auch später haben byzantinische Autoren in verschiedenen Gattungen verschiedene sprachliche Register gezogen; z. B. ist Theodoros Prodromos ein Vertreter der hochsprachlichen Literatur *par excellence*; er hält enkomiastische Reden, gerichtet an Angehörige der höchsten Gesellschaftsschicht;[62] die zelebriert er mit allem Gepränge und feinster sprachlicher Ziselierung. Daneben verfasst er jedoch, offenbar als literarisches Experiment, Satiren in der Volkssprache, z. B. die Klage eines Mönchs, der von seinen Oberen gezwungen wird, in weltlichen Geschäften in Konstantinopel herumzurasen, und sich nicht seiner mönchischen Buße weihen darf.[63] Eine Aufteilung in zwei Autoren, Theodoros Prodromos und Ptochoprodromos, wird nur von einer Minderheit in der Byzantinistik vertreten.[64] Dafür, dass es einem byzantinischen Autor gegeben ist, nebeneinander spezialisierte theologische Kommentare und Abhandlungen wie auch Reden von höchst ausgefeilter höfischer Rhetorik zu verfassen, ist Eustathios von Thessalonike das eindrucksvollste Beispiel.[65]

[61] Das erste Enkomion auf Marcianus gebraucht beispielsweise ἱερεύς (z. B. Choricius Gazaeus, *Opera* I 8, ed. FOERSTER, RICHTSTEIG [n. 60], p. 4) und ὁ τὴν ἱερωσύνην λαχών (z. B. I 22, p. 8) für den Priester, τέμενος (z. B. I 42, p. 13), ἱερόν (z. B. I 11, p. 5) und νεώς (z. B. I 42, p. 13) für eine Kirche, εὐσέβεια für Frömmigkeit (z. B. I 7, p. 4), τὸ θεῖον für christliche Lehre (z. B. I 8, p. 4), τὰ συγγράμματα für die Bibel (z. B. I 7, p. 4), θεοφιλεῖς (z. B. I 10, p. 5) und οἱ ὁσίως βεβιωκότες (z. B. I 10, p. 5) für gläubige Christen. Spezifisch christlich sind nur Ausdrücke wie Σωτήρ und Παρθένος (z. B. I 31, p. 10).

[62] Theodoros Prodromos, *Historische Gedichte*, ed. W. HÖRANDNER, Wien, 1974 (Wiener Byzantinistische Studien, 11).

[63] Theodoros Prodromos, *Ptochoprodromica* IV, ed. H. EIDENEIER, *Ptochoprodromos. Einführung, kritische Ausgabe, deutsche Übersetzung, Glossar*, Köln, 1991 (Neograeca medii aevi, 5), p. 139-152.

[64] EIDENEIER, in: *Ptochoprodromos* (s. Anm. 63), p. 31-34.

[65] Vgl. Eustathius Thessalonicensis, *Exegesis in canonem iambicum pentecostalem*, ed. P. CESARETTI, S. RONCHEY, Berlin – München – Boston, MA, 2014 (Supplementa Byzantina, 10). – Eustathius Thessalonicensis, *De emendanda vita monachica*, ed. K. METZLER, Berlin – New York, 2006 (*CFHB*, 45 ser. Ber.). – Eustathius Thessalonicensis, *Opera minora, magnam partem inedita*, ed. P. WIRTH, Berlin – New York, 2000 (*CFHB*, 32 ser. Ber.). Zum rhetorischen Stil vgl. K. METZLER in: Eustathios von Thessalonike, *Kaiserreden*. Eingeleitet von G. KARLA, tr. K. METZLER, Stuttgart, 2016 (Bibliothek der griechischen Literatur, 81), p. IX-X,

So ließe sich auch von Prokop, wenn man bei der Identität des Rhetors und des Exegeten bleiben will, sagen: Es gehört es sich für einen hochsprachlichen Autor schlichtweg nicht, seine Sprachkunst in einer Schrift einer Gattung zu entfalten, die nicht zum Kanon von „Literatur" gehört; genauso wenig würde ein spätantiker Rhetor seine rhetorischen Künste in einer Schrift zur Vermittlung fachlichen Wissens entfalten. Damit ist natürlich nicht bewiesen, dass der Verfasser der exegetischen Werke der Redner von Gaza war, aber das sprachlich-stilistische Niveau lässt sich in dieser Frage nicht als Argument einsetzen.

4. Resümee

Prokop legte im Proömium zum Gesamtwerk seines Heptateuchkommentars, das dem Genesiskommentar vorangestellt ist, eine grundlegende Kritik an der Gattung Katene dar, obwohl er selbst auf weite Strecken von einer Katene abhängig ist (der „Urkatene") und für andere biblische Bücher Katenen verfasst hat. Mit diesem Proömium beansprucht er eine Autorität des Urteils, die gut zu der überlieferten Autorschaft des namhaften Rhetors Prokop von Gaza stimmt, der eine Rhetorenschule leitete und offizielle Reden für seine Vaterstadt Gaza hielt (im Hintergrund mag auch die Autorität der Auftraggeber dieses Werks stehen). Die Frage jedoch, ob der Verfasser der exegetischen Werke mit dem Redner von Gaza identisch ist, ist jüngst aufgeworfen worden und noch nicht entschieden.

Prokops Kritik (um welchen Prokop es sich auch immer handelt) richtet sich gegen die große Länge und den Mangel an Struktur der Gattung Katene. Tatsächlich hat er viel an der Struktur geändert, aber im Gegensatz zu seinen Vorsätzen selbst ein riesiges Werk vorgelegt, das an Länge die Katene sogar übertreffen dürfte. Wie man an Quellen sehen kann, die uns auch direkt überliefert sind, hat er die einzelnen Fragmente stark bearbeitet, insbesondere radikal gekürzt, dafür aber bei bestimmten Quellwerken eine Nachrecherche durchgeführt, die den Gedankengang weiter Teile nachzeichnen, die keinen Niederschlag in der Katene fanden. Prokop, der so stark in die Textgestalt der Vorlage eingreift, stellt sich doch viel stärker in den Dienst bestimmter

---

und K. METZLER, *Eustathios von Thessalonike und das Mönchtum. Untersuchungen und Kommentar zur Schrift „De emendanda vita monachica"*, Berlin – New York, 2006 (Supplementa Byzantina, 9), p. 95-161.

Vorlagen, weil er ihren Gedankengang vollständiger wiedergibt, als die Katene es tut. Er löst sich auch materiell von seiner Hauptquelle, der Urkatene, und bindet sich so stark an bestimmte Originalschriften, dass er nicht mehr auf die Reihenfolge der Verse in der Bibel achtet. So entfernt er sich gleichzeitig vom Wortlaut seiner Quellen und nähert sich ihnen im Gedankengang viel stärker, als es das Schwesterwerk[66] tut. Damit negiert Prokop die implizite Behauptung der Katene, die gültige Exegese eines biblischen Buches könne durch eine Vielzahl isolierter Einzelexzerpte repräsentiert werden; stattdessen stellt er wieder die größeren Bögen eines integralen Werkes zur Exegese eines biblischen Buches her: Er kehrt zur Gattung des Kommentars zurück. Dass er die Struktur des Gesamtwerks im Auge hat, zeigt sich, wenn er ein bisher nur spärlich benutztes Werk neu exzerpiert, um Kapitel zu erläutern, die in der Katene wenig behandelt waren. Prokops Rolle entwickelt sich im Heptateuchkommentar vom Kompilator zum Autor.

Abstract
Under the name of "Procopius the Christian sophist" (whether he was identical with the orator Procopius of Gaza remains to be clarified) commentaries and catenae have been preserved. In the preface to his commentary on the Heptateuch, however, Procopius presented a fundamental criticism of the catena genre. Accordingly, he based his work on Exodus on a clearly different structure: not only are author names concealed and fragment boundaries blurred, but the individual fragments are also reworked to a great extent (e.g. Gregory of Nyssa's *De vita Moysis*). Procopius does not limit himself to taking fragments from his main source, the so-called *Urkatene*, but he reworks certain original writings and reproduces them to a much greater extent than the Catena on Exodus does (e.g. Cyril of Alexandria's *De adoratione*

---

[66] Übrigens beginnt man sich zu fragen, ob man überhaupt von „Schwesterwerken" sprechen kann: Materiell beruht Prokops Text nur zu einem Teil auf derselben Quelle, der Urkatene. Andererseits ist es nur ein kleiner Sprung im Stemma. Prokop hat für die Nachrecherche Werke herangezogen, die bereits für die Urkatene exzerpiert worden waren; mehr noch, er hat wahrscheinlich dieselben Handschriften aus dem Regal gezogen, die bereits der Kompilator der Urkatene in Händen gehalten hatte. Dass ich das behaupte, beruht auf meinen Überlegungen zu der Frage, in welcher Bibliothek denn beide gearbeitet haben. Ich halte für höchst wahrscheinlich, dass beide in derselben Bibliothek gearbeitet haben, der Bibliothek in Caesarea Maritima (s.o. Anm. 51). Die Nähe reicht mir jedenfalls dafür, weiterhin von Schwesterwerken zu sprechen.

et cultu in spiritu et veritate). This process of re-examination also leads Procopius to excerpt in detail an otherwise lost work by Didymus the Blind, which is represented in the extant catena only in a few fragments. In order to determine the profile of the commentator Procopius more precisely, one may turn one's attention to further aspects: the question of the literary genre, the identity of the author, and rhetorical-stylistic elements.

Compilateur ou exégète ?

Procope et son ouvrage sur l'*Exode*[*]

Agnès LORRAIN
(*Aix-en-Provence*)

Dans son édition monumentale de l'*Eclogarum in libros historicos Veteris Testamenti epitome* de Procope[1], Karin Metzler a examiné sur nouveaux frais la question du genre littéraire de cet ouvrage, en s'appuyant sur une connaissance renouvelée des parties portant sur la *Genèse* et sur l'*Exode* et sur une analyse minutieuse des sources. Elle considère ces textes essentiellement comme des commentaires, tandis que Reinhart Ceulemans (à propos de la *Genèse*) préfère mettre l'accent sur la notion d'épitomé[2]. Ainsi est relancé un débat alimenté par la question du titre et par le rapport aux sources aussi bien que par la comparaison avec d'autres œuvres exégétiques attribuées à Procope et, en définitive, par la personnalité quelque

---

[*] L'auteur de cette contribution est affilié au CNRS, Aix Marseille Université, TDMAM, Aix-en-Provence, France. Je voudrais remercier ici les organisateurs du colloque ainsi que tous les participants pour les riches discussions sur l'œuvre de Procope. Je suis tout particulièrement reconnaissante à Karin Metzler pour les échanges fructueux en amont et en aval de ces journées.

[1] *CPG* 7430. Cf. K. METZLER (éd.), *Prokop von Gaza, Eclogarum in libros historicos Veteris Testamenti epitome. Vol. 1 : Der Genesiskommentar*, Berlin – Boston, MA, 2015 (*GCS NF*, 22) ; EAD. (trad.), *Prokop von Gaza, Der Genesiskommentar*, Berlin – Boston, MA, 2016 (*GCS NF*, 23) ; EAD. (éd.), *Prokop von Gaza, Eclogarum in libros historicos Veteris Testamenti epitome. Vol. 2 : Der Exoduskommentar*, Berlin – Boston, MA, 2020 (*GCS NF*, 27) ; EAD. (trad.), *Prokop von Gaza, Der Exoduskommentar*, Berlin – Boston, MA, 2020 (*GCS NF*, 28). L'édition de la partie sur le *Lévitique* est en préparation. Dans les pages qui suivent, les traductions françaises sont miennes.

[2] Cf. METZLER, *Genesiskommentar* (n. 1), *GCS NF* 23, p. XVIII-XXVI ; R. CEULEMANS, « The Transmission, Sources and Reception of Procopius' Exegesis of Genesis. Observations in the Wake of the New Edition », *Vigiliae Christianae*, 71 (2017), p. 205-224, ici surtout p. 215-216 ; METZLER, *Exoduskommentar* (n. 1), *GCS NF* 27, p. XXI-XXVII. Voir aussi les références de la n. 4.

Procopius the Christian Sophist: Catenist, Compiler, Epitomist, ed. by D. Zaganas, J.-M. Auwers, J. Verheyden, IPM, 94 (Turnhout, 2024), pp. 165-188.
© BREPOLS ☙ PUBLISHERS   10.1484/M.IPM-EB.5.136513

peu énigmatique de cet auteur[3], souvent considéré comme l'inventeur des chaînes[4]. Maintenant qu'une édition scientifique est disponible – ainsi qu'une traduction allemande –, et que les éléments constitutifs de la compilation ont été en bonne partie mis au jour, il devient possible de lire commodément et d'une manière renouvelée le *Commentaire de l'Exode* tel qu'il se présente à nous, à savoir comme un commentaire continu. C'est à partir du point de vue du simple lecteur que je voudrais relever quelques caractéristiques de cette œuvre afin de contribuer à en définir la forme particulière. Ce texte offre une interprétation assez foisonnante de l'*Exode*, où explications littérales et indications sur les leçons hexaplaires sont bientôt submergées par une déclinaison de sens figurés, lisant l'histoire du peuple hébreu comme une préfiguration du Christ, et de sens tropologiques, interprétant l'expérience de Moïse et de son peuple comme des symboles de l'itinéraire de l'âme de l'esclavage du péché vers la liberté en Dieu. Cette présentation on ne peut plus condensée laisse déjà deviner, dans la lecture typologique, la place prépondérante du *De adoratione* et des *Glaphyra* de Cyrille d'Alexandrie, et, pour le sens spirituel, l'utilisation de la *Vie de Moïse* de Grégoire de Nysse. Mais tournons-nous vers le texte tel que Procope l'a composé, c'est-à-dire comme un discours unifié, au-delà de la multiplicité des sources[5]. Après en avoir rapidement décrit la forme générale,

[3] Sur l'identité du Procope à qui est attribué le présent commentaire (entre autres), voir dans le présent volume les réflexions de D. ZAGANAS, « Procope compilateur d'exégèses et Procope sophiste de Gaza : un seul et même auteur ? », p. 17-48 ; quelques points de comparaison avec différentes œuvres exégétiques étudiées dans ce volume seront signalés en note.

[4] Hypothèse soutenue par R. DEVREESSE, « Chaînes exégétiques grecques », dans *Dictionnaire de la Bible, Supplément*, t. I, Paris, 1928, col. 1084-1233, col. 1094 (« fondateur des chaînes sur l'Écriture sainte »), puis nuancée, cf. ID., *Les anciens commentateurs grecs de l'Octateuque et des Rois (fragments tirés des chaînes)*, Città del Vaticano, 1959 (*StT*, 201), p. VII. Idée reprise et corroborée par G. DORIVAL, *Les chaînes exégétiques grecques sur les Psaumes. Contribution à l'étude d'une forme littéraire*, I, Leuven, 1986 (Spicilegium Sacrum Lovaniense, 43), p. 99-115 (« père des chaînes », « inventeur des chaînes »). Avis plus réservé : METZLER, *Genesiskommentar* (n. 1), *GCS NF* 23, p. XXXI-XXXIII ; EAD., *Exoduskommentar* (n. 1), *GCS NF* 27, p. XXI. Hypothèse absolument rejetée par E. GOEKE-MAYR, G. MAKRIS, « Dating the Codex *Patmiacus* 171. Iconoclastic Remarks on the Byzantine Illuminated Manuscripts of the *Book of Job* and on the Supposed Origins of the Catenas in the 6th Century », dans *Griechisch-byzantinische Handschriftenforschung. Traditionen, Entwicklungen, neue Wege*, éd. C. BROCKMANN, D. DECKERS, D. HARLFINGER, S. VALENTE, Berlin – Boston, MA, 2020, p. 437-460, ici p. 443-447 et p. 457-459, dont les arguments sont pour une part infondés.

[5] Cf. Procope, *Com. in Gen.*, prol., *GCS NF* 22, p. 1. Le prologue évoque d'abord l'exégèse de l'Octateuque, avant d'introduire la *Genèse*.

COMPILATEUR OU EXÉGÈTE ?

on étudiera la manière dont sont conduites les explications sur des versets particuliers ou des péricopes bien définies. Cette lecture mènera à préciser le questionnement sur le genre littéraire. L'ouvrage de Procope couvre l'ensemble du livre de l'*Exode*, mais la présente contribution se limite à l'analyse de quelques passages tirés du commentaire des chapitres 1 à 18, dont on donnera des résumés schématiques[6].

1. Niveau macroscopique : un commentaire hétérogène

En ouvrant l'ouvrage de Procope, le lecteur doit renoncer à une conception rigide du commentaire, comme explication ligne à ligne d'un texte de référence, structurée par l'alternance parfaite de citations de portions du texte et d'explications.

a. Composition d'ensemble, discontinuités, hétérogénéités

Le commentaire n'est pas divisé en grands ensembles, qui pourraient correspondre aux grandes divisions du livre de l'*Exode* et les mettre en valeur. Les interprétations synthétiques comme celle des plaies d'Égypte sont trop peu systématiques pour avoir un rôle véritablement structurant[7]. Par exemple, le commentaire du rituel de la Pâque (Ex 12) commence *in medias res*. D'autre part, Karin Metzler a bien montré que Procope suivait parfois la source cyrillienne plus que l'ordre du texte biblique, ce qui conduit à quelques désordres importants dans la succession des péricopes commentées[8].

Contrairement à ce qu'on pourrait attendre d'un commentaire selon la forme scolaire, celui-ci n'est pas véritablement continu : certains versets ne sont ni expliqués, ni résumés[9]. À cette discontinuité s'ajoute une hétérogénéité entre des explications très développées portant sur un verset ou sur une péricope, et d'autre part de brèves notes sur des détails, sans aucune explication du contexte[10]. Certaines de ces notes, spécialement

---

[6] En réponse aux analyses qui suivent, K. Metzler, « Ein Wust von Exegesen? Eine zeitgenössische Kritik an der Gattung Katene », dans *Ordres et désordres dans les chaînes exégétiques grecques / Phenomena of Order and Disorder in Greek Exegetical Catenae,* éd. A. Lorrain, J.-M. Auwers, Turnhout (*IPM*), à paraître, propose une interprétation différente de certains phénomènes décrits, en s'appuyant sur un *corpus* beaucoup plus large (les commentaires de *Genèse, Exode* et *Lévitique*).

[7] Cf. Ex 7-11, Procope, *Com. in Ex.*, *GCS NF* 27, p. 47-49.

[8] Cf. Metzler, *Exoduskommentar* (n. 1), *GCS NF* 27, p. xxxv-xl.

[9] Versets non commentés dans les six premiers chapitres : Ex 1, 6. 13-19 ; 3, 16-17. 19-21 ; 4, 1. 28-30 ; 5, 4-6 ; 6, 2. 4-13. 28-30.

[10] Comparer par exemple la longueur des explications sur Ex 3, 5, Procope, *Com. in Ex.*, *GCS NF* 27, p. 20-22, avec les notes sur les versets 12 (*stricto sensu*, vu le lemme déli-

168 AGNÈS LORRAIN

des variantes hexaplaires, portant sur des versets qui sont éventuellement aussi l'objet d'une explication plus développée sont détachées à la fin de celle-ci (parfois suivies d'autres portant sur les versets suivants), comme si elles avaient d'abord été écrites en marge puis intégrées au commentaire[11]. On trouve également quelques désordres dans la stricte succession des versets[12]. Un autre type d'hétérogénéité est introduit par quelques digressions assez longues[13]. Enfin, le commentaire comporte des éléments pour ainsi dire étrangers au commentaire *stricto sensu*, puisqu'il intègre explicitement de longues explications de récits des *Nombres* complémentaires de ceux de l'*Exode*[14].

b. Petite typologie des lemmes bibliques

Observons à présent la manière dont les lemmes sont cités[15]. En ce qui concerne la présentation visuelle, l'un des deux principaux manuscrits, le *Monacensis gr.* 358[16], se présente comme une glose continue (lemmes écrits dans le même bloc de texte que les commentaires, généralement sans chan-

---

mitant p. 22, sa citation est ici une reprise de lemme et non un lemme ; voir à ce sujet la discussion plus bas), 18 et 22, p. 26.

[11] Par ex. : Ex 3, 12, Procope, *Com. in Ex.*, *GCS NF* 27, p. 26 ; Ex 16, 10. 16, p. 124. Phénomène également constaté par R. CEULEMANS, « Procopius in the *Catena Lipsiensis* on I-IV Kingdoms, and the Margins of Manuscript *Munich, BSB, gr.* 358 », dans ce volume, p. 189-227, ici p. 190.

[12] Par ex. : enchaînement des lemmes sur Ex 10 : versets 13. 16. 7. 16. 25. 22, cf. Procope, *Com. in Ex.*, *GCS NF* 27, p. 65-67. Noter que le lemme Ex 10, 16 et sa scholie sont exactement répétés, comme le signale l'apparat des sources. Voir aussi l'exemple d'Ex 8, développé ci-après.

[13] Par ex. : Ex 4, 3, Procope, *Com. in Ex.*, *GCS NF* 27, p. 28-29 ; Ex 4, 26, p. 39-40.

[14] Par ex. : Nb 11 et 20, cf. Procope, *Com. in Ex.*, *GCS NF* 27, p. 123-128.

[15] On emploiera le mot « lemme » uniquement pour désigner la citation du passage biblique à commenter (et non au sens des noms d'auteurs à qui seraient attribués les extraits, du reste totalement absents de l'œuvre considérée ici). Pour examiner la citation des lemmes, on ne se contente pas de parcourir les références scripturaires données en marge des lemmes de l'édition : celles-ci ne correspondent pas nécessairement aux mots cités en face, mais aux versets potentiellement, et pas toujours réellement, commentés jusqu'au lemme suivant. Voir à ce sujet ma recension des deux volumes sur l'*Exode* dans la *Revue d'Histoire Ecclésiastique*, 117 (2022), p. 800-806.

[16] Manuscrit A de l'édition. Diktyon 44806. Reproduction numérisée en noir et blanc sur http://daten.digitale-sammlungen.de/~db/0010/bsb00109048/images/index.html (consulté le 22 novembre 2021). Je n'ai pas eu accès au manuscrit K (*Athoniensis, Koutloumousiou* 10). Sur la tradition manuscrite, cf. METZLER, *Exoduskommentar* (n. 1), *GCS NF* 27, p. XLVIII-LXXIX.

COMPILATEUR OU EXÉGÈTE ? 169

gement de ligne ni avant ni après)[17], et la citation des lemmes est signalée par des doubles chevrons en marge (les autres citations bibliques, par des chevrons simples)[18]. L'édition, pour faciliter la lecture, détache généralement les lemmes par le retour à la ligne avant et après. À défaut de pouvoir remonter au manuscrit de l'auteur, que pouvons-nous apprendre du texte lui-même ?

En laissant de côté un cas d'absence de lemme, pour le très bref commentaire d'Ex 1, 1-5 (il s'agit donc de l'ouverture du commentaire)[19], on observe une certaine diversité dans la manière de citer les lemmes, diversité qui touche à la fois la forme et la manière de les intégrer ou non au commentaire. En ce qui concerne la forme, la brièveté est une constante, ici comme dans d'autres œuvres de Procope[20] : soit le commentaire porte sur un passage très bref, alors entièrement cité, soit le lemme est cité partiellement. Dans un petit nombre de cas, l'abrègement est explicite :

- lemmes délimitants, avec citation du début et de la fin séparés par les expressions μέχρι τοῦ[21] ou ἕως τοῦ[22] (« jusqu'à »),

- lemmes tronqués, avec citation du début suivie de l'expression καὶ (τὰ) ἑξῆς (« et la suite »)[23].

---

[17] Sur le terme « glose continue », cf. J.-H. SAUTEL, « Essai de terminologie de la mise en page des manuscrits à commentaire », *Gazette du livre médiéval* 35.1 (1999), p. 17-31, ici p. 19.

[18] Il y a en réalité deux types de doubles chevrons de forme un peu différente, les premiers (anguleux) étant associés à un alinéa sortant, contrairement aux seconds (arrondis). Une autopsie de l'original permettrait peut-être de savoir si les seconds sont ou non de première main. Les citations marquées comme lemmes dans l'édition (voir ci-dessous) semblent correspondre au premier type, voir par exemple METZLER, *Exoduskommentar* (n. 1), *GCS NF* 27, p. 20-21, à comparer avec *Monac. gr.* 358, fol. 170rv ; on n'a pas mené l'enquête systématiquement.

[19] Cas à première vue unique. Sur la possibilité d'autres cas, suivant la manière d'analyser le texte, voir la suite.

[20] Voir par exemple les contributions de K. METZLER et D. ZAGANAS dans ce volume, p. 137 et 254 respectivement.

[21] Occurrences dans toute l'œuvre (pour les lemmes signalés par l'édition) : Ex 2, 1-10, Procope, *Com. in Ex.*, *GCS NF* 27, p. 4 ; Ex 2, 23–3, 6, p. 16 ; Ex 24, 1-11, p. 183.

[22] Occurrences dans toute l'œuvre (pour les lemmes signalés par l'édition) : Ex 3, 6-15, Procope, *Com. in Ex.*, *GCS NF* 27, p. 22 ; Ex 18, 1-24, p. 134 ; Ex 29, 10-34, p. 221 ; Ex 34, 1-3, p. 259.

[23] Occurrences dans toute l'œuvre (pour les lemmes signalés par l'édition) : Ex 2, 11, Procope, *Com. in Ex.*, *GCS NF* 27, p. 8 ; Ex 15, 23, p. 115 ; Ex 17, 8, p. 129 ; Ex 20, 13, p. 155 ;

AGNÈS LORRAIN

Mais dans la plupart des cas, l'abréviation est implicite, à tel point que les mots cités ne sont pas toujours représentatifs du texte effectivement commenté : c'est à se demander si leur forme actuelle remonte à Procope lui-même. Prenons l'exemple d'Ex 4, 20 :

> Ἀναλαβὼν δὲ Μωϋσῆς τὴν γυναῖκα καὶ τὰ παιδία. Τοῖς προειρημένοις σημείοις ῥωσθεὶς καὶ πίστεως ἀρραβῶνα λαβὼν ἄπεισι πάλιν προτιμήσας τοῦ πενθεροῦ τὸν θεόν.

> *Moïse, prenant sa femme et ses enfants.* Affermi par les signes qu'on a mentionnés auparavant et prenant les arrhes de la foi, il s'en va, préférant de nouveau Dieu à son beau-père[24].

Ces premiers mots expliquent plutôt les versets 18-19 – où Moïse demande à Jéthro l'autorisation de partir et où Dieu lui ordonne de retourner en Égypte –, ainsi que la partie non citée du verset 20 – où il est dit que Moïse part pour l'Égypte. Ces lignes sont suivies de trois pages d'explication sur ce retour, sur le mystérieux projet meurtrier de l'ange et sur la circoncision du fils de Moïse par Cippora (cf. Ex 4, 20b-26). Une autre illustration est le commentaire d'Ex 9, 3 :

> Ἰδοὺ χεὶρ κυρίου ἔσται ἐν τοῖς κτήνεσί σου τοῖς ἐν τοῖς πεδίοις καὶ τὰ ἑξῆς. Πρῶτον ἐν τοῖς κτήνεσιν ἵπποι προτάσσονται οἱ ψευδεῖς εἰς σωτηρίαν· δεύτερον τὰ ὑποζύγια τὰ ἐξ ὅλων ἀκάθαρτα (οὔτε γὰρ διχηλεῖ οὔτε μαρυκᾶται)· τρίτον αἱ κάμηλοι διὰ μὲν τὴν μηρύκησιν ὡσανεὶ καθαραὶ τυγχάνουσαι, διὰ δὲ τὸ μὴ διχηλεῖν ἀκάθαρτοι· ἐξ ἡμισείας οὖν καθαρὰ τὰ τρίτα· μεθ' ἃ τῆς πληγῆς ἀμαυροτέρας γενομένης οἱ βόες τύπτονται τοῦ Φαραώ· καὶ τελευταῖον πάντων τὸ πραότατον ἐν τοῖς κτήνεσι, πρόβατον.

> *Voici que la main du Seigneur sera sur tes troupeaux dans les plaines* (Ex 9, 3a), etc. Dans les troupeaux sont classés en premier les *chevaux,* eux qui sont « mensongers pour le salut » (cf. Ps 32, 17), en deuxième les *animaux de trait,* les impurs entre tous car ils n'ont pas le sabot fendu ni ne sont ruminants (cf. Lv 11, 4.26), en troisième les *chameaux* qui, à cause de la rumination sont purs dans une certaine mesure, mais impurs du fait de ne pas avoir le sabot fendu : ces troisièmes sont donc à moitié purs. Et après eux, lorsque la plaie devient plus obscure, les *bœufs* de Pharaon sont frappés, et à la fin de tous, le plus doux de tous parmi les troupeaux, le *mouton*[25].

Ex 28, 13, p. 213. Une variante de ce type : καὶ ἑξῆς μέχρι τῆς δεκαλόγου (« et la suite, jusqu'au Décalogue »), Ex 19, 10, p. 136.

[24] Procope, *Com. in Ex., GCS NF* 27, p. 37.

[25] Procope, *Com. in Ex., GCS NF* 27, p. 62-63.

COMPILATEUR OU EXÉGÈTE ?

Ici, le lemme cité est la première partie du verset, qui n'est pas commentée, tandis que l'explication porte sur la fin du verset : « les chevaux, les animaux de trait, les chameaux, les bœufs et les brebis ». Dans ces deux exemples, le lemme cité permet de se repérer approximativement dans le texte sans indiquer exactement ce qui va être commenté.

Par ailleurs, les lemmes sont diversement reliés au texte du commentaire : tantôt détachés dans une phrase totalement séparée de l'explication qui suit et sans verbe introducteur, tantôt intégrés à la syntaxe. Le premier cas est le plus fréquent, du moins pour les lemmes présentés comme tels dans l'édition[26]. Les lemmes syntaxiquement liés au commentaire peuvent l'être de différentes manières :

- Le lemme est inséré dans la syntaxe du commentaire, par exemple un discours rapporté est introduit par une courte paraphrase du texte biblique qui le précède :

Προσελθὼν δὲ Μωϋσῆς ἀκούει· Λῦσον τὸ ὑπόδημα ἐκ τῶν ποδῶν σου.

S'approchant, Moïse entend : *Détache la sandale de tes pieds* (Ex 3, 5)[27].

- Le commentaire dépend syntaxiquement du lemme :

Λέγει δὲ κύριος· ἰδοὺ ἐγὼ τύπτω τῇ ῥάβδῳ τῇ ἐν τῇ χειρί μου, περὶ τῆς ῥάβδου τοῦ Μωϋσέως εἰπών, ἐπειδὴ τῇ τοῦ θεοῦ δυνάμει τὰ θαύματα διὰ ταύτης ἐγίνετο.

Le Seigneur dit : Voici que moi, je frappe avec le bâton dans ma main (Ex 7, 17), parlant du bâton de Moïse, puisque c'est par la puissance de Dieu que les miracles ont eu lieu au moyen de [ce bâton][28]. (Le participe εἰπών est apposé à κύριος.)

Ἀπέστειλας τὴν ὀργήν σου, τὴν κατὰ τῶν ἁμαρτανόντων τιμωρητικὴν κίνησιν καὶ τοὺς ταύτῃ διακονουμένους ἀγγέλους.

Tu envoyas ta colère (Ex 15, 17) : le mouvement de châtiment contre les pécheurs et les anges qui sont au service de ce mouvement[29]. (Les substantifs κίνησιν et ἀγγέλους sont apposés à ὀργήν.)

---

[26] Par ex. : Ex 1, 7 et Ex 1, 20, Procope, *Com. in Ex.*, GCS NF 27, p. 2.

[27] Procope, *Com. in Ex.*, GCS NF 27, p. 20.

[28] Procope, *Com. in Ex.*, GCS NF 27, p. 48. Le texte biblique est légèrement modifié (τάδε λέγει κύριος) et abrégé : le début de la parole rapportée (juste avant ἰδού) est omis.

[29] Procope, *Com. in Ex.*, GCS NF 27, p. 112.

172 AGNÈS LORRAIN

Formules typiques des gloses : τουτέστι ou ἀντὶ τοῦ[30].

La tendance générale à abréger les lemmes et à les intégrer au texte du commentaire rend difficile l'analyse de certains cas. Certes, après un lemme partiel délimitant comme celui citant les premiers mots d'Ex 24, 1 et la fin d'Ex 24, 11 séparés par μέχρι τοῦ, on peut considérer que les mots d'Ex 24, 4-5 cités plus loin sont une reprise du lemme implicite, et non un lemme au sens strict[31]. En revanche, les lemmes explicitement tronqués créent un certain flou concernant la fin du lemme implicite. Au contraire, certains lemmes ne peuvent être considérés comme tronqués, puisque le commentaire ne se comprend que s'il suit immédiatement les mots cités. Voici un exemple :

> Χυδαῖοι ἐγένοντο, τουτέστι εἰς πλῆθος ἐχύθησαν. ὅθεν Ἀκύλας· ἐχέοντό φησιν, ὁ δὲ Σύμμαχος· ἐξεῖρψαν ὡς ἐπὶ τῶν ἐκ γῆς ἀναδιδομένων. Κατασοφίσασθαι δὲ τὸ τέχνῃ περιελθεῖν.

> *Ils devinrent abondants* (Ex 1, 7), c'est-à-dire : Ils se déversèrent en foule. De là, Aquila dit : « Ils se déversaient » ; Symmaque : « Ils rampaient vers l'extérieur », comme au sujet de ce qui sort de terre. *Employer des sophismes* (Ex 1, 10), le fait de tromper par l'artifice[32].

Ici, τούτεστι n'a pas de sens s'il ne suit pas les mots cités ; sauf à imaginer que les premiers versets étaient originellement cités en bloc au tout début du commentaire (l'absence du premier lemme a été signalée plus haut), la citation suivante, κατασοφίσασθαι, doit donc être également considérée comme un lemme à part entière.

À l'inverse, après certains lemmes non explicitement abrégés, on peut décrire les choses de différentes manières, tout en se souvenant que Procope ne s'est sans doute pas embarrassé de telles distinctions. C'est le cas après la citation d'Ex 7, 17. Ce lemme est suivi d'une brève remarque qui porte bien sur les mots cités, à savoir le « bâton » de Moïse. Vient alors la question de savoir comment les magiciens d'Égypte ont pu faire la même chose, ce qui renvoie clairement à Ex 7, 22, verset non cité. Les citations qui suivent (versets 27 ; 24 ; 19 ; 22 ; 23 ; 25, etc.[33]) sont syntaxiquement intégrées au commentaire (comme l'était, on l'a dit, la citation

---

[30] Par ex. : Ex 1, 7, Procope, *Com. in Ex.*, GCS NF 27, p. 1 ; Ex 3, 18, p. 26.

[31] Cf. Procope, *Com. in Ex.*, GCS NF 27, p. 183 et p. 185.31-35.

[32] Procope, *Com. in Ex.*, GCS NF 27, p. 1.

[33] Cf. Procope, *Com. in Ex.*, GCS NF 27, respectivement p. 49.17-18, 30-31, 34-35 ; p. 50.43-44, 46-47, 55-57 (dans l'édition, ces citations sont placées entre guillemets ;

COMPILATEUR OU EXÉGÈTE ?

d'Ex 7, 17). Soit on considère que la citation d'Ex 7, 17 est un lemme tacitement abrégé (dès l'origine ou lors de la transmission du texte), et alors
les citations qui suivent sont des reprises de lemmes, soit Ex 7, 17 est un
simple lemme bref, suivi d'un commentaire du verset 22 sans lemme,
puis de nouveaux lemmes. Une observation précise du commentaire
invite néanmoins à distinguer lemmes intégrés et citations secondaires,
c'est-à-dire à l'appui du commentaire d'un autre verset (par exemple le
verset 27) : ainsi s'explique en partie l'impression de désordre du texte
biblique. Certaines citations sont elles-mêmes partiellement reprises
dans les lignes qui les suivent.

En résumé, et en admettant que la forme actuelle remonte bien à
Procope, il faut souligner que la manière de citer les lemmes n'est pas
systématique – ce qui représente un défi pour l'éditeur qui cherche à
distinguer lemmes et reprises de lemmes[34]. Les lemmes abrégés et détachés du commentaire, en mettant en exergue, quoiqu'implicitement,
de longues portions de texte, font penser à la forme attestée dans des
commentaires d'Origène, du moins dans leur version latine[35], avec
des lemmes longs détachés au début d'une longue section puis repris
par morceaux au fur et à mesure de l'explication. Au contraire, l'alternance de lemmes brefs et d'explications, parfois liés syntaxiquement,
ressemble à ce qu'on trouve chez Théodoret, chez qui les lemmes sont
assez souvent courts et parfois intégrés à la syntaxe[36]. L'absence d'une
alternance claire entre lemmes et commentaires, le fait que les lemmes

---

leur référence n'est pas indiquée, étant considérée comme contenue dans l'indication
large placée en face de la citation du lemme Ex 7, 17, p. 48).

[34] Voir la recension citée *supra*, n. 15.

[35] C'est très clair dans les traductions rufiniennes qui nous sont parvenues, en particulier Origène, *Com. in Ct.*, éd. L. BRÉSARD, H. CROUZEL, Paris, 1991 (*SC*, 375),
passim ; Id., *Com. in Rom.*, éd. C. P. HAMMOND BAMMEL, trad. L. BRÉSARD (et
M. FÉDOU), Paris, 2009, 2010, 2011, 2012 (*SC*, 532 ; 539 ; 543 ; 555), *passim*. On trouve
également des exemples de lemmes longs placés en exergue dans certaines parties conservées en grec du *Com. in Ioh.*, en particulier livres XXVIII et XXXII, éd. C. BLANC,
Paris, 1992 (*SC*, 385), *passim*, tandis que le *Com. in Matth.*, éd. R. GIROD, Paris, 1970
(*SC*, 162), *passim*, cite seulement des débuts de péricopes. Il est possible que les variations observées soient dues à la transmission des œuvres d'Origène.

[36] Voir par exemple Théodoret, *Com. in Is.*, éd. J.-N. GUINOT, Paris, 1980,
1982, 1984 (*SC*, 276, 295, 315), *passim*. Cf. aussi A. LORRAIN, *Le Commentaire de
Théodoret de Cyr sur l'Épître aux Romains. Études philologiques et historiques*, Berlin – Boston, MA, 2018 (*TU*, 179), p. 13-17.

174 AGNÈS LORRAIN

ne soient pas tous cités et la difficulté même de les identifier peut s'expliquer à la fois par une certaine souplesse de Procope à l'égard de la forme stricte du commentaire et par la dimension de compilation, qui conduit souvent à extraire les différentes sources en les dépouillant de leurs lemmes, puisque ceux-ci sont normalement cités à part. Quoi qu'il en soit, la conséquence évidente de toutes les observations qui précèdent est l'impossibilité de lire ce commentaire sans recourir à un exemplaire biblique.

2. Niveau du verset ou de la péricope : quelques principes de composition

Après avoir décrit l'aspect général de l'ouvrage, il convient d'entrer véritablement dans la lecture en observant des unités de sens. Laissant de côté les passages qui apparaissent comme des notes éparses, nous examinerons des explications développées soit sur un verset, soit sur une péricope cohérente, et nous tenterons d'en décrire la composition.

a. De la multiplicité des sources au commentaire à une voix

L'intention formulée par Procope dans son prologue est de faire parler les divers auteurs comme une voix unique[37]. Ceci est particulièrement manifeste lorsque de nombreuses sources sont amalgamées dans un texte très court. Ainsi, à propos d'Ex 12, 11, qui fait partie de la section évoquant le rite de la Pâque, Procope énumère les sens spirituels du bâton à la main avec lequel les Hébreux doivent manger la Pâque :

> Καὶ βακτηρίαι ἐν ταῖς χερσὶν ὑμῶν. Ῥάβδος ἡ μετὰ χεῖρας, καὶ τῶν θηρίων ἀμυντική, τὴν ἀντιστηρίζουσαν ἡμᾶς ἐλπίδα δηλοῖ καὶ ἀνέχουσαν εἰς ὑπομονὴν κατὰ τὸ ἐν προφήταις ἐλπίσατε ἐπὶ τῷ κυρίῳ καί· ἀντιστηρίσασθε ἐπὶ τῷ θεῷ. ᾧ καὶ τὸ κάμνον τῆς ψυχῆς ἐπερείδομεν καὶ τὸ ὑλακτοῦν ἀμυνόμεθα πρεσβυτικῶς βακτηρεύοντες· βακτηρίας δὲ ἡ μὲν ὑπερειστική, ἡ δὲ ποιμαντική τε καὶ διδασκαλικὴ τὰ λογικὰ πρόβατα ἐπιστρέφουσα. νῦν δὲ τὴν ὑπερείδουσαν ὁ νόμος διακελεύεται, μήπως ὀκλάσωμεν αἷμα θεοῦ καὶ πάθος ἀκούοντες, φάγωμεν δὲ τὸ σῶμα καὶ πίωμεν τὸ αἷμα μηδὲν ἐνδοιάζοντες ὡς ἔστι ζωὴ καὶ ζωοποιά. καὶ παιδείας ἡ ῥάβδος ἡ διδασκαλικὴ σύμβολον γίνεται· ὁ φειδόμενος γὰρ τῆς βακτηρίας αὐτοῦ μισεῖ τὸν ἑαυτοῦ υἱόν, ὁ δὲ ἀγαπῶν ἐπιμελῶς παιδεύει κατὰ τὴν παροιμίαν.

---

[37] Cf. *supra*, n. 5.

Bâtons à la main (Ex 12, 11). [1]Le bout de bois dans les mains, [2] capable aussi de repousser les fauves, [3]montre l'espérance qui nous est un appui et nous maintient dans l'endurance, selon ce qui est dit dans les prophètes, « Espérez dans le Seigneur » (Ps 4, 6) et « Appuyez-vous sur Dieu » (Is 50, 10). [4]Et sur celui-ci nous appuyons la fatigue de l'âme et repoussons les aboiements, [5]en nous appuyant comme des vieillards sur un bâton. [6]Au bâton appartient la faculté de soutenir, de faire paître et d'enseigner les brebis douées de raison en les dirigeant. Dans le cas présent, la loi donne ordre au bâton qui soutient afin que nous ne chancelions pas en entendant parler de sang et passion de Dieu, mais que nous mangions le corps et buvions le sang sans avoir le moindre doute qu'ils sont vie et dispensateurs de vie. [7]Le bout de bois enseignant devient aussi symbole d'éducation, car celui qui ménage son « bâton hait son propre fils, mais celui qui le chérit l'éduque avec soin » (Pr 13, 24), selon le proverbe[38].

On a volontairement présenté ici le texte comme un développement unique, tel que Procope l'a écrit, en intercalant, dans la traduction, non pas la référence aux auteurs cités mais de petits numéros, pour renvoyer aux œuvres énumérées juste après. En effet, si, grâce à l'édition, on regarde maintenant les sources utilisées, on constate une situation typique de scholie caténale qui serait composée d'un amalgame de sources : aux *Glaphyra* de Cyrille d'Alexandrie (1) succède la *Vie de Moïse* de Grégoire de Nysse (2), à nouveau les *Glaphyra* (3) puis la *Vie de Moïse* (4), ensuite deux extraits du *Discours* 45 de Grégoire de Nazianze (5-6), pour finir par un morceau d'Origène, *Sur la Pâque* (7)[39]. L'impression de voix unique se retrouve tout au long du commentaire, quoiqu'un tel entrelas de petits morceaux reste assez exceptionnel[40].

---

[38] Procope, *Com. in Ex.*, *GCS NF* 27, p. 94.

[39] Pour les références exactes, voir l'édition de Karin Metzler.

[40] Autre passage composé de sources diverses formant un discours cohérent : exégèse du bâton d'Aaron (Ex 4, 2-3), Procope, *Com. in Ex.*, *GCS NF* 27, surtout p. 28.30–29.58.

176 AGNÈS LORRAIN

Tableau 1 : Composition du commentaire sur les plaies d'Égypte (Ex 8)[41]

Lemmes Exode	Versets commentés	Sources	Résumé du contenu	Divisions du commentaire
8, 5	8, 5	non id.	Courage et humilité de Moïse intercédant pour l'arrêt des plaies.	Présentation des personnages : opposition Moïse/Pharaon
8, 6	8, 5-6	non id.	Générosité de Moïse/Arrogance de Pharaon à propos de l'arrêt des plaies.	
8, 11	7–9 *passim*	Origène	Trois expressions : le cœur de Pharaon devient fort (symbole de l'opposition à Dieu), lourd (attirance pour les choses terrestres), dur (arrogance envers Dieu). Au contraire, le cœur adouci par la manne se laisse pénétrer par la sagesse. Mais les Hébreux veulent la graisse d'Égypte. Comment comprendre que Dieu endurcit le cœur ? De même, le Christ devient occasion de chute. Volonté changeante de Pharaon.	Explication des éléments récurrents et de la progression du récit
8, 10	7, 21 ; 8, 10	Origène	À la puanteur de la terre répond celle du fleuve.	
(8, 2)	7, 17 ; 8, 2	Origène	Dieu frappe le fleuve puis la terre.	
	7–9 *passim*	Origène	Diverses expressions évoquant les rencontres de Moïse avec Pharaon.	
(8, 4)	8–10 *passim*	Origène	Tergiversations de Pharaon concernant l'autorisation à donner (lieu de sacrifice, personnes pouvant partir).	
(8, 8)	8–10 *passim*	Origène	Pour prier, Moïse doit s'éloigner toujours plus de Pharaon ; il prie pour ses ennemis.	
	7–10	non id. (cat.)	Bonté et pédagogie divine : progression de l'avertissement à l'anéantissement.	
8, 2	8, 2 8, 8	Grégoire	Les grenouilles, allégories du mal sortant du cœur immonde, amphibiennes, c'est-à-dire humaines par nature, bestiales par la volonté. Moïse priant pour le peuple est une figure du Christ priant pour nous sur la Croix.	Explication des détails du récit
8, 12	8, 12	non id. (cat.)	Le moustique, punition du menteur.	
8, 15	8, 15 (cf. 9, 3)	Eusèbe d'Émèse (cat.)/non id.	Le doigt de Dieu signifie son action et sa douceur. La cinquième plaie sera rapportée à la « main », montrant l'accomplissement des cinq doigts. Doigts de Dieu = Esprit Saint.	
8, 21	8, 21-22	Cyrille, *Ador.*	Pharaon veut qu'on reste sous son pouvoir en allant sacrifier à Dieu. Mais il est impossible de servir deux maîtres.	
8, 22	8, 22 *et al.*	Cyrille, *Ador.*	Le sacrifice abominable aux Égyptiens c'est de sacrifier ce qu'ils vénèrent comme dieux. Il faut sacrifier ce qui est précieux aux yeux des démons, l'impureté, et présenter à Dieu les vertus. Peu nombreux sont ceux qui sacrifient au désert. Mensonge répété de Pharaon.	
8, 18	8, 18	non id.	Goshen est exclu de la plaie.	
8, 20	8, 20	Philon	Dieu ne cherche pas à anéantir mais à punir, par de tout petits insectes, pour que les Égyptiens soient obligés de crier que c'est le doigt de Dieu.	

COMPILATEUR OU EXÉGÈTE ?

b. De la lecture globale à l'examen des détails

Un autre type de composition consiste à commencer par une lecture globale d'un passage avant d'en expliquer certains détails. C'est ainsi que l'on peut comprendre le commentaire d'Ex 8[42] – chapitre racontant les plaies d'Égypte –, au-delà des nombreux désordres apparents dans la succession des lemmes bibliques. L'explication est organisée en trois ensembles assez clairement identifiables :

- La première partie souligne l'opposition entre Moïse et Pharaon.

- La deuxième partie s'intéresse à des motifs récurrents du récit, qui en font ressortir la progression.

- La troisième partie examine quelques détails du récit, en suivant globalement l'ordre du texte biblique.

Une telle composition met en valeur l'unité du passage, ce qu'une explication strictement linéaire ne permettrait pas. Corollairement, certains aspects du texte sont commentés à plusieurs reprises sous des angles un peu différents, comme le montre le Tableau 1 : ainsi, la prière de Moïse est abordée dans chacune des trois parties, tandis que le motif du doigt de Dieu apparaît trois fois dans le dernier volet. On observe également un va-et-vient entre les différents sens des Écritures.

Si la lecture du passage fait percevoir cette composition, l'identification de la plupart des sources permet de déterminer immédiatement l'origine de cette structure. En effet, il s'avère que les extraits ne sont pas mélangés mais exploités successivement : Origène est convoqué pour l'étude des éléments récurrents et de la progression du récit, tandis que différents détails sont commentés successivement par Grégoire de Nysse, Eusèbe d'Émèse (?), Cyrille d'Alexandrie et enfin Philon d'Alexandrie. Si l'on examine le texte de plus près, on constate que les deux extraits de Grégoire de Nysse sont cités selon l'ordre de la source, tandis que ceux

---

[41] Dans les tableaux, la mention « Philon » fait toujours référence à Philon d'Alexandrie, « Grégoire », à la *Vie de Moïse* de Grégoire de Nysse, « Cyrille », à Cyrille d'Alexandrie. Pour les références exactes et l'incertitude sur certaines attributions, on se reportera à l'édition. Abréviations : « non id. » pour « non identifié », « cat. » pour « chaîne » (extrait d'origine inconnue ou incertaine mais qui se trouve aussi dans la chaîne). Les références de lemmes entre parenthèses correspondent à des citations non signalées comme lemmes dans l'édition (voir la discussion plus haut).

[42] Cf. Procope, *Com. in Ex.*, GCS NF 27, p. 52-62.

du *De adoratione* de Cyrille sont davantage recomposés. Il est difficile de discerner un ordre dans la succession des remarques d'Origène, dont l'identification est au demeurant en partie incertaine. Si on savait sous quelle forme se présentaient ces textes pour Procope, cela nous donnerait peut-être une clef d'explication d'un tel agencement, mais il est improbable qu'on puisse retrouver la trace de ces sources.

c. Composition thématique

Parmi les différentes manières d'organiser les développements longs, plusieurs permettent de mettre en valeur la polyphonie du texte biblique. L'explication du début de l'épisode du Buisson ardent (Ex 3, 2-4)[43] offre un bon exemple de déploiement de cette polyphonie. Comme le montre la présentation schématique qui suit, on peut distinguer trois parties correspondant à trois aspects du récit : les protagonistes (qui est vu ? qui parle ?), le caractère miraculeux de l'événement et le motif du buisson lui-même. Chaque aspect est expliqué selon le sens littéral puis éventuellement selon le sens typologique.

Des sens figurés très divers, voire contradictoires, se côtoient : le buisson symbolise la chair du Christ qui n'est pas consumée par la divinité, ou la Vierge habitée par la divinité et demeurant vierge, puis les fils d'Israël, qui ne sont pas consumés par le feu de la maltraitance égyptienne, ou encore les Juifs, qui sont stériles et ne se laissent pas consumer par la loi spirituelle (voir Tableau 2). Or, ce foisonnement des interprétations et même les contradictions ne sont pas l'apanage de la compilation, contrairement à ce qu'on pourrait supposer si l'on n'est pas familier de l'exégèse patristique de l'Ancien Testament : certains de ces sens contradictoires viennent du même auteur. Par conséquent, la difficulté de suivre les méandres de ce texte, loin d'être causée par une multiplicité de sources, est tout au plus renforcée ici par l'effet de leur abrègement, qui augmente pour ainsi dire la vitesse du jonglage entre différentes significations. Ici encore, Procope ne mélange pas tellement les sources mais les exploite plutôt successivement, peut-être en les complétant par des remarques personnelles : Eusèbe de Césarée, Eusèbe d'Émèse, le *De adoratione* puis les *Glaphyra* de Cyrille d'Alexandrie, avec une brève remarque de Grégoire de Nysse. On remarque, du reste – et la lecture du texte lui-même le montre plus clairement que le résumé très schématique donné ici –, que l'interprétation du Buisson comme figure de

---

[43] Cf. Procope, *Com. in Ex.*, *GCS NF* 27, p. 16-19.

COMPILATEUR OU EXÉGÈTE ?

Tableau 2 : Composition du commentaire sur le buisson ardent (Ex 3, 2-4)

Sources	Sens	Résumé du contenu	Thème ou détail
Eusèbe de Césarée/ non id.	Littéral	Celui qui est vu, c'est un ange et non Dieu. Seuls les patriarches ont eu une vision de Dieu. Celui qui parle, c'est Dieu dans le feu et non un ange ni le feu lui-même. Certains disent que Dieu est appelé *ange* (ἄγγελος) quand il *annonce* (ἀγγέλλειν) l'avenir.	Protagonistes
Eusèbe d'Émèse (cat.)/ cat./non id. (l. 43-45 : l'idée se trouve notamment dans Grégoire, *Vie de Moïse*, II, 21)	Littéral	Le regard de Moïse est attiré par l'étrangeté (ξένον) de la vision.	Motif du miracle
	Historique/ Typologique	Cette étrangeté prépare les Juifs à celle d'un Dieu venant dans la chair sans être consumé par la divinité, et à l'habitation de Dieu dans une vierge qui demeure telle.	
	Typologique	La vision figure aussi la grâce donnée aux fils d'Israël, protégés de la maltraitance des Égyptiens.	
	Typologique	Le commencement des miracles de l'AT se fait par le bois, figure de la Croix. Le buisson, étant très inflammable, rend le miracle plus visible.	
Eusèbe d'Émèse	Littéral	Dieu se montre dans un buisson pour que les fils d'Israël n'aillent pas se faire une idole : on ne peut pas faire une statue avec un buisson.	Motif du buisson
Cyrille, *Ador.*	Typologique	Le buisson est une figure d'Israël, qui ne porte pas de fruits de justice et n'est pas atteint par l'illumination de la Loi, parce qu'il ne la lit pas spirituellement.	
Cyrille, *Glaph.* (+ Grégoire + non id.)	Typologique	Le buisson est une figure de l'Incarnation : la nature divine est comparée au feu, l'homme, né de la terre, au bois et à l'herbe. Le feu consumant qu'est Dieu consume les épines des péchés ; l'humanité ne peut supporter la divinité, sauf en Christ.	

180 AGNÈS LORRAIN

l'humanité du Christ est évoquée deux fois, mais sous des angles assez différents : ce retour est même explicitement assumé par Procope[44].

d. Composition suivant les différents sens de l'Écriture

Je terminerai par un exemple illustrant une autre manière de mettre en valeur la polyphonie du texte : le commentaire de la naissance de Moïse (Ex 2, 1-10)[45]. Ce passage constitué de plusieurs versets est lu du début à la fin à trois reprises, suivant les trois sens, sans toutefois que la séparation entre ces différents sens soit parfaitement étanche, puisqu'on trouve un élément de typologie au milieu de l'interprétation historique. Cette structure est mise en valeur par des transitions :

- Sens historique ;

- Sens typologique, introduit par Καὶ ταῦτα μὲν οὕτως· ἐπειδὴ δὲ λοιπὸν ὁ θεὸς καὶ πατὴρ ἠλέει τὴν ἀνθρωπότητα (« Voilà pour ce sens. Et puisque Dieu le Père avait pitié de l'humanité ... ») ;

- Sens tropologique, introduit par Μεταλαμβανέσθω δὲ πάλιν εἰς ἀρετῆς θεωρίαν τὰ λελεγμένα (« De nouveau, comprenons ce qui est dit d'une autre manière, tournés vers la contemplation de la vertu »)[46].

Or, la composition tripartite coïncide avec les changements de sources encore plus clairement que dans l'exemple précédent (voir Tableau 3). On peut dire que Procope a pris à Eusèbe d'Émèse la lecture littérale, puis exposé l'interprétation christologique de Cyrille, avant de résumer la lecture spirituelle trouvée chez Grégoire de Nysse. Les formules qui soulignent le passage d'un sens à l'autre permettent donc en même temps de cimenter les différentes sources pour faire un commentaire continu.

---

[44] METZLER attire très justement l'attention sur ce point, cf. *Exoduskommentar* (n. 1), *GCS NF* 28, p. 17 n. 101. Voici deux autres exemples d'exégèses contradictoires : en Ex 4, 10, Moïse humble puis désobéissant, cf. Procope, *Com. in Ex.*, *GCS NF* 27, p. 34.34–35.58 ; en Ex 4, 3, le bâton d'Aaron, figure du Démon puis du Christ, p. 27-28.

[45] Cf. Procope, *Com. in Ex.*, *GCS NF* 27, p. 4-8.

[46] Procope, *Com. in Ex.*, *GCS NF* 27, respectivement p. 5.17-18 et p. 7.81-82. La deuxième transition s'inspire de la source nysséenne elle-même, comme le signale METZLER dans l'apparat.

COMPILATEUR OU EXÉGÈTE ?
181

Tableau 3 : Composition du commentaire sur la naissance de Moïse (Ex 2, 1-10)

Sources	Sens	Versets	Résumé du contenu
Eusèbe d'Émèse (cat.)	Historique	2, 1-5	L'exposition de Moïse manifeste la peur des parents ; le passage de la fille du roi est dû à la providence divine.
		2, 6	La fille du roi agit poussée par l'amour des biens et la curiosité ; elle devine l'origine de l'enfant à la circoncision.
	Typologique	2, 3-10	Moïse est sauvé par les symboles du salut de l'Église : le couffin renvoie au bois de la Croix, l'eau au baptême, l'Égyptienne aux Nations.
	Historique	2, 1-10	Moïse n'appartient pas aux hommes : ni aux parents, qui l'ont abandonné, ni à l'Égyptienne, qui ne l'a pas engendré, ni à la mère nourricière, qui a déjà reçu son salaire. Il vient de Dieu.
		2, 10	Étymologie du nom de Moïse.
Cyrille, *Glaph.*	Typologique	2, 1	Moïse figure le Christ venu libérer le peuple de Dieu esclave d'un maître violent ; le Christ n'étant pas accueilli par les siens, Dieu exauça les peuples païens. Moïse est de la tribu de Lévi, le Christ est à la fois grand-prêtre et roi. L'enfance de Moïse figure l'innocence du Christ et la nouvelle création. Le père de Moïse n'est pas nommé, comme le Christ est *sans père* (He 7, 3) selon la chair.
		2, 2	L'enfant était beau, comme *le plus beau des enfants des hommes* (Ps 44, 3), à cause du rayonnement de la divinité, alors que son humanité était sans beauté, car avant l'Incarnation, toute l'humanité était corrompue par Satan. Comme Moïse, enfant mâle, le Christ, qui n'était pas ramolli à l'égard du péché, a été caché au prince de ce monde.
		2, 5	La mère de Moïse figure la synagogue, qui enferme le Christ dans le tombeau comme dans la corbeille et l'expose. La fille de Pharaon signifie l'Église des Nations, qui trouve le Christ dans l'eau du baptême et ouvre le tombeau comme la corbeille pour venir à la foi.
		2, 6	Les pleurs de Moïse figurent la Passion. L'Église reconnaît que le Christ vient de Juda, de même que Moïse est reconnu comme hébreu.
		2, 9	Les Juifs accueilleront à leur tour le Christ, comme la mère de Moïse a repris l'enfant pour recevoir l'espérance des biens à venir.
Grégoire	Tropologique	2, 2	Les filles que le tyran Satan laisse en vie sont ceux qui se laissent mollement conduire par leurs passions ; les garçons qu'il veut tuer sont les vertueux. Vivre vertueux c'est chagriner l'Ennemi et lui montrer des preuves de notre victoire.
		2, 2-3	Les pensées et l'éducation maintiennent les vertus au-dessus des vagues de la vie et conduisent à une rive solide.
		2, 6	Les larmes sont les gardiens de ceux qui sont sauvés par la vertu.
		2, 6-9	La mère étrangère c'est la sagesse païenne, bienfaisante jusqu'à l'âge adulte, mais ensuite stérile. Car sans la connaissance de Dieu, tout est vain.
		2, 9	La vertu adulte doit retourner à la mère naturelle pour ne pas avoir part au culte de la mère païenne. Même pendant l'éducation, on ne doit pas se séparer du lait de la Mère Église.

Ce type de composition n'est pas isolé : le commentaire d'Ex 3, 5b est également développé selon une structure tripartite (sens littéral/typologique/tropologique) qui correspond à la juxtaposition des trois mêmes sources principales (Eusèbe d'Émèse, Cyrille d'Alexandrie, Grégoire de Nysse), avec des transitions plus discrètes ; il est précédé de l'explication du début du verset, qui donnait différents sens typologiques[47]. Ce qui frappe dans le commentaire de la naissance de Moïse, c'est la longueur du texte biblique qui est lu à trois reprises du début à la fin : Procope ne se laisse pas contraindre par rapport à l'explication strictement linéaire que l'on s'attend à trouver dans un commentaire au sens scolaire du terme. Certes, un tel ordre correspond à la structure macroscopique de la *Vie de Moïse*, tout entière composée d'une lecture littérale suivie de l'interprétation morale et spirituelle. Néanmoins, cette *Vie* n'est justement pas un commentaire mais un traité sur la vie parfaite prenant Moïse pour modèle[48]. Il serait intéressant de chercher si le type de composition attesté ici chez Procope se retrouve soit dans d'autres commentaires, soit dans des chaînes anciennes. Le cas échéant, cela semblerait néanmoins un peu difficile à réaliser dans le cadre d'une chaîne à présentation encadrante[49].

3. Quel genre littéraire ?

Au terme de ces analyses, est-il possible d'assigner cette œuvre à un genre littéraire ? Poser cette question, c'est déjà reconnaître au texte qui nous occupe le statut d'œuvre, au moins dans un sens minimal : effectivement, d'après les exemples exposés dans ces pages, le travail de sélection, de récriture et d'agencement des sources aboutit, bien au-delà d'une compilation mécanique, à un texte nouveau avec son rythme et sa rhétorique propres.

a. Un commentaire de forme libre

Il s'agit évidemment d'un commentaire – de même, du reste, que les chaînes sont des commentaires –, c'est-à-dire de l'explication linéaire

---

[47] Cf. Procope, *Com. in Ex.*, *GCS NF* 27, p. 18-21. Voir aussi le commentaire d'Ex 17, 1-6, p. 125-128.

[48] Cf. Grégoire de Nysse, *La Vie de Moïse*, praef., 11-15, éd. J. DANIÉLOU, Paris, 1987[4] (*SC*, 1 bis), p. 52-54.

[49] Au contraire, en ce qui concerne l'exégèse procopienne des *Règnes*, R. CEULEMANS (voir n. 11) considère comme envisageable l'hypothèse d'une présentation originellement encadrante.

et continue d'un texte de référence. Les écarts par rapport à l'ordre du texte et les discontinuités observées ne sont pas de taille à remettre en cause le caractère global de cet ouvrage, pas plus que la forme abrégée des lemmes, qui oblige le lecteur à se munir d'un exemplaire biblique. Essayons de caractériser plus précisément la démarche particulière de Procope à travers la diversité des phénomènes décrits, diversité qui n'est certes pas de nature à satisfaire les amateurs de catégories bien définies. Comme tout commentateur, Procope doit affronter deux principes divergents : analyser les détails du texte en en suivant l'ordre et montrer la logique d'un récit dont la progression se fait par échos et répétitions. De surcroît, il compose avec deux exigences, celle de comparer des interprétations et celle d'exposer la cohérence de chacune. Les exemples exposés dans cette étude illustrent la diversité des principes de composition à l'œuvre dans ce commentaire : lecture de chaque verset successivement, division thématique ou selon les sens de l'Écriture. Néanmoins, en regardant pour ainsi dire le revers de la toile, à savoir l'agencement des sources, on a constaté que l'organisation du texte reposait généralement sur le souci de suivre chacune dans sa cohérence, en évitant le morcellement. Il suffit, du reste, pour s'en convaincre, de feuilleter l'édition, qui indique en marge les noms des auteurs[50] : certaines sources sont citées ou résumées sur plusieurs pages, sans interruption. Comment interpréter la coïncidence entre ces deux principes, l'un, touchant l'ordre des sources, destiné à rester invisible au lecteur, l'autre, c'est-à-dire l'ordre des matières, perceptible à la lecture et favorisant celle-ci ? Comme on l'a vu, dans certains cas, Procope semble choisir un type d'interprétation chez un auteur, un autre, chez un autre. En même temps, comme on l'a vu également, il ne s'interdit pas d'insérer quelques lignes de Grégoire au milieu d'un développement cyrillien, ou inversement. Dans certains cas, la juxtaposition est réalisée avec une maîtrise telle qu'il en résulte un discours cohérent et structuré, selon le souci exposé dans le prologue[51]. Néanmoins, il faut avouer que les exemples présentés ici ont été choisis pour leur composition remarquable et qu'il n'est pas toujours aussi facile de discerner une structure au-delà de la juxtaposition de différentes exégèses, comme nous l'avons mentionné en commençant. Certaines accumulations de brèves remarques font plutôt penser au genre des scho-

---

[50] Pour cela, on ne doit pas se laisser arrêter par les multiples occurrences successives d'un même nom, qui n'indiquent pas nécessairement un changement de source (voir la recension citée *supra*, n. 15).

[51] Cf. *supra*, n. 5.

184 AGNÈS LORRAIN

lies, tandis que, dans d'autres passages, le principe prioritaire semble être l'intégrité des sources, dont on rapporte de longs développements. En bref, Procope ne se laisse pas enfermer dans une forme mais compose au mieux avec les sources dont il dispose, qu'il choisit et remanie.

b. Épitomé ou nouvelle recherche ?

Que l'appellation de chaîne ne convienne pas, c'est évident selon les critères actuellement admis de cette forme : si l'on hésite à parler de chaîne lorsque les attributions sont systématiquement supprimées[52], ici les maillons de la chaîne sont, sinon fondus entre eux, du moins non séparés les uns des autres (ni par un espace, ni par un numéro, par exemple). Les rares formules indiquant le recours à une autre interprétation ou à une autre source (ἄλλως, ἕτεροί φασι, φασί τινες) sont semblables à ce que l'on peut trouver dans un commentaire patristique. La plupart du temps, Procope introduit une nouvelle source sans rien dire – à l'instar des commentateurs anciens, qui ne citent qu'occasionnellement leurs sources[53].

Quant au terme d'épitomé, Karin Metzler a suffisamment montré que cet ouvrage n'était pas l'abrégé d'une chaîne mais un texte dont une des sources était une chaîne, ce qui revient à dire que c'est une nouvelle compilation. On ne peut qu'abonder dans son sens quand, abandonnant la notion de *Nachlese* pour celle de *Nachrecherche* à propos du commentaire de l'*Exode*[54], elle affirme que les sources cyrilliennes et grégorienne n'y sont pas prises à la chaîne puis complétées, mais entièrement extraites directement à partir des œuvres correspondantes. Elle souligne à cet égard la différence entre les commentaires sur la *Genèse* et sur l'*Exode*. Effectivement, vu la longueur des extraits du *De adoratione* et des *Glaphyra* de Cyrille ainsi que de la *Vie de Moïse* de Grégoire dans le présent commentaire par rapport à ceux de la chaîne, et vu l'ampleur

---

[52] Cf. Dorival, *Les chaînes exégétiques*, I (n. 4), p. 100-109.

[53] Par exemple Théodoret, dont l'*In Romanos* fait constamment écho, entre autres, à l'exégèse de Jean Chrysostome (cf. notamment Lorrain, *Le Commentaire de Théodoret* [n. 36], p. 143-216), non seulement ne le nomme jamais, mais indique rarement (et presque uniquement en cas de désaccord) qu'il reprend une explication antérieure ou s'en inspire. Cf. aussi l'étude des mentions explicites (τινές) d'exégètes antérieurs dans J.-N. Guinot, *L'exégèse de Théodoret de Cyr*, Paris, 1995 (Théologie historique, 100), p. 631-799.

[54] Cf. Metzler, *Exoduskommentar* (n. 1), *GCS NF* 27, notamment p. xxxiv-xli ; cf. aussi, dans le présent volume, Ead., « Prokop und seine Quellen für den Exoduskommentar », p. 142-146.

de leur transformation – alors que la chaîne offre de véritables citations de ces sources –, il est invraisemblable que Procope ait composé ses résumés en travaillant conjointement avec la chaîne et avec les sources directes. Aucun élément commun à la chaîne et à Procope (variante ou découpage du texte) contre une de ces sources ne permet de le supposer[55]. Je serais même d'avis d'oser un pas de plus : puisque Cyrille et Grégoire constituent indéniablement les *Hauptquellen*, selon le terme employé par Karin Metzler[56], et que ces sources ont certainement représenté la plus grande partie de son travail, vu la manière dont elles sont remaniées et abrégées, ce ne sont pas celles-ci qui ont fait l'objet d'une recherche complémentaire : le terme *Nachrecherche*, ou plutôt *Nachlese*, s'applique bien plutôt à l'*Urkatene*, qui a permis à Procope de compléter à moindre coût son commentaire, en particulier pour les explications littérales, très largement empruntées à la chaîne tout au long de l'œuvre. L'abondant recours à Didyme d'Alexandrie sur Ex 33–34, en quelque sorte pour combler le manque d'explications sur cette péricope dans la *Vie de Moïse*[57], est lui-même révélateur de la priorité donnée à ces sources directes. Soit dit en passant, la tendance à placer les extraits de chaîne avant ceux de Cyrille ou de Grégoire ne correspond évidemment pas ici à une primauté de la chaîne, mais à l'ordre naturel de l'interprétation, l'explication littérale précédant les sens dits « élevés ».

Dire que le *Commentaire de l'Exode* est majoritairement composé à partir de sources directes tandis que la source caténale est secondaire en importance permet de souligner aussi bien sa différence avec le *Commentaire de la Genèse* que son décalage par rapport au projet défini dans le prologue, qui mettait l'accent sur l'utilisation d'une compilation préexistante aussi bien que sur l'abrègement de celle-ci[58]. Il n'est pas dit

---

[55] On l'a du moins vérifié en comparant les sources grégorienne et cyrilliennes, les extraits de chaîne (d'après F. Petit, *La Chaîne sur l'Exode. Édition intégrale*, III, Leuven – Paris – Sterling, VA, 2000 [*TEG*, 10]) et le commentaire de Procope sur Ex 2, 1-10 (Procope, *Com. in Ex.*, *GCS NF* 27, p. 5-8). Dans l'édition, l'apparat des sources et des parallèles indique d'abord la chaîne, dans un souci de comparaison avec celle-ci, et fragmente les références pour la même raison. Cela ne doit pas induire le lecteur en erreur : l'indication de la chaîne puis du texte de Grégoire, par exemple, ne signifie pas que Procope utilise l'extrait de chaîne issue de Grégoire : en fait, il résume le texte de Grégoire, lui-même fidèlement copié par la chaîne.

[56] Cf. Metzler, *Exoduskommentar* (n. 1), *GCS NF* 27, p. xcv et ci.

[57] Cf. Metzler, *Exoduskommentar* (n. 1), *GCS NF* 27, p. xcvi-xcvii. Sur l'ensemble des sources, cf. *ibid.*, p. lxxx-cv.

[58] Cf. *supra*, n. 5.

que cette évolution par rapport au projet initial soit préméditée, mais le résultat montre bien que Procope a passé beaucoup plus de temps sur les sources directes que sur la chaîne, et qu'il a fini par les privilégier, quelle que soit son intention de départ. Ce commentaire a donc reçu sa forme singulière des sources et de l'utilisation qui en a été faite.

c. Quelle originalité ?

Terminons par une question d'esprits modernes certes peu compatible avec les catégories tardo-antiques et médiévales : cet ouvrage mérite-t-il le rang d'œuvre originale ou doit-il être considéré comme une simple compilation ? Le genre même du commentaire n'est pas vraiment le lieu de la nouveauté. D'une manière générale, n'y a-t-il pas, sinon équivalence, du moins continuité entre un Théodoret qui, selon ses propres mots, « recueille les ressources des bienheureux Pères »[59], et un caténiste[60] ? Les deux produisent une œuvre secondaire, un outil de travail, les deux s'appuient sur leurs prédécesseurs, quoique la part d'interprétation personnelle du premier soit évidente alors que l'apport du second est ténu ou du moins peu visible. Dans le cas de Procope, nous manquons de données pour faire la part entre ses éventuels ajouts personnels et des sources perdues, dont l'existence est par ailleurs indiscutable[61] : même un examen de la langue à cette fin serait hasardeux, puisque celui qui a composé le commentaire peut avoir laissé sa trace aussi bien dans la récriture que dans des développements qui lui seraient propres[62]. Il

[59] Théodoret de Cyr, *Com. in epistulas Pauli*, prol., *PG* 82, col. 37 A14-15. Cf. Lorrain, *Le Commentaire de Théodoret* (n. 36), p. 113-114.

[60] Cf. J.-N. Guinot, « Théodoret de Cyr : exégète ou compilateur ? », dans *Atti della Accademia Peloritana dei Pericolanti, Classe di Lettere*, Messina, 1993 (Filosofia e Belle Arti, 69), p. 229-252, repris dans Id., *Théodoret de Cyr exégète et théologien. Vol. 1 : Le dernier grand exégète de l'école d'Antioche au Vᵉ siècle*, Paris, 2012, p. 395-414.

[61] Metzler, *Exoduskommentar* (n. 1), *GCS NF* 27, p. XXXIII-XXXIV, admet que certains des passages dont la source n'est pas identifiée puissent être de la plume de Procope lui-même, qui aurait « continué la pensée » de tel ou tel auteur. Cette supposition, qui s'appuie sur une indication du prologue, est certes vraisemblable en soi, mais on n'a aucun indice de l'ampleur ni de la teneur de telles interventions. Il est au contraire certain que nombre de commentaires patristiques ont disparu en tradition directe. Par conséquent, il faut sans doute attribuer bien des problèmes d'identification à l'état lacunaire de notre documentation.

[62] En revanche, un examen précis de la réécriture que Procope fait des sources qui nous sont connues, y compris d'un point de vue stylistique (conservation ou effacement du style du texte source) serait très important pour mieux connaître cet auteur.

faudrait par ailleurs une comparaison serrée entre le commentaire et ses sources pour déterminer à quel point la manière de sélectionner, d'organiser et de récrire est porteuse d'interprétations particulières.

Quand bien même Procope n'apporterait aucun détail nouveau à l'interprétation de l'*Exode*, ce qui, disons-le, n'est pas nécessairement le but d'un commentateur du vi[e] siècle, on peut néanmoins souligner quelques caractéristiques susceptibles d'être qualifiées d'originales, si l'on tient à ce qualificatif (au risque de la subjectivité et de l'anachronisme). On a souligné précédemment certains traits du commentaire de l'*Exode* qui sont bien loin de l'image caricaturale d'une juxtaposition désordonnée de sources. On remarquera aussi qu'en donnant la priorité à la cohérence de ses principales sources et en les retravaillant, tout en composant un discours unique, Procope s'éloigne à la fois du morcellement des chaînes et de la stricte linéarité du commentaire ; à la fois il se rapproche de la pensée de ses prédécesseurs et il s'écarte de la lettre de leurs textes. En outre, par le choix et l'agencement des matières, qui modifie l'importance relative de chaque élément d'interprétation, il crée une dynamique nouvelle, un nouveau rythme, une nouvelle expérience de lecture aussi bien du livre de l'*Exode* que de ses interprétations.

Pour finir, notons que le débat sur le titre, mentionné en commençant – soit épitomé, ou plutôt compilation, dans le cas de l'*Exode*, soit commentaire –, est une alternative entre des catégories situées sur deux plans différents, toutes deux légitimes à propos de l'ouvrage de Procope : soit on souligne l'entreprise de collecte des sources, soit on insiste sur la nature exégétique. Pour trancher, il faudrait pouvoir définir ce qui, de la lecture de la Bible ou de celle des Pères, est premier dans la démarche de Procope : s'agit-il de commenter la Bible en s'aidant des Pères, ou de connaître les Pères à travers leur exégèse biblique ? Extérieurement, le premier aspect est le plus évident puisque, d'une manière générale, c'est le texte biblique qui définit l'ordre des matières, et que les noms d'auteurs sont omis. En revanche, l'analyse des sources a mis au jour un immense chantier où la lecture des commentaires anciens est le principal élément structurant. Néanmoins, cette distinction, voire cette opposition, entre lire les Écritures et lire les commentaires anciens, n'est-elle pas anachronique, et n'est-ce pas justement la manière habituelle d'étudier la Bible au vi[e] siècle – habitude qui sera formulée comme précepte par le canon 19 du concile in Trullo en 692 concernant l'interprétation des passages difficiles de l'Écriture – que de la lire accompagné des explications qu'en ont données les Pères ?

Abstract

Based on the recent edition and translation by Karin Metzler of Procopius's *Commentary on Exodus* and on the search for sources that accompanies it, this article examines the organisation of the exegetical content and its articulation with the arrangement of various sources. First, I present certain formal characteristics : the global composition, the discontinuities and heterogeneities of the commentary, the way in which the biblical lemmas are quoted (or not). Then I demonstrate that the commentary on certain verses or pericopes presents a well-structured composition, either by a thematic progression, or by a differentiation of the various meanings of the Scriptures, sometimes at the expense of the succession of the verses. Once these analyses have demonstrated how Procopius works with his sources, I examine the literary form of this work on Exodus, a special case within the commentary on the Octateuch, echoing the debates rekindled by this new edition.

Procopius in the *Catena Lipsiensis* on I-IV Kingdoms, and the Margins of Manuscript *Munich, BSB, gr.* 358[*]

Reinhart CEULEMANS
(*Leuven*)

The exegetical work on I-IV Kingdoms that is commonly attributed to Procopius has in research received far less attention than, and has often been lumped together with, Procopius' *Epitome on the Octateuch*: they tend to be presented as a single work.[1]

I have previously argued that the work on I-IV Kingdoms and the *EpitOct* do not form a unit, even if the former is always transmitted together with the latter in the manuscript tradition and even if both works are known to be compilations.[2] Several elements distinguish the

---

[*] I thank the editors for feedback and Sarah Mullen for having corrected my English text. Nota bene: (1) I speak of the *Epitome* of Procopius on the "Octateuch" even when it does not contain a section on Ruth. (2) When discussing the work on I-IV Kingdoms that is attributed to Procopius, I ignore the section on I-II Paralipomena. They most likely form a unit, but in my research I have so far focused only on the section on I-IV Kingdoms, and I do not wish to extrapolate the results to the exegesis of I-II Paralipomena. (3) On the authorship of the work on I-IV Kingdoms commonly attributed to Procopius, see n. 6 below.

[1] The two works have been assigned one number in *CPG* (7430) and are taken together by A. RAHLFS, *Verzeichnis der griechischen Handschriften des Alten Testaments*, Berlin, 1914 (*MSU*, 2), p. 379 and by A. M. RITTER, "Prokop von Gaza", in *Philosophie der Kaiserzeit und der Spätantike*, ed. Ch. RIEDWEG, Ch. HORN, D. WYRWA, Basel, 2018 (Grundriss der Geschichte der Philosophie, 5), III, p. 2206-2211, here p. 2208.

[2] R. CEULEMANS, "The Transmission, Sources and Reception of Procopius' Exegesis of Genesis. Observations in the Wake of the New Edition", *Vigiliae Christianae*, 71 (2017), p. 205-224, here p. 214-215 and "A Post-Byzantine Reader of Prokopios of Gaza: Pachomios Rousanos in MS Venice, Marc. gr. II. 105 [Diktyon 70267]",

---

Procopius the Christian Sophist: Catenist, Compiler, Epitomist, ed. by D. Zaganas, J.-M. Auwers, J. Verheyden, IPM, 94 (Turnhout, 2024), pp. 189-227.

work on I-IV Kingdoms from the *EpitOct*, such as the main sources on which it relies, its relation to the catena tradition, and the type of biblical text that it cites.[3] Even the layout of the archetype may have been different: marginal instead of full-page. This is suggested by the form: the work on I-IV Kingdoms reminds the reader of a collection of scholia rather than an extensive (even when epitomized) commentary or a catena.[4] *"Scholia"* is indeed the only generic term that the main manuscripts use in their titles to describe the work.[5] Following their lead, I refer to the work as *"Scholia on I-IV Kingdoms"*.[6]

Byzantine Review, 2 (2020), p. 1-8, here p. 3. Towards the end of her model research trajectory on Greek exegesis of the Octateuch, Françoise Petit reached the same conclusion: see *Eusèbe d'Émèse, Commentaire de la Genèse*, ed. and trans. F. Petit, L. Van Rompay, J. J. S. Weitenberg, Leuven – Paris – Walpole, MA, 2011 (*TEG*, 15), p. 188 n. 16. It might have a chance of becoming the common opinion, now that it has been promoted in *Prokop von Gaza. Eclogarum in libros historicos Veteris Testamenti epitome. Vol. 2: Der Exoduskommentar*, ed. K. Metzler, Berlin – Boston, MA, 2020 (*GCS NF*, 27), p. XXVIII-XXX.

[3] On the biblical text, see *Autour de Théodoret de Cyr. La* Collectio Coisliniana *sur les derniers livres de l'Octateuque et sur les Règnes. Le* Commentaire sur les Règnes *de Procope de Gaza*, ed. F. Petit, Leuven – Paris – Dudley, MA, 2003 (*TEG*, 13), p. XXXIII. Her short presentation may lack nuance, but puts us on the right track. In fact, not all the *keimena* in the work on I-IV Kingdoms represent the Antiochene text, but only those that accompany *hermēneiai* in which Theodoret's *Questions* have a prominent position (private communication by Detlef Fraenkel, Spring 2012). This suggests that the biblical text depends on the exegetical source that was used.

[4] Once in a while this has been noted in secondary literature: see F. Petit, "Les fragments grecs du livre VI des *Questions sur la Genèse* de Philon d'Alexandrie. Édition critique", *Le Muséon*, 84 (1971), p. 93-150, here p. 106 n. 53 and, more recently, the entry C 4.3 in the revised edition of *CPG* vol. IV (2018).

[5] Manuscripts Mnc (*Munich, BSB, gr.* 358) and K (*Athos, Koutl.* 10) give the following titles for each of the four sections (there is no title for the work on I-IV Kingdoms as a whole): Εἰς τὰς Βασιλείας (Mnc, fol. 413r = K, fol. 330r), Σχολίων τῆς τῶν Βασιλειῶν β′ ἀρχή (Mnc, fol. 422r = K, fol. 332v), Εἰς τὴν γ′ τῶν Βασιλειῶν σχόλια (Mnc, fol. 430r)/Εἰς τὴν γ′ τῶν Βασιλειῶν (K, fol. 334v), Ἀρχὴ σχολίων εἰς τὴν δ′ τῶν Βασιλειῶν (Mnc, fol. 441r = K, fol. 343r). For K, I rely on unpublished transcriptions by F. Petit from 1959 (accessed through http://ideal.irht.cnrs.fr/document/818397, last seen 31/3/23). On my consultation of Mnc, see n. 31 below.

[6] Some of the elements just mentioned in fact appear to set the *ScholiaKgdms* apart, not just from the *EpitOct*, but from the exegetical oeuvre of Procopius in general. I therefore believe that the authorship of Procopius (whose name is not men-

In more than one way the *ScholiaKgdms* are a particular work: when studying it we cannot simply fall back on research on the *EpitOct* but need to explore other terrain. Fortunately, in the manuscript tradition we find something to hold on to: the principal witnesses of the *ScholiaKgdms* are those which also include the *EpitOct*, whose positions in the stemma are known and which have been studied frequently, especially *Munich, BSB, gr.* 358 (Mnc). This manuscript is, like its brother *Athos, Koutloumousiou* 10 (K), known to be an important witness of Procopius' *EpitOct* and to offer the full text. We can expect them to have the same qualities as witnesses of the *ScholiaKgdms*.

Yet in the well-known *Catena Lipsiensis* on I-IV Kingdoms we find complete *hermēneiai* that are attributed to Procopius and that Mnc does not have. For example (on I Kgdms 16:14):[7]

> *Προκοπίου. Εἰωθότως δὲ ἐπὶ Θεὸν ἀναφέρει τὴν αἰτίαν τῆς τοῦ πονηροῦ πνεύματος ἐνοικήσεως· οὐχ ὅτι αὐτοῦ δεδωκότος, ἀλλ' ὅτι ἀφελομένου τὸ ἅγιον, πάροδος ἐγένετο τῷ πονηρῷ τοῦ τὰ δοκοῦντα ποιεῖν. Τὸ γὰρ θεῖον πνεῦμα ἐν τῇ τῆς βασιλείας χρίσει δεδομένον τῷ Σαοὺλ, εἰκότως ἐν τῇ ταύτης ἀποπτώσει πρὸς τὸν ἀντ' ἐκείνου χειροτονούμενον συναπέπτη, καὶ χώραν ἔσχε τὸ ἐναντίον. Ἄλλως γάρ, ἐξουσία κατ' οὐδενὸς αὐτοῖς δέδοται δίχα τῆς θείας συγχωρήσεως.*

This is not an isolated case: fifty others can be found in the *CatLips* on I Kingdoms, and ten on II Kingdoms (none on III-IV Kingdoms). Some of them, such as the example quoted here, clearly rework exegesis borrowed from another source, as do the *ScholiaKgdms*.[8]

---

tioned in any title in the main manuscripts, see n. 5) should not be accepted before further critical research on this work is carried out. The reader is asked to keep this in mind: I speak in this study (and its title) of "Procopius" as the author (or compiler) of the *ScholiaKgdms*, but only for ease of reference (to avoid tiresome formulations as "Procopius or Ps.-Procopius", "attributed to Procopius" etc.).

[7] Cited from Nikephoros Theotokis (ed.), *Σειρὰ ἑνὸς καὶ πεντήκοντα ὑπομνηματιστῶν εἰς τὴν Ὀκτάτευχον καὶ τὰ τῶν Βασιλειῶν ἤδη πρῶτον τύποις ἐκδοθέντα ἐπιμελείᾳ δὲ Νικηφόρου ἱερομονάχου τοῦ Θεοτόκου. Τόμος δεύτερος τὸν Ἰησοῦν τοῦ Ναυῆ, τοὺς Κριτάς, τὴν Ῥοὺθ καὶ τὰς τέσσαρας Βασιλείας περιέχων*, Ἐν Λειψίᾳ τῆς Σαξονίας, 1773, col. 386 A-B. The text was reprinted in *PG* 87/1, col. 1101 A-B.

[8] A part of the *hermēneia* quoted here echoes an excerpt that in the *Collectio Coisliniana* is attributed to Theod<ore of Mopsuestia>: see Petit, *Autour de Théodoret* (n. 3), p. 63 (Csl. 37; in her apparatus Petit printed a part of the text cited here).

Furthermore, in the same *CatLips* we run into *hermēneiai* attributed to Procopius that we also encounter in the *ScholiaKgdms* but in a more reduced version. For example (on I Kgdms 26:10):[9]

Προκοπίου. Ἐὰν μὴ Κύριος παίσῃ αὐτόν, ὡς καὶ τῶν Αἰγυπτίων τὰ πρωτότοκα, καὶ τὸν λαὸν ἐν τῇ ἐρήμῳ, καὶ τὸν Νάβαλ τὸν Καρμήλιον. Τὸ δὲ "ἡ ἡμέρα αὐτοῦ ἔλθῃ" τὸν κατὰ φύσιν θάνατον δηλοῖ. Οὐ μέντοι ὡρισμένην φησὶν εἶναι τὴν ἡμέραν. Τὸ μὲν γὰρ κοινὸν ὥρισται, πάντως ἀποθανεῖν· τὸ δὲ καθ' ἕκαστον οὐκέτι, τὸ πότε, ἐστίν.

We find this *hermēneia* in Mnc among the *ScholiaKgdms*, but only the first part (...θάνατον δηλοῖ): it is Procopius' reworking of Theodoret of Cyrrhus.[10] The last lines cannot be read in the *ScholiaKgdms* (Οὐ μέντοι κτλ.). Again other examples can be found: eleven in the *CatLips* on I Kingdoms, and three on II Kingdoms (none on III-IV Kingdoms). In some cases the additional lines can be identified as having been reworked from another text (in the example quoted here, Diodore of Tarsus, adding up to a *hermēneia* that in its entirety matches the profile of the *ScholiaKgdms* known from Mnc perfectly: a reworking of Theodoret completed with a parallel or supplement).[11]

These 76 *hermēneiai* would seem to indicate that the text of the *ScholiaKgdms* that we know from the manuscript tradition is not complete. Of course the reputation of the infamous *CatLips* warns us not to trust the text and the attributions of the *hermēneiai* in question. Yet they were not simply invented either: as we shall see, there is a rationale behind them. Moreover, the same text and *hermēneiai* can also be found in the *margins* of Mnc: they were added by a reader of the *ScholiaKgdms*, who, before the *CatLips*, apparently saw them as part of the same work.

In this paper I describe the connection between the Προκοπίου sections in the *CatLips* on I-IV Kingdoms and the exegesis added in the margins of Mnc. Any use of the *CatLips* must proceed from a correct

---

[9] Cited from NIKEPHOROS (ed.), *Σειρά* (n. 7), II, col. 460 Β-Γ (with silent modification). The text was reprinted in *PG* 87/1, col. 1116 A-B.

[10] Manuscript Mnc, fol. 421r. The original text of Theodoret can be found in *Theodoreti Cyrensis Quaestiones in Reges et Paralipomena*, ed. N. FERNÁNDEZ MARCOS, J. R. BUSTO SAIZ, Madrid, 1984 (*TECC*, 32), p. 54.14-17 (Qu. 61).

[11] See PETIT, *Autour de Théodoret* (n. 3), p. 76 (Csl. 68; in her apparatus Petit printed a part of the text cited here). On the profile of the *ScholiaKgdms*, see section 1.a below.

understanding of the provenance of the *hermēneiai* it attributes to Procopius. That understanding was often lacking in earlier research, which has led to misconceptions about the text of the *ScholiaKgdms*.

I argue that the Προκοπίου sections in the *CatLips* and the marginalia in Mnc are linked by the type B catena on I-IV Kingdoms, a collection of great importance to any researcher who examines the *ScholiaKgdms*. Comparison with the type B catena raises important questions about the dimensions, scope and origins of the *ScholiaKgdms*.

1. State of the Research on the *ScholiaKgdms*

a. Content

The *ScholiaKgdms* comment, as scholia do, on selections of the biblical text, without explaining it systematically on a verse-by-verse basis. Certain passages are lifted out of the biblical text: their incipits are cited as *keimena*, each of which is followed by one *hermēneia*.[12] Author attributions are absent: all exegesis is anonymous.

Each *hermēneia* is presented as one continuous piece of exegesis. In fact many of them can be broken down into several successive sections, which rework interpretations borrowed from different sources. The *Questions* of Theodoret on I-IV Kingdoms (*CPG* 6201) can be recognized the most often by far. This has been known for a long time: at the dawn of modern critical research on the exegesis of Procopius, Ludwig Eisenhofer described the *ScholiaKgdms* as "nothing more than an excerpt from Theodoret's *Questions*, with a few citations of other authors".[13] Such a general statement was nuanced only much later,

---

[12] This is the set-up of the manuscript witnesses of the *ScholiaKgdms* known today, which have a full-page layout (see section 1.b below). I believe it may be the result of a transformation from a marginal layout, in which the scholia were written around the biblical text (but acknowledge that critical research on the *Epitome* on the last books of the Octateuch is needed to evaluate that assumption).

[13] L. Eisenhofer, *Procopius von Gaza. Eine literarhistorische Studie*, Freiburg im Breisgau, 1897, p. 47: "Inhaltlich sind sie [*sc. die Commentare zu den Königsbüchern*, RC] nichts anderes als ein Excerpt aus Theodorets Quästionen, von einzelnen wenigen Citaten aus andern Autoren abgesehen". In his analysis of the *ScholiaKgdms*, he found two such citations, both from Cyril of Alexandria (= supplements 73 and 74, ed. Petit, *Autour de Théodoret* [n. 3], p. 122-123 = 178-179).

when Françoise Petit surveyed the *ScholiaKgdms* in their entirety and subjected them to a critical analysis.[14]

She distinguished three types of content in the *ScholiaKgdms*:

> (1) passages taken from Theodoret's *Questions*: they closely resemble Theodoret's text and were obviously excerpted from his work.

> (2) *parallels*, i.e., passages in which one can still recognize the content of Theodoret's *Questions* but not the wording. Rather than seeing these as free, reworked borrowings from Theodoret, Petit believed the parallel to be consequential: she suggested that Procopius used the same sources as Theodoret had done (the exegesis of Diodore, in particular), independently of Theodoret.[15]

> (3) *supplements*, i.e., passages that do not relate to Theodoret's *Questions* and which Procopius took from other sources. Many of them are Hexaplaric readings.[16] Others are exegetical fragments, mostly of unknown origin.

While Petit's view on the second type of passage needs to be tested by further research on the structure of the *ScholiaKgdms*,[17] this three-fold distinction is without question the starting point for any research on

---

[14] PETIT, *Autour de Théodoret* (n. 3), p. XXXIII-LXI.

[15] PETIT, *Autour de Théodoret* (n. 3), p. XXXII-XXXIII: "Sans exclure que Procope ait pu retravailler lui-même le texte de Théodoret, on peut aussi penser – et c'est mon hypothèse – que Procope, ayant repéré la source de Théodoret, utilise celle-ci à nouveaux frais; il ne s'agirait donc non plus d'emprunts à Théodoret mais de parallèles". On the compilatory nature of Theodoret's *Questions*, see J.-N. GUINOT, "Les *Questions sur l'Octateuque et les Règnes* de Théodoret de Cyr : œuvre originale ou simple compilation ?", in *La littérature des questions et réponses dans l'Antiquité profane et chrétienne : de l'enseignement à l'exégèse. Actes du séminaire sur le genre des questions et réponses tenu à Ottawa les 27 et 28 septembre 2009*, ed. M.-P. BUSSIÈRES, Turnhout, 2013 (*IPM*, 64), p. 177-214. Diodore's exegesis was certainly a primary (if not the most important) source for Theodoret. Less strong are the parallels with New Testament and other homilies of John Chrysostom pointed out by M. DE DIEULEVEULT, "L'exégèse de la faute de David (*2 Règnes* 11–12). Jean Chrysostome et Théodoret de Cyr", *Studia Patristica*, 96 (2017), p. 95-102.

[16] The 1620 edition of the *ScholiaKgdms* (see n. 24 below) was put to use by Bernard de Montfaucon in his 1713 edition of Hexaplaric readings. Through the latter collection, the readings ended up in Frederick Field's 1875 edition.

[17] The rarity of overlap between her categories (1) and (2) could suggest that the parallels are in fact free reworkings of Theodoret.

the work. As her detailed survey of the content shows, one finds within one *hermēneia* either just one of these three types of content, or a combination of two or even all three of them: one or more borrowings, parallels and/or supplements follow one another consecutively to form the *hermēneia* of a given *keimenon*. The different components can be distinguished through an analysis of the content and especially through comparison with Theodoret's *Questions* as well as with the type A catena.

As Robert Devreesse had done before her, Petit observed that some of the supplements are also found in the type A catena on I-IV Kingdoms (*CPG* C 4.1).[18] In this sense, the *ScholiaKgdms* show agreement with the catena tradition, although that agreement still awaits explanation. In contrast, the *ScholiaKgdms* do not exhibit any relation with the *Collectio Coisliniana*: Petit did find some isolated points of agreement, but they do not constitute strong evidence.[19] They should be seen as a consequence of independent consultations of the same sources: the *ScholiaKgdms* do not rely on the *CollCsl* (neither does the *EpitOct*).[20]

b. Transmission

Françoise Petit published the parallels and supplements, i.e., all the Greek text of the *ScholiaKgdms* that she considered not to have been borrowed from Theodoret.[21] That publication, and the detailed survey of the full content she provided (see n. 14 above), are extremely valuable in anticipation of a critical edition of the *ScholiaKgdms* in their entirety.

---

[18] These supplements were collected by PETIT, *Autour de Théodoret* (n. 3), p. 177-183 (Annex 5). Earlier, R. DEVREESSE had pointed out agreement between the *ScholiaKgdms* and codex *Paris, Coisl.* 8, which represents the type A catena. See *Les anciens commentateurs grecs de l'Octateuque et des Rois (fragments tirés des chaînes)*, Città del Vaticano, 1959 (*StT*, 201), p. xv; he signalled two such cases, on p. 54 and 173 (Eusebius of Caesarea and Didymus the Blind: these are supplements 29 and 87, ed. PETIT, *Autour de Théodoret* [n. 3], p. 125 and 118 = 180 and 177).

[19] PETIT, *Autour de Théodoret* (n. 3), p. LXI. The parallel that was pointed out by DEVREESSE (*Anciens commentateurs* [n. 18], p. 121-122) must be ignored: see section 5 below.

[20] Cf. CEULEMANS, "Transmission, Sources and Reception" (n. 2), p. 222.

[21] PETIT, *Autour de Théodoret* (n. 3), p. 99-114 (parallels) and 115-128 (supplements). Some of the supplements are also included in her Annex 5 (p. 177-183; see n. 18 above).

196   REINHART CEULEMANS

The number of manuscript witnesses of the *ScholiaKgdms* is limited. All of them contain the *EpitOct* and have from that perspective been studied by Karin Metzler.[22] There is no reason to suspect that the relationship between those manuscripts would be different in the sections with the *ScholiaKgdms*. In the absence of a *recensio* of the text on I-IV Kingdoms, we can therefore proceed from the conclusions reached by Metzler for Genesis and Exodus.

Manuscripts Mnc and K are the most important witnesses, from the late ninth and tenth/eleventh centuries respectively. They depend on a common model but not on each other. That model has not been found, which makes those two manuscripts the only copies of the complete work that are relevant for textual reconstruction.[23] In the 1540s, a copy of Mnc was made in Zurich: codex *Leiden, UB, BPG* 50.

The *ScholiaKgdms* appeared in print in 1620, in an edition prepared by Johannes van Meurs (Ioannes Meursius).[24] It relies on a single manuscript, which was identified – not by the editor but in more recent research – as the Leiden copy just mentioned.[25] Meursius added to the Greek text a Latin version that had been printed in Zurich in 1555 and which had been translated from Mnc.[26]

---

[22] *Prokop von Gaza, Eclogarum in libros historicos Veteris Testamenti epitome. Vol. 1: Der Genesiskommentar*, ed. K. METZLER, Berlin – Boston, MA, 2015 (*GCS NF*, 22), p. XXXIX-LXXXVIII and METZLER (ed.), *Prokop, Exoduskommentar* (n. 2), p. XLVII-LXXIX.

[23] Between 1536 and 1544, the Greek monk and intellectual Pachomios Rousanos selected a few excerpts on I, II and IV Kingdoms from K. His selection did not have any impact on the further transmission. See CEULEMANS, "A Post-Byzantine Reader" (n. 2).

[24] *Procopii Gazaei in libros Regum et Paralipomenon scholia*. I. MEURSIUS nunc primus Graece edidit, et Latinam interpretationem adiecit, Leiden, 1620.

[25] Meursius referred to his source manuscript as one from "his own library" (p. [1]: "[...] *cum Procopium hunc vulgarem, è bibliotheca mea depromptum*"). Alfred Rahlfs struggled with this identification (*Verzeichnis* [n. 1], p. 379-380 n. 1). Introducing codex *Leiden, UB, BPG* 50 to the field of research, F. PETIT managed to untie the knot ("Les fragments grecs" [n. 4], p. 108 n. 63). The catalogue description suggests that, before joining the collection of the Leiden university library (1614 at the latest), the manuscript might have been in the possession of Meursius after having been auctioned in 1607: see the notes on ownership history in K. A. DE MEYÏER, E. HULSHOFF POL, *Bibliotheca Universitatis Leidensis. Codices manuscripti. VIII: Codices Bibliothecae Publicae Graeci*, Leiden, 1965, p. 72.

[26] *Procopii Gazaei sophistae commentarii in Octateuchum, hoc est, in priores octo Veteris Testamenti libros, ex uetustissimis orthodoxorum patrum, aliorumque scrip-*

PROCOPIUS IN THE *CATLIPS* ON I-IV KGDMS

Together with the Latin translation, Meursius' edition was reprinted in 1746 by Giovanni Lami (Ioannes Lamius).[27] Jacques-Paul Migne included the text of that reprint in the *Patrologia Graeca* (1860), yet not without changing it considerably.[28] Those changes can be traced to the *CatLips* (see section 5 below).

Since the seventeenth century a few scholars wanting to collect Hexaplaric readings, or the remains of otherwise lost exegesis and other patristic literature, have turned to the *ScholiaKgdms*. Their access has been via the printed tradition, however, not the manuscript evidence itself.[29]

---

torum enarrationibus in unum corpus et perpetuum interpretationis contextum accuratissime concinnati. Nunc primum ex antiquissimo Graeco codice manuscripto, quem amplissimae Reip. Augustanae Bibliotheca suppeditauit, in Latinum sermonem translati C. CLAUSERO Tigurino interprete, Zürich, 1555. Despite the title, the translation does not limit itself to the Octateuch, but includes the *ScholiaKgdms* (p. 510-546; the section on I-II Paralipomena follows on p. 546-552). On the Greek source manuscript, see M. HEIMGARTNER, *Pseudojustin, Über die Auferstehung. Text und Studie*, Berlin – New York, 2001 (*PTS*, 54), p. 294-296. The identity of the translator of the *ScholiaKgdms* (and the *Scholia on I-II Paralipomena*) is shrouded in mystery. It is not Konrad Clauser, whose name is mentioned on the title page but who, by his own admission in the preface, translated only the Epitome on Genesis, Exodus and Leviticus (fol. α 3v). He identified Hartmann Hamberger from Zurich (Hartmannus Hamberger Tigurinus) as the colleague who translated all the other sections. Curiously, in the translation itself Hamberger's name is mentioned only at the beginning of the section on II Paralipomena (p. 549), while the translation of the *ScholiaKgdms* and the *Scholia on I Paralipomena* is attributed to Ludwig Lavater from Zurich (Ludovicus Lavaterus Tigurinus, p. 510 and 546). This has been observed (for example by I. HARDT, *Catalogus codicum manuscriptorum Bibliothecae Regiae Bavaricae. Codices graec[i]. Tom. IV*, München, 1810, p. 42 and by RAHLFS, *Verzeichnis* [n. 1], p. 380 n. 4), but not explained further.

[27] *Ioannis Meursii operum volumen octavum* ex recensione I. LAMII, Firenze, 1746, p. 1-124.

[28] *PG* 87/1, cols 1079-1200.

[29] Meursius' edition was mined for Hexaplaric readings (see n. 16 above). The *PG* reprint was used as a witness for the Greek frg. 16 of Irenaeus' *Against the Heresies* V,17: *Irénée de Lyon, Contre les hérésies. Livre V. Édition critique par* A. ROUSSEAU, L. DOUTRELEAU, Ch. MERCIER, Paris, 1969 (*SC*, 152-153), I, p. 107-108 (introduction) and II, p. 232-235 (text). Exceptionally, Martin Brok used the manuscript evidence (in the form of Mnc) when printing the Greek text of *CPG* 6213: M. BROK, "Le livre contre les mages de Théodoret de Cyr", *Mélanges de science religieuse*, 10

198   REINHART CEULEMANS

A critical edition of the *ScholiaKgdms* needs to rely on the manuscripts K and Mnc. Because of its availability, the latter manuscript has
received most attention in modern research.[30] My analysis, too, relies
on Mnc (I did not have access to a reproduction of K).[31]

Manuscript Mnc was read and used frequently also in Byzantium
and the post-Byzantine period: this can be seen from a substantial number of marginalia, added by various hands at different points in time
down to the sixteenth century. These marginal annotations await study:[32] only those in the opening section of the manuscript have received
attention. In the margins to the *Epitome* on the first three books of the
Octateuch, the notes are many in number and can be found on virtually every page. A few marginalia in the section on Genesis are quite
long: they are additional *hermēneiai* (some of which are known from
the *CollCsl*) added by John Chortasmenos.[33] In the section on Leviticus,
too, a few supplementary *hermēneiai* can be found (not added by
Chortasmenos but by another reader).[34] Because of their length they

(1953), p. 181-194, here p. 181-184 (the fragment was republished on the basis of the
same manuscript by PETIT, *Autour de Théodoret* [n. 3], p. 126-127 = 180-182).

[30] Petit conducted her analysis on and printed the Greek text (see notes 14 and 21
above) of Mnc exclusively, because for a long time she thought that K depended on
it. Later she revised her opinion, and came to see both codices as brothers depend-
ing on the same model: *Eusèbe d'Émèse, Commentaire de la Genèse* (n. 2), p. 188-192.
Manuscript Mnc is also referenced in important earlier research on the exegetical
tradition of I-IV Kingdoms, such as that by DEVREESSE, *Les anciens commentateurs*
(n. 18).

[31] I consulted the online reproduction of Mnc at https://mdz-nbn-resolving.de/
urn:nbn:de:bvb:12-bsb00109048-6. On K, see n. 5 above.

[32] Manuscript Mnc has not yet been described in the context of the new *Catalogus codicum manu scriptorum Bibliothecae Monacensis*. Its description is forthcoming by Dr Kerstin Hajdú (private communication by Dr Marina Molin Pradel,
9/2/23). The marginalia are not mentioned by HARDT, *Catalogus* (n. 26), p. 40-42.
It is not clear whether the manuscript was still in the post-Byzantine East when some
of the most recent marginalia were added, or if it was already in Italy: see METZLER
(ed.), *Prokop, Genesiskommentar* (n. 22), p. XLIII.

[33] *RGK* I 191 = II 252 = III 315. See B. MONDRAIN, "Un nouveau manuscrit de
Jean Chortasménos", *JÖB*, 40 (1990), p. 351-358. Cf. also *La chaîne sur la Genèse. Édition intégrale. II. Chapitres 4 à 11*, ed. F. PETIT, Leuven, 1993 (*TEG*, 2), p. XV.

[34] On Lev 1:11-13 (fol. 250v) and on Lev 9:22 (fol. 259v). The second of these marginal *hermēneiai* will be printed and discussed by Karin Metzler in the introduction
to her forthcoming edition of the *Epitome* on Leviticus. I am grateful to Dr Metzler

are exceptional: the marginalia that accompany the *Epitome* on Genesis, Exodus and Leviticus are as a rule short: Karin Metzler's characterization of those on Genesis as "teils textkritische, teils kommentierende oder gliedernde Marginalien" inserted by various younger hands, can be extended to the sections on Exodus and Leviticus.[35] In the sections on Numbers to Judges, no marginalia can be found. In the section of Mnc on I Kingdoms we see a different picture: the scholia are accompanied by many marginalia and most of them are of considerable length. We find notes in all four margins and between the lines of the main text. This tendency, very clear in the section on I Kingdoms, continues in the margins on II Kingdoms, before gradually fading away in the sections on III-IV Kingdoms.

The marginalia that accompany the *ScholiaKgdms* had a substantial impact on the textual tradition of this work, as we shall see in section 4 below. These marginalia do not represent text-critical remarks or isolated variant readings, but additional exegetical content: the unknown annotator wanted to supplement the *ScholiaKgdms* he read in the main text. To do so, he used the type B catena.

2. The Type B Catena on I-IV Kingdoms

The catena on I-IV Kingdoms known as "type B" (*CPG* C 4.2) has not received much attention in secondary literature, but needs to be central in any analysis of the *ScholiaKgdms*.

a. Manuscript witnesses, author identifications and Theodoret

No pendant of the type B catena exists for the Octateuch. Almost all of its known manuscript witnesses do contain a catena on the Octateuch (or on some books of it), but it is the common type III catena (*CPG* C 2).[36]

---

for our e-mail exchange on this matter (February-March 2023) and for her willingness to share this part of the introduction before publication.

[35] METZLER (ed.), *Prokop, Genesiskommentar* (n. 22), p. XLVI.

[36] The type III catena on the Octateuch does have a pendant for I-IV Kingdoms (i.e., the type A catena, *CPG* C 4.1), but it is transmitted in an independent manuscript tradition (i.e., in codices without a section on the Octateuch). While the type III catena was the most popular catena on the Octateuch by far, the type A catena on I-IV Kingdoms was, in terms of manuscript witnesses, less popular than the type B catena. When a manuscript of the type III catena on the Octateuch also contains exegesis of one or more books of Kingdoms, that exegesis is the type B catena.

200 REINHART CEULEMANS

The type B is a completely different kind of compilation.[37]

The type B catena is attested in both a full-page and a marginal layout. No full or critical edition exists. The following manuscript witnesses are known:[38]

> Ath = *Athens, EBE* 43 (11th c.): I-IV Kgdms (fols 201r-255v, marginal layout)[39]

---

[37] Basic descriptions: H. LIETZMANN, *Catenen. Mitteilungen über ihre Geschichte und handschriftliche Überlieferung*, Freiburg – Leipzig – Tübingen, 1897, p. 41-42 ("catena I", analysed on the basis of "MS F" = codex *Paris, Coisl.* 7); G. KARO, I. LIETZMANN, "Catenarum graecarum catalogus", in *Nachrichten von der Königlichen Gesellschaft der Wissenschaften zu Göttingen, Philologisch-historische Klasse*, Göttingen, 1902, p. 1-66, 299-350, 559-620, here p. 19-20; PETIT, *Autour de Théodoret* (n. 3), p. XXXI-XXXII, summarized in *Sévère d'Antioche, Fragments grecs tirés des chaînes sur les derniers livres de l'Octateuque et sur les Règnes*, ed. and trans. F. PETIT, Leuven – Paris – Dudley, MA, 2006 (*TEG*, 14), p. XV. On the title of the section on III Kingdoms in the catena, see G. MERCATI, *Note di letteratura biblica e cristiana antica*, Roma, 1901 (*StT*, 5), p. 237 (a study conducted on the basis of manuscript *Vat. gr.* 331).

[38] I have not had sight of all the manuscripts listed here and rely on secondary literature. For the first four manuscripts, see KARO, LIETZMANN, "Catenarum graecarum catalogus" (n. 37), p. 19-20 and PETIT, *Autour de Théodoret* (n. 3), p. XXII-XXIII n. 39 (repeated in *Sévère d'Antioche* [n. 37], p. XV). The identification of the last manuscript needs to be inferred from other information. Note that RAHLFS added *Berlin, Phillipp.* 1405 to the list of catena manuscripts of I-IV Kingdoms (*Verzeichnis* [n. 1], p. 385), but PETIT identified it as a copy of *Munich, BSB, gr.* 209, which means that it contains the *CollCsl* on Genesis to I Kgdms 13:19: *Catenae Graecae in Genesim et in Exodum. II. Collectio Coisliniana in Genesim*, ed. F. PETIT, Turnhout – Leuven, 1986 (*CCSG*, 15), p. XXXII n. 12 and p. XLV-XLVII. Next to the witnesses listed here, the type B catena has known an indirect tradition, in the form of *Paris, BnF, gr.* 133. This manuscript from the fourteenth century contains a daughter catena on I-IV Kingdoms: it combines elements from the type A and the type B catenae with additional text. No pendant exists for the Octateuch. First description by LIETZMANN, *Catenen* (n. 37), p. 43 ("catena II"). See further on *Paris, gr.* 133: KARO, LIETZMANN, "Catenarum graecarum catalogus" (n. 37), p. 19 ("excerpta ex priore nec aliena a sequenti") and FERNÁNDEZ MARCOS, BUSTO SAIZ (ed.), *Theodoreti Quaestiones in Reges* (n. 10), p. XXVII ("El texto que ofrece este ms. se encuentra asimismo alejado del de las *catenae* que presentan los mss. 54 y 57 [i.e., *the type B catena*, RC] por un lado y los mss. 55 y 56 [i.e., *the type A catena*, RC] por otro").

[39] I consulted this manuscript on the basis of colour images purchased from the National Library of Greece with the help of Dimitrios Zaganas.

PROCOPIUS IN THE *CATLIPS* ON I-IV KGDMS

Athos, Iviron 15 (11th c.): I-IV Kgdms (fols 172r-519r, full-page layout)

Vatican, BAV, Vat. gr. 331 (11th c.): I-IV Kgdms (fols 41r-129v, marginal layout)[40]

Paris, BnF, Coisl. 7 (12th c.): I-IV Kgdms (fols 39r-127v, marginal layout)[41]

Vienna, ÖNB, theol. gr. 135 (14th c.): I-IV Kgdms (fols 1r-232v, full-page layout)[42]

Alexandria, Patriarchal Library 228 (1592 CE): I-II (!) Kgdms (fols 282r-376r? full-page layout?)[43]

---

[40] The online reproduction at https://digi.vatlib.it/view/MSS_Vat.gr.331 is of poor quality.

[41] I consulted this manuscript through https://gallica.bnf.fr/ark:/12148/btv1b11004379b. It mirrors the presentation of the catena in *Vat. gr.* 331 and might very well be a copy.

[42] I consulted this manuscript through http://data.onb.ac.at/rec/AC14451882 (and thank Dimitrios Zaganas for having brought this reproduction to my attention). It contains a catena on I-IV Kingdoms and nothing more. It was described as being closely related to *Vat. gr.* 331 by RAHLFS (*Verzeichnis* [n. 1], p. 322) and MERCATI (*Note di letteratura* [n. 37], p. 82 n. 2). This identification was confirmed by H. HUNGER, O. KRESTEN, *Katalog der griechischen Handschriften der Österreichischen Nationalbibliothek. Teil 3/2: Codices theologici 101-200*, Wien, 1984 (*Museion. Veröffentlichungen der Österreichischen Nationalbibliothek, nF, vierte Reihe: Veröffentlichungen der Handschriftensammlung*, 1.3.2), p. 132-134.

[43] Relying on second-hand information, Rahlfs described the content of this manuscript as a catena on Genesis (*Verzeichnis* [n. 1], p. 88 and 378, referencing the old shelf mark *Cairo, Patriarchal Library* 68), which was later identified as the type III catena: *La chaîne sur la Genèse. Édition intégrale. I. Chapitres 1 à 3*, ed. F. PETIT, Leuven, 1991 (*TEG*, 1), p. xxv. This invites the suggestion that the catena on I-II Kingdoms in the same manuscript is the type B catena (see n. 36 above). I deduce information on the layout from the available descriptions: G. CHARITAKES, "Κατάλογος τῶν χρονολογημένων κωδίκων τῆς Πατριαρχικῆς Βιβλιοθήκης Καΐρου", Ἐπετηρὶς Ἑταιρείας Βυζαντινῶν Σπουδῶν, 3 (1926), p. 109-204, here p. 156-157 (item 37); N. S. PHIRIPPIDES, "Κατάλογος τῶν κωδίκων τῆς Βιβλιοθήκης τοῦ Πατριαρχείου Ἀλεξανδρείας", Ἐκκλησιαστικὸς Φάρος, 40 (1941), p. 111-128, here p. 121-122, reproduced by Th.D. MOSCHONAS, Κατάλογοι τῆς πατριαρχικῆς βιβλιοθήκης. Τόμος Α'. Χειρόγραφα, Alexandria, 1945 [reprint: *Catalogue of MSS of the Patriarchal Library of Alexandria*, Salt Lake City, UT, 1965 (*Studies and Documents*, 26)], p. 156-157. The collection of manuscripts in the Patriarchal Library is said to be in poor condition today: see H. HOUGHTON, M. MONIER, "Greek Manuscripts in Alexandria", *JThS*, 71 (2020), p. 119-133, here p. 123.

202   REINHART CEULEMANS

This list sets the *terminus ante quem* of the type B catena in the eleventh century.

At this point I suspect that we need to distinguish two redactions: a longer original one, transmitted in Ath (and in *Vat. gr.* 331 and *Paris, Coisl.* 7), and a younger shorter one (*Vienna, theol. gr.* 135).[44] Not having collated the full text and not even having seen all the manuscripts, I am well aware that this assumption is but a working hypothesis of limited value. For practical reasons, my analysis nonetheless relies just on Ath: in what follows, observations on "the type B catena" refer to this manuscript.

We can call type B a catena, because it comments on the biblical text of I-IV Kingdoms (in the typical structure of *keimena*, each explained in one or, less often, more *hermēneiai*) and because in doing so it uses exegesis assembled from a number of earlier sources. But author attributions are almost completely absent: nearly all the content of the type B catena is anonymous.[45] Two remarkable exceptions are the attributions to Isidore and a certain Dionysius, which accompany four and two *hermēneiai* in the sections on I and III Kingdoms respectively. All six of them are excerpts from the epistolary corpus of Isidore of Pelusium.[46] Those letters are an alien element among the sources used in the catena tradition of I-IV Kingdoms: the attributions expose the six excerpts in question as secondary elements.

The description by Georg Karo and Hans Lietzmann mentions as the only other attributions a handful of occurrences of the names of Theodoret (and Theodore).[47] Some of the attributions to Theodoret are clustered in the opening section of the catena:[48]

---

[44] See notes 48 and 60 below. Against Brok's claim ("Le livre contre les mages" [n. 29], p. 182 n. 6), the fragment *CPG* 6213 can be found, next to *Vat. gr.* 331 (MS "V"), in Ath (fol. 243v) and in *Paris, Coisl.* 7 (fols 107v-108r).

[45] Petit was reluctant to call it a catena (*Autour de Théodoret* [n. 3], p. XXXI-XXXII).

[46] Both *hermēneiai* attributed to Dionysius were identified by MERCATI, *Note di letteratura* (n. 37), p. 82-86 ("Due supposte lettere di Dionigi Alessandrino", a study conducted on the basis of MS *Vat. gr.* 331).

[47] KARO, LIETZMANN, "Catenarum graecarum catalogus" (n. 37), p. 19-20. On the attributions to Theodore, see n. 53 below.

[48] The following transcription of the opening section of the type B catena relies on Ath, fols 201v-202r (with normalized orthography). I introduce the numbering of the various elements of the exegetical section for ease of reference. In MS *Vienna, theol. gr.* 135 (fol. 2r-v), the opening section of the catena is quite different. Of the

PROCOPIUS IN THE *CATLIPS* ON I-IV KGDMS   203

1   Διατί Βασιλεῖαι τὸ βιβλίον καλεῖται;
    [= entry typical of a *Synopsis of Holy Scripture*]

2   Ἐπειδὴ ἡ πρώτη καὶ ἡ δευτέρα ... τέλος ἔχει τὸ βιβλίον.
    [= entry typical of a *Synopsis of Holy Scripture*]

3   Ἐπειδὴ τῆς θείας χάριτος ἀπολαύσαντες ... μὴ καταλείπωμεν ἀτελῆ.
    [= Theodoret, *Questions on I Kgdms*, hypothesis (p. 3.1-8)][49]

4   Εἰς τὰς Βασιλείας.

5   Πλεῖστοι προφῆται γεγένηνται ... τὸ βιβλίον Παραλειπομένων καλέσαντες,
    ὡς τὰ παραλειφθέντα τοῖς ἄλλοις διδάσκον.
    [cf. *ScholiaKgdms*, preface (ed. Meursius, p. 2-5) + additional line][50]

6   Καὶ ἐγένετο ἄνθρωπος.
    [= I Kgdms 1:1]

7   Εἷς τῶν υἱῶν Λευὶ γέγονεν ὁ Καὰθ ... Ἐλκανά, Σαμουήλ. **Ὁ δὲ Ἡλὶ ἐκ τῆς τοῦ**
    Ἰθάμαρ ἦν πατριᾶς, ἀλλὰ διὰ τὴν τῶν παίδων παροινίαν σὺν παντὶ γένει
    τῆς ἱερατικῆς ἐγυμνώθη τιμῆς.
    [cf. *Scholia on I Kgdms*, on I Kgdms 1:1 (ed. Meursius, p. 5) + additional lines]

8   Θεοδωρήτου. Ἐπειδὴ τῆς θείας χάριτος ἀπολαύσαντες ... μὴ καταλείπωμεν
    ἀτελῆ.
    [= Theodoret, *Questions on I Kgdms*, hypothesis (p. 3.1-8)]

9   Τίς ἡ αἰτία τῆς ἐν τῇ γραφῇ ἀσαφείας;
    [= Theodoret, *Questions on I Kgdms*, hypothesis (p. 3.8 app.)]

10 Τοῦ αὐτοῦ. Ἡ ἐξ ἑτέρας γλώττης εἰς ἑτέραν ... ἀσαφείας κἀκεῖνα μεστά.
    [= Theodoret, *Questions on I Kgdms*, hypothesis (p. 3.8-12 app.)]

11 Τίς ἡ τῶν Βασιλειῶν τῆς ἱστορίας ὑπόθεσις;
    [= Theodoret, *Questions on I Kgdms*, hypothesis (p. 3.13 app.)]

12 Πρῶτον μὲν τῆς ἱστορίας ... παραλειφθέντα διδάσκουσαν.
    [= Theodoret, *Questions on I Kgdms*, hypothesis (p. 3.13–4.17 app.)]

13 Πῶς δὲ Ἐλκανὰ ἐξ Ἀρμαθαὶμ ὢν Ἐφραθαῖος ὀνομάζεται;
    [cf. Acacius of Caesarea, fragment on I Kgdms 1:1 (in the *CollCsl*, ed. Petit,
    Csl. 1)][51]

items listed here, it only has (in the same order) 6-7, 13-18, the first part of 19 (with the
second part following later). It lacks all attributions.

[49] References to Theodoret are from FERNÁNDEZ MARCOS, BUSTO SAIZ (ed.),
Theodoreti Quaestiones in Reges (n. 10).

[50] References to the *ScholiaKgdms* are from the 1620 edition (see n. 24 above).

[51] References to the *CollCsl* are from PETIT, *Autour de Théodoret* (n. 3).

14 Μήποτε συνέβαινεν αὐτὸν ἐκ τῶν δύο ... τῆς ἀνατροφῆς ἕνεκεν.
[cf. Acacius of Caesarea, fragment on I Kgdms 1:1 (in the *CollCsl*, ed. Petit, Csl. 1)]

15 Διατί δὲ Ἑλκανὰ δύο ἔσχεν γυναῖκας;
[= Theodoret, *Questions on I Kgdms*, Qu. 2 (p. 5.8)]

16 Οὔτε ἐκώλυσεν ὁ νόμος δυσὶν ... ἐτελείωσεν ὁ νόμος.
[= Theodoret, *Questions on I Kgdms*, Qu. 2 (p. 5.9-13 app.)]

17 Τί ἐστιν Ἀπέκλεισε Κύριος ... περὶ τὴν μήτραν αὐτῆς;
[= Theodoret, *Questions on I Kgdms*, Qu. 3 (p. 5.14)]

18 Διδάσκει ὁ λόγος μὴ γάμῳ θαρρεῖν, ἀλλὰ τὸν ποιητὴν εἰς ἐπικουρίαν καλεῖν. Τῆς φύσεως μὲν γὰρ τὸ πάθος, ἀλλὰ τῷ ποιητῇ δεῖ τὴν στείρωσιν ἐπιγράφεσθαι, ὅτι δυνάμενος διορθοῦσθαι τὸ πηρὸν μέλος εἴα τέως· ὅτε γοῦν ἠβουλήθη, διωρθώσατο τὴν φύσιν.[52]
[= Theodoret, *Questions on I Kgdms*, Qu. 3 (p. 5.15-16) + Diodore of Tarsus, fragment on I Kgdms 1:5 (in the *CollCsl*, ed. Petit, Csl. 3)]

19 Θεοδωρήτου. Διδάσκει τοὺς ἐντυγχάνοντας οὗτος ὁ λόγος ... νῦν ἀκαρπίαν νοσεῖ.
[= Theodoret, *Questions on I Kgdms*, Qu. 3 (p. 5.15–7.25)]

The disproportionate number of attributions to Theodoret in the opening part of the catena (see nos 8, 10 and 19) might function as a sign post, identifying his exegesis as the primary source of the catena.[53] Its presence is indeed undeniable: Theodoret's *Questions* dominate the type B catena and often open the exegetical section on a *keimenon*.[54] That dominance increases as the catena unfolds: in the section on III Kingdoms not much exegesis by other authors can be found, and in that on IV Kingdoms Theodoret is the only source.[55]

---

[52] In MS *Paris, Coisl.* 7, fol. 40v, this *hermēneia* is in the margin preceded by the abbreviation Ωρ (for Ωρ<αῖον>, not for Ωρ<ιγένους>).

[53] The two attributions to Theodore signalled by KARO, LIETZMANN, "Catenarum graecarum catalogus" (n. 37), p. 19 might be misspelled references to Theodoret.

[54] The descriptions of the opening sections by LIETZMANN, *Catenen* (n. 37), p. 41-42 and HUNGER, KRESTEN, *Katalog* (n. 42), p. 132, with references to Theodoret galore, are illustrative.

[55] I did not collate the type B catena in full, but refer to indirect evidence. Fernández Marcos and Busto Saiz observed that in the section on IV Kgdms, *Vat. gr.* 331 contains only a summary of Theodoret's *Questions* without any exegesis of other provenance (*Theodoreti Quaestiones in Reges* [n. 10], p. XXI).

PROCOPIUS IN THE *CATLIPS* ON I-IV KGDMS

The testimony of *Vat. gr.* 331 was used by Martin Brok when he printed a fragment whose origin is unknown but which might be from Theodoret (*CPG* 6213).[56] More importantly, Natalio Fernández Marcos and José Ramón Busto Saiz documented the readings of the same manuscript in their critical edition of Theodoret's *Questions* (MS "54", belonging to their family "A").[57] Before them, Johann Ludwig Schulze had documented variant readings of *Paris, Coisl.* 7 in the addenda to his edition of the same text (MS "α").[58]

b. Parallels with Procopius

Most of the exegetical content of the catena that was not taken from Theodoret can be recognized from the *ScholiaKgdms* (but the name of Procopius does not occur in any attribution). This creates a remarkable effect: because many of the *ScholiaKgdms* are either a literal reprise of Theodoret's *Questions* or run parallel to them,[59] the catena features many doublets. One does not need to read far into the catena to come across a blatant example:[60]

Ἐζωσμένον ἐφούδ.
[= I Kgdms 2:18]

Ἀκύλας "ἐπένδυμα ἐξαίρετον", Σύμμαχος "ἐφοὺδ λινοῦν καὶ ἐφεστρίδα μικράν". Ἀλλὰ πῶς ὁ Σαμουὴλ Λευΐτης ὢν τῷ ἐφοὺδ ἐκέχρητο; Μόνῳ γὰρ ἀφώριστο τῷ ἀρχιερεῖ. Εἰκὸς οὖν τὸν Ἠλὶ τὴν θείαν αὐτῷ χάριν ἐπανθοῦσαν ἑωρακότα, καὶ παραδόξως τεχθέντα καὶ πρὸ ὠδίνων ἐπαγγελθέντα, καὶ ἔνδον ἐν τῇ θείᾳ σκηνῇ τρεφόμενον, ὡς ἁγίῳ καὶ Ναζιραίῳ καὶ θεαιτήτῳ – ὡς καὶ τοὔνομα δηλοῖ – καὶ κομιδῇ νέῳ μεταδοῦναι ταυτησὶ τῆς τιμῆς. Διὰ δὲ τοῦ ἐφοὺδ πλεῖστα προεδήλου τῶν ἀγνοουμένων ὁ θεός.
[= *ScholiaKgdms*, on I Kgdms 2:18-19 (ed. Meursius, p. 9)]

---

[56] See n. 44 above.

[57] *Theodoreti Quaestiones in Reges* (n. 10), p. XXXI-XXXIII and XL-XLI. Two other witnesses of the catena were consulted but not collated in full: *Paris, Coisl.* 7 (MS "57") and *Athos, Iviron* 15 (MS "70").

[58] *B<eati> Theodoreti episcopi Cyri opera omnia. Tomus V. Accessit auctarium Theodoreti quod olim adornauit I. Garnerius. Nunc recognouit et locupletauit atque uberrimis indicibus instructum edidit I. L.* SCHULZE, Halle, 1774, p. 1196-1233. The readings are reprinted in the notes in *PG* 80, cols 529-800 (which, despite their title *"Variae lectiones ex Catena Lipsiensi"*, are not limited to variants from the *CatLips*).

[59] See the description in section 1.a above.

[60] Ath, fol. 203r. In MS *Vienna, theol. gr.* 135, fol. 5r-v, there is no overlap: it has the first two items listed here, but not the third.

Εἰκὸς τὸν Ἡλὶ τὴν θείαν χάριν αὐτῷ ἐπανθοῦσαν ἑωρακότα, καὶ παραδόξως τεχθέντα, καὶ ἔνδον τρεφόμενον ἐν τῇ σκηνῇ, ὡς ἁγίῳ καὶ Ναζιραίῳ καὶ θεαιτήτῳ (θεητήτῳ cod.) – τοῦτο γὰρ ἑρμηνεύεται τὸ ὄνομα τοῦ Σαμουήλ – καὶ κομιδῇ νέῳ μεταδοῦναι ταύτης τῆς τιμῆς.
[= Theodoret, *Questions on I Kgdms*, Qu. 6 (p. 8.12–9.4)]

The short Qu. 6 of Theodoret is cited in its entirety as part of the *hermē-neia* that precedes it and which we recognize from the *ScholiaKgdms*:[61] two identical versions of the same answer by Theodoret immediately follow each other in an obvious doublet. *Hermēneiai* such as these illustrate the compilatory nature of the type B catena. In some cases the compiler does seem to have avoided repetition. In the opening section, schematically presented above, Qu. 1 of Theodoret is absent: it might have been left out because the largest part of it is paralleled in the *her-mēneia* on I Kgdms 1:1 (n° 7 in the table above, which can also be found in the *ScholiaKgdms*).[62] Far more frequently, however, the overlap is unmistakable.

The repetitive effect is reinforced by some confusing cases, where it is difficult to tell if a certain text in the catena is Theodoret's exegesis itself (at times slightly modified, in a way catena compilers in general are known to change their source) or an adaptation of Theodoret such as in the *ScholiaKgdms*.[63] For example, there is some overlap between items 5[64]

---

[61] The *hermēneia* of the *ScholiaKgdms* consists of four successive sections (cf. Petit, *Autour de Théodoret* [n. 3], p. xxxiv): a reworking of Theodoret, Qu. 5 (Fernández Marcos, Busto Saiz [ed.], *Theodoreti Quaestiones in Reges* [n. 10], p. 8.6); supplement 5; a reworking of Theodoret, Qu. 6 (*ibid.*, p. 8.10–9.4); supplement 6. To identify the supplements, I cite the numbering introduced by Petit in her edition (see n. 21 above).

[62] Petit, *Autour de Théodoret* (n. 3), p. 101 (parallel 1).

[63] The editors of Theodoret's *Questions* struggled with this issue. This explains the absence/presence (at times surprising) of variant readings of MS "54" (= *Vat. gr.* 331) in their apparatus. On their general treatment of catena text, see Fernández Marcos, Busto Saiz (ed.), *Theodoreti Quaestiones in Reges* (n. 10), p. xli.

[64] Ath, fol. 201v: Πλεῖστοι προφῆται γεγένηνται, ὧν τὰς μὲν βίβλους οὐχ εὕρομεν, τὰς δὲ προσηγορίας ἐκ τῆς τῶν Παραλειπομένων μεμαθήκαμεν ἱστορίας. Τούτων συνέγραφεν ἕκαστος ὅσα συνέβαινε γίνεσθαι κατὰ τὸν οἰκεῖον καιρόν. Αὐτίκα γοῦν καὶ ἡ πρώτη τῶν Βασιλειῶν καὶ παρ' Ἑβραίοις καὶ παρὰ Σύροις "προφητεία Σαμουήλ" ὀνομάζεται. Οἱ τοίνυν τὰς Βασιλείας συγγράψαντες ἐξ ἐκείνων λαβόντες τὰς ἀφορμάς, μετὰ πλεῖστον συνέγραψαν χρόνον. Πῶς γὰρ οἷόν τε Σαμουὴλ τὸν τῷ Σαοὺλ ἢ καὶ τῷ Δαυὶδ συνηκμακότα μετὰ ταῦτα πάντα συγγράψαι μέχρι τῆς τοῦ Ναβουχοδονόσορ τελευτῆς, ὃς αἰχμάλωτον εἰλήφει τὸν Ἰσραήλ; Τὰ δὲ τοῖς συναγαγοῦσι παραλειφθέντα

and 12[65] in the above table: both *hermēneiai* cover the last part of Theodoret's hypothesis (p. 3.3–4.17). That overlap can best be explained as a doublet: while item 12 is an excerpt from Theodoret's text itself, item 5 can be recognized from the slightly shortened version of the same excerpt that opens the *ScholiaKgdms*. The text of item 5 in the catena is indeed unmistakably much closer to the Procopius than to Theodoret, yet adds to the end of the *hermēneia* (...ἕτεροί τινες ἱστοριογράφοι παρέδοσαν, τὸ βιβλίον Παραλειπομένων καλέσαντες = Meursius p. 5, a shortened redaction of Theodoret p. 4.14-16) a few words that are absent from the *ScholiaKgdms* and resemble Theodoret (ὡς τὰ παραλειφθέντα τοῖς ἄλλοις διδάσκον, cf. Theodoret p. 4.16-17).

Another reason for relating item 5 not to Theodoret but to the *ScholiaKgdms*, even if it contains more text than the version we know from Mnc, is the recurrence of this feature: the type B catena contains a substantial number of *hermēneiai* that unmistakably resemble the *ScholiaKgdms*, but are slightly longer. Item 7 is a further example: it is the exegesis of I Kgdms 1:1 that we also find in the *ScholiaKgdms*, expanded with a sentence of unknown provenance that cannot be found in Mnc. Such expansions can be found in many *hermēneiai* in the type B catena that are otherwise identical with the *ScholiaKgdms*, often at the end and sometimes within the text. For example:[66]

ἕτεροί τινες ἱστοριογράφοι παρέδοσαν, τὸ βιβλίον Παραλειπομένων καλέσαντες, **ὡς τὰ παραλειφθέντα τοῖς ἄλλοις διδάσκον** (p.corr., διδάσκουσιν vel sim. cod.[a.corr.]).

[65] Ath, fol. 201v: Πρῶτον μὲν τῆς ἱστορίας ἐρῶ τὴν ὑπόθεσιν. Πλεῖστοι προφῆται γεγένηνται, ὧν τὰς μὲν βίβλους οὐχ εὕρομεν, τὰς δὲ προσηγορίας ἐκ τῆς τῶν Παραλειπομένων μεμαθήκαμεν ἱστορίας. Τούτων ἕκαστος εἰώθει συγγράφειν ὅσα συνέβαινε κατὰ τὸν οἰκεῖον καιρόν. Αὐτίκα γοῦν καὶ ἡ πρώτη τῶν Βασιλειῶν καὶ παρ' Ἑβραίοις καὶ παρὰ Σύροις "προφητεία Σαμουήλ" ὀνομάζεται. Ἀλλὰ τοῦτο γνῶναι ῥάδιον τῷ βουλομένῳ τὸ προειρημένον ἀναγνῶναι βιβλίον. Οἱ τοίνυν τῶν Βασιλειῶν τὴν βίβλον συγγεγραφότες ἐξ ἐκείνων τὴν βίβλον τὰς ἀφορμὰς εἰληφότες μετὰ πλεῖστον συνέγραψαν χρόνον. Πῶς γὰρ οἷόν τε ἦν τὸν τῷ Σαοὺλ καὶ Δαυὶδ συνηκμακότα τὰ ἐπὶ Ἐζεκίου καὶ Ἰωσίου συγγράψαι, καὶ τὴν τοῦ Ναβουχοδονόσορ στρατείαν, καὶ τὸν ἀνδραποδισμόν, καὶ τὴν εἰς Βαβυλῶνα μετάστασιν, καὶ τοῦ Ναβουχοδονόσορ τὴν τελευτήν; Δῆλον τοίνυν ὡς τῶν προφητῶν ἕκαστος ἔγραψε τὰ ἐν τοῖς οἰκείοις καιροῖς γεγενημένα. Ἄλλοι δέ τινες ἐκεῖνα συναγαγόντες τὴν τῶν Βασιλειῶν συντεθείκασι βίβλον. Καὶ αὖ πάλιν τῶν ὑπὸ τούτων ὑπολειφθέντων ἕτεροί τινες ἱστοριογράφοι γεγένηνται, καὶ τὴν παρὰ σφῶν συγγραφεῖσαν Παραλειπομένων προσηγόρευσαν βίβλον, ὡς τὰ παρὰ τῶν προτέρων παραλειφθέντα διδάσκουσαν.

[66] Ath, fols 204v-205r. The same three *hermēneiai* can be found, in the same sequence, in MS *Vienna, theol. gr.* 135, fols 11r and 13r-v, but a long *keimenon* of I

208 REINHART CEULEMANS

Ὑποτοπήσαντες [Ἀποτοπ. cod.] τὴν πληγὴν μὴ εἶναι ... μετενεγκόντες πάσχουσι παραπλήσια.
[cf. *ScholiaKgdms*, on I Kgdms 5:8 (ed. Meursius, p. 18)]

Μηδεμιᾶς πόλεως τολμώσης δέξασθαι ... μαρτυρεῖ τὰ παρ᾽ αὐτῶν εἰρημένα.
[cf. *ScholiaKgdms*, on I Kgdms 6:1 (ed. Meursius, p. 18-21)]

Ὁ Σύμμαχος οὕτως· θέτε ἐν τῷ λαρνακίῳ ... ἀργοζέκ φησι τὸ γλωσσόκομον. **Καὶ οἱ μέν, πλεκτὸν ὡσανεὶ κόφινον, οἱ δέ, ἐκ τριχῶν οἷα τὰ σακκία.** Ὁ δὲ θεὸς τὴν τῶν μάντεων ... τοὺς αὐτῶν διδασκάλους ἐξενεγκεῖν.
[cf. *ScholiaKgdms*, on I Kgdms 6:8 (ed. Meursius, p. 21), interrupted by an additional line]

These are three consecutive *hermēneiai* that match the *ScholiaKgdms* (the first two of which each happen to consist in their entirety of a reworked excerpt from Theodoret's Qu. 10).[67] The third features in the centre a line that is absent from the *ScholiaKgdms* (Mnc). This line, printed in bold, reflects a short text that according to the *CollCsl* belongs to Theodore of Mopsuestia.[68]

This case shows that some of the lines that in the type B catena we find combined with exegesis that we recognize from the *ScholiaKgdms* resemble certain *hermēneiai* in the *CollCsl*.[69] Petit was aware of this link, as she transcribed some of those lines of the type B catena (which she consulted through Ath) in the notes to her edition of the *CollCsl*.[70]

c. The type B catena and the ScholiaKgdms

Surprisingly, Petit did not point out the parallels with the *CollCsl* in her presentation of the type B catena, which she described as a combination of excerpts from Theodoret's *Questions* and the *ScholiaKgdms* with "here and there some texts of unknown provenance".[71]

Kgdms 6:1–8:2 separates the first from the second *hermēneia* (fols 11r-13r).

[67] FERNÁNDEZ MARCOS, BUSTO SAIZ (ed.), *Theodoreti Quaestiones in Reges* (n. 10), p. 14.16-18 and p. 15.4-14. See also PETIT, *Autour de Théodoret* (n. 3), p. xxxv.

[68] PETIT, *Autour de Théodoret* (n. 3), p. 53 (Csl. 19).

[69] This link between the type B catena and the *CollCsl* is limited to I Kingdoms.

[70] See the reference in n. 51 above.

[71] PETIT, *Sévère d'Antioche* (n. 37), p. xv (summarizing *Autour de Théodoret* [n. 3], p. xxxii): "[...] contient les éléments suivants [...] : les *Questions* de Théodoret [...] ; en alternance et de façon massive, le *Commentaire* de Procope de Gaza [...] ; enfin çà et là quelques textes dont on ignore la provenance".

This straightforward description (which is reflected in the *CPG* entry on C 4.2) does not do justice to the puzzling content of the type B catena. While it is clear that Theodoret's *Questions* themselves were one of the sources used by the compiler, the identity of the other source(s) is problematic. When confronted with the *ScholiaKgdms*, the type B catena unmistakably reveals many parallels. Yet the text that we recognize from the *ScholiaKgdms* is in the catena combined with lines that cannot be found in Mnc. Some of them we recognize from the *CollCsl*, but most defy identification. The question is what the implications of that additional text are for the relationship between the *ScholiaKgdms* and the catena.

The type B catena presents the content that we can identify as having been excerpted directly from Theodoret's *Questions*, as individual *hermēneiai*, but not the content that we recognize from the *ScholiaKgdms*. Four observations are important in this regard:

(1a) Sometimes the text that forms a single *hermēneia* in the *ScholiaKgdms* (Mnc) is presented as several *hermēneiai* in the catena.

(1b) This division in the type B catena corresponds to the distinction we can make today between the different units of that single *hermēneia* of the *ScholiaKgdms* (reworkings of Theodoret/parallels/supplements).

(2a) In the cases where text that we recognize from the *ScholiaKgdms* is combined with additional lines, as in the examples presented above, those lines are not presented as separate *hermēneiai* but as forming one unit with the text of the *ScholiaKgdms*, either at the end of it or in the centre.

(2b) When those lines can be found in the centre of a section that we recognize from the *ScholiaKgdms*, they are often positioned in between the different units that today we can distinguish in that *hermēneia* of the *ScholiaKgdms* (reworkings of Theodoret/parallels/supplements).

The interpretation of these facts will define our opinion on the relationship between the *ScholiaKgdms* and the type B catena. Several options appear possible; when weighing them, we need to take into consideration the total absence of the name of Procopius from the catena.

The fragmented inclusion of *hermēneiai*, which fits the different types of content they consist of, could suggest that both the compiler of the catena and the author of the *ScholiaKgdms* worked independently of one another with the same set of sources (i.e., reworked excerpts of Theodoret already available, Hexaplaric readings and other supplements, etc.). If on the other hand the compiler did use the *ScholiaKgdms*, as Petit thought, we need to acknowledge that he managed to deconstruct them in an admirably correct manner and that this contrasts with the surprising way in which they are included in the catena. Additional lines, presented in the catena as part and parcel of the text we recognize from the *ScholiaKgdms*, would in that scenario indicate that the compiler wished to supplement the *ScholiaKgdms*, in which case he managed to imitate the structure of his source in a remarkably apt way (i.e., producing composite *hermēneiai* of which each matches the profile of the *ScholiaKgdms*, combining so-called parallels and supplements). That match could in theory also indicate that the compiler of the catena had access to a version of the *ScholiaKgdms* that is more complete than that of Mnc (and that the catena could be older than the text of *ScholiaKgdms* as we know it).[72]

Further analysis of the type B catena and a complete comparative study of the *ScholiaKgdms* are needed to critically assess the probability of these scenarios. In any case, the catena cannot be ignored in further study of the *ScholiaKgdms*.

The relevance of the type B catena has been observed before by at least two readers of the *ScholiaKgdms*. One of them was the editor of the *CatLips*; the other was an unknown annotator of Mnc. Their interference has led to a further complication of the textual histories of the *ScholiaKgdms* and the type B catena.

3. The Marginalia on I-IV Kingdoms in Mnc

As stated above, the *ScholiaKgdms* are, in Mnc, accompanied by numerous marginalia added by a later annotator (especially in the section on I Kingdoms, and gradually decreasing in those on II-IV Kingdoms). They are difficult to read, because of the quality of the available reproduction and their abbreviated spelling and cursive orthography.[73] Yet in most of the marginal notes I was able to decipher, I recognized content of the type B catena.[74]

The annotator of Mnc used a witness of the type B catena to supplement the *ScholiaKgdms* of the main text. It was not his intention to

---

[72] Private communication by Detlef Fraenkel (Spring 2012).

[73] On my consultation of Mnc, see n. 31 above.

[74] In theory it might be possible that the source was identified at the beginning of the first marginal addition on I Kingdoms in Mnc: those opening words were lost when the upper margin of fol. 413 was trimmed.

copy the type B catena in full but to add certain sections from it to the *ScholiaKgdms*. Many marginal notes are clearly intended to complete the main text, i.e., to make it agree with the longer version of the *hermē-neia* in question as it is found in the type B catena. As a consequence, nearly all of the additional text of the type B catena described in the previous section, of which some is paralleled in the *CollCsl* but most is of uncertain provenance, can be found in the margins of Mnc. It was regularly shortened or rephrased by the annotator, but the link with the type B catena remains clear.

That origin in the type B catena is confirmed by the marginalia that contain texts from Theodoret: comparison with the critical edition confirms that the marginal notes in Mnc have the variant readings that are typical of the type B catena's version of Theodoret's text.[75] More than once those marginalia reinforce the repetitive effect described above: the annotator managed to identify a nucleus of Theodoret in the *ScholiaKgdms* in the main text of Mnc, and completed that nucleus by adding in the margin the text of Theodoret's *Question* itself, as transmitted in the type B catena.

The marginal additions in Mnc are the product of a reader who used the type B catena to supplement the *ScholiaKgdms*. They were influential because they determined the content of the *CatLips*.

4. The *CatLips*

The type B catena has not received much attention in research, because it is unknown or considered to be of low value. As stated above, Françoise Petit printed some lines from Ath and editors of Theodoret's *Questions* documented readings of *Vat. gr.* 331 (Brok; Fernández Marcos and Busto Saiz) and of *Paris, Coisl.* 7 (Schulze) in their respective apparatus or notes.

The elements from the type B catena that are most widespread, are not recognized as such. They can be found in some *PG* volumes: an isolated *hermēneia* such as that on I Kgdms 3:4 printed among the exegetical fragments of Diodore of Tarsus (*PG* 33, cols 1587B-1588B = *CPG* 3816) as well as additions and variant readings included in the reprints

---

[75] The marginal additions tend to agree with readings that in the critical apparatus are documented by Fernández Marcos, Busto Saiz (ed.), *Theodoreti Quaestiones in Reges* (n. 10) as characteristic of the manuscript of the type B catena they collated (*Vat. gr.* 331 = "MS 54") or of the recension it represents ("A").

of Schulze's Theodoret (*PG* 80, cols 529-800) and Meursius' Procopius (*PG* 87/1, cols 1079-1200). In these cases, the editor did not employ manuscripts of the type B catena, but a printed version: the infamous *CatLips*.[76]

a. Profile of the edition

The text of the type B catena on I-IV Kingdoms was printed in 1773, in the second volume of a monumental edition prepared in Constantinople by the Greek scholar Nikephoros Theotokis.[77] He used Ath.[78] Nikephoros did not have any intention of reproducing its text faithfully. The edition is in fact a new compilation, dubbed *Catena Nicephori* or, after the place of its publication, *Catena Lipsiensis*. Nikephoros used typography to signal his interference in the author attributions and to flag the *hermēneiai* that he added from other works. He explained this system in the introduction.[79] Yet the changes he made went much further.

Nikephoros changed the position of several *hermēneiai*. The division of the biblical text into *keimena* is introduced by him: it does not reflect the division, nor the relation between *keimena* and *hermēneiai*, of the type B catena. Nikephoros did not maintain their delineation, but combined *hermēneiai* that are separate in Ath. He divided others into two or more sections, in between which he inserted other *hermēneiai*. Some are omitted altogether, others are not reproduced in full. Conversely, Nikephoros frequently expanded or modified the wording of *hermēneiai* whose provenance he had managed to identify. In this way, he changed the text of many excerpts from Theodoret's *Questions* in the type B catena to make them agree with Schulze's edition of the

---

[76] In the case of *PG* 87/1, the evidence from the *CatLips* was added by Migne himself; in the case of *PG* 80, he took it from Schulze (see n. 58 above).

[77] NIKEPHOROS (ed.), Σειρά (n. 7), II, cols 277-960. On this enterprise and Nikephoros' manuscript sources for the section on the Octateuch, see V. KONTOUMA, "Une Chaîne sur l'Octateuque à l'Institut français d'études byzantines", posted 23/11/11 at http://graecorthodoxa.hypotheses.org/1935 (last seen 17/3/23).

[78] Identification by Alfred RAHLFS: "[*Über die Handschrift Athen, Nat. Bibl., 43*]", *ThLitZ*, 38 (1913), cols 476-477 and "Die Quellen der ‚Catena Nicephori'", *ThLitZ*, 39 (1914), col. 92.

[79] See p. ζ of the first volume (1772). For a convenient modern presentation, see DEVREESSE, *Les anciens commentateurs* (n. 18), p. VIII-IX.

direct tradition.[80] In order to introduce those changes, Nikephoros needed first to identify the *hermēneiai*: as said above, the type B catena contains virtually no author attributions. This bothered Nikephoros, who wanted his edition not to contain too much anonymous text. He put much effort into the identification of as many *hermēneiai* as he could.

b. The ScholiaKgdms *in the* CatLips[81]

In line with the profile drawn above, the *CatLips* does not offer a reliable picture of the "Procopian" dimension of the type B catena. Nikephoros omitted in full or in part some *hermēneiai* that we recognize from the *ScholiaKgdms*, particularly when they overlap with Theodoret. He also changed the wording of other *hermēneiai* to make it match the text of the *ScholiaKgdms* in Mnc.

Manuscript Mnc was Nikephoros' access to the *ScholiaKgdms*. In the notes of his edition he referenced it as "the Augsburg manuscript" after its location at that time ("ὁ τῆς Αὐγ. κὼδ.").[82] In the introduction, Nikephoros described how the manuscript was sent to Constantinople for him to use when finalizing his edition.[83]

---

[80] B<eati> *Theodoreti episcopi Cyri opera omnia. Tomus I.* Ex recensione I. Sirmondi denuo edidit, Graeca e codicibus locupletauit, antiquiores editiones adhibuit, uersionem Latinam recognouit et uariantes lectiones adiecit I. L. Schulze, Halle, 1769, p. 353-554. Nikephoros' silent interference was spotted by A. Rahlfs, *Septuaginta-Studien. I. Heft: Studien zu den Königsbüchern*, Göttingen, 1904, p. 27-28 [repr. *Septuaginta-Studien I-III*, Göttingen, 1965, p. 43-44]. Schulze in turn documented variants of the *CatLips* in the notes in the fifth volume (see n. 58 above).

[81] The *CatLips* does not have a single attribution to Προκοπίου without an asterisk in the section on I-IV Kingdoms. This reflects the complete absence of Procopius' name in the type B catena.

[82] The manuscript was in Augsburg from 1544 until 1806. See Mondrain, "Un nouveau manuscrit" (n. 33), p. 357-358. For background information on the collection to which it belonged, see B. Mondrain, "La reconstitution d'une collection de manuscrits. Les livres vendus par Antoine Éparque à la ville d'Augsbourg", in *Scritture, libri e testi nelle aree provinciali di Bisanzio. Atti del seminario di Erice (18-25 settembre 1988)*, ed. G. Cavallo, G. De Gregorio, M. Maniaci, Spoleto, 1991 (*Biblioteca del Centro per il collegamento degli studi medievali e umanistici nell'Università di Perugia*, 5), p. 589-601.

[83] Σειρά (n. 7), I, p. ς.

214 REINHART CEULEMANS

Text added by Nikephoros (**Προκοπίου)

In the preface Nikephoros explained that he used Mnc to expand the type B catena: from it he copied into his edition "everything he did not find in his source manuscript, leaving out only very little".[84] Although he was aware of the composite nature of the *ScholiaKgdms*, Nikephoros in the section on I-IV Kingdoms printed those borrowings under the name of Procopius himself. In accordance with his typographical method, he used two asterisks to identify the additions.[85] In other words, the *hermēneiai* marked with **Προκοπίου are sections of the *ScholiaKgdms* that are absent from the type B catena (i.e., from Ath) and which Nikephoros added from Mnc (see Table 1). In one case Nikephoros combined three non-consecutive sections from a single *hermēneia*, signalling the cuts with καὶ μετ' ὀλίγα (col. 453 Γ-Ζ on I Kgdms 25:21). In another case he joined part of one *hermēneia* with the complete text of another (col. 418 B on I Kgdms 20:19: cf. the transitional line καὶ μεθ' ἕτερα). In all other cases Nikephoros copied the text of Mnc fairly faithfully into his edition.

In relative terms, the number of *hermēneiai* that Nikephoros added from Mnc increases as the *CatLips* advances from I to IV Kingdoms. Of course this number depends on the selection process carried out by Nikephoros, so one must be careful to draw conclusions from it. Yet it confirms an aspect of the type B catena mentioned above: it is indicative of the way in which the type B catena, as it unfolds, increasingly excludes text from sources other than Theodoret.[86]

Many **Προκοπίου sections are not complete *hermēneiai* of the *ScholiaKgdms* but selections. In the large majority of the cases the text that Nikephoros selected from Mnc is not a reworking of Theodoret or a parallel, but a supplement. This indirectly shows that the type B catena (i.e., Ath), also in the section on I Kingdoms where it has

---

[84] *Σειρά* (n. 7), I, p. ζ: [T]ούτῳ οὖν τῷ κώδικι [i.e., *MS Mnc*, RC] τὸ ἡμέτερον ἀντίγραφον [i.e., *MS Ath*, RC] παραθέντες, ὅσα τῶν ὑπομνημάτων ἐν αὐτῷ οὐ προσῆν, ἀπὸ τοῦ κώδικος ἀναλεξάμεθα, πάνυ ὀλίγα καταλείψαντες.

[85] In one case (col. 481 E on I Kgdms 29:3), the use of two asterisks is a mistake: see Table 1.

[86] The *CatLips* confirms this in another way as well: in the section on IV Kingdoms the only attribution that is accompanied by a single asterisk is Θεοδωρήτου (indicating that Theodoret's *Questions* are the only content of the type B catena Nikephoros managed to identify). See also n. 88 below.

a comparatively large amount of text that we recognize from the *ScholiaKgdms*, lacks much of the material that Procopius added to the excerpts from and reworkings of Theodoret. That is remarkable, because one would expect that for the compiler of the type B catena, those supplements would have been the most relevant sections.

Text identified by Nikephoros (*Προκοπίου)

To *hermēneiai* that he found in Ath and which he was able to recognize from the *ScholiaKgdms*, Nikephoros added the attribution *Προκοπίου.[87] In accordance with his typographical method, he used one asterisk to signal that the *hermēneia* itself was taken from Ath and that there it is anonymous.

The criterion that Nikephoros used is obvious: when he found that the *hermēneia* matched or resembled the text of Mnc, he identified it as *Προκοπίου. In many cases this is indeed clearly what happened: see Table 2.[88] Nikephoros used the evidence of Mnc for identification purposes only: the text he printed is that of Ath.[89] In roughly one case out of five he signalled variant readings of Mnc in the notes ("ὁ τῆς Αὐγ. κώδ.", and "ὁ αὐτ." in a succession of notes).[90]

---

[87] Nikephoros did not include all of those *hermēneiai* in the type B catena: he left out several.

[88] The table confirms what has been said above in the description of the type B catena, i.e., that the presence of content other than Theodoret decreases as the catena unfolds. There is not a single *hermēneia* labelled *Προκοπίου in the section on IV Kingdoms, and only a few in the section on III Kingdoms (and they are, with one exception, limited to the very beginning of that biblical book).

[89] The same conclusion is reached in relation to the sections of the *CatLips* on Genesis and Exodus by Metzler: *Prokop, Genesiskommentar* (n. 22), p. XXXV-XXXVI and *Prokop, Exoduskommentar* (n. 2), p. XLV-XLVII (also a *Προκοπίου example).

[90] While the text of the *Προκοπίου sections might reflect the type B catena, their presentation does not reflect its structure. Aware of the compilatory nature of the *ScholiaKgdms* (cf. *Σειρά* [n. 7], I, p. ζ), Nikephoros more than once broke down a continuous *hermēneia* in Ath into two or more separate *Προκοπίου fragments in line with his identification of the diverse provenance of the corresponding *hermēneia* in the *ScholiaKgdms*. That identification tends to be surprisingly accurate. For example: the material he presented as two separate *Προκοπίου fragments on I Kgdms 21:2, col. 424 Δ-E and col. 425 Δ-E, are joined in Ath. The cut corresponds to the identification in modern research of two separate sections of the *ScholiaKgdms*, the first taken from Eusebius of Caesarea's commentary on the Psalms, the other of un-

Those variants confirm that the text of Ath often differs from the *ScholiaKgdms*. A particular feature of that variation is the element indicated in the introduction to my paper (in relation to the *CatLips*) and in section 2.b above (in the description of the type B catena): the *Προκοπίου sections in the *CatLips* confirm that the type B catena contains a substantial amount of text that in the catena is joined to the *ScholiaKgdms* (either in the middle or at the end) but which cannot be found in Mnc. One out of three *hermēneiai* in Table 2 contains such additional lines (some of which can be recognized from other exegesis, through the *CollCsl*). In some, but not all cases Nikephoros signalled this in a note ("Τὰ ἐπόμ. οὐ περιέχει ὁ τῆς Αὐγ. Κώδ." vel sim.).

Table 2 does not list all of the *Προκοπίου sections in the *CatLips*. Several of them (the majority, in fact) do not answer to the criterion described above: Nikephoros cannot have used the main text of Mnc as leverage to attribute those *hermēneiai* to Procopius, because that main text does not have them.

These cases are listed in Table 3. In all of them Nikephoros did not use the main text of Mnc as his touchstone to decide on the attribution to Procopius, but the *marginal notes* in the same codex. This explains the frequent reference to "ὁ Αὐγ. κώδ." in notes that accompany these *hermēneiai*: they are in fact references not to the main text (which does not have the *hermēneiai*), but to the marginalia of Mnc.

For all the cases in Table 3 Nikephoros used the margin of Mnc as a criterion to identify content of the type B catena as "Procopian".[91] That decision in fact leads us round in circles: the annotator of Mnc expanded the *ScholiaKgdms* with text from the type B catena and Nikephoros in turn claimed Procopius' authorship for that text. This is an unfortunate decision (which might have been informed by practical

confirmed provenance: see Petit, *Autour de Théodoret* (n. 3), p. 118-119 (supplement 34) and 176 (supplement 35). The notes at the bottom of the page show that his own identification of those sources was Nikephoros' criterion for dividing the *hermēneia*. In other cases, he did not shy away from joining what in Ath are separate fragments.

[91] In one case Nikephoros signalled in a note that he departed from this criterion (col. 461 E-Z on I Kgdms 26:16). The same decision might have played along in the case of three other *hermēneiai* that I did not find among the marginalia of Mnc but which Nikephoros nonetheless printed as *Προκοπίου (col. 417 Z on I Kgdms 20:17; col. 454 E on I Kgdms 25:25; col. 465 Z-H on I Kgdms 28:2). Conversely, Nikephoros identified some other *hermēneiai* as *Θεοδωρήτου or as Ἀδήλου, although they are included among the marginalia.

reasons, rather than by the actual assumption on Nikephoros' part that the presence of these *hermēneiai* in the margin of Mnc meant that they belong to the *ScholiaKgdms*).[92]

5. Conclusion

Impressive as a specimen of eighteenth-century Greek scholarship and printing, the *CatLips* is infamous in catena research: it has provoked harsh judgments in recent studies and it misguided the earliest critical scholarship of catenae.[93] Scholars of Greek exegesis of I-IV Kingdoms were misled by the work of Nikephoros. For example, Robert Devreesse found a fragment from the *CollCsl* in "Procopius".[94] What he called Procopius is in fact an *hermēneia* in the type B catena that is absent from the *ScholiaKgdms* yet printed as *Προκοπίου by Nikephoros because he found it in the margin of Mnc.[95] Likewise, Ludwig Eisenhofer's analysis of the content of the *ScholiaKgdms* can be disregarded because it relies indirectly on the *CatLips* without differentiating between the different kinds of attributions introduced by Nikephoros.[96]

These two scholars were easily misled because in their study of the *ScholiaKgdms* they did not turn to any manuscript evidence or the 1620 edition, but to the *PG* reprint (87/1, cols 1079-1200). When Migne reprinted Meursius' edition of the *ScholiaKgdms*, he had the *CatLips* on his desk. He included in his reprint the *hermēneiai* (or parts of

---

[92] In his preface Nikephoros suggested that he included the evidence of Mnc in the very last stage of his work (Σειρά [n. 7], I, pp. ς-ζ). To consider the marginal annotations as parts of the genuine text of the *ScholiaKgdms* might have been a convenient decision, taken to enable him to attribute large chunks of anonymous material to Procopius and in that way reduce the number of *hermēneiai* unsatisfactorily labelled Ἀδήλου (which is indeed the attribution he resorted to when he did not find the *hermēneia* in the margin of Mnc).

[93] On the impact of the *CatLips* on the development of catena research, see R. CEULEMANS, "The Structure of the Popular Catena on Genesis", in *Ordres et désordres dans les chaînes exégétiques grecques / Phenomena of Order and Disorder in Greek Exegetical Catenae,* ed. A. LORRAIN, J.-M. AUWERS, Turnhout (*IPM*), forthcoming.

[94] DEVREESSE, *Les anciens commentateurs* (n. 18), p. 121-122.

[95] It is the first entry in Table 3 below.

[96] EISENHOFER, *Procopius von Gaza* (n. 13), p. 47-50.

hermēneiai) that he found labelled as *Προκοπίου.[97] In this process the differentiation in Nikephoros' attributions to Procopius were lost, which makes the widespread *PG* reprint an unreliable version of the *ScholiaKgdms*.

That unreliability reinforces the confusion around the text of the *ScholiaKgdms* that can be traced, through the *CatLips* and the marginal notes in Mnc, to the type B catena. This compilation combines, without naming Procopius, text that we recognize from the *ScholiaKgdms* with sections that we cannot find in them. Furthermore, the way in which it presents that text reflects the compilatory nature of the *ScholiaKgdms*. These two elements make the type B catena a work that cannot be ignored by the student of the exegesis of I-IV Kingdoms that is attributed to Procopius. That student needs to turn to the manuscript evidence of the catena itself.

---

[97] I.e., all the entries in Table 3 below and those in Table 2 marked with "yes" in the last column. Migne signalled his use of the *CatLips* by marking these sections as "C.L." (and by documenting variants in other sections with "C.L." or "C.N."), but with mistakes.

PROCOPIUS IN THE *CATLIPS* ON I-IV KGDMS

Table 1. **Προκοπίου in the *CatLips* (= *hermēneiai* absent from Ath and added from Mnc by Nikephoros).[98]

biblical passage	*CatLips*	Mnc	identification of the *hermēneia* in the *ScholiaKgdms*
I Kgdms 2:18-19	col. 299 A	fol. 413v (Meursius p. 9)	Tht. Qu. 5 + supplement 5
I Kgdms 2:31	cols 303 Z-304 B	fol. 413v (Meursius p. 10)	supplement 7 + Tht. Qu. 7 + parallel 2
I Kgdms 13:8	col. 356 A	fol. 416v (Meursius p. 37-38)	supplement 19
I Kgdms 13:17	col. 358 A	fol. 416v (Meursius p. 38)	supplement 21
I Kgdms 13:23	col. 360 A-B	fol. 416v (Meursius p. 41)	supplement 23
I Kgdms 14:3	col. 359 Δ	fol. 416v (Meursius p. 41)	supplement 24
I Kgdms 15:16	col. 375 Γ	fol. 417r (Meursius p. 45)	supplement 26
I Kgdms 15:23	col. 376 E-Z	fol. 417r-v (Meursius p. 46)	supplement 27 + Tht. Qu. 33 (partim)
I Kgdms 15:23	col. 380 A-Γ	fols 417v-418r (Meursius p. 49-50)	supplement 28
I Kgdms 16:2	col. 381 Z	fol. 418r (Meursius p. 53)	parallel 11
I Kgdms 20:19	col. 418 B	fol. 419r (Meursius p. 65)	supplement[99] // supplement 31[100]

[98] In the first column, I reproduce for ease of reference the chapter and verse numbering of the biblical text used by Petit in her survey of the *ScholiaKgdms* (*Autour de Théodoret* [n. 3], p. XXXIV-LX), which is not necessarily that of the *CatLips*. The identification of the content of the *ScholiaKgdms* (last column) relies on the same survey by Petit. The numbers of the parallels and supplements refer to her edition (*Autour de Théodoret*, p. 99-114 and 115-128); "Tht." refers to the reworking of Theodoret in the *ScholiaKgdms*, not to Theodoret's original text. Likewise, "partim" refers to the *ScholiaKgdms* as the point of comparison (meaning: the corresponding text of the *ScholiaKgdms*, not that of the source = Theodoret, is reproduced in part). In the second column, references are to the second volume of the *CatLips*. In the third column, references are to the *main text* of Mnc; for the sake of documentation, I add a reference to the printed edition from 1620 even when Meursius did not print the text of Mnc, but that of its copy, *Leiden, UB, BPG* 50.

[99] Petit correctly identified this as a supplement (*Autour de Théodoret* [n. 3], p. XXXVIII), but by accident did not include it in her edition of supplements (p. 118, where it would have deserved a place between nos 30 and 31).

[100] The specific combination in the *CatLips* does not reflect the structure of the *ScholiaKgdms*: Nikephoros combined two *hermēneiai* on I Kgdms 20:19 (cf. his use of the transitional line Καὶ μεθ' ἕτερα).

biblical passage	*CatLips*	Mnc	identification of the *hermēneia* in the *ScholiaKgdms*
I Kgdms 25:21	col. 453 Γ-Z	fol. 420r-v (Meursius p. 77-81)	parallel 21 (partim) // supplement 38 // supplement 39[101]
I Kgdms 29:2	col. 481 Γ	fol. 421v (Meursius p. 89)	supplement 41
[col. 481 E: by mistake Nikephoros printed two asterisks instead of one, see Table 3 below]			
II Kgdms 5:6	col. 517 E-Z	fol. 423r (Meursius p. 106)	supplement 53
II Kgdms 6:2	col. 521 Δ	fol. 423v (Meursius p. 109)	supplement 55
II Kgdms 6:22	col. 527 A	fol. 424r (Meursius p. 114)	supplement 57
II Kgdms 7:5	cols 529 E-530 A	fol. 424r-v (Meursius p. 117-118)	supplement 58
II Kgdms 7:13	cols 532 E-533 Δ	fols 424v-425r (Meursius p. 118-122)	parallel 2
II Kgdms 8:14	col. 538 E-Z	fol. 425r-v (Meursius p. 126)	Tht. Qu. 23
II Kgdms 8:16	col. 539 B	fol. 425v (Meursius p. 126)	supplement 61
II Kgdms 11:7	col. 547 Z	fol. 425v (Meursius p. 129)	supplement 63
II Kgdms 12:4	col. 552 E	fol. 425v (Meursius p. 129)	parallel 28
II Kgdms 12:6	col. 553 E	fol. 425v (Meursius p. 129)	supplement 64
II Kgdms 12:11	col. 556 A-B	fol. 425v (Meursius p. 130)	supplement 65
II Kgdms 16:4	col. 579 E-Z	fol. 427r (Meursius p. 141-142)	supplement 67
II Kgdms 16:23	col. 584 A-B	fol. 427r (Meursius p. 145)	parallel 31
II Kgdms 17:19	col. 586 Δ	fol. 427v (Meursius p. 146)	supplement 68
II Kgdms 19:14	col. 596 Z-H	fol. 427v (Meursius p. 149-150)	parallel 32
II Kgdms 24:1	col. 635 Δ-E	fol. 428v (Meursius p. 157-158)	parallel 36 (partim)
II Kgdms 24:24	col. 646 B	fol. 429v (Meursius p. 169)	supplement 75 (partim) + supplement 76
III Kgdms 1:4	col. 649 Γ	fol. 430r (Meursius p. 170)	supplement 78
III Kgdms 2:10	col. 658 Γ-Δ	fol. 431r (Meursius p. 181)	supplement 83
III Kgdms 7:40	col. 693 Δ-E	fol. 433r (Meursius p. 202)	parallel 49
III Kgdms 8:32 et al.	col. 698 Γ	fol. 433v (Meursius p. 205)	supplement 87

[101] The specific combination in the *CatLips* does not reflect the original *hermēneia* but is due to interference from Nikephoros (cf. his repeated use of the transitional line Καὶ μετ' ὀλίγα).

PROCOPIUS IN THE *CATLIPS* ON I-IV KGDMS

biblical passage	*CatLips*	Mnc	identification of the *hermēneia* in the *ScholiaKgdms*
III Kgdms 17:1	col. 753 Δ-E	fol. 436v (Meursius p. 230)	supplement 89
III Kgdms 17:6	col. 758 E	fol. 436v (Meursius p. 233)	supplement 90
III Kgdms 22:20	cols 806 E-807 E	fols 439v-440r (Meursius p. 261-265)	supplement 92
III Kgdms 22:38	col. 809 Γ-Δ	fol. 440r-v (Meursius p. 266)	supplement 93 (partim)
IV Kgdms 1:2	col. 814 A	fol. 441r (Meursius p. 270)	supplement 94
IV Kgdms 1:10.12	col. 816 E-Z	fol. 441r-v (Meursius p. 273)	supplement 95
IV Kgdms 2:16	col. 824 Δ	fol. 442r (Meursius p. 277)	supplement 96
IV Kgdms 2:24	col. 828 Γ-E	fol. 442r (Meursius p. 277-278)	supplement 97
IV Kgdms 16:18	col. 906 A-B	fol. 445v (Meursius p. 313-314)	parallel 78
IV Kgdms 23:13	col. 940 Δ-E	fol. 447r (Meursius p. 329)	supplement 103

222   REINHART CEULEMANS

Table 2. *Προκοπίου in the *CatLips*: normal cases (= *hermēneiai* in Ath, paralleled in the *ScholiaKgdms*).[102]

biblical passage	CatLips (= Ath)	Mnc	identification of the *hermēneia* in the *ScholiaKgdms*	does the *CatLips* (= Ath) include text that is absent from the *ScholiaKgdms*?
I Kgdms 1:1	col. 279 B-Γ	cf. fol. 413r (Meursius p. 5)	parallel 1 + supplement 1	yes°
I Kgdms 4:18	col. 312 Z	cf. fol. 414v (Meursius p. 17)	supplement 8	
I Kgdms 6:8	col. 319 A-B	cf. fol. 414v (Meursius p. 21)	parallel 5 + supplement 9	yes (cf. Csl. 19)
I Kgdms 6:18	col. 322 Γ	cf. fol. 414v (Meursius p. 21)	supplement 10	
I Kgdms 6:20	col. 324 A	cf. fols 414v-415r (Meursius p. 22)	supplement 11	
I Kgdms 9:2	col. 332 Z	cf. fol. 415r (Meursius p. 26)	Tht. Qu. 15 + supplement 12	yes
I Kgdms 9:8	col. 334 Γ-E	cf. fol. 415v (Meursius p. 26-29)	supplement 13	yes°
I Kgdms 9:24	col. 337 E-Z	cf. fol. 415v (Meursius p. 29-30)	Tht. Qu. 17 + supplement 14	yes
I Kgdms 10:11	col. 341 Δ-E	cf. fol. 415v (Meursius p. 30)	supplement 15	
I Kgdms 12:7	col. 350 Z	cf. fol. 416r (Meursius p. 34)	supplement 18	
I Kgdms 13:3	col. 354 Z	cf. fol. 416r (Meursius p. 37)	parallel 7 (partim)	
I Kgdms 13:12	col. 357 A-B	cf. fol. 416v (Meursius p. 38)	supplement 20	
I Kgdms 13:20	col. 358 Δ-E	cf. fol. 416v (Meursius p. 41)	parallel 9	
I Kgdms 16:16	col. 386 Z	cf. fol. 418r (Meursius p. 54)	supplement 29	
I Kgdms 18:25	col. 408 B-Γ	cf. fol. 418v (Meursius p. 61)	parallel 16	yes

[102] For the first four columns, see n. 98 above. In the last column I point out the presence of text in the *CatLips* that is absent from the *ScholiaKgdms*; a raised circle ° marks those cases where in a note Nikephoros pointed this out himself ("Τὰ ἑπόμ. οὐ περιέχει ὁ τῆς Αὐγ. Κώδ." vel sim.). "Csl." refers to the number of a *hermēneia* in Petit's edition of the *CollCsl* on I-IV Kingdoms (*Autour de Théodoret* [n. 3], p. 39-97).

PROCOPIUS IN THE *CATLIPS* ON I-IV KGDMS 223

biblical passage	*CatLips* (= Ath)	Mnc	identification of the *hermēneia* in the *ScholiaKgdms*	does the *CatLips* (= Ath) include text that is absent from the *ScholiaKgdms*?
I Kgdms 20:20	col. 418 E-Z	cf. fol. 419r (Meursius p. 66)	supplement 32 + parallel 19	yes°
I Kgdms 20:26	col. 420 B	cf. fol. 419r (Meursius p. 66)	supplement 33	
I Kgdms 20:41	col. 423 B	cf. fol. 419r (Meursius p. 66)	parallel 20	yes
I Kgdms 21:2	col. 424 Δ-E	cf. fol. 419r-v (Meursius p. 66-69)	supplement 34	
I Kgdms 21:2	col. 425 Δ-E	cf. fol. 419v (Meursius p. 69-70)	supplement 35	
I Kgdms 21:5	col. 426 Z-H	cf. fol. 419v (Meursius p. 70)	Tht. Qu. 52	yes
I Kgdms 25:31	col. 456 A	cf. fol. 420v (Meursius p. 81)	Tht. Qu. 59	yes
I Kgdms 26:5	col. 459 A-B	cf. fols 420v-421r (Meursius p. 82)	parallel 24	
I Kgdms 26:10	col. 460 B-Γ	cf. fol. 421r (Meursius p. 82)	Tht. Qu. 61	yes (cf. Csl. 68)
I Kgdms 28:14	cols 478 Z-479 A	cf. fol. 421v (Meursius p. 86-89)	supplement 40 (partim)	
I Kgdms 29:9	col. 484 A-B	cf. fol. 421v (Meursius p. 89)	parallel 25	
I Kgdms 30:13	col. 485 <Z>	cf. fol. 421v (Meursius p. 90)	supplement 45	yes°
II Kgdms 1:16	col. 496 Δ-E	cf. fol. 422r (Meursius p. 93)	Tht. Qu. 1	yes
II Kgdms 1:18	col. 496 Z-E	cf. fol. 422r (Meursius p. 94)	supplement 47	
II Kgdms 1:19	col. 497 Γ	cf. fol. 422r (Meursius p. 94)	supplement 48	
II Kgdms 1:21	cols 497 Z-498 A	cf. fol. 422r (Meursius p. 97)	supplement 49	
II Kgdms 1:26	col. 500 B-Γ	cf. fol. 422r-v (Meursius p. 97-98)	Tht. Qu. 7	
II Kgdms 2:26	col. 505 B	cf. fol. 422v (Meursius p. 101)	Tht. Qu. 10	yes°
II Kgdms 3:4	col. 506 E	cf. fol. 422v (Meursius p. 101)	supplement 51	
II Kgdms 6:3	cols 523 Z-524 A	cf. fols 423v-424r (Meursius p. 113)	supplement 56	

biblical passage	CatLips (= Ath)	Mnc	identification of the *hermēneia* in the *ScholiaKgdms*	does the *CatLips* (= Ath) include text that is absent from the *ScholiaKgdms*?
II Kgdms 8:2	col. 535 Γ	cf. fol. 425r (Meursius p. 125)	supplement 59	
II Kgdms 10:4	col. 541 E-Z	cf. fol. 425v (Meursius p. 126)	supplement 62	
II Kgdms 12:14	col. 559 B-Γ	cf. fols 425v-426r (Meursius p. 133)	Tht. Qu. 25	yes°
II Kgdms 12:31	col. 562 Γ	cf. fol. 426r (Meursius p. 133)	Tht. Qu. 27	
II Kgdms 18:3	col. 588 Δ-E	cf. fol. 427v (Meursius p. 146)	supplement 69	
II Kgdms 21:20	col. 610 Γ-Δ	cf. fol. 428r (Meursius p. 153)	supplement 70	
III Kgdms 1:1	col. 648 A	cf. fol. 430r (Meursius p. 170)	supplement 77	
III Kgdms 1:5	col. 650 A	cf. fol. 430r (Meursius p. 173)	Tht. Qu. 45	
III Kgdms 1:9	col. 650 Z	cf. fol. 430r (Meursius p. 173)	supplement 79	
III Kgdms 1:9	col. 650 Z-H	cf. fol. 430r (Meursius p. 173)	Tht. Qu. 45	
III Kgdms 2:2	col. 655 E-Z	cf. fol. 430v (Meursius p. 177)	supplement 81	
III Kgdms 2:3	col. 655 Z	cf. fol. 430v (Meursius p. 177)	Tht. Qu. 48 + supplement 82	
III Kgdms 3:13	col. 669 Γ	cf. fol. 431v (Meursius p. 186)	Tht. Qu. 6	
III Kgdms 3:15	col. 669 Z	cf. fol. 431v (Meursius p. 189)	parallel[103]	
III Kgdms 19:11	col. 783 Δ-E	cf. fol. 438r (Meursius p. 246)	supplement 91	

[103] Petit correctly identified this as a parallel with Tht. Qu. 7 (*Autour de Théodoret* [n. 3], p. XLVII), but by accident did not include it in her edition of parallels (p. 108, where it would have deserved a place between nos 43 and 44).

PROCOPIUS IN THE *CATLIPS* ON I-IV KGDMS

Table 3. *Προκοπίου in the *CatLips*: abnormal cases (= *hermēneiai* absent from the *ScholiaKgdms* but added by an unknown annotator in the margin of Mnc on the basis of the type B catena).[104]

biblical passage	*CatLips* (= Ath)	marginal addition in Mnc	identification/ parallel
I Kgdms 1:1	col. 279 Γ-Δ	cf. fol. 413r, outer margin	cf. Csl. 1
I Kgdms 1:13	col. 285 Γ-Δ°	cf. fol. 413r, lower margin	
I Kgdms 1:15	col. 287 A	cf. fol. 413r, lower margin	
I Kgdms 1:16	col. 287 E°	cf. fol. 413r, lower margin	
I Kgdms 2:1	col. 291 <B>	cf. fol. 413r, lower margin	cf. Csl. 4a
I Kgdms 2:1	col. 292 <B>	cf. fol. 413r, lower margin	
I Kgdms 2:3	col. 292 Z-H	cf. fol. 413r, lower margin	cf. Csl. 4d
I Kgdms 2:4	col. 293 A	cf. fol. 413r, lower margin	cf. anonymous in catena *CPG* C 46 on Ode 3:4-5, ed. Cordier III, p. 891
I Kgdms 2:5	col. 293 Γ°	cf. fol. 413r, lower margin	
I Kgdms 2:5	col. 293 Δ	cf. fol. 413r, lower margin	
I Kgdms 2:6	col. 295 Γ-Δ	cf. fol. 413v, upper margin	cf. anonymous in catena *CPG* C 46 on Ode 3:6, ed. Cordier III, p. 892
I Kgdms 2:7	col. 295 Δ-E	cf. fol. 413v, upper margin	cf. Csl. 4f and cf. anonymous in catena *CPG* C 46 on Ode 3:6, ed. Cordier III, p. 892
I Kgdms 2:8	col. 295 Z	cf. fol. 413v, upper margin	
I Kgdms 2:9	col. 296 A	cf. fol. 413v, upper margin	
I Kgdms 2:10	col. 296 Δ-E	cf. fol. 413v, outer margin	

[104] For the second and third column, see n. 98 above. In the second column, a raised circle ° marks those cases where in a note Nikephoros pointed out variation with regard to the margin of Mnc. In the first column, I cite the chapter and verse numbering of the *keimenon* in the *CatLips*. In the fourth column, I point out parallels in the *CollCsl* (ed. PETIT, *Autour de Théodoret* [n. 3], p. 39-97) and reproduce those pointed out by Nikephoros in the notes of the *CatLips* (replacing his references with modern editions when possible). I did not attempt other identifications. References are to: *Expositio Patrum Graecorum in Psalmos*, à B. CORDERIO MSS. codicibus ἀνεκδότοις concinnata; in paraphrasin, commentarium et catenam digesta; Latinitate donata, et annotationibus illustrata. *Tomus tertius, qui tertiam Psalmorum quinquagenam una cum Canticis Scripturae continet*, Antwerpen, 1646 and to *Jeremiahomilien, Klageliederkommentar, Erklärung der Samuel- und Königsbücher*, ed. E. KLOSTERMANN, Leipzig, 1901 (*GCS*, Origenes Werke, 3).

biblical passage	*CatLips* (= Ath)	marginal addition in Mnc	identification/ parallel
I Kgdms 3:14	cols 307 Z-308 A	cf. fol. 414r, outer margin	
I Kgdms 16:3	col. 382 A	cf. fol. 418r, outer margin	
I Kgdms 16:12	cols 384 Z-385 A	cf. fol. 418r, outer margin	= Origen frg. VI on Kgdms, ed. Klostermann
I Kgdms 16:14	col. 386 A-B	cf. fol. 418r, outer margin	cf. Csl. 37
I Kgdms 16:18	cols 386 H-387 A°	cf. fol. 418r, outer margin	
I Kgdms 17:39	col. 395 Z	cf. fol. 418v, outer margin	= ps.-Chrysostom, *Hom. I in Ps 50* (*PG* 55, col. 569.59-62)
I Kgdms 17:49	col. 399 Δ	cf. fol. 418r, outer margin	
I Kgdms 17:50-51	col. 400 B-Γ°	cf. fol. 418r, outer margin	
I Kgdms 18:10	col. 404 Δ-E°	cf. fol. 418v, inner margin	
I Kgdms 18:27	col. 408 E	cf. fol. 418v, outer margin	
I Kgdms 20:2	col. 415 Δ-E	cf. fol. 419r, outer margin	
I Kgdms 20:3	col. 415 Z°	cf. fol. 419r, outer margin	
I Kgdms 20:17	col. 417 Z	/	
I Kgdms 20:19	col. 418 A	cf. fol. 419r, outer margin	
I Kgdms 20:24-25	col. 420 A	cf. fol. 419r, outer margin	
I Kgdms 20:34	col. 422 B-Γ°	cf. fol. 419r, outer margin	
I Kgdms 20:25	col. 422 Δ°	cf. fol. 419r, outer margin	
I Kgdms 21:5	cols 425 Z-426 B°	cf. fol. 419v, outer margin	
I Kgdms 22:18-19	col. 432 E-Z°	cf. fol. 420r, upper margin	
I Kgdms 22:20	col. 433 A-B	cf. fol. 420r, upper margin	
I Kgdms 25:22	col. 454 A-B	cf. fol. 420v, lower margin	
I Kgdms 25:23	col. 454 Γ	cf. fol. 420v, lower margin	
I Kgdms 25:25	col. 454 E	/	
I Kgdms 25:29	col. 455 E	cf. fol. 420v, lower margin	
I Kgdms 25:35	col. 457 A	cf. fol. 420v, lower margin	
I Kgdms 26:12	col. 460 Z-H	cf. fol. 421r, outer margin	
I Kgdms 26:16	col. 461 E-Z°	/	
I Kgdms 26:19	col. 462 E-Z	cf. fol. 421r, outer margin	
I Kgdms 27:1	col. 463 Δ-E	cf. fol. 421r, outer margin	
I Kgdms 28:2	col. 465 Z-H	/	
I Kgdms 28:8	col. 471 E°	cf. fol. 421r, inner margin	

PROCOPIUS IN THE *CATLIPS* ON I-IV KGDMS

biblical passage	CatLips (= Ath)	marginal addition in Mnc	identification/ parallel
I Kgdms 29:3	col. 481 E[105]	cf. fol. 421v, inner margin	
I Kgdms 29:4	col. 481 Z-H	cf. fol. 421v, inner margin	
I Kgdms 29:8	cols 482 Z-483 A	cf. fol. 421v, inner margin	
I Kgdms 30:17	col. 486 Δ	cf. fol. 421v, inner margin	
I Kgdms 31:10	col. 490 E	cf. fol. 421v, inner margin	
II Kgdms 1:6	col. 494 Γ	cf. fol. 422r, inner margin	
II Kgdms 1:19-20	col. 497 Γ-Δ	cf. fol. 422r, inner margin	
II Kgdms 1:21	col. 497 Z (ll. 3-4)	cf. fol. 422r, inner margin	
II Kgdms 1:21	col. 497 Z (ll. 5-6)	cf. fol. 422r, inner margin	
II Kgdms 3:7	col. 507 A-B	cf. fol. 422v, lower margin	
II Kgdms 6:16	col. 526 A	cf. fol. 424r, outer margin	
II Kgdms 17:5	col. 583 Z	cf. fol. 427r, lower margin	
II Kgdms 17:24	col. 587 Γ	cf. fol. 427r, lower margin	
II Kgdms 17:29	col. 588 Δ	cf. fol. 427r, lower margin	
II Kgdms 18:10-17	col. 592 Δ-E°	cf. fol. 427v, inner margin	

Abstract

In this paper I identify the exegesis that an anonymous annotator of MS *Munich, BSB, gr.* 358 added to the *Scholia* on I-IV Kingdoms often attributed to Procopius, as excerpts from the type B catena (*CPG* C 4.2). The presence of those additions in the margins of the ninth-century Munich manuscript, which itself is an important witness of the *Scholia*, is the reason for their attribution to Procopius in the *Catena Lipsiensis* (published in 1773 and influential through its use by Migne in *PG* 87). I argue that the type B catena, which is the link between the marginalia and the *Catena Lipsiensis*, raises questions about the dimensions, scope and origins of the *Scholia* on I-IV Kingdoms.

[105] By mistake Nikephoros printed two asterisks instead of one.

Le nom de « Procope » dans les chaînes aux Proverbes[*]

Meredith DANEZAN

(*Tours*)

Le dossier des chaînes aux Proverbes est riche en *Procopiana*. Dans la documentation manuscrite, le nom de Procope coiffe en effet trois compilations distinctes ainsi qu'un commentaire sur les Proverbes, et il est donné en marge de pièces d'exégèse dans deux compilations sur le même livre. Le génitif Προκοπίου ne revêt cependant pas une signification homogène et ne peut être interprété que par une reconstruction d'ensemble du rapport de dérivation entre les différentes formes de « chaînes de Procope ». Ce n'est qu'au prix de cette reconstruction que l'on peut élucider le surgissement du nom de Procope dans des formes textuelles plurielles, parfois parentes, mais pas toujours. Le lemme Προκοπίου recouvre en effet des rapports entre les différentes pièces du dossier qui peuvent comprendre : le transfert du titre d'une compilation A procopienne à une compilation A + B + C non procopienne, la confusion entre le lemme d'auteur patristique et le lemme du compilateur, des conjectures d'éditeurs confrontés à l'anonymat ainsi que des tentatives d'homogénéisation éditoriale à partir d'une documentation lacunaire ou jugée lacunaire. En somme, cet article décrit la dérive d'un nom qui accompagne, dans l'histoire de sa transmission, la dérive d'un texte attribué à « Procope » sous des configurations parfois très éloignées de ce que l'on connaît comme la forme la plus archaïque de la compilation procopienne. Pour toutes ces raisons, le spécialiste des chaînes aux Proverbes doit constater que « Procope » tient davantage du principe de classement de différentes traditions caténaires apparentées plutôt que du témoignage permettant de remonter à l'activité d'un maître de l'école de Gaza. Cet article suspend donc provisoirement, par nécessité, une

---

[*] Cet article a été rédigé lors de mon détachement à l'Université de Tours (CESR), alors que j'étais sous mandat du FWO à la KU Leuven.

Procopius the Christian Sophist: Catenist, Compiler, Epitomist, ed. by D. Zaganas, J.-M. Auwers, J. Verheyden, IPM, 94 (Turnhout, 2024), pp. 229-247.
© BREPOLS 🟤 PUBLISHERS   10.1484/M.IPM-EB.5.136513

approche prosopographique ou visant à reconstruire la biographie intellectuelle de « Procope » au profit d'une approche presque entièrement textualiste de la matière procopienne.

1. L'Épitomé de Procope et la Chaîne de Paris : un même titre pour un hypotexte et sa version augmentée

Depuis la seconde moitié du xxe siècle, on sait que le titre d'« Épitomé des extraits exégétiques sur les Proverbes de Procope le sophiste chrétien » vise, parmi les différentes formes textuelles héritées sous ce nom, le plus petit dénominateur commun, un noyau de texte primitif dont Marcel Richard a découvert une recension isolée dans deux témoins de l'Athos et dont on a reconnu depuis lors qu'il avait, au cours de son histoire, fait l'objet de remplois, remaniements et enrichissements successifs sans adaptation des éléments de titulature qui auraient permis de qualifier les apports secondaires. Malgré certaines avancées, la documentation critique échoue encore aujourd'hui à rendre compte de ce phénomène qui touche, en l'état de mes connaissances, trois chaînes. La première est la Chaîne de Paris (type II Karo-Lietzmann), toujours titrée, malgré les travaux de Marcel Richard et de Paul Géhin, *Catena Procopii* dans la nouvelle édition du volume IV de la *Clavis Patrum Graecorum* (*CPG* C 91).

Au milieu du xxe siècle, on ne connaît sous le titre Προκοπίου χριστιανοῦ σοφιστοῦ εἰς τὰς Παροιμίας Σολομῶντος ἐξηγητικῶν ἐκλογῶν ἐπιτομή qu'une tradition désignée par Georg Karo et Hans Lietzmann comme la Chaîne de type II ou « *Procopii epitoma* »[1]. Lors d'une mission au Mont Athos, M. Richard découvre dans deux témoins (*Iviron* 379 et *Iviron* 38) une anthologie coiffée du même titre, dépourvue d'un certain nombre de pièces exégétiques transmises par la Chaîne de type II, mais conservant, pour les pièces communes, des textes *au global* plus étendus que ceux transmis par elle. Grâce à la découverte de ce matériel athonite, M. Richard identifie dans la Chaîne de type II une chaîne dérivée et augmentée de celle dont est issue l'Épitomé athonite de Procope[2]. Comme la majorité des témoins de la Chaîne de type II

---

[1] G. Karo, H. Lietzmann, « Catenarum graecarum catalogus », dans *Nachrichten von der Königlichen Gesellschaft der Wissenschaften zu Göttingen, Philologisch-historische Klasse*, Göttingen, 1902, p. 1-66, 299-350, 559-620, ici p. 305-307.

[2] M. Richard, « Les fragments du Commentaire de S. Hippolyte sur les Proverbes de Salomon. II. Édition provisoire », *Le Muséon*, 79 (1966) (repris dans *Opera*

connus de lui sont des témoins parisiens, il donne aux pièces propres de cette tradition le nom de « supplément parisien de l'Épitomé de Procope ». Quelques années plus tard, P. Géhin identifie dans la Chaîne de Copenhague (type IV Karo-Lietzmann ; *CPG* C 96.1) la source du « supplément parisien » en question[3]. La Chaîne de type II n'est donc pas une copie de l'Épitomé des extraits exégétiques de Procope sur les Proverbes, mais une chaîne de chaînes à part entière documentant une recension de l'Épitomé des extraits exégétiques de Procope, connu à l'état isolé par les deux témoins athonites, et une recension de la Chaîne de Copenhague. Cette chaîne à part entière emprunte à sa source principale son titre. M. Richard a donné à ce transfert l'explication suivante : la Chaîne « de Paris » est à l'origine une copie de l'Épitomé des extraits exégétiques de Procope en marge de laquelle ont été produits des pièces issues de la Chaîne de Copenhague ainsi que des compléments basiliens entrés secondairement dans le corps du texte[4]. Cette hypothèse permet d'expliquer que la sélection des pièces puisées à la Chaîne de Copenhague varie d'une recension à l'autre de la Chaîne de Paris et, pour la recension A, d'un témoin à l'autre[5]. Elle explique aussi que les pièces qui, dans le plus ancien témoin conservé de la recension A de la Chaîne de Paris, le *Parisinus gr.* 153 (XIIe s.), sont transmises en marge

---

Minora, I, Turnhout – Leuven, 1976, article 17), p. 61-94, ici p. 70-71 et ID., « Les fragments d'Origène *sur Prov. XXX, 15-31* », dans *Epektasis (Mélanges patristiques offerts au Cardinal Jean Daniélou)*, éd. J. FONTAINE, Ch. KANNENGIESSER, Paris, 1972 (repris dans *Opera Minora*, II, Turnhout – Leuven, 1977, article 23), p. 385-394, ici p. 385-386.

[3] P. GÉHIN, « Introduction », dans *Évagre le Pontique. Scholies aux Proverbes*, Paris, 1987 (*SC*, 340), p. 68.

[4] RICHARD, « Les fragments du Commentaire » (n. 2), p. 70.

[5] Celles que nous avons appelées les recensions A, B et C de la Chaîne de Paris : sur ce point, voir notre article « Le chaînon manquant. La source de l'Épitomé de Procope (type II) dans la Chaîne du Vatican », *Byzantion*, 89 (2019), p. 123-152. La recension A est la mieux représentée dans la tradition manuscrite : elle est conservée par les *Parisini gr.* 153, 154 et 172, le *Berolinensis, Phillippicus* 1411, le *Monacensis gr.* 131, le *Mutinensis, Bibliothecae Estensis* α.W.4.22, les *Matritenses, Bibliothecae Nationalis* 4781, 4749, 4661 (traduit par le *Matritensis, Bibl. Nat.* 4662) et 4825 et le *Parisinus, suppl. gr.* 127. La recension B est représentée à ce jour par un unique témoin, l'*Iviron* 676. La recension C se lit dans la Chaîne de Cambridge conservée par deux témoins qui n'en formaient qu'un à l'origine, les *Cantabrigienses, Collegii Trinitatis* O.1.55 et O.1.54.

ou identifiées, en marge ou entre les lignes, à des σχόλια, proviennent toutes, sans exception, de la seule Chaîne de Copenhague et présentent un caractère de mobilité en fonction des témoins. Comme toutes les autres chaînes apparentées au matériel procopien (type I, III et V Karo-Lietzmann), la Chaîne de Paris (type II Karo-Lietzmann) doit donc être distinguée de l'Épitomé des extraits exégétiques de Procope dont elle ne fait que documenter une recension sous un titre trompeur, combinée à une recension de sa seconde source, la Chaîne de Copenhague.

2. La Chaîne de Cambridge et les *Procopiana* de la Chaîne du Vatican : de Procope caténiste à Procope auteur

La Chaîne de Cambridge est conservée par deux témoins qui n'en formaient qu'un seul à l'origine, les *Cantabrigienses, Collegii Trinitatis* O.1.55 et O.1.54 (daté du XIe s. pour la partie qui nous intéresse)[6]. La Chaîne de Cambridge ne présente aucun des marqueurs génériques attendus de la chaîne exégétique. Désormais privée de titre (le *Cantabrigiensis, Collegii Trinitatis* O.1.55 est acéphale), elle est également dépourvue de tout lemme d'auteur et de presque tout élément de délimitation des sources : matériellement, rien ne la distingue d'un commentaire sur les Proverbes. La documentation critique fait peu de cas de cette chaîne qui n'est pas recensée dans la réédition de la *CPG* IV. Cette chaîne entretient pourtant avec le reste de la tradition conservée des liens de dépendance qui font d'elle une pièce clef du dossier « Procope ». Premièrement la Chaîne de Cambridge est une chaîne fille de la Chaîne de Paris qu'elle augmente, toujours à des moments de seuil, de pièces d'exégèses puisées au Commentaire sur les Proverbes attribué à Jean Chrysostome. Secondement, la Chaîne de Cambridge est l'une des chaînes mères de la Chaîne du Vatican (type III Karo-Lietzmann ; *CPG* C 92)[7]. Ces éléments de filiation permettent d'assurer sans le moindre doute possible que, malgré la mutilation à l'initiale de son témoin unique, la Chaîne

---

[6] Pour une description de ce témoin, voir G. BADY, N. TCHERNETSKA, « Un nouveau témoin direct des *Scholies aux Proverbes* d'Évagre le Pontique (Cambridge, Trinity Coll. O.1.55) », *Revue d'Histoire des Textes*, 32 (2002-2003), p. 63-72. Le *Cantabrigiensis, Collegii Trinitatis* O.1.54 ne conserve que la toute fin de la chaîne, qui tient sur un recto (fol. 1r). Ce recto a été reproduit sur le fol. 79r du *Cantabrigiensis, Collegii Trinitatis* O.1.55, de sorte que la Chaîne de Cambridge se trouve désormais intégralement conservée par celui-ci.

[7] DANEZAN, « Le chaînon manquant » (n. 5).

de Cambridge conservait à l'origine dans la documentation manuscrite le titre de sa source principale, celui de la Chaîne de Paris, qui l'avait elle-même emprunté, comme nous l'avons dit, à l'Épitomé des extraits exégétiques sur les Proverbes de Procope. Comment assurer qu'une chaîne désormais *sine titulo* était à l'origine coiffée du titre d'Épitomé de Procope ? C'est l'étude de la Chaîne du Vatican qui nous l'apprend et en particulier l'élucidation du mystère de l'attribution de certaines de ses pièces, à partir du chapitre 31 des Proverbes, à « Procope »[8].

Comme la Chaîne de Cambridge, la Chaîne du Vatican est conservée par un témoin unique, le *Vaticanus gr.* 1802 (XIIᵉ s.). Il s'agit d'une chaîne creuset qui pousse jusqu'à ses dernières conséquences la logique anthologique d'une tradition qui se renouvelle désormais par addition de compilations préexistantes. Cette *superchaîne* de chaînes convoque au moins quatre sources : la Chaîne de Cambridge, la Chaîne de Polychronius (*CPG* C 90), une chaîne perdue à ce jour, mais apparentée à plusieurs traditions disponibles, et une source évagrienne passée sous le nom d'Origène et interpolée par un commentateur byzantin[9]. La Chaîne du Vatican puise à chacune de ses sources caténaires et non caténaires un certain nombre de pièces – mais pas nécessairement toutes –, distinguant parfois ce qui, dans la source, est transmis comme un bloc d'exégèse homogène, transformant parfois en une seule et même pièce ce qui, dans la source, se constitue d'une pluralité de courtes exégèses distinctes. Le travail du compilateur n'est en effet pas

---

[8] Voir KARO, LIETZMANN, « Catenarum graecarum catalogus » (n. 1), p. 307, M. FAULHABER, *Hohelied-, Proverbien- und Prediger-Catenen*, Wien, 1902 (Theologische Studien der Leo-Gesellschaft, 4), p. 95-97 ; GÉHIN, « Introduction », dans *Évagre* (n. 3), p. 73 et C. CURTI, M. A. BARBÀRA, « Catene esegetiche greche », dans *Patrologia. V: Dal Concilio di Calcedonia (451) a Giovanni Damasceno († 750). I Padri orientali*, éd. A. DI BERARDINO, Genova, 2000, p. 609-655, ici p. 634-635.

[9] À quoi s'ajoutent peut-être des fragments propres du Commentaire attribué à Jean Chrysostome. Voir GÉHIN, « Introduction », dans *Évagre* (n. 3), p. 72 et DANEZAN, « Le chaînon manquant » (n. 5), p. 124 et 150-151. L'unique témoin du Commentaire sur les Proverbes attribué à Jean Chrysostome, le *Patmiacus gr.* 161, a subi de nombreuses mutilations. En outre, la copie ne commente pas l'ensemble des Proverbes : à partir du chapitre 19, seule est commentée une sélection de proverbes. Sur ce point, voir M. RICHARD, « Le Commentaire de saint Jean Chrysostome sur les *Proverbes de Salomon* », dans Συμπόσιον. *Studies on St. John Chrysostom*, Thessalonique, 1973 (repris dans *Opera Minora*, II, Turnhout – Leuven, 1977, article 40), p. 88-103.

mécanique. S'il est vrai que la Chaîne du Vatican comporte de nombreuses répétitions, pour la raison que ses chaînes mères mobilisent souvent les mêmes sources exégétiques, conservées sous des états textuels différents, certaines d'entre elles sont cependant évitées, soit que le compilateur élimine les doublets, soit qu'il amalgame des rédactions proches puisées à des sources caténaires distinctes.

Ces éléments de définition posés, l'étude comparée des différentes traditions en jeu fait apparaître une correspondance presque parfaite entre d'une part les textes issus spécifiquement d'un état de la Chaîne de Cambridge dans la Chaîne du Vatican et d'autre part les attributions à « Procope » qu'on lit dans la même chaîne à partir de Pr 31, 6 et qui font de « Procope » un commentateur des Proverbes à côté et à l'égal des autres sources exégétiques convoquées. Le lemme Προκοπίου (et par deux fois τοῦ αὐτοῦ) apparaît à 149 reprises entre les fol. 118r et 140r du *Vaticanus gr.* 1802. Sur ce compte, seules cinq pièces coiffées du lemme « Procope » ne trouvent pas du tout de correspondance dans notre unique témoin conservé de la Chaîne de Cambridge, soit que celui-ci ait subi une mutilation (quatre pièces)[10], soit que sa copie soit incomplète (une pièce)[11]. Dans un cas comme dans l'autre, la tradition seconde permet de combler les lacunes de la tradition première telle qu'elle est conservée. Du point de vue textuel, la correspondance entre les deux chaînes parentes est presque parfaite : la Chaîne du Vatican puise à un état de la Chaîne de Cambridge très proche de celui documenté par notre unique témoin conservé. Les désaccords sont souvent mineurs et relèvent de l'erreur de copie : très rares cas de courtes omissions, de variantes pronominales, de variantes vocaliques, de transpositions, de substitutions paronymiques. De plus grandes divergences constituent un indice sûr de ce que le caténiste de la Chaîne du Vatican, se rendant compte d'une répétition, substitue à la rédaction attendue d'une source la rédaction d'une autre, amalgame des rédactions de provenances

---

[10] Le *Cantabrigiensis, Collegii Trinitatis* O.1.55 a perdu le dernier folio de son huitième cahier, ce qui correspond à la section Pr 31, 9 – 25, 5. Pour cette section où la comparaison n'est plus possible, la Chaîne du Vatican attribue à « Procope » quatre pièces : voir *Vaticanus gr.* 1802, fol. 120r, col. a-b (lemme Προκ<οπίου>), fol. 120r, col. b (lemme τοῦ αὐτοῦ), fol. 120r, col. b-fol. 120v, col. a (lemme Προκ<οπίου>) et fol. 120v, col. a (lemme Προκ<οπίου>).

[11] Pr 31, 23 n'est ni cité ni commenté dans le *Cantabrigiensis, Collegii Trinitatis* O.1.55 (au fol. 78r on passe de Pr 31, 22 à Pr 31, 24a). Pour ce verset, la Chaîne du Vatican attribue à « Procope » une pièce : voir *Vaticanus gr.* 1802, fol. 139r, col. b (lemme Προ<κοπίου>).

LE NOM DE « PROCOPE » DANS LES CHAÎNES AUX PROVERBES 235

multiples ou les complète les unes par les autres[12]. Parmi les pièces attribuées à « Procope » dans la Chaîne du Vatican, quatorze ne trouvent, pour cette raison, qu'une correspondance partielle avec la rédaction documentée par la Chaîne de Cambridge, un phénomène qui concerne la plupart du temps l'exégèse d'Évagre, connue du compilateur de la Chaîne du Vatican par une source interpolée.

La Chaîne du Vatican n'attribue cependant pas à « Procope » toutes les pièces qu'elle emprunte à la Chaîne de Cambridge. Pour la section couvrant Pr 31, 6-10, Pr 25–29 et Pr 31, 10-31 où le nom de Procope est donné en marge, la Chaîne de Cambridge conserve 175 pièces anonymes, dont sept précédées, dans le corps du texte, du lemme explicite Ἄλλος. Pour apprécier le traitement réservé au reste des pièces issues de la Chaîne de Cambridge dans cette section, mais produites sans le lemme Προκοπίου dans la Chaîne du Vatican, il faut commencer par retrancher au compte des 149 pièces qui sont données pour procopiennes dans la chaîne fille les cinq pièces absentes, pour des raisons matérielles, de notre unique témoin de la chaîne mère, ainsi que deux pièces « Procope » distinguées de deux autres pièces « Procope » dans la chaîne fille, alors qu'elles se trouvent amalgamées une à une dans la chaîne mère. Nous arrivons à un total de 142 pièces produites sous le lemme Προκοπίου. De même, il convient de retrancher au compte des 175 pièces de la Chaîne de Cambridge une pièce amalgamée à une autre dans la chaîne fille, alors qu'elle ne l'est pas dans la chaîne mère. Nous arrivons à un total de 174 pièces dans la chaîne source. Que sont devenues les 32 pièces restantes dans la Chaîne du Vatican ?

- Trois pièces coiffées du lemme Ἄλλος dans la Chaîne de Cambridge sont coiffées du lemme Ἄλλως dans la Chaîne du Vatican.

- Trois pièces coiffées du lemme Ἄλλος dans la Chaîne de Cambridge ont été remplacées par ou amalgamées à des pièces issues d'autres traditions sources (qu'on puisse les identifier ou non dans la documentation disponible) et présentent en tout ou partie des rédactions proches de celles documentées par la Chaîne de Cambridge.

- Quatorze pièces de la Chaîne de Cambridge sont dépourvues de lemme d'attribution dans la Chaîne du Vatican, que la règle implicite du τοῦ αὐτοῦ s'applique (neuf pièces) ou non (cinq pièces).

---

[12] Ce point a été relevé par GÉHIN, « Introduction », dans *Évagre* (n. 3), p. 73.

236 MEREDITH DANEZAN

- Dix pièces de la Chaîne de Cambridge que la tradition directe permet, dans la majorité des cas, d'attribuer à Évagre ont été remplacées ou fondues avec des rédactions des mêmes pièces issues de la source évagrienne interpolée. Neuf d'entre elles portent le lemme Ὠρ<ι>γ<ένους> (= Évagre).

- Deux pièces ont été remplacées par ou amalgamées à des pièces issues d'autres traditions sources (qu'on puisse les identifier ou non dans la documentation disponible) et présentant en tout ou partie des rédactions proches de celles documentées par la Chaîne de Cambridge.

Aucune pièce de la Chaîne de Cambridge n'a donc été laissée de côté : soit le lemme Ἄλλος de la source a été reproduit (et transformé en Ἄλλως) en lieu et place de Προκοπίου, soit le lemme a été omis (le plus souvent en vertu de la règle implicite du τοῦ αὐτοῦ), soit une autre tradition, conservant sous une rédaction proche une source citée par la Chaîne de Cambridge, a été retenue au détriment de cette dernière et a fourni à notre caténiste une autre attribution que Προκοπίου ou Ἄλλος.

Concluons ce parcours. Premièrement, « Épitomé des extraits exégétiques de Procope » est le titre donné, par transfert, non seulement à une première réalité composite (la Chaîne de Paris), mais encore à une seconde réalité composite : la Chaîne de Cambridge dont elle dérive et qu'elle augmente de pièces puisées au Commentaire attribué à Jean Chrysostome. Secondement, ce n'est pas « Procope » l'auteur qui est signalé en marge de la Chaîne du Vatican, mais « Procope » le caténiste, en tant que son œuvre est identifiée à tort par le compilateur de la Chaîne du Vatican à la Chaîne de Cambridge conservée sous son nom et dépourvue de toute attribution marginale.

3. La Chaîne de Bruxelles et ses *Procopiana* : le nom de Procope comme élucidation du silence des marges

Le nom de Procope et le titre d'Épitomé des extraits exégétiques de Procope ont également été sources de confusion dans l'élucidation du contenu d'un témoin conservé à la Bibliothèque Royale de Bruxelles, le *Bruxellensis, Regius* 3895/6 daté du XVIIᵉ siècle[13]. Ce témoin à deux

---

[13] H. OMONT, « Catalogue des manuscrits grecs de la Bibliothèque Royale de Bruxelles », *Revue de l'Instruction publique en Belgique*, 27 (1884), p. 374, n° 30 ; KARO, LIETZMANN, « Catenarum graecarum catalogus » (n. 1), p. 307 et 315 ; FAUL-

LE NOM DE « PROCOPE » DANS LES CHAÎNES AUX PROVERBES 237

colonnes d'écriture grec/latin dont la traduction latine est attribuée, par le titre d'une ancienne couverture de parchemin (avant reprise de la reliure), au jésuite anversois Balthasar Cordier, et composé de deux parties distinctes, avec dans chaque cas une pagination propre, donne en effet, avant un exemplaire de l'Épitomé de Procope sur le Cantique (*CPG* 7431/C 82), une chaîne sur les Proverbes que Michael Faulhaber a identifié à tort à une copie de ce que l'on désigne habituellement sous le titre d'Épitomé sur les Proverbes de Procope (son type B), c'est-à-dire à une copie de la Chaîne de Paris[14]. Si dans sa description du témoin M. Faulhaber relève bien les éléments qui singularisent la copie du manuscrit de Bruxelles des autres copies disponibles de la Chaîne de Paris, il ne parvient cependant pas à donner une interprétation cohérente aux phénomènes qu'il observe, portant les abrègements massifs au compte d'un « éditeur » (« der Herausgeber »), mais les compléments d'attribution au crédit de la tradition source (« der Brüsseler <enthält> den Proverbientypus B, und zwar in Bezug auf die Namen in einer besseren Überlieferung als die für meine Untersuchungen mir zugänglichen Handschriften »). Les avancées de la recherche, qui ont permis d'identifier dans le *Parisinus gr.* 153, manuscrit bien connu de M. Faulhaber, l'un des modèles du *Bruxellensis, Regius* 3895/6, rebattent les cartes et appellent une nouvelle interprétation[15].

HABER, *Catenen* (n. 8), p. 22 et 100 ; A. SOVIĆ, « De Nili Monachi Commentario in Canticum canticorum reconstruendo », *Biblica*, 2/1 (1921), p. 45-52, ici p. 50 ; H. ROSENBAUM, *Nilus von Ankyra, Schriften*, I, *Kommentar zum Hohelied*, Berlin – New York, 2004 (*PTS*, 57), p. 161* et J.-M. AUWERS, *Procopii Gazaei Epitome in Canticum canticorum*, Turnhout, 2011 (*CCSG*, 67), p. XXII. J. VAN DEN GHEYN, *Catalogue des manuscrits de la Bibliothèque Royale de Belgique*, II, Bruxelles, 1902, p. 221-222, n° 1217, date le témoin du XVIIIᵉ siècle.

[14] FAULHABER, *Catenen* (n. 8), p. 100, et après lui KARO, LIETZMANN, « Catenarum graecarum catalogus » (n. 1), p. 307 (le manuscrit est compté au nombre des témoins du type II sur le signalement de Faulhaber) ; M. GEERARD, *Clavis Patrum Graecorum. III: A Cyrillo Alexandrino ad Iohannem Damascenum*, Turnhout, 1979, p. 389, n° 7432 ; AUWERS, *Procopii Gazaei Epitome* (n. 13), p. XXII. Se fiant, sans plus d'examen, au titre et à l'auteur allégué, VAN DEN GHEYN, *Catalogue* (n. 13), p. 221, identifie la Chaîne de Bruxelles sur les Proverbes au Commentaire du Pseudo-Procope sur les Proverbes édité en *PG* 87/1, col. 1221-1544.

[15] Le modèle de la copie de l'Épitomé sur le Cantique du *Bruxellensis, Regius* 3895/6 a été identifié pour la première fois au *Parisinus gr.* 153 par SOVIĆ, « De Nili Monachi Commentario » (n. 13), p. 50.

Si, par son titre, la Chaîne de Bruxelles sur les Proverbes s'identifie à la Chaîne de Paris (exception faite de la mention explicitante Γαζαίου), elle n'en constitue cependant pas une simple copie. La Chaîne de Bruxelles est en réalité une chaîne de chaînes autographe, compilant des pièces exégétiques puisées à la Chaîne de Paris, chaîne parente de l'Épitomé des extraits exégétiques de Procope, et des pièces exégétiques puisées à une recension de la Chaîne de Polychronius, également apparentée au matériel procopien. Le titre, par sa clarté, est donc mensonger, car il présente ici encore comme une œuvre unique et connue un matériel compilé et puisé à deux sources caténaires, qui découlent elles-mêmes de manière différenciée d'un même matériel procopien. Du fait de leur commune parenté vis-à-vis du matériel procopien, les textes donnés par l'une et l'autre traditions sources sont parfois très proches. Ils ne sont cependant jamais identiques et se recoupent rarement du point de vue de l'attribution, ce qui permet de distinguer sans le moindre doute possible l'enchaînement des sources caténaires que forme la Chaîne de Bruxelles. La comparaison des différentes traditions en jeu fait apparaître un usage non linéaire des deux sources caténaires au long de la copie et la nécessité de distinguer, pour en comprendre l'enchaînement, entre deux types de matériel remployés, pièces d'exégèse et éléments d'attribution. Du point de vue des textes, les deux sources sont mobilisées dans les deux premiers chapitres des Proverbes uniquement, le caténiste puisant *grosso modo* deux tiers de sa matière exégétique à la Chaîne de Paris et un tiers à la Chaîne de Polychronius. Du point de vue de l'attribution, les deux sources sont conjointement mobilisées dans les neuf premiers chapitres des Proverbes (très rarement à partir du chapitre 7), après quoi le matériel exégétique et les éléments d'attribution proviennent exclusivement de la Chaîne de Paris.

L'œuvre est celle d'un caténiste élaborant une compilation nouvelle à partir de deux compilations « originales », mais elle n'est pas, comme dans le cas de la Chaîne de Paris ou de la Chaîne de Cambridge, le produit d'une simple juxtaposition. Elle est, comme dans le cas de la Chaîne du Vatican, le résultat d'un travail plus complexe de juxtaposition, d'interpolation et, du point de vue du découpage des pièces et de leur attribution, d'éclaircissement d'une tradition par l'autre. L'opération de recoupement des données, qui vise à combler l'anonymat sous lequel sont transmises de nombreuses pièces dans une tradition au moyen des lemmes d'auteurs procurés par une autre, permet d'expliquer bon nombre des attributions additionnelles signalées par M. Faulhaber dans sa description de la chaîne sur les Proverbes du *Bruxellensis, Regius* 3895/6. D'autres cependant demeurent inexplicables : aucun des nombreux témoins de la Chaîne de Polychronius à notre disposition n'offre une correspondance parfaite, ni même leur somme.

Doit-on encore chercher ce témoin singulier, supposer son existence, ou bien poser l'hypothèse, plus économique, qu'une partie de l'attribution revient à la main du caténiste tardif lui-même ? Deux indices témoignent en faveur de cette hypothèse. D'une part, le caténiste intervient sur les textes. Il insère verbes, articles, conjonctions de coordination ou éléments de lemmes bibliques commentés perçus comme faisant défaut à la syntaxe minimale dans le but de redonner sens à des bouts de textes malingres ou de coudre plusieurs d'entre eux pour constituer une exégèse d'un seul tenant. Dans nombre de cas, ces interventions sont manifestes, car produites en interligne au moment de la traduction. L'autre indice concerne les sept premiers chapitres des Proverbes pour lesquels la Chaîne de Bruxelles attribue trente de ses pièces exégétiques à « Procope » lui-même (lemmes ΠΡΟΚΟΠΙΟΥ et ΤΟΥ ΑΥΤΟΥ), une attribution qui ne figure, pour les Proverbes, dans aucune forme connue de la Chaîne de Paris et de la Chaîne de Polychronius. Comment expliquer, autrement que par une intervention personnelle, que ce caténiste tardif et qui travaille en Occident ait accès à davantage d'informations que nous qui bénéficions du patient travail des catalogueurs modernes ?

Le critère d'attribution à « Procope » dans la Chaîne de Bruxelles sur les Proverbes n'est pas fonction des sources caténaires, comme on l'observait dans la Chaîne du Vatican. Les pièces d'exégèse coiffées de ce lemme proviennent en effet indistinctement de la Chaîne de Paris (le plus souvent) et de la Chaîne de Polychronius (plus rarement et pour les deux premiers chapitres seulement). Le fait que la Chaîne de Polychronius soit dépourvue de tout titre dans la tradition manuscrite (seuls quatre témoins récents donnent le nom de « Polychronius »[16]) et sa parenté manifeste avec le matériel procopien expliquent peut-être que notre caténiste tardif ait puisé à l'une et l'autre traditions comme à l'œuvre unique de « Procope », y compris pour l'attribution. La piste des auteurs n'est pas plus fructueuse. Dans la Chaîne de Bruxelles, le nom de « Procope » est apposé, pour autant qu'on puisse les identifier, sur une large palette d'exégètes : Hippolyte, Origène, Apolinaire,

---

[16] Voir FAULHABER, *Catenen* (n. 8), p. 128-129.

Didyme, Évagre. Le seul point commun entre toutes les pièces données pour procopiennes dans la Chaîne de Bruxelles est au final leur anonymat dans les chaînes sources. L'hypothèse que je formule est donc la suivante : le caténiste tardif, quel qu'il soit, a comblé les vides de l'attribution dans les sources par le nom de « Procope », et il l'a fait à l'imitation de ce qu'il a lu dans une autre chaîne, l'Épitomé des extraits exégétiques sur le Cantique des cantiques, copié dans ce qui constitue aujourd'hui la seconde partie du *Bruxellensis, Regius* 3895/6.

Dans le *Parisinus gr.* 153 d'après lequel a été copié la plus grande part du manuscrit de Bruxelles, six pièces pour le Cantique sont effectivement attribuées à tort à « Procope », un lemme qui témoigne de tentatives, différenciées en fonction des témoins, d'identification de sources tombées dans l'anonymat ou d'une mauvaise élucidation des noms d'auteurs produits sous une forme abrégée[17]. Or, pour des raisons paléographiques, et contrairement à la disposition actuelle offerte par le manuscrit de Bruxelles après réfection, tout montre que notre caténiste du XVIIe siècle a d'abord travaillé sur le Cantique avant de passer au matériel *paroimiaque*. La note qui a permis d'identifier la source manuscrite principale du *Bruxellensis, Regius* 3895/6 (*ex codice manuscripto Archiepiscopi Tolosani Caroli de Montchal*) se lit en tête de ce qui constitue désormais la seconde partie du volume, laquelle accueille la copie de l'Épitomé de Procope sur le Cantique[18]. Or cette mention n'a de sens que si elle intervient en début de copie. Par ailleurs le modèle principal, le *Parisinus gr.* 153, présente une disposition similaire : d'abord le

---

[17] Sur ce point, nous renvoyons à J.-M. Auwers, *L'interprétation du Cantique des cantiques à travers les chaînes exégétiques grecques*, Turnhout, 2011 (*IPM*, 56), p. 139-151. Les pièces sont les suivantes : une pièce p. 1 = scholie n° 2 (Προ<κοπίου> dans le *Paris. gr.* 153, désormais P) et début de scholie n° 3 éd. Auwers ; une pièce p. 3 = scholie n° 12 (Πρ<ο>κ<οπίου> P) ; une pièce p. 5 = scholies n° 23-24-25 (23 et 25 étant attribuées à Procope et 24 à Grégoire dans P) ; une pièce p. 14 = scholie n° 58 (Προκ<οπίου> P) ; une pièce p. 31-32 = scholies n° 95-96 (Προκο<πίου> P) ; une pièce p. 77 = scholie n° 173 (Γρη<γορίου> P). Dans le dernier cas et partiellement dans le troisième, l'attribution à « Procope » résulte d'une mauvaise élucidation du lemme marginal Γρη, un type d'erreur illustré, dans la marge de la p. 3 de la seconde partie du *Bruxellensis, Regius* 3895/6, par la scholie n° 9 (éd. Auwers), attribuée à Grégoire (Γρη<γορίου>) par le *Paris. gr.* 153, et donnée, avant rature et correction, à Procope.

[18] Voir M.-G. Guérard, « Procope de Gaza, *Épitomé sur le Cantique des cantiques*. Les trois plus anciens témoins, *Paris. gr.* 153, 154, 172 », *Byzantion*, 73 (2003), p. 9-59, ici p. 9 et 15 et, après elle, Auwers, *Procopii Gazaei Epitome* (n. 13), p. XXII-XXIII.

Cantique (fol. 1r-59r), ensuite les Proverbes (fol. 59r-117v). Enfin, l'étude de la succession des mains donne l'antériorité à la copie du Cantique sur celle des Proverbes. Dans ce manuscrit à deux colonnes d'écriture, produisant respectivement le texte grec et sa traduction latine, deux mains ont en effet été distinguées par Jean-Marie Auwers, une main prenant en charge la colonne grecque sur Cantique, une autre prenant en charge la colonne grecque sur Proverbes et les colonnes latines sur Cantique et Proverbes. C'est cette main en particulier que l'éditeur de l'Épitomé sur le Cantique a proposé d'identifier, sous deux réserves, à la plume de Balthasar Cordier[19]. Pour le Cantique, ainsi que le relève J.-M. Auwers, la colonne grecque (main A) a été intégralement copiée avant la colonne latine (main B) : les variations dans la mise en page de la traduction suggèrent en effet que l'espace dévolu à celle-ci est conditionné par la copie de la première colonne d'écriture[20]. Pour les Proverbes, la copie de la colonne grecque et de la traduction (main B) sont au contraire concomitantes : une « erreur » de copie touchant une pièce sur Pr 2, 15-16 (p. 36), où le texte grec est produit sur la colonne réservée à la traduction et *vice versa*, démontre en effet que le caténiste traduit chaque pièce immédiatement après l'avoir copiée. Ajoutons pour finir que dans la colonne grecque sur Cantique (main A), l'attribution, produite par exception en marge avec un système de renvoi, est insérée dans un second temps et, à en juger d'après la couleur de l'encre, par la main B : dans les trois autres colonnes et sauf rares remaniements secondaires l'attribution est donnée dans le corps du texte, en tête de paragraphe. Sauf à imaginer, selon un modèle peu économique, une triple succession de mains (B puis A puis B) au cours de laquelle la main A s'écarte du modèle de son prédécesseur par une omission systématique des lemmes d'auteurs, il apparaît que la main A précède chronologiquement la main B, et par conséquent que la copie de l'Épitomé de Procope sur le Cantique précède la copie de la Chaîne de Bruxelles sur les Proverbes.

J'en conclus que, fort de ce qu'il avait pu observer en travaillant sur le Cantique, à savoir la présence de pièces attribuées explicitement à Procope, notre caténiste du XVIIe siècle s'est cru autorisé à donner le nom de « Procope » dans la chaîne aux Proverbes du manuscrit de Bruxelles lorsqu'aucune des traditions sources ne lui donnaient une autre information. Dans ce cas, l'auctorialité procopienne des trente pièces de la Chaîne de Bruxelles sur les Proverbes provient de la décision

---

[19] AUWERS, *Procopii Gazaei Epitome* (n. 13), p. XXIII-XXV.
[20] *Ibidem.*

242   MEREDITH DANEZAN

herméneutique d'un caténiste moderne confronté à l'anonymat des textes et extrapolant à partir de sources parallèles.

4. Le Commentaire sur les Proverbes du Pseudo-Procope : un cas de pseudépigraphie seconde

« Procope » le caténiste a-t-il commenté les Proverbes ? Les pages qui précèdent ont fait la preuve que les réponses affirmatives fournies par la tradition manuscrite sont de fausses pistes. On a démontré que le nom de Procope à l'intérieur de la Chaîne du Vatican fait référence non à un hypothétique Commentaire sur les Proverbes de Procope, mais à une chaîne dépourvue de tout lemme d'auteur, identifiée à tort par le caténiste à l'Épitomé des extraits exégétiques de Procope sur les Proverbes. On a également démontré qu'à l'intérieur de la Chaîne de Bruxelles, le nom de « Procope » est totalement importé par un caténiste moderne, sans aucune base documentaire, pour combler les vides de la tradition dans l'attribution des pièces. Dans les lignes qui suivent, on voudrait verser un nouvel élément à un cas de pseudépigraphie depuis longtemps identifié, celui du « Commentaire sur les Proverbes de Procope » édité par A. Mai[21] et reproduit en *PG* 87/1, col. 1221-1544 (*CPG* 7445/C 95).

La première notice consacrée à l'Ἑρμηνεία εἰς τὰς Παροιμίας Προκοπίου χριστιανοῦ est donnée par M. Faulhaber qui conclut à l'inauthenticité de l'attribution à Procope et à la parenté de l'Ἑρμηνεία sur les Proverbes avec les deux « chaînes » anonymes dites « des Trois Pères » sur l'Ecclésiaste et sur le Cantique (dans les témoins Ἑρμηνεία κατὰ παράφρασιν τοῦ... συλλεγεῖσα ἀπό...), trois pièces au destin lié dans la tradition manuscrite[22]. Le rapprochement entre ces trois

---

[21] A. Mai (éd.), *Classicorum Auctorum e Vaticanis codicibus editorum*, t. IX, Roma, 1837, p. 1-256.

[22] Voir Faulhaber, *Catenen* (n. 8), p. 95-96, ainsi que les pages consacrées aux « chaînes » dites « des Trois Pères » sur l'Ecclésiaste (p. 140-142) et sur le Cantique (p. 6-19). Les conclusions du philologue allemand ont été reprises depuis lors et corroborées par une analyse comparative. Voir S. Lucà, *Anonymus in Ecclesiasten Commentarius qui dicitur Catena Trium Patrum*, Turnhout – Leuven, 1983 (*CCSG*, 11), p. xxxvi-xxxix. La question du genre littéraire a également été tranchée : le projet de l'auteur des trois ἑρμηνεῖαι sur la triade sapientielle Proverbes/Ecclésiaste/ Cantique se distingue de celui d'un caténiste en ce que, s'il conserve parfois l'idée, il n'a pas l'intention de reproduire littéralement des fragments. Voir J. Kirchmeyer, « Un commentaire de Maxime le Confesseur sur le Cantique ? », dans *Studia Pa-*

documents avait cependant été fait, de manière incidente, bien avant l'aube de la philologie des chaînes. Il y a tout lieu de penser, en effet, que c'est l'attribution à Procope de l'Ἑρμηνεία sur les Proverbes qui a influencé la réception de l'Ἑρμηνεία sur le Cantique, anonyme dans les témoins, mais livrée dans les éditions imprimées sous le nom du même « Procope »[23], et ce d'après une déduction de Matthieu Devaris, érudit de la Renaissance[24]. Quant à la paternité procopienne de l'Ἑρμηνεία sur les Proverbes, paternité documentée par une large part de la tradition manuscrite, elle pourrait reposer sur un accident matériel, la place du Commentaire en tête de corpus pouvant expliquer la perte du titre et de celui-là seul (les mutilations se faisant à l'initiale), et l'identification secondaire de ce commentaire, par un maillon de la transmission, à l'œuvre de Procope[25].

Les indices philologiques en faveur d'un cas de pseudépigraphie récent sont nombreux et solides. Non seulement le témoin le plus ancien de l'Ἑρμηνεία sur les Proverbes est dépourvu de titre et de nom d'auteur[26], mais encore les cinq autres témoins conservés, ceux qui coiffent le texte du nom de Procope, sont tous postérieurs à la seconde moitié du XVᵉ siècle[27]. Deux de ces *recentiores* au moins (O

---

tristica, 8/2, éd. F. L. Cross, Berlin, 1966 (*TU*, 93), p. 406-413 ; Lucà, *Anonymus in Ecclesiasten Commentarius*, p. x-xiii et L. Bossina, *Teodoreto restituito. Ricerche sulla catena dei Tre Padri e la sua tradizione*, Alessandria, 2008 (Studi e Ricerche, 68), p. 103-104.

[23] C'est l'hypothèse formulée à fort bon titre par Faulhaber, *Catenen* (n. 8), p. 28 n. 1.

[24] La déduction se lit dans une note portée à la fin de la copie de l'Ἑρμηνεία sur le Cantique dans le *Vaticanus gr.* 728 (*Finis commentarii super Cantica, puto Procopii*, fol. 215r). Ce dernier point a été mis en lumière par L. Bossina, A. De Blasi, « Un inedito *Commento al Cantico dei cantici* nell'officina di Andrea Darmario. Edizione e storia del testo », *Byzantion*, 87 (2017), p. 69-131, ici p. 74.

[25] L'hypothèse est formulée par Faulhaber, *Catenen* (n. 8), p. 142 n. 1.

[26] Le *Parisinus gr.* 152 (XIIᵉ s.) [= P éd. Lucà].

[27] Le *Vaticanus, Ottobonianus gr.* 56 (seconde moitié du XVᵉ s.) [= O éd. Lucà], le *Romanus, Casanatensis* 203 (seconde moitié du XVIᵉ s.) [= C éd. Lucà, modèle de O d'après l'éditeur], le *Vaticanus, Ottobonianus gr.* 221 (seconde moitié du XVIᵉ s.) [= Ot éd. Maksimczuk], le *Vaticanus gr.* 728 (seconde moitié du XVIᵉ s.) [= K éd. Bossina, De Blasi (V éd. Maksimczuk)] et le *Mediolanus, Ambrosianus* Z 77 suss. (XVIIIᵉ s.). Nos remerciements vont à R. Ceulemans qui nous a signalé l'article de J. Maksimczuk, « A Miscellaneous Book at the Workshop of Nicho-

244 MEREDITH DANEZAN

et son apographe C éd. Lucà) remontent à un archétype (α éd. Lucà)[28] que Constant De Vocht a proposé avec de solides arguments d'identifier à un témoin *antiquus* de l'Escorial désormais perdu (le *Scorialensis* H.III.18), ayant lui-même servi de modèle à la copie d'un second témoin perdu de l'Escorial (le *Scorialensis* Θ.I.6, *c.* 1590)[29]. Or je constate que le catalogue des manuscrits grecs perdus de l'Escorial que l'on doit à Gregorio de Andrés donne pour ces deux témoins une traduction littérale des titres des Ἑρμηνεῖαι sur l'Ecclésiaste et sur le Cantique tels qu'ils apparaissent dans la traduction manuscrite, mais ne portent, dans le cas des Proverbes, aucune mention de « Procope ». Si l'on admet en effet, avec C. De Vocht, que les titres latins *Interpretatio paraphrastica Ecclesiastici/Cantici canticorum collecta ex…* (*Scorialensis* H.III.18) et *In Ecclesiasten/Cantica Canticorum paraphrastica expositio collecta ex/expositio paraphrastica ex…* (*Scorialensis* Θ.I.6) ne sont rien d'autre que des traductions des titres grecs Ἑρμηνεία κατὰ παράφρασιν τοῦ Ἐκκλησιαστοῦ/τοῦ Ἄισματος τῶν ᾀσμάτων συλλεγεῖσα ἀπό…, alors on doit aussi admettre qu'il n'est pas possible que les catalogues dont dépend Andrés aient omis par deux fois de signaler le nom de Procope en tête de la copie de l'Ἑρμηνεία sur les Proverbes conservée dans les mêmes manuscrits où celle-ci se trouve simplement désignée sous le

las Choniates », *Aevum*, 94 (2020), p. 249-289, lequel identifie pour la première fois l'*Ottobonianus gr.* 221 comme un témoin du Commentaire pseudo-procopien sur les Proverbes et démontre que celui-ci est le modèle du *Vaticanus gr.* 728.

[28] Lucà, *Anonymus in Ecclesiasten* (n. 22), p. LIII. Les rapports du *Vaticanus, Ottobonianus gr.* 221 (seconde moitié du XVIe s.), modèle du *Vaticanus gr.* 728 (seconde moitié du XVIe s.), et du *Mediolanus, Ambrosianus* Z 77 suss. (XVIIIe s.) avec le reste de la tradition restent à déterminer.

[29] C. De Vocht, « Deux manuscrits perdus de la *Catena trium Patrum in Ecclesiasten* (CPG C100) », *Byzantion*, 59 (1989), p. 264-266. La démonstration de C. De Vocht est la suivante : (1) le *Parisinus gr.* 152 (= P éd. Lucà), issu d'une branche indépendante de la tradition de α, et le *Scorialensis* H.III.18, décrit par les catalogues comme un volume *antiquus*, ont le même contenu ; (2) le *Scorialensis* H.III.18 aurait appartenu, toujours d'après les catalogues, à Andreas Darmarios, qui est aussi, d'après S. Lucà, le copiste du *Scorialensis* R.I.3 (= E éd. Lucà, p. XLI ; E ne transmet que les ἑρμηνεῖαι sur Ecclésiaste et sur Cantique), issu de α par une branche indépendante de O (et donc de C, son apographe) ; (3) l'ancêtre commun au *Scorialensis* R.I.3 (E) et à l'*Ottobonianus gr.* 56 (O) supposé par S. Lucà (= α, p. LIII) pourrait donc s'identifier au *Scorialensis* H.III.18 que copie, d'après les catalogues, le *Scorialensis* Θ.I.6.

LE NOM DE « PROCOPE » DANS LES CHAÎNES AUX PROVERBES 245

titre d'*In Proverbia Salomonis commentarius* (*Scorialensis* H.III.18)/ *commentarium* (*Scorialensis* Θ.I.6)[30]. La dissymétrie de traduction du même terme ἑρμηνεία observée entre d'un côté les Proverbes (*commentarius/commentarium*) et de l'autre l'Ecclésiaste et le Cantique (*interpretatio* pour le *Scorialensis* H.III.18 et *expositio* pour le *Scorialensis* Θ.I.6) paraît même l'indice de ce que, dans les témoins de l'Escorial, le Commentaire sur les Proverbes du Pseudo-Procope était tout bonnement dépourvu de titre, comme il l'est dans son témoin conservé le plus ancien, le *Parisinus gr.* 152.

Du point de vue du rapport aux textes, ce cas de pseudépigraphie tardif, venu combler un vide de l'attribution, montre à quel point la chaîne comme objet littéraire ne saurait être dissociée, dans l'esprit de ses lecteurs tardifs, du nom de Procope, preuve s'il en est que l'on ne prête qu'aux riches.

Conclusion

Ce détour par les différentes pièces coiffées du nom de « Procope » dans le dossier des chaînes aux Proverbes (et assimilées) documente une profonde frontière entre lecteurs anciens et lecteurs modernes. Dans les témoignages anciens, le critère de l'attribution à « Procope » fait sens et répond à une logique unique : il renvoie toujours à l'œuvre seule et une d'un caténiste, l'« Épitomé des extraits exégétiques sur les Proverbes de Procope le sophiste chrétien ». La Chaîne de Paris, en effet, n'est certainement à l'origine qu'une copie de l'Épitomé de Procope en marge de laquelle des pièces d'une autre chaîne ont été copiées, lesquelles ont fini par entrer dans le corps du texte. La Chaîne de Cambridge est elle-même une copie de la Chaîne de Paris dotée, dans son unique témoin conservé, de pareils suppléments et dépouillée de tout lemme d'auteur. L'un des nombreux maillons de la transmission aura, ici encore, intégré au texte des éléments marginaux sans comprendre leur statut d'*addenda* ou aura complété délibérément la compilation de « Procope » sans percevoir la nécessité, au demeurant toute moderne, d'ajouter à sa copie la mention « revue et augmentée par ». En bout de chaîne, rien d'étonnant donc à ce que la compilation du Vatican puise à celle de Cambridge comme à l'Épitomé de « Procope » : c'est ce qu'elle lit dans son modèle.

---

[30] G. DE ANDRÉS, *Catálogo de los códices griegos desaparecidos de la Real Biblioteca de El Escorial*, Madrid, 1968, p. 171, n° 391 et p. 186, n° 429.

On a quelques raisons d'être plus sévère à l'endroit des lecteurs modernes, caténistes ou éditeurs. La Chaîne de Bruxelles, compilation attribuée à Balthasar Cordier, témoigne en effet d'une tentative moderne d'élucidation des silences des marges par le nom de « Procope », un critère d'attribution pour le moins discutable. La noble paternité du commentaire anonyme sur les Proverbes apparenté aux deux « chaînes » dites « des Trois Pères » sur l'Ecclésiaste et sur le Cantique trouve certainement sa source dans un accident matériel « réparé » par un lecteur tardif pour qui toute production caténaire (ou assimilée) est l'œuvre de « Procope ».

Ces cas de pseudépigraphie tardifs, somme toute marginaux, auraient pu le rester. Mais force est de constater qu'ils ont été alimentés par les tentatives récentes de présentation totale de la matière procopienne qui réunissent dans un même dossier des traditions distinctes, toutes passées sous le nom de « Procope ». Le devenir du dossier « Procope » dans la *Patrologie* de J.-P. Migne est à cet égard emblématique. Toute la nomenclature utilisée par Migne construit en effet l'homogénéité du « corpus procopien » : le titre donné au Supplément d'exégèse puisé à la Chaîne de Bruxelles (*Supplementum ad Commentarios Procopii in Proverbia*) et le contenu de son *Monitum* (post Procopii Gazæi *Commentarios in Proverbia* et *in Cantica canticorum*)[31], la reformulation et l'uniformisation dans les tables des matières de la *Patrologie* des titres sous lesquels Angelo Mai a édité les œuvres (*Commentarius in Proverbia Salomonis* pour Ἑρμηνεία..., *Commentarius in Canticum canticorum* pour Ἐξηγητικῶν ἐκλογῶν ἐπιτομὴ ἀπὸ φωνῆς... ou *Catena veterum Patrum...* et *Fragmenta ejusdem Commentarii ex alio codice* pour Τὰ λειπόμενα εἰς Ἄισμα), mais aussi le titre dont l'éditeur coiffe, dans la *Patrologie*, la préface au tome 9 de l'anthologie d'A. Mai (*Editoris praefatio* devenant *Monitum in Commentarios ad Proverbia et Cantica*)[32]. Dans cette préface, A. Mai savait au moins distinguer le Procope du commentaire qui parle « avec une voix et un génie propres » (*ore ingenio proprio Procopius loquitur*) du Procope des chaînes qui s'efface, pour

[31] *PG* 87/2, col. 1779-1780. Dans le titre et le corps du *monitum*, le terme *commentarii* désigne collectivement le Commentaire sur les Proverbes du Pseudo-Procope (*PG* 87/1, col. 1221-1544 = éd. Mai, *Class. Auct.*, t. IX, p. 1-256), l'Épitomé des extraits exégétiques sur le Cantique de Procope (*PG* 87/2, col. 1545-1754 = éd. Mai, *Class. Auct.*, t. IX, p. 257-430) et quelques pièces, en traduction, de la Chaîne de Bruxelles (*PG* 87/2, col. 1779-1800 = éd. Mai, *Class. Auct.*, t. VI, p. 348-378).

[32] *PG* 87/2, col. 1219-1220 à comparer avec *Class. Auct.*, t. IX, p. v-viii.

des raisons génériques, derrière le génie des auteurs de l'Antiquité qu'il cite. J.-P. Migne, lui, écrase ces différences. Dans chaque cas, c'est le nom de Procope et lui seul qui autorise la constitution de ce dossier selon Migne, mais l'unité du nom ne fait certainement pas l'unité de l'auteur.

Abstract

Three catenae, a commentary and several exegetical fragments on Proverbs are transmitted under the name of "Procopius". The genitive Προκοπίου, however, does not have a homogeneous meaning. This article aims to demonstrate that it can only be interpreted through an overall reconstruction of the derivational relations between the different forms of "Procopius' catenae". These relationships include the transfer of the title from a Procopian compilation to a non Procopian compilation, the confusion between the patristic author lemma and the compiler lemma, and the editor's conjecture when texts are given anonymously.

L'*Épitomé sur Isaïe* de Procope

L'œuvre et son auteur*

Dimitrios ZAGANAS
(*Louvain-la-Neuve*)

L'*Épitomé sur le prophète Isaïe* de Procope le sophiste chrétien (*CPG* 7434) est une compilation exégétique grecque peu lue, très peu utilisée et encore moins étudiée. Elle n'a toujours pas fait l'objet d'une édition critique ou d'une traduction en langue moderne. Elle est rarement citée par les spécialistes des chaînes et de l'exégèse patristique d'*Isaïe*, et l'on doit encore se référer à l'ouvrage ancien de Ludwig Eisenhofer[1], pour nous faire une idée des sources utilisées par Procope. Ce tableau négatif se comprend si l'on tient compte des questions qui entourent les *Épitomés* de Procope, dont fait partie celui sur *Isaïe* : avons-nous affaire à une chaîne exégétique avec sigles d'auteurs, qui a ensuite été transformée en commentaire abrégé et anonymisé ? Procope fut-il à la fois caténiste et épitomateur ? A-t-il utilisé une chaîne composée avant lui ? A-t-il travaillé tout seul ? De quel Procope s'agit-il et de quand date l'*Épitomé* ? Ajoutons à cela que, pour le lecteur moderne, l'*Épitomé* n'est pas un texte facile à utiliser : il ne s'agit pas d'un commentaire de première main, ni d'une collection d'extraits avec noms d'auteurs ; mais de l'amalgame des matériaux anciens qui ont été abrégés, récrits, réorganisés et anonymisés, ce qui rend difficile leur identification et ce qui relativise leur valeur documentaire. Et pourtant, l'*Épitomé sur Isaïe* est une compilation assez originale qui mérite bien une place dans ce volume, et dont les sources et leur traitement par Procope pourraient, et devraient, faire l'objet d'une étude à part entière. Dans ce qui suit, je me bornerai à

---

* Cette recherche a été effectuée dans le cadre d'un projet soutenu par la Fondation Fritz Thyssen (Cologne). Je remercie J.-M. Auwers et J. Verheyden pour leur relecture et leurs remarques.

[1] L. EISENHOFER, *Procopius von Gaza. Eine literarhistorische Studie*, Freiburg im Breisgau, 1897 (pour l'*Épitomé sur Isaïe*, p. 51-84).

250 DIMITRIOS ZAGANAS

donner une présentation de l'*Épitomé*, à décrire brièvement la méthode adoptée par Procope, et à montrer l'intérêt de l'ouvrage pour connaître Procope, lecteur des exégèses patristiques.

1. Présentation de l'*Épitomé*

a. La tradition manuscrite, l'édition, le titre, l'auteur et la date

L'*Épitomé sur Isaïe* est actuellement conservé dans huit manuscrits[2], dont la moitié seulement transmettent la (quasi-)intégralité du texte[3]. Le plus ancien témoin est le codex *Marcianus gr.* Z 24, datant du IXe siècle[4]. Les sept autres manuscrits datent de l'époque post-byzantine (XVIe-XVIIIe siècles), et conservent soit la (quasi-)totalité, soit une partie variable de l'*Épitomé*[5]. Il est fort possible que certains d'entre eux soient des apographes du *Marcianus*, un manuscrit provenant de la bibliothèque du cardinal Bessarion (1403-1472)[6]. Plusieurs manuscrits, y compris le *Marcianus*, présentent un certain nombre de lacunes au long du commentaire, qui ont été signalées dans les éditions imprimées[7]. L'examen de l'ensemble de la tradition manuscrite permettra de savoir s'il est possible de les combler ; il permettra sans doute aussi d'améliorer

---

[2] Pour une liste, voir les données de la base Pinakes : https://pinakes.irht.cnrs.fr/notices/oeuvre/1229/.

[3] Il s'agit du *Marc. gr.* Z 24 ; *Berlin, Phillipps* 1415 (011) ; *München, BSB gr.* 34 ; *Pan. Taphou* 155.

[4] Pour une description, voir E. MIONI, *Bibliothecae Diui Marci Venetiarum codices graeci manuscripti. Vol. 1: Thesaurus Antiquus. Codices 1-299*, Roma, 1981, p. 39-40.

[5] Les témoins partiels sont les *Vaticanus gr.* 1783 (*PG* 87/2, col. 1817-2188B), *Ottob. gr.* 260 (*PG* 87/2, col. 1817-1837B), *Scorial.* Y III. 14 (Andrés 337) (*PG* 87/2, col. 1817-2252C), et *Hagiou Saba* 437. Les deux premiers sont désormais plus facilement accessibles grâce à leur numérisation ; ils ont été sommairement décrits par M. FAULHABER, *Die Propheten-Catenen nach römischen Handschriften*, Freibrug im Breisgau, 1899 (Biblische Studien, IV, 2-3), p. 79-80. Le *desinit* abrupt de l'*Épitomé* dans l'*Ottob. gr.* 260 (fol. 214v : ἄκαρπος ἐπισκοπῆς) est visiblement dû à la perte de cahiers.

[6] Voir l'inventaire de 1468 édité par L. LABOWSKY, *Bessarion's Library and the Biblioteca Marciana. Six Early Inventories*, Roma, 1979 (Sussidi eruditi, 31), p. 157 (sous le n° 13).

[7] Voici une liste non exhaustive des lacunes : *PG* 87/2, col. 1865B ; 1884C ; 1908C et D ; 2093D ; 2153A ; 2217C ; 2236B ; 2244C (*bis*) ; 2253B et C ; 2272A ; 2285B ; 2308D (*bis*) ; 2324C ; 2341D-2344A ; 2361B et C ; 2497C et D ; 2717B (*des. mut.*).

le texte, puisque l'édition princeps présente plusieurs défauts et imperfections.

Le texte grec de l'*Épitomé* a été publié, avec traduction latine en regard, pour la première fois en 1580 à Paris par Jean Curterius ou Courtier. De l'aveu de Curterius[8], l'édition est fondée sur une copie du *Marcianus gr.* Z 24 faite quatorze ans plus tôt ; elle fournit plusieurs propositions de correction dans la marge du texte. Le titre retenu par l'éditeur est celui du *Marcianus* et de la plupart des manuscrits[9] :

> Ἐπιτομὴ τῶν εἰς τὸν προφήτην Ἡσαΐαν καταβεβλημένων διαφόρων ἐξηγήσεων, Προκοπίου χριστιανοῦ σοφιστοῦ.
>
> > Abrégé des différentes exégèses qui ont été proposées sur le prophète Isaïe, par Procope le sophiste chrétien.

Ce titre remonte probablement à Procope lui-même, puisque l'expression καταβεβλημέναι ἐξηγήσεις se rencontre à l'ouverture de l'*Épitomé sur la Genèse*[10] et n'est attestée nulle part ailleurs. Notre *Épitomé* n'a été réimprimé qu'environ trois siècles plus tard, lorsque l'abbé J.-P. Migne a voulu réunir dans le long volume 87 de la *Patrologia Graeca*, les *Opera quae reperiri potuerunt omnia* de Procope de Gaza, rhéteur chrétien et herméneute[11]. C'est l'édition à laquelle nous ferons référence pour plus de commodité, sans pour autant retenir l'addition moderne et arbitraire Γαζαίου (« de Gaza ») dans l'intitulé du texte. L'*Épitomé* y occupe 900 colonnes, ce qui revient à 450 colonnes de texte grec.

Selon le titre original, l'*Épitomé sur Isaïe* a été compilé par « Procope le sophiste chrétien ». Il est, selon toute vraisemblance, du même auteur que celui de l'*Épitomé sur l'Octateuque* (sauf Ruth). En témoigne

---

[8] J. Curterius (éd., trad.), *Procopii, Sophistae Christiani, variarum in Esaiam Prophetam commentationum epitome*, Paris, 1580, prol., β-γ ij, ici β-ij. Cf. A. Rahlfs, *Verzeichnis der griechischen Handschriften des Alten Testaments*, Berlin, 1914 (*MSU*, 2), p. 309.

[9] À notre connaissance, seul le *Scorial*. Y III. 14 (Andrés 337), copié en 1572 à Venise par Andreas Darmarios, donne un titre différent : Συνάθροισις ἀπὸ διαφόρων ἐξηγήσεων Προκοπίου χριστιανοῦ εἰς τὸν προφήτην Ἡσαΐαν. Voir G. de Andrés, *Catálogo de los códices griegos de la biblioteca de El Escorial*, t. 2, Madrid, 1936, p. 232-233.

[10] Procope, *Épitomé sur la Genèse*, éd. K. Metzler, Berlin, 2015 (*GCS NF*, 22), p. 1 (texte cité *infra*, n. 18).

[11] Procope, *Épitomé sur Isaïe*, PG 87/2, col. 1817-2718, Paris, 1860, 1865[2] (ci-après : Procope, *Is.*).

la *Bibliothèque* de Photius qui rattache l'*Épitomé sur Isaïe* à la série des autres *Épitomés* et y voit un seul auteur poursuivant la même méthode dans le même but :

> J'ai lu du même actif auteur (*sc.* Procope le sophiste) [un *Commentaire*] *sur le prophète Isaïe* qui observe la même disposition que les précédents et fait preuve du même talent littéraire, et il est évident que son utilité aussi est à peu près la même[12].

Cependant, comme nous l'avons démontré dans notre premier article[13], il est hautement improbable que l'auteur de ces *Épitomés* soit identique avec le sophiste Procope de Gaza, contrairement à ce qu'on suppose généralement en raison de leur homonymie. Outre que dans l'intitulé original des compilations exégétiques (*épitomés*, chaînes, scholies) transmises sous le nom de Procope, l'origine ethnique de l'auteur n'est jamais indiquée, les anciens témoins sur le rhéteur de Gaza (Choricius, Photius) ne disent, ni ne laissent entendre que ce dernier ait composé des commentaires bibliques. Au contraire, les informations sur la vie du Gazéen ainsi que sa production littéraire parlent, non pas d'un compilateur d'exégèses, mais d'un sophiste réputé, fort versé dans les lettres profanes et voué, depuis sa jeunesse jusqu'à la vieillesse, à l'exercice et l'enseignement de l'art rhétorique. On chercherait en vain chez lui la moindre référence à l'Écriture, à laquelle est pourtant entièrement consacrée l'œuvre de « Procope le sophiste chrétien » que Photius recense séparément, comme si elle venait d'un auteur différent du rhéteur de Gaza. On ne sait donc pas vraiment de quel Procope il s'agit, de quand date son entreprise compilatoire, et quelle fut son origine géographique.

Procope était un nom très répandu mais on ne connaît pas d'autre auteur grec dénommé « Procope sophiste » en dehors de son homonyme de Gaza, ce qui a précisément été source de confusion, chez les Byzantins comme chez les Modernes. Quant à l'épithète « sophiste chrétien », elle ne correspond pas à la nature de l'œuvre à laquelle elle est associée. Si elle n'est pas inventée, cette épithète pourrait avoir pour but de distinguer l'auteur des sophistes non chrétiens, ou même de le

---

[12] Photius, *Bibliothèque* 207, éd. et trad. HENRY, t. 3, Paris, 1962, p. 105 : Ἀνέγνων τοῦ αὐτοῦ φιλοπόνου ἀνδρὸς (*sc.* Προκοπίου σοφιστοῦ) εἰς τὸν προφήτην Ἡσαΐαν, τήν τε ὁμοίαν τοῖς προειρημένοις διάθεσιν φυλαττόμενον, καὶ τὴν αὐτὴν τῶν λόγων ἐπιδεικνύμενον δύναμιν, καὶ δῆλον ὡς καὶ τὸ λυσιτελοῦν παραπλήσιον.

[13] Voir dans ce volume D. ZAGANAS, « Procope compilateur d'exégèses et Procope sophiste de Gaza : un seul et même auteur ? », p. 17-48.

distinguer de Procope de Gaza qui était connu pour ses écrits non chrétiens. Pour la datation des *Épitomés*, il faut évidemment tenir compte des sources utilisées les plus récentes et du fait que Procope s'est probablement appuyé sur des chaînes composées avant lui. Dans notre première contribution, nous avons signalé l'utilisation, dans l'*Épitomé sur la Genèse*, des sources relativement tardives, telles une réfutation de la coéternité du monde, un parallèle avec Jean Philopon et un florilège anti-origéniste, ce qui permet à la fois de fixer comme *terminus post quem* le milieu du VIᵉ siècle et de distinguer plus nettement le compilateur du rhéteur de Gaza. Cette délimitation chronologique semble, par ailleurs, expliquer le fait que l'*Épitomé sur Isaïe* puise largement au *Commentaire sur Isaïe* attribué à Basile de Césarée, une source qui est citée pour la première fois de manière explicite au premier tiers du VIIᵉ siècle[14]. Il paraît donc raisonnable de penser que Procope n'a déployé son activité d'épitomateur qu'à partir de la seconde moitié du VIᵉ siècle.

b. *L'œuvre et la méthode poursuivie*

Comme l'indique le titre, il s'agit d'un « abrégé (ἐπιτομή)[15] des différentes exégèses », c'est-à-dire d'un résumé d'extraits exégétiques sur le prophète Isaïe. Nous n'avons pas affaire à un *épitomé* constitué uniquement par sélection d'extraits, ni au résumé d'une seule œuvre d'auteur, mais à un abrégé qui résulte des deux procédés : la sélection et l'abrégement des fragments d'origines diverses. Étant donné que l'*Épitomé* de Procope se présente sous forme de commentaire continu et anonyme, un troisième procédé est mis en œuvre : l'amalgame des textes. Ce n'est donc pas une chaîne exégétique sans sigles d'auteur – la soi-disant *Catena Procopii* (*CPG* 7434) –, comme on le pensait autrefois[16], mais une

---

[14] Voir D. ZAGANAS, « La définition de *thumos* et *orgê* chez Basile et dans l'*In Isaiam* attribué à Basile », *Sacris Erudiri*, 59 (2020), p. 361-372, ici p. 361 n. 4.

[15] Sur les abrégés en général, voir par ex. *Condensing Texts – Condensed Texts*, éd. M. HOSTER, C. REITZ, Stuttgart, 2010 (Palingenesia, 98) ; *Epitome : abréger les textes antiques. Actes du colloque international de Lyon, 3-5 mai 2017*, éd. I. BOEHM, D. VALLAT, Lyon, 2020 (Littérature et linguistique, 2) ; *Epitomic Writing in Late Antiquity and Beyond. Forms of Unabridged Writing*, éd. P. F. SACCHI, M. FORMISANO, London, 2022. Sur les abrégés de Procope, voir G. DORIVAL, *Les chaînes exégétiques grecques sur les Psaumes. Contribution à l'étude d'une forme littéraire*, I, Leuven, 1986 (Spicilegium Sacrum Lovaniense, 43), p. 101-106.

[16] Ainsi par ex. FAULHABER, *Die Propheten-Catenen* (n. 5), p. 78-80. Cf. la critique de J. ZIEGLER, introduction dans *Eusebius von Caesarea, Der Jesajakommentar*, Berlin, 1975 (*GCS*, Eusebius Werke, 9), p. XLV-XLVII.

254 DIMITRIOS ZAGANAS

sorte de transformation de la forme caténale en commentaire, comme l'a remarqué avec raison G. Dorival[17], c'est-à-dire une production littéraire de troisième degré. L'*Épitomé* couvre tous les chapitres (1–66) du livre d'*Isaïe*, mais de façon assez inégale dans le détail. Ne sont d'ordinaire citées en lemme que les premières lignes du texte biblique à commenter ; car les différentes exégèses sont le plus souvent groupées autour des lemmes composés de plusieurs versets scripturaires.

La méthode adoptée par Procope pour la confection de sa compilation sur *Isaïe* est à peu près la même que pour l'*Épitomé sur l'Octateuque* – Photius l'a bien saisi. Elle est décrite par l'auteur lui-même dans la préface de l'*Épitomé sur la Genèse* :

> Déjà dans le passé, [...] nous avons rassemblé les exégèses sur l'Octateuque, que les Pères et les autres auteurs avaient proposées ; nous les avions collectées dans des commentaires et diverses homélies. Mais, comme nous avions donné littéralement les phrases elles-mêmes des passages considérés, qu'elles fussent concordantes entre elles ou qu'elles ne le fussent pas, et que, par suite, notre ouvrage était d'une longueur interminable, j'ai résolu aujourd'hui d'abréger mon écrit jusqu'à une taille convenable : si tous les auteurs ont dit quelque chose de concordant, je suis conduit à le dire en une seule fois ; mais s'ils ont dit quelque chose de différent, même cela je suis conduit à le donner en abrégé, en sorte que le corps de l'écrit est toujours unique, comme si c'était un seul et unique auteur qui nous donnait les mots de tous les auteurs[18].

Comme pour l'Octateuque, Procope a probablement réuni les exégèses sur *Isaïe* qu'il avait collectées dans des ouvrages d'auteurs patristiques. Il s'agit de la première étape qui consiste à choisir et à extraire les passages

---

[17] G. Dorival, « La postérité littéraire des chaînes exégétiques grecques », *Revue des Études Byzantines*, 43 (1985), p. 209-226.

[18] Procope, *Épitomé sur la Genèse*, GCS NF 22, p. 1 : Ἤδη μὲν καὶ πρότερον [...] τὰς καταβεβλημένας ἐκ τῶν πατέρων καὶ τῶν ἄλλων εἰς τὴν Ὀκτάτευχον ἐξηγήσεις συνελεξάμεθα ἐξ ὑπομνημάτων καὶ διαφόρων λόγων ταύτας ἐρανισάμενοι. ἀλλ' ἐπεὶ τὰς ῥήσεις αὐτὰς τῶν ἐκθεμένων ἐπὶ λέξεως ἐξεθέμεθα, εἴτε σύμφωνοι πρὸς ἀλλήλας ἐτύγχανον εἴτε καὶ μή, καὶ πρὸς πλῆθος ἄπειρον ἡμῖν ἐντεῦθεν τὸ σύγγραμμα παρετείνετο, συνεῖδον νῦν πρὸς μέτρον εὐσταλὲς συνελεῖν τὴν γραφὴν ἐπειγόμενος, εἰ μέν τι σύμφωνον εἴρηται ἅπασιν, τοῦτο προσάπαξ εἰπεῖν· εἰ δέ τι διάφορον, καὶ τοῦτο συντόμως ἐκθέσθαι πρὸς τὸ διὰ πάντων ἓν γενέσθαι σῶμα τῆς συγγραφῆς ὡς ἑνὸς καὶ μόνου τὰς ἁπάντων ἡμῖν ἐκθεμένου φωνάς. La traduction est de G. Dorival, « Des commentaires de l'Écriture aux chaînes », dans *Le monde grec ancien et la Bible*, éd. C. Mondésert, Paris, 1984 (Bible de tous les temps, 1), p. 360-386, ici p. 363.

qui ont semblé pertinents et utiles, et dont le contenu original n'est pas (encore) altéré. On ne sait pas si, dans un premier temps, Procope les a publiés tels quels, voire reproduits sans abrégement ou récriture. Le travail d'identification des sources mené par Eisenhofer montre que Procope a utilisé comme sources principales les *Commentaires sur Isaïe* d'Eusèbe de Césarée et de Cyrille d'Alexandrie ainsi que le *Commentaire* attribué à Basile de Césarée pour les chapitres 1–16 d'*Isaïe*. Une autre source identifiée est le *Commentaire* de Théodore d'Héraclée, qui, comme celui d'Eusèbe, nous est connu par des fragments caténiques. Procope n'a cependant pas puisé exclusivement à des commentaires (ὑπομνήματα), mais aussi parfois à des homélies (λόγοι), comme en témoigne un emprunt non signalé aux *Homélies sur la création du monde* de Sévérien de Gabala (sur Is 6, 3)[19]. La grande longueur de l'ouvrage accompli, publié ou non, a sans doute conduit Procope à modifier sa collection initiale de citations exégétiques sur *Isaïe* de trois manières : 1) réduire le nombre d'extraits, notamment quand les interprétations font consensus, 2) abréger, récrire et/ou résumer les citations retenues, surtout les opinions différentes de celle citée en premier, et 3) anonymiser et amalgamer les extraits pour aboutir à un texte unique, à un (nouveau) commentaire suivi sur *Isaïe*.

Pour illustrer la méthode de Procope, prenons trois exemples de l'usage qu'il fait de l'*In Isaiam* de Cyrille d'Alexandrie. Pour Is 6, 1-5 (vision de Dieu), une section amplement commentée par les Pères, on constate que l'*Épitomé* n'offre guère un texte moins long, en totalité, que le commentaire prolixe de Cyrille : quatre colonnes et demie chez Procope[20], cinq et demie chez Cyrille[21] dans *PG*. Procope compile son commentaire à partir d'environ vingt-cinq morceaux, dont sept remontent à Cyrille. Ces passages représentent, dans leur forme originale, deux colonnes et tiers, c'est-à-dire environ 42% de l'exégèse cyrillienne. Cela n'implique pourtant pas que Procope lui fait la part belle. Il raccourcit, tantôt plus tantôt moins, les citations implicites de Cyrille, de sorte que l'ensemble du texte de départ sélectionné (132 lignes dans *PG*) est réduit à moitié (67 lignes). Il est intéressant de noter

---

[19] Procope, *Is.*, *PG* 87/2, col. 1933D-1936A (Ὡς γὰρ τῇ Ἰουδαίων [...] σαλευόμενα), correspondant à Sévérien de Gabala, *De mundi creatione* II, 6, *PG* 56, col. 445-446.

[20] Procope, *Is.*, *PG* 87/2, col. 1929B-1937C. Pour une brève analyse, du point de vue doctrinal, voir A. GRILLMEIER, Th. HAINTHALER, *Christ in Christian Tradition. Vol. 2.3 : The Churches of Jerusalem and Antioch from 451 to 600*, Oxford, 2013, p. 88-91.

[21] Cyrille d'Alexandrie, *In Isaiam*, *PG* 70, col. 169A-180D.

que le degré d'abréviation de l'original varie en fonction de la longueur de l'extrait. Comme on le voit dans le tableau ci-dessous, les fragments cyrilliens les plus courts (n° 2, 3, 5) sont moins condensés que ceux plus longs (n° 1, 4, 6, 7).

fr.	Cyrille, *PG* 70	ll.	Procope, *PG* 87/2	ll.
1	172B-D : Ἐπειδὴ δὲ ... σεισμοῦ.	21	1932AB : Τοῦ δὲ νόμου ... σεισμοῦ.	13
2	173AB : Ὑψοῦ ... αἰῶνα.	9	1932BC : Ὑψοῦ ... αἰῶνα.	6
3	173BC : Οὔπω ... δόξα.	3	1932C : Οὔπω ... Κυρίου.	2
4	173C : Ἐπειδὴ δὲ ... Θεόν.	12.5	1932CD : Ἀρνησάμενοι ... Θεόν.	6
5	176A : ἐξ ἀμοιβῆς ... Τριάδα.	6	1936B : ἐξ ἀμοιβῆς ... Τριάδα.	5.5
6	177B-180B : Ὁ διὰ ... ἁμαρτωλοῦ	54	1936D-1937A : Ὁ μέντοι ... ἁμαρτωλοῦ.	22
7	180B-D : Ἦν μὲν ... γεγονότας.	26	1937AB : Ἦν μὲν ... γεγονότας.	12

Procope retravaille les morceaux de Cyrille de plusieurs manières : il s'agit, selon le cas, de supprimer quelques mots ou un syntagme, d'adapter ou de récrire partiellement le texte original, d'éliminer des citations bibliques, d'écarter des phrases entières ou de résumer à l'extrême. Il lui arrive aussi d'ajouter quelques mots[22] ou de déformer le sens de l'original[23]. Les extraits de Cyrille sont séparés les uns des autres et reliés avec ceux d'autres commentateurs sans distinction et sans indication de provenance. Ils font désormais partie d'un commentaire suivi composite, dans lequel ils ne représentent que le quart (26%) de l'exégèse d'Is 6, 1-5. Cela s'explique, non seulement par leur abrègement, mais aussi par la prépondérance accordée à l'exégèse d'Eusèbe de Césarée pour Is 6, 1-4. Il est donc possible que, par souci de concision, Procope ait réduit le nombre des passages tirés de Cyrille.

Pour expliquer Is 9, 13 [14]-20 [21], Procope[24] compile une liste d'environ treize fragments, dont cinq reviennent à Cyrille. Procope accorde à l'exégèse cyrillienne la plus grande place, environ 44% de son

---

[22] Cyrille d'Alexandrie, *In Isaiam*, PG 70, col. 176A (Δοξολογοῦσι γὰρ καὶ τοῦτο ἐξ ἀμοιβῆς, οὐ διά γε τὸ κάμνειν...), à comparer avec Procope, *Is.*, PG 87/2, col. 1936B (ἐξ ἀμοιβῆς ἀντιφωνοῦντα πρὸς ἄλληλα, οὐ διὰ τὸ κάμνειν...).

[23] Cyrille d'Alexandrie, *In Isaiam*, PG 70, col. 172C (Ἀποσεσίγηκε [sc. ὁ Δεσπότης] τοίνυν, καίτοι δεικνύων τὴν ἀγανάκτησιν. Σέσεισται γὰρ τὰ Ἱεροσόλυμα...), à comparer avec Procope, *Is.*, PG 87/2, col. 1932A (Καὶ νῦν δὲ δι' ἀγανάκτησιν σιωπᾷ, καὶ διὰ ταύτην Ἱεροσόλυμα σέσεισται.).

[24] Procope, *Is.*, PG 87/2, col. 2017D-2024B.

L'ÉPITOMÉ SUR ISAÏE DE PROCOPE

commentaire, mais cela ne signifie pas qu'il conserve beaucoup de l'original choisi. Au contraire, le texte de départ (190 lignes dans *PG*), en particulier les longs extraits (n° 3, 5), subit un abrégement conséquent, de sorte que seul 31% se retrouve dans l'*Épitomé* (58 lignes). La voix de Cyrille « domine » peut-être sur celle du Ps.-Basile et d'Eusèbe, mais elle est fortement écourtée, voire altérée. Cela peut s'expliquer tant par la volonté de concision de Procope que par la prolixité du commentaire cyrillien sur ces versets[25] – presque deux fois plus long que l'*Épitomé*.

fr.	Cyrille, *PG* 70	ll.	Procope, *PG* 87/2	ll.
1	268D : δῆλον … Ῥωμαίων.	1.5	2017D-2020A : τοῦ Ῥωμαϊκοῦ … πολέμου.	0.7
2	268D-270A : Πρεσβύτην … πρόσωπα	14	2020A : Πρεσβύτην … πρόσωπα·	6.5
3	270B-273B : Ἦσαν … Καίσαρος.	129	2020B-D : Ἕτεροι δὲ … ἐθανάτωσαν.	29
4	276A : Οὗτοι … αὐτοί.	3.5	2021A : Τὸ δὲ ὡς … ἀρκέσουσιν·	3.5
5	276A-D : Μαίνονται … εὐωνύμων.	41.5	2021BC : Τινὲς δέ … εὐωνύμων.	18.5

Selon son habitude, Procope combine les passages de Cyrille avec ceux d'autres exégètes sans en indiquer la provenance. Cependant, il ne veille pas beaucoup à ce que « le corps de son écrit soit toujours unique », comme il l'affirmait dans la préface sur la Genèse. À cinq reprises, le texte de son exégèse composite est interrompu par l'expression stéréotypée « certains disent » ou « d'autres disent » (τινές φασιν, ἕτεροί φασιν)[26]. Trois fragments cyrilliens (n° 3, 4, 5) sont introduits de cette manière.

Amalgamer des fragments d'origines diverses n'est pas non plus l'unique procédé utilisé dans l'*Épitomé*. Pour les chapitres 17 (oracle contre Damas) et 18 d'*Isaïe*, qui ne sont pas commentés chez le Ps.-Basile, Procope reproduit seulement les exégèses d'Eusèbe et de Cyrille, en prenant soin de les distinguer. De fait, à propos des sections d'Is 17, 1-11, d'Is 17, 12-14 et d'Is 18, 1-7[27], Procope reprend d'abord tacitement l'essentiel du commentaire d'Eusèbe, puis il marque le passage à une autre interprétation, attribuée à « certains » (τινές) exégètes[28], qui revient chaque fois à Cyrille d'Alexandrie. Si l'on compare la longueur

---

[25] Cyrille d'Alexandrie, *In Isaiam*, *PG* 70, col. 268C-277B.

[26] Procope, *Is.*, *PG* 87/2, col. 2020A et B ; 2021A (*bis*) et B.

[27] Voir respectivement Procope, *Is.*, *PG* 87/2, col. 2120D-2128C ; 2128C-2132A ; 2132A-2141D.

[28] Voir respectivement Procope, *Is.*, *PG* 87/2, col. 2125B ; 2129B ; 2136D.

258   DIMITRIOS ZAGANAS

des exégèses originales avec ce que transmet l'*Épitomé*, on s'aperçoit que Procope réduit à moitié l'Eusèbe conservé, et raccourcit davantage le texte de Cyrille, donné comme exégèse alternative ou différente. Ce qui est intéressant, c'est que Procope ne se soucie pas ici de morceler et de relier les passages tirés des deux exégètes pour en faire un commentaire unique verset par verset ; au contraire, il préfère grouper l'exégèse de plusieurs lemmes d'*Isaïe* proposée par chaque auteur, et en donner séparément le résumé.

2. Procope, lecteur des Pères

Bien qu'il travaille systématiquement de deuxième main, Procope n'est pas un simple arrangeur d'exégèses patristiques sur *Isaïe*. En d'autres termes, il ne se contente pas de collecter, organiser et abréger des textes de provenance diverse. Au contraire, il étudie, compare, remanie et, plus rarement, commente rapidement les sources utilisées. Son *Épitomé* est donc intéressant en ce qu'il nous permet de connaître Procope lecteur des Pères. Comme nous l'avons dit, Procope dépend principalement d'Eusèbe de Césarée, du Ps.-Basile et de Cyrille d'Alexandrie, et, dans une moindre mesure, de Théodore d'Héraclée. On ne sait pas s'il a eu accès à d'autres commentaires grecs sur *Isaïe*, par exemple ceux d'Origène, Didyme l'Aveugle, Jean Chrysostome, Théodoret de Cyr, ou s'il les a simplement écartés pour une raison ou une autre.

a. L'In Isaiam *attribué à Basile*

On constate que pour les seize premiers chapitres d'*Isaïe*, Procope cite abondamment le *Commentaire* transmis sous le nom de Basile de Césarée, qui a une histoire rédactionnelle complexe et dont l'authenticité est très discutée. L'ordre dans lequel Procope reproduit les fragments tirés du Ps.-Basile ne respecte pas toujours l'ordre du texte-source. Ceci est par exemple le cas pour Is 6, 6-8, un passage qui fait l'objet des deux versions différentes d'explication chez le Ps.-Basile[29] : Procope tantôt

---

[29] Ps.-Basile, *Enarratio in Isaiam*, PG 30, col. 425C-432B et 433A-440A respectivement. Sur ce doublon surprenant, voir D. ZAGANAS, « New Reasons to Doubt the Authenticity of the *Enarratio in Isaiam* Attributed to Basil of Caesarea", *Sacris Erudiri*, 59 (2020), p. 347-360, ici p. 354-360. Pour une analyse de l'exégèse d'*Is* 6, 6-8, on lira avec profit l'article d'A. LE BOULLUEC, « La mission du prophète selon le *Commentaire sur Isaïe* attribué à Basile de Césarée », à paraître dans *Recherches augustiniennes et patristiques,* 40 (2024).

L'ÉPITOMÉ SUR ISAÏE DE PROCOPE

259

emprunte librement à l'une et à l'autre version[30], tantôt il combine les deux[31]. Il arrive aussi que Procope abrège et réorganise, voire mélange, sur un point (marqué en gras ci-dessous) les commentaires parallèles du Ps.-Basile. C'est le cas lors de la comparaison de la mission d'Isaïe avec celle de Moïse :

Procope, *PG* 87/2, col. 1941D	Ps.-Basile, *PG* 30
Θεὸς δὲ τὸν Μωϋσῆν οὐκ ἠρώτησεν, ὡς νῦν Ἡσαΐαν· ἀλλ' ὡς ἔχων ἕτοιμον, φησί· « Δεῦρο, ἀποστείλω σε πρὸς Φαραὼ βασιλέα Αἰγύπτου ». Καὶ ὅμως παραιτεῖται, ὁ δὲ πλείστῃ τῇ ἀγάπῃ φερόμενος, **ἀορίστως** ἀκούσας **τοῦ λόγου**, ἐπιδίδωσιν ἑαυτὸν μηδὲν ὧν πάσχειν ἤμελλεν λογισάμενος.	429BC : Μωϋσέα μὲν οὐκ ἐρωτᾷ, ἀλλ' ὡς ἔχων ἕτοιμον, φησί· « Καὶ νῦν δεῦρο· ἀποστελῶ σε πρὸς Φαραώ, βασιλέα Αἰγύπτου ». [...] Διὰ τοῦτο Μωϋσῆς μὲν [...] παραιτεῖται· [...] 429D-432A : Ἡσαΐας δὲ, οὐδὲν τοιοῦτον ἀκούσας [...] ἑαυτὸν ἐπέδωκε καὶ μέσοις ἐνέβη τοῖς δεινοῖς τῇ ὑπερβολῇ τῆς ἀγάπης, μηδὲν τῶν μελλόντων ἐπάγεσθαι αὐτῷ παρὰ τοῦ λαοῦ λογισάμενος. [437A : Ἡσαΐας δὲ, **ἀορίστως τοῦ λόγου** τὸν διακονούμενον τῇ ἀποστολῇ ἐπιζητοῦντος, ...]

Si l'intervention de Procope consiste ici à insérer quelques mots, ailleurs elle va jusqu'à segmenter et refondre des interprétations différentes du même texte biblique. C'est notamment le cas pour la lecture plurielle que le Ps.-Basile fournit d'Is 5, 20[32] : « Malheur ! Ceux qui appellent le mal 'bien', et le bien 'mal' ; ceux qui font, de l'obscurité, de la lumière et, de la lumière, de l'obscurité ; ceux qui font de l'amer le doux et du doux l'amer »[33]. Procope lui accorde une attention et une place particulières : non seulement il lui emprunte les trois quarts de son information[34], mais aussi il propose une nouvelle combinaison des interprétations non littérales. À partir d'une exégèse morale (n° 1) et d'une exégèse relevant

[30] Procope, *Is.*, *PG* 87/2, col. 1941A (τὸ σέβας ... ἐφάψασθαι. et Ἀληθινόν ... οἰκειώσεως.), correspondant à Ps.-Basile, *In Isaiam*, *PG* 30, col. 436AB et 429AB respectivement.

[31] Procope, *Is.*, *PG* 87/2, col. 1940C (Συγγενές ... βάτου et τοιούτῳ ... πάντοθεν.), correspondant à Ps.-Basile, *In Isaiam*, *PG* 30, col. 429B et 436A respectivement.

[32] Ps.-Basile, *In Isaiam*, *PG* 30, col. 405A-413A.

[33] Pour le livre d'*Isaïe*, nous citons la traduction d'A. Le Boulluec, Ph. Le Moigne, « *Vision que vit Isaïe* ». *Traduction du texte du prophète Isaïe selon la Septante*, Paris, 2014 (La Bible d'Alexandrie).

[34] Procope, *Is.*, *PG* 87/2, col. 1920A-1921B, dont 1920B-1921B (Τελείου ... δογματίζειν.) revient au Ps.-Basile.

260   DIMITRIOS ZAGANAS

de la foi chrétienne (n° 2), fournies indépendamment chez le Ps.-Basile, Procope fabrique une seule exégèse[35]. Cette exégèse composite est élaborée avec méthode, puisqu'elle s'articule autour des trois couples évoqués en Is 5, 20 : a) la lumière et l'obscurité, b) le doux et l'amer, c) le bien et le mal. Pour chaque couple, Procope juxtapose donc en abrégé les parts respectives des deux explications du Ps.-Basile, en les distinguant par l'expression καὶ δογματικῶς (« et de manière doctrinale »).

Ps.-Basile, *In Is.* 5, 20, PG 30, col. 409BC, 412B-413A	Procope, *Is.*, PG 87/2, col. 1920C-1921A
1a) Ἀλλ' ἔοικεν οὐ περὶ τῶν κατὰ τὴν αἴσθησιν γνωρίμων ὁ λόγος εἶναι, ἀλλ' εἴπερ *Ἡ ἐντολὴ Κυρίου τηλαυγής, φωτίζουσα ὀφθαλμούς, καὶ λύχνος τοῖς ποσὶ τοῦ δικαίου ὁ λόγος ἐστὶ τοῦ Θεοῦ,* ὁ μὴ κατὰ ἀρετὴν ζῶν, ἀλλὰ τοῖς ὑλικοῖς πάθεσιν ἐγκυλιόμενος, οὗτος ἂν εἴη ὁ τὸν ἐν κακίᾳ βίον ὥσπερ τι φῶς ὑπερασπαζόμενος, τὸν δὲ κατὰ τὴν ἐντολὴν τοῦ Κυρίου οἷόν τι σκότος ἀποστρεφόμενος.	1a) Ἀλλ' ἔοικε μὴ περὶ τῶν αἰσθήσει γνωρίμων ὑπάρχειν ὁ λόγος. Ἀλλ' εἴπερ ἡ ἐντολὴ Κυρίου τηλαυγής, φωτίζουσα ὀφθαλμούς, ὁ μὴ ταύτῃ ζῶν, ἐν ὑλικοῖς δὲ πάθεσι κυλινδούμενος, ταῦτα νενόμικε φῶς ἐκείνην σκότος δοκῶν,
	2a) καὶ δογματικῶς ὁ μὴ πιστεύων εἰς τὸ φῶς τὸ ἀληθινόν, τοῦτο μὲν σκότος, φῶς δὲ ποιεῖ τὸν διάβολον.
1b) Καὶ ὁ τὰ γλυκέα τῷ λάρυγγι τοῦ δικαίου λόγια τοῦ Θεοῦ, ὑπὲρ μέλι ὄντα τῇ νοητῇ αὐτοῦ γεύσει, διὰ τὸ ἐπίπονον τῶν προσταγμάτων ἀποστρεφόμενος, συγκατατιθέμενος δὲ τῷ λείῳ τῆς ἡδονῆς, οὗτος ἂν λέγοι τὸ πικρὸν γλυκύ, καὶ τὸ γλυκὺ πικρόν.	1b) Καί, εἰ γλυκεία τῷ λάρυγγι τοῦ δικαίου τὰ λόγια τοῦ Κυρίου, ὁ τὸ τῶν προσταγμάτων φεύγων ἐπίπονον, συγκατατιθέμενος δὲ τῷ λείῳ τῆς ἡδονῆς, οὗτος ἀναστρέφει τὸ γλυκὺ καὶ πικρόν.
1c) Κατὰ ταῦτα δὴ καὶ περὶ τοῦ καλοῦ ἐστι διανοεῖσθαι, ὅτι τὸ ἀληθῶς καλὸν τὸ ἐν τῇ ψυχῇ σύμμετρόν ἐστι κατ' ἀρετὴν διακειμένη. Μεσότης γὰρ καὶ συμμετρία τις ἡ ἀρετή· αἱ δὲ ἐφ' ἑκάτερα τὴν ἀρετὴν ἐκβαίνουσαι ὑπερβολαὶ καὶ ἐλλείψεις, ἀμετρία καὶ αἶσχος. Οἷον, ἡ μὲν ἀνδρεία μεσότης, ὑπερβολὴ δὲ περὶ ταύτην θρασύτης, καὶ ἔνδεια ταύτης δειλία.	

[35] Procope, *Is.*, PG 87/2, col. 1920C-1921A, correspondant à Ps.-Basile, *In Isaiam*, PG 30, col. 409BC et 412B-413A.

L'ÉPITOMÉ SUR ISAÏE DE PROCOPE

2a) Ὁ γὰρ μὴ πιστεύων εἰς τὸ φῶς τὸ ἀληθινόν, ἀλλὰ ποιῶν ἑαυτὸν υἱὸν τοῦ διαβόλου, οὗτος λέγει τὸ φῶς σκότος, καὶ τὸ σκότος φῶς. 2b) Ὥσπερ οὖν φῶς ἐστιν ὁ Κύριος, οὕτω καὶ γλυκύτης ἐστὶ τοῖς ἐπιστημόνως αὐτοῦ γευομένοις· [...] *Γεύσασθε, καὶ ἴδετε ὅτι χρηστὸς ὁ Κύριος.* Ὁ τοίνυν μὴ πιστεύων εἰς τὸν Κύριον Ἰησοῦν, λέγει τὸ γλυκὺ πικρόν. 2c) Ὁ δὲ μὴ πιστεύων εἰς τὸν Κύριον, οὐδὲ τῇ τοῦ ἀληθινοῦ κάλλους συντίθεται φύσει, [...] τὸ κυρίως καλὸν ἐν τῇ θείᾳ φύσει γινώσκεται κατὰ τὸν ψαλμόν, τὸν λέγοντα· *Τῇ ὡραιότητί σου, καὶ τῷ κάλλει σου.* [...] Εἰ γὰρ φῶς ὁ Κύριος, σκότος δηλονότι ὁ ἀντικείμενος· [...] Ἐπεὶ οὖν οὐκ ἔστι μετοχὴ δικαιοσύνῃ καὶ ἀδικίᾳ· οὐδὲ κοινωνία φωτὶ πρὸς σκότος· οὐδὲ συμφώνησις Χριστοῦ πρὸς Βελίαρ· χωριστέον ταῦτα ἀλλήλων. Μεγάλης οὖν καὶ ἀκριβοῦς τῆς προσοχῆς χρεία, πρὸς τὸ μὴ παραλογισθέντας ἡμᾶς τὸν μετασχηματιζόμενον εἰς ἄγγελον φωτὸς ὡς φῶς λογίσασθαι· μηδὲ τῇ πικρότητι τῆς κακίας ἐνευφραινόμενον, γλυκύτητος δόξαν τῷ φιληδόνῳ βίῳ προσμαρτυρῆσαι· μηδὲ σωμάτων κάλλει τὴν ψυχὴν δουλωθέντας, ἐν τούτῳ λογίζεσθαι εἶναι τοῦ ἀληθινοῦ κάλλους τὴν φύσιν.	2b) Ἀλλὰ καὶ δογματικῶς, *γλυκύτης* ἐστὶν τοῖς ἐπιστημόνως αὐτοῦ γευομένοις ὁ Κύριος· « Γεύσασθε γάρ, καὶ ἴδετε ὅτι Χριστὸς ὁ Κύριος ». Μὴ πιστεύων δέ τις αὐτῷ, τὸ *γλυκὺ* λέγει *πικρόν*. 1c) Καὶ τὸ ἀληθὲς δὲ *καλόν*, τὸ ἐν τῇ ψυχῇ συμμέτρως διακειμένη κατ' ἀρετήν. Μεσότης γὰρ ἡ ἀρετή, ἧς τὸ ὑπερβάλλον ἢ λεῖπον, κακία· ὡς ἐπ' ἀνδρείας ἔλλειψις μὲν ἡ δειλία, ἡ δὲ θρασύτης πλεονασμός, ἅπερ αἶσχος ἐργάζονται, 2c) καὶ ὁ μὴ πιστεύων δὲ εἰς τὸν Κύριον, οὐδὲ τῇ τοῦ *καλοῦ* συγκατατίθεται φύσει. Κυρίως γὰρ ἐκεῖνο *καλόν*, κατὰ τό, « *Τῇ ὡραιότητί σου καὶ τῷ κάλλει σου.* » αἶσχος δὲ πᾶν ὁ διάβολος. Ἐπεὶ οὖν οὐκ ἔστι κοινωνία φωτὶ πρὸς κάλλος, οὐδὲ συμφώνησις Χριστοῦ πρὸς Βελίαρ, χωριστέον ταῦτα ἀλλήλων· καὶ μὴ παραλογισθέντες, *φῶς*, νομίσωμεν τὸν μετασχηματιζόμενον εἰς ἄγγελον φωτός, μηδὲ γλυκεῖαν τὴν ἡδονήν, μηδὲ κάλλος σωματικὸν τοῦ ψυχικοῦ προτιμήσωμεν.

Ce type de remaniement montre que Procope a une bonne connaissance du texte-source et possède un savoir-faire remarquable. Comme on le voit dans le tableau, Procope décompose et recompose deux exégèses du même auteur en enlaçant l'une *dans* l'autre, au lieu de les citer l'une *après* l'autre. La seconde explication du Ps.-Basile est qualifiée de « dogmatique », car elle établit un rapport entre la foi au Seigneur et la connaissance du bien, de la lumière et du doux. Or ce n'est pas la seule fois que Procope caractérise l'exégèse du Ps.-Basile.

À propos d'Is 9, 17a [18a] (« Et la transgression s'embrasera comme le feu, et comme le chiendent sec elle sera la proie du feu »), Procope retient l'explication du Ps.-Basile[36], en particulier le passage où ce dernier compare le chiendent (ἄγρωστις) aux passions de l'âme et aux péchés. Toutefois, Procope ne s'empêche pas de caractériser et de louer cette exégèse avant de la citer : « D'autres [exégètes] ont habilement interprété le chiendent en bonne part, ayant traité de sa nature »[37]. La remarque interlinéaire de Procope correspond bien à l'interprétation reproduite ; car de manière habile (δεινῶς), le Ps.-Basile s'appuie effectivement sur la « physiologie » de cette herbe vivace et envahissante pour établir un parallèle avec la nature du péché. Voici un extrait : « de même que le chiendent est la plus prolifique de toutes les herbes, qu'il ne cesse jamais de se reproduire, que la fin d'une première production devient toujours le commencement d'une nouvelle, il en va de même pour la nature des péchés : elle se succède à elle-même. Ainsi, la fornication engendre la fornication ; l'habitude du mensonge devient mère du mensonge »[38], et ainsi de suite.

Procope est sans doute sensible aux qualités de l'exégèse contenue dans le *Commentaire* attribué à Basile, mais cela ne lui fait pas perdre son sens critique. À la fin du commentaire sur Is 6, 1-5, on lit un passage qui oscille entre citation et jugement défavorable :

> Par ailleurs, n'ignorons pas que certains [exégètes] ont identifié la « maison » avec tout l'ensemble de la création intelligible et sensible, et le « trône élevé » (Is 6, 1) avec le principe sur toutes choses. Mais ceux-ci auraient dû ajouter comment la « maison » ainsi conçue « fut remplie de fumée » (Is 6, 4)[39].

Procope fait ainsi allusion au commentaire du Ps.-Basile sur la vision de Dieu par Isaïe, en particulier sur Is 6, 1 (« je vis le Seigneur siéger

---

[36] Procope, *Is.*, *PG* 87/2, col. 2021AB, correspondant à Ps.-Basile, *In Isaiam*, *PG* 30, col. 520D-521B.

[37] Procope, *Is.*, *PG* 87/2, col. 2021A : Πρὸς δὲ τὸ κρεῖττον ἕτεροι πάλιν δεινῶς ἐξέλαβον τὴν ἄγρωστιν φυσιολογήσαντες.

[38] Ps.-Basile, *In Isaiam*, *PG* 30, col. 521A : Ὡς γὰρ ἡ ἄγρωστις πολυγονώτατόν ἐστιν ἐν βοτάναις, καὶ οὐδαμοῦ καταλήγει αὐτῆς ἡ γέννησις, ἀλλ' ἀεὶ τὸ πέρας τῆς πρώτης γενέσεως ἀρχὴ τοῦ ἐφεξῆς γίνεται· τοιαύτη καὶ ἡ τῶν ἁμαρτημάτων ἐστὶ φύσις· αὐτὴ ἑαυτὴν διαδέχεται. Καὶ γεννᾷ μὲν ἡ πορνεία πορνείαν· ἡ δὲ ἐν τῷ ψεύδει συνήθεια ψεύδους γίνεται μήτηρ κτλ.

[39] Procope, *Is.*, *PG* 87/2, col. 1937C : Μὴ ἀγνοῶμεν δὲ ὡς οἶκόν τινες ἔφασαν τὸ σύμπαν σύστημα τῆς νοητῆς καὶ αἰσθητῆς κτίσεως, ἐπηρμένον δὲ θρόνον, τὴν ἐπὶ πάντων ἀρχήν. Ἐχρῆν δὲ τούτους προσθεῖναι καὶ πῶς ὁ οὕτω νοούμενος οἶκος ἐπληρώθη καπνοῦ.

sur un trône élevé et dominant, et la Maison était pleine de gloire »)[40]. Or cette section du texte-source, telle qu'elle nous est transmise, pose d'importants problèmes rédactionnels. De façon très curieuse, les versets d'Is 6, 1-5 ne sont pas commentés, tandis que les versets d'Is 6, 6-8 donnent lieu à deux versions différentes d'une même explication. C'est pour entamer une interprétation non littérale d'Is 6, 6 que le Ps.-Basile est conduit à préciser le sens des mots « maison » et « trône élevé » d'Is 6, 1. Quant à Procope, il rapporte cette opinion sans l'adopter. Au contraire, il la trouve insuffisante en quantité et en qualité : en quantité, parce que l'exégèse est trop rapide et ponctuelle ; en qualité, car elle semble peu compatible avec l'occurrence du mot « maison » (οἶκος) en Is 6, 4. En somme, Procope se révèle être un lecteur attentif, capable de discerner les mérites et les défauts d'une de ses sources.

b. Comparaison des exégèses

Étant donné que Procope emprunte à plusieurs auteurs, il a naturellement affaire à une multitude d'exégèses qu'il n'est pas toujours facile d'organiser « en sorte que le corps de l'écrit est unique ». C'est pourquoi Procope distingue, nous l'avons vu, souvent les opinions retenues par une formule de transition stéréotypée, comme par exemple « certains disent » (τινές φασιν), « d'autres disent » (ἕτεροί φασιν), ou « certains ont interprété de cette manière » (οὕτω[ς] τινὲς ἐξηγήσαντο). Cependant, Procope ne se limite pas à faire œuvre de compilateur, c'est-à-dire à assembler les morceaux choisis sans rien y ajouter. Ayant constaté les différences qui existent entre les exégèses, il prend quelquefois la parole pour dire à ses lecteurs en quoi consiste la différence. Cela présuppose un travail de comparaison des sources utilisées. Rappelons ici que dans la préface de l'*Épitomé sur la Genèse*, Procope distingue selon que les auteurs ont dit quelque chose de concordant (σύμφωνον) ou quelque chose de différent (διάφορον). Dans l'*Épitomé sur Isaïe*, il a tendance à souligner les points de divergence plutôt que les points communs entre les exégètes. Donnons-en quelques exemples.

À propos d'Is 9, 7 [8] (« Le Seigneur a envoyé la mort contre Jacob, et elle est venue contre Israël »), Procope donne d'abord l'exégèse de Cyrille d'Alexandrie, puis il rapporte celles d'Eusèbe de Césarée et du Ps.-Basile. Les deux dernières exégèses sont chacune introduites par la formule « certains disent » ; elles sont en même temps différenciées

---

[40] Ps.-Basile, *In Isaiam*, *PG* 30, col. 428B.

selon le sens donné au mot λόγος (la parole) qui est la leçon du texte hébreu, rendue par θάνατος (la mort) dans la Septante. Pour Eusèbe, le mot λόγος, associé à θάνατος, désigne une « parole négative de colère » (λόγος ἀποφατικὸς ὀργῆς) qui a été envoyée par Dieu contre Jacob[41]. Il en va tout autrement pour le Ps.-Basile, chez qui le terme λόγος prend un sens messianique : Dieu le Père a envoyé à Jacob le Verbe qui était au commencement tourné vers Dieu (Jn 1, 1-2)[42]. Procope juge nécessaire d'avertir ses lecteurs du contraste que forme l'exégèse du Ps.-Basile par rapport à celle d'Eusèbe : « Certains [exégètes] ont compris le mot 'parole' en bonne part, et disent que ... »[43]. En effet, le Ps.-Basile donne, nous l'avons vu, à ce mot un sens favorable, ce qui n'est pas le cas pour Eusèbe, ni d'ailleurs pour Cyrille.

À propos du chapitre 17 d'*Isaïe*, intitulé « La parole contre Damas », Procope puise toute son information aux commentaires d'Eusèbe et de Cyrille qui ne partagent pas le même point de vue. Pour cette raison, Procope préfère ne pas combiner les deux exégèses, mais les citer l'une après l'autre, en marquant chaque fois le passage de la première à la seconde exégèse. Pour Is 17, 1-11, il donne d'abord le commentaire d'Eusèbe[44], selon qui la prophétie ne vise pas la (première) prise de Damas par les Assyriens, déjà évoquée en Is 10, 9-10, mais une conquête future par le roi des Babyloniens, qui est attestée en Jr 30. Selon le même exégète, le début de la prophétie (Is 17, 1-2) peut aussi être appliqué à la prise de la ville par les Perses et les Macédoniens, alors que le verset 3 s'applique à l'époque romaine, après la venue du Christ. Eusèbe rapporte ainsi le texte biblique à différents moments de l'histoire de Damas, ce qui oblige Procope à relever le profond désaccord qu'il y a avec l'exégèse de Cyrille :

> Ayant reconnu une seule conquête de Damas, celle [effectuée] par les Assyriens, certains [exégètes] ont pourtant interprété tout le passage en lien avec cette conquête et son époque ; la conquête étant considérée comme non encore réalisée, elle aura lieu maintenant, dit le prophète,

---

[41] Procope, *Is.*, *PG* 87/2, col. 2016BC (Τινὲς δὲ οὕτω φασίν ... ἀξίους.), correspondant à Eusèbe de Césarée, *In Isaiam*, éd. ZIEGLER, p. 68-69.

[42] Procope, *Is.*, *PG* 87/2, col. 2016C (Τινὲς δὲ ἐπὶ ... Λόγον.), correspondant à Ps.-Basile, *In Isaiam*, *PG* 30, col. 516AB.

[43] Procope, *Is.*, *PG* 87/2, col. 2016BC : Τινὲς δὲ ἐπὶ καλοῦ τὸν λόγον ἐξέλαβον, καί φασιν ὡς ...

[44] Procope, *Is.*, *PG* 87/2, col. 2120D-2125B, correspondant à Eusèbe de Césarée, *In Isaiam*, éd. ZIEGLER, p. 113-117.

L'ÉPITOMÉ SUR ISAÏE DE PROCOPE

265

quand précisément Damas sera délaissée par les habitants qui auront péri[45].

En effet, dans son commentaire, Cyrille met la prophétie d'Is 17 en rapport avec la prise de Damas par les Assyriens, la guerre de la coalition syro-éphraïmite et la fin du royaume de Samarie, c'est-à-dire avec des événements appartenant à la même période historique (les années 730-720 avant notre ère). Procope a donc bien saisi cette divergence latente d'opinion entre Eusèbe et Cyrille, et a voulu la porter à la connaissance de ses lecteurs.

Il existe aussi un cas où Procope signale la critique de Cyrille vis-à-vis de l'exégèse d'Eusèbe. La « pomme de discorde » est le début du verset d'Is 49, 8 : « Ainsi parle le Seigneur : En un moment de faveur je t'ai exaucé, au jour du salut je t'ai porté secours ». Eusèbe assimile « le Seigneur » à Dieu le Père s'adressant au Christ, et situe le « moment de faveur » au temps de la résurrection, parce que la prière de Jésus à Gethsémani (Mt 26, 39.42) et sur la croix (Mt 27, 46) n'a, à son avis, été exaucée par le Père qu'après la passion et la descente aux enfers[46]. Or Cyrille repousse catégoriquement l'interprétation d'Eusèbe, ce qui conduit Procope à faire état de ce dissentiment :

> Certains [exégètes] ont, en revanche, blâmé la présente exégèse [sc. d'Eusèbe] car il est invraisemblable que le Fils n'ait pas réussi dans sa prière ; ils disent que la prière a été forgée selon l'économie, puisque le Fils savait, avant même cette prière, que la mort n'allait pas être détruite qu'à travers la croix et la mort qu'il a subie[47].

---

[45] Procope, *Is.*, *PG* 87/2, col. 2125B : Τινὲς μέντοι μίαν μόνην ἅλωσιν Δαμασκοῦ τὴν ὑπὸ τῶν Ἀσσυρίων εἰπόντες, τὴν πᾶσαν ῥῆσιν περὶ αὐτῆς, καὶ τῶν κατ' αὐτὴν ἐξηγήσαντο χρόνων, ἣν ὡς μήπω γενομένην, ἔσεσθαι νῦν ὁ προφήτης φησίν, ὅτεπερ ὑπὸ τῶν οἰκητόρων ἀπολωλότων καταλειφθήσεται. Ce passage fait allusion à Cyrille d'Alexandrie, *In Isaiam*, *PG* 70, col. 421AB.

[46] Eusèbe de Césarée, *In Isaiam*, éd. ZIEGLER, p. 311, repris par Procope, *Is.*, *PG* 87/2, col. 2472B.

[47] Procope, *Is.*, *PG* 87/2, col. 2472C : Τινὲς δὲ μεμψάμενοι τὴν παροῦσαν ἐξήγησιν, ὡς ἀπίθανον τὸν Υἱὸν ἀποτυχεῖν τῆς εὐχῆς, πεπλάσθαι τὴν εὐχὴν κατ' οἰκονομίαν φασίν, ἐπεὶ καὶ πρὸ ταύτης ᾔδει μὴ ἄλλως τὸν θάνατον καταργηθησόμενον, εἰ μὴ δι' ὃν ὑπέστη σταυρόν τε καὶ θάνατον. (ponctuation très légèrement modifiée) Ce passage fait allusion à Cyrille d'Alexandrie, *In Isaiam*, *PG* 70, col. 1056C-1057C. Pour une analyse, voir D. ZAGANAS, *La formation d'une exégèse alexandrine post-origénienne. Les Commentaires sur les Douze Prophètes et sur Isaïe de Cyrille d'Alexandrie*, Leuven – Paris – Bristol, CT, 2019 (*TEG*, 17), p. 278-279.

Dans son commentaire, Cyrille rétorque effectivement à Eusèbe qu'il ne s'agit pas d'une prière inexaucée, mais d'un plan de l'économie divine. Le fait que Cyrille, selon l'habitude des anciens, ne désigne Eusèbe que par l'expression indéfinie « certains des exégètes antérieurs » (τισὶ τῶν προλαβόντων ἐξηγητῶν) n'empêche pas Procope d'identifier l'auteur incriminé et de placer son exégèse à côté de celle qui s'y oppose ouvertement.

Ajoutons un dernier cas intéressant. À propos d'Is 63, 1-6, Procope cite tour à tour les exégèses d'Eusèbe, de Cyrille et de Théodore d'Héraclée[48]. Il ne manque pas, d'une part, de marquer le passage d'un commentaire à l'autre, et d'autre part, de mettre en évidence les rapports de différence ou de ressemblance entre eux. Eusèbe situe par exemple cette section d'*Isaïe* au temps du jugement dernier, mais son interprétation n'est pas adoptée par Cyrille, le deuxième auteur cité. Procope relève bien la disparité d'opinions : « D'autres [exégètes] ayant interprété ce passage comme évoquant l'ascension du Sauveur, disent que ... »[49]. Quant au troisième commentaire qui revient à Théodore d'Héraclée, Procope remarque qu'il est en harmonie (συμφώνως) avec le précédent[50]. En effet, Théodore, comme Cyrille, reconnaît dans l'homme venant d'Édom le Christ montant au ciel pour rejoindre Dieu le Père. Il est, en outre, intéressant de noter que Procope classe les commentaires, non pas par ordre chronologique, mais selon sa propre hiérarchie des sources. Ainsi pourrait s'expliquer le fait que Théodore d'Héraclée, un auteur du IVe siècle, est cité après Cyrille d'Alexandrie.

En somme, Procope ne se contente pas toujours de dresser un catalogue d'exégèses patristiques. Il va jusqu'à examiner et parfois faire remarquer leurs rapports de ressemblance et de différence, comme le ferait un doxographe ou un historien de l'exégèse biblique.

---

[48] Procope, *Is.*, *PG* 87/2, col. 2665C-2668C ; 2668C-2669C ; 2669C-2672B respectivement. Cf. Eusèbe de Césarée, *In Isaiam*, éd. ZIEGLER, p. 386-388 ; Cyrille d'Alexandrie, *In Isaiam*, *PG* 70, col. 1381B-1385B ; Théodore d'Héraclée, *Fragmenta in Isaiam*, *PG* 18, col. 1368C-1369A.

[49] Procope, *Is.*, *PG* 87/2, col. 2668CD : Ἄλλοι δὲ περὶ τῆς ἀναλήψεως τοῦ Σωτῆρος τὴν ῥῆσιν δεξάμενοί φασιν, ὡς ...

[50] Procope, *Is.*, *PG* 87/2, col. 2669C : Τινὲς δὲ συμφώνως εἰπόντες, ὡς ...

Conclusion

Procope le sophiste chrétien, auquel sont assignés plusieurs ouvrages d'exégèse de caractère compilatoire (*épitomés*, chaînes, scholies) et sur lequel, en vérité, on ne sait pratiquement rien, est l'auteur d'un commentaire continu sur *Isaïe*, exclusivement fait de citations et d'emprunts implicites à d'autres auteurs. Comme dans son *Épitomé sur l'Octateuque*, Procope fait œuvre de compilateur et d'épitomateur, car il a pour objectif de réunir et de réduire en un seul commentaire, appelé à juste titre ἐπιτομή (abrégé), des différentes interprétations que l'on trouvait dans les Commentaires grecs sur *Isaïe*, surtout dans ceux d'Eusèbe de Césarée, de Cyrille d'Alexandrie et du Ps.-Basile. Pour y parvenir, il procède à une double abréviation des textes originaux, c'est-à-dire résumer par sélection d'extraits et raccourcir les morceaux choisis, sans manquer de récrire, d'anonymiser et d'amalgamer les fragments exégétiques retenus. Ce faisant il produit certes une nouvelle forme d'exégèse, à savoir un commentaire composite sur *Isaïe*, mais non une nouvelle exégèse. De fait, Procope ne se propose pas de commenter le texte biblique lui-même et, pour cette raison, ne peut pas être considéré comme « exégète » au sens propre du terme[51]. Procope n'est pas non plus un simple compilateur. Comme nous l'avons signalé, il se fonde sur une lecture attentive des sources patristiques qu'il n'hésite pas à remanier, parfois de manière ingénieuse ; il sort quelquefois de sa réserve pour émettre un court jugement de valeur sur elles ; il compare d'ordinaire les interprétations à résumer, puisqu'il relève à plusieurs reprises les points de divergence ou, plus rarement, les points en commun entre elles. En somme, Procope se révèle être un lecteur avisé des exégèses patristiques d'*Isaïe*.

---

[51] Une phrase, peu claire en soi, de Procope dans la préface à l'*Épitomé sur la Genèse* (*GCS NF* 22, p. 1) : προσθήσομεν δέ τι καὶ ἔξωθεν εἰς τρανοτέραν ἔσθ' ὅτε παράστασιν) a conduit K. Metzler, introduction dans *GCS NF* 22, p. cxxiii et surtout celle dans *GCS NF* 27, p. xxxiii-xxxiv, à supposer qu'une (grande) part des fragments exégétiques non identifiés reviennent à Procope lui-même, mais il s'agit d'une hypothèse fragile et pratiquement impossible à démontrer. En tout état de cause, le passage en question ne laisse pas penser que Procope ait proposé une exégèse originale.

Abstract

Procopius' *Epitome on Isaiah* (*CPG* 7434) is a compilation that draws largely, but not exclusively, on the commentaries by Eusebius of Caesarea, Pseudo-Basil and Cyril of Alexandria. Preserved today in eight manuscripts, it was published in 1580 on the basis of a single manuscript, then reproduced by Migne in *PG* 87/2. It is by the same author as that of the *Epitome on the Octateuch*, who, contrary to common opinion, was not the rhetor of Gaza, and does not seem to have been active before the mid-sixth century. The method he employed consists of selecting, abridging, rewriting or summarising exegetical fragments from different sources, and then anonymising and amalgamating them in order to produce a unified text, a composite commentary on Isaiah. However, Procopius is not simply someone who arranges patristic fragments: on the contrary, he relies on an attentive reading of the sources which he does not hesitate to rework, sometimes ingeniously; he may from time to time insert a short judgement on their value; he usually compares the different exegeses that need to be summarised, pointing out several times their differences. This demonstrates how important this *Epitome* is for knowing Procopius, the reader of the Church Fathers.

La chaîne III sur Abdias

Similitudes et différences avec les épitomés de Procope

Tiphaine LORIEUX
(*Leuven*)

Il n'existe pas, à notre connaissance, d'épitomé ou de chaîne de Procope sur les douze prophètes. En revanche, trois types de chaînes sur ces livres prophétiques ont été identifiés : la chaîne de Philothée, ou chaîne de type I (*CPG* C 55), la chaîne de type II (*CPG* C 56), et la chaîne de type III (*CPG* C 57.1). Dans le cadre d'une comparaison entre les épitomés de Procope et les chaînes sur les petits prophètes, les types I et II s'avèrent décevants, puisque le projet du caténiste ne correspond en rien à celui de Procope. En revanche, la chaîne de type III, encore inédite, rend possible un rapprochement pertinent avec les épitomés de Procope. Deux passages significatifs de la chaîne III sur le prophète Abdias, les unités lemmatiques portant sur Ab 1 et sur Ab 15–16, permettront de cerner la méthode mise en œuvre par le caténiste et offriront un point de comparaison avec les épitomés de Procope.

1. Présentation des chaînes sur les douze prophètes

a. La chaîne de Procope : une chaîne fantôme ?

Procope a-t-il composé une chaîne sur les douze prophètes ? Les sources anciennes n'y font aucune référence. Mais comme l'a déjà noté Reinhart Ceulemans, plusieurs érudits des XVIIIe et XIXe siècles ont mentionné l'existence d'un commentaire de Procope sur les douze prophètes[1]. La mention la plus ancienne se trouve dans la correspondance de Pierre Bayle, dans une lettre que lui adresse Henri Justel, bibliophile et érudit, en janvier 1684 :

---

[1] R. CEULEMANS, « The Transmission, Sources and Reception of Procopius' Exegesis of Genesis. Observations in the Wake of the New Edition », *Vigiliae Christianae*, 71 (2017), p. 205-224, ici p. 216-217 n. 54.

Procopius the Christian Sophist: Catenist, Compiler, Epitomist, ed. by D. Zaganas, J.-M. Auwers, J. Verheyden, IPM, 94 (Turnhout, 2024), pp. 269-297.
© BREPOLS ❧ PUBLISHERS   10.1484/M.IPM-EB.5.136513

Vous scavez tout ce qu'on a imprimé depuis peu à Paris et que le P[ère] Hardouin jésuite doit don[ner] le Procope sur les petits prophètes. C'est un m[anuscrit] qui est dans la bibliothèque des jésuites où il y a des obèles et des astérisques comme dans les Hexaples d'Origène[2].

Les éditeurs de la correspondance de Pierre Bayle estiment qu'Henri Justel aurait été victime d'une double méprise. D'après eux, il faudrait reconnaître dans l'ouvrage que le jésuite Jean Hardouin s'apprêtait à publier l'*Auctarium* de Théodoret de Cyr, préparé par Jean Garnier avant sa mort en 1681. Cet ouvrage paru au cours de l'année 1684 prit la forme d'un cinquième tome ajouté aux *Opera omnia* de Théodoret édités par Jacques Sirmond en 1642. En outre, « le manuscrit qui est dans la bibliothèque des jésuites où il y a des obèles et des astérisques » devrait s'identifier au *codex Marchalianus* (*Vat. gr.* 2125), alors conservé au Collège de Clermont. Ce manuscrit, dont le texte biblique présente des signes hexaplaires, contient aussi les *Vies des prophètes* d'Eusèbe ; celles-ci avaient été éditées par Joannes Curterius un siècle plus tôt dans le même volume que la chaîne sur Isaïe de Procope[3]. Ces rapprochements ne nous semblent pas convaincants : comment expliquer une confusion entre, d'une part, un tome d'œuvres de Théodoret sans rapport avec les douze prophètes, et, d'autre part, un commentaire de Procope sur les douze prophètes ? Quant au *codex Marchalianus*, si son seul rapport avec Procope consiste en ce que les *Vies des prophètes* attribuées à Eusèbe qu'il transmet ont été éditées dans un ouvrage de 1580 donnant aussi le commentaire de Procope sur Isaïe, ce rapprochement semble bien ténu.

D'autres sources font état d'une traduction latine d'un commentaire de Procope sur les douze prophètes, de la plume de Jean Garnier et transmise à Jean Hardouin. Les mentions de cette traduction latine faites par William Cave[4] en 1705, par Jean-Pierre

---

[2] *Correspondance de Pierre Bayle*, IV, éd. E. Labrousse, A. McKenna *et al.*, Oxford, 2005, lettre 243, p. 3-4.   Édition électronique en ligne : https://bayle-correspondance.univ-st-etienne.fr/?Lettre-243-Henri-Justel-a-Pierre

[3] *Procopii Sophistae Christiani, Variarum in Esaiam Prophetam commentatiorum epitome : cum praeposito Eusebii Pamphili fragmento, de vitis prophetarum Ioanne Curterio interprete*, éd. J. Curterius, Paris, 1580 (repris dans *PG* 87/2, col. 1801-2719 et *PG* 22, col. 1261-1272).

[4] W. Cave, *Scriptorum Ecclesiasticorum Historia Literaria*, Genève, 1705, p. 327 (année 520) : « Procopius Gazaeus claruit circa annum DXX. Inter ejus ἀνέκδοτα locum habet *Commentarius in XII Prophetas minores*, qui apud Jesuitas Parisientes in Bibliotheca, ni fallor, Collegii Claromontani MS delitescit. Hunc, ut accepi, La-

Nicéron[5] en 1739, et par Ludwig Eisenhofer[6] en 1897 remontent probablement toutes les trois à une recension de la *Nouvelle bibliothèque des auteurs ecclésiastiques* publiée dans le deuxième supplément des *Acta eruditorum* de 1696. La recension regrette que l'auteur de la *Nouvelle bibliothèque* ne fasse aucune référence au commentaire sur les douze prophètes de Procope :

> De *Procopio Gazaeo* ubi agit, mirum est, eum non meminisse ejus Commentariorum in XII Prophetas minores, quos in Bibliotheca Jesuitarum Claromontii esse, a Garnerio jam olim Latine redditos et praelo paratos, a viro quodam doctissimo, qui eos in Gallia olim vidit accepimus. Doctiss. Harduinum ejus editioni manum admovere voluisse idem addebat, quod ut faciat in Reipublicae literariae commodum mature, etiam atque etiam est orandus[7].

> Lorsqu'il s'agit de Procope de Gaza, il est étonnant qu'il ne fasse pas mention des commentaires sur les douze petits prophètes de celui-ci. Nous avons appris d'un homme très érudit, qui les a autrefois vus en France, qu'ils se trouvent dans la Bibliothèque des Jésuites de Clermont, traduits par Garnier il y a déjà longtemps et prêts à être imprimés. Le même homme ajoutait que le très érudit Hardouin avait voulu mettre la main à l'édition de celui-ci ; il faut l'en prier encore et encore pour qu'il le fasse promptement dans l'intérêt de la République des lettres.

Toujours est-il qu'à ce jour cette éventuelle traduction latine n'a pas refait surface, pas plus que son modèle grec. Il ne nous reste plus qu'à nous consoler de cette absence en nous tournant vers les chaînes sur les douze

---

tine vertit, preloque paratum post se reliquit Joan. Garnerius, nobile illud Societatis Jesuiticae ornamentum. Ut in lucem proferatur, boni omnes mecum vehementer exoptabunt ».

[5] J.-P. Nicéron, *Mémoires pour servir à l'histoire des hommes illustres*, XL, Paris, 1739, p. 1790 : « Les journalistes de Leipzig nous apprennent qu'en partant pour Rome [juste avant sa mort en 1681, Jean Garnier] avait laissé au P. Hardouin un manuscrit intitulé : *Procopii Gazaei Commentarii in XII Prophetas Minores Latine redditi*. Mais il n'a pas été imprimé ».

[6] L. Eisenhofer, *Procopius von Gaza. Eine literarhistorische Studie*, Freiburg im Breisgau, 1897, p. 10 : « Ferner wird noch von Cave unter den anecdota Prokops erwähnt ein commentar zu den 12 kleinen Propheten ».

[7] *Acta eruditorum*, Supplementa II, Leipzig, 1696, p. 427. En ligne : https://archive.org/details/s1id13206660/page/426/mode/2up.

272 TIPHAINE LORIEUX

prophètes qui existent bel et bien, pour les comparer à la méthode de Procope telle que l'examen de ses épitomés permet de la définir.

b. Les chaînes de type I (CPG C 55) et de type II (CPG C 56) sur les douze prophètes

Le premier type de chaîne répertorié sur les douze prophètes est la chaîne de Philothée[8] (*CPG* C 55). Il s'agit d'une chaîne à deux auteurs qui met en parallèle, en marge du texte biblique, le commentaire complet de Théodoret de Cyr sur les douze prophètes[9] (*CPG* 6208) et le commentaire d'Hésychius de Jérusalem[10] (*CPG* 6558). Cette chaîne ne présente ni sélection d'extraits, ni réécriture ; dans les plus anciens témoins, les deux commentaires utilisés ne s'entremêlent pas mais sont copiés l'un à côté de l'autre. Quant à la chaîne de type II (*CPG* C 56), elle contient elle aussi le commentaire de Théodoret dans son intégralité. Au sein de celui-ci sont insérés des fragments que le caténiste attribue à Cyrille, Gennade, Hésychius, Hypatios, Taraise, ainsi que quelques remarques anonymes portant sur les variantes du texte biblique. Ces deux premiers types de chaînes ont peu à voir avec les épitomés de Procope, qui ne transmettent jamais le commentaire complet de tel ou tel auteur patristique. La chaîne de type III rend possible une comparaison plus féconde.

[8] Cette chaîne serait antérieure à 553 d'après M. FAULHABER, *Die Propheten-Catenen nach römischen Handschriften*, Freiburg im Breisgau, 1899 (Biblische Studien, IV, 2-3), p. 38-39 ; elle daterait du VIIIe siècle pour G. ZUNTZ, « Die Aristophanes-Scholien der Papyri : Teil III. Schlussfolgerungen », *Byzantion*, 14 (1939), p. 545-614 ; G. Dorival estime qu'elle est postérieure au VIIIe siècle : G. DORIVAL, *Les chaînes exégétiques grecques sur les Psaumes. Contribution à l'étude d'une forme littéraire*, I, Leuven, 1986 (Spicilegium Sacrum Lovaniense, 43), p. 32-33.

[9] Théodoret de Cyr, *In XII Prophetas minores*, PG 81, col. 1546-1988. Nous préparons l'édition du prologue, de l'*In Oseam* et de l'*In Ioel*, sujets de notre thèse soutenue en 2022.

[10] Hésychius de Jérusalem, *Interpretatio in prophetas minores*. Édition complète dans la thèse non publiée de M. ERIKSSON, *The Scholia by Hesychius of Jerusalem on the Minor Prophets*, soutenue à Uppsala en 2012. Éditions partielles : Hésychius, *In Oseam* (Os 1, 1-11), éd. M. FAULHABER, *Hesychii Hierosolymitani interpretatio Isaiae prophetae*, Freiburg im Breisgau, 1900, p. IX-X ; *In Ioel*, éd. M. STARK, « Hesychius von Jerusalem, Scholien zum Propheten Joel », *Jahrbuch für Antike und Christentum*, 37 (1994), p. 37-44 ; *In Abdiam*, éd. FAULHABER, *Die Propheten-Catenen* (n. 8), p. 21-26 ; *In Ionam*, éd. Y.-M. DUVAL, *Le livre de Jonas dans la littérature chrétienne grecque et latine*, II, Paris, 1973, p. 629-645.

LA CHAÎNE III SUR ABDIAS

c. La chaîne de type III (CPG C 57.1)

La chaîne III sur les douze prophètes a été repérée par Gilles Dorival dans un manuscrit de Turin très mutilé, le manuscrit *Biblioteca Nazionale Universitaria, B. I. 2*[11]. S'intéressant à la tradition manuscrite de l'*In XII Prophetas* de Théodoret de Cyr, Donatella Bucca a remarqué la proximité entre ce manuscrit de Turin et un manuscrit de Florence[12] (*Biblioteca Medicea Laurenziana, Plut. 11.4*). Ce manuscrit florentin est bien, lui aussi, un témoin de la chaîne III. Il existe enfin un troisième exemplaire de la chaîne III, le manuscrit de Dublin, *Trinity College* 112-113, qui pourrait être un descendant du manuscrit de Turin, avant que celui-ci ne devienne en grande partie illisible. Dans les deux témoins les plus anciens, les manuscrits de Turin et de Florence, la chaîne est en marge du texte biblique. Dans le manuscrit de Dublin, la chaîne suit une mise en page alternante. Dans les deux cas, la chaîne se présente généralement comme un commentaire continu. Elle utilise des extraits de plusieurs auteurs dont les noms ne sont pas cités, à deux exceptions près : le nom de Théodoret apparaît dans le titre et celui d'Hésychius apparaît au début de la chaîne sur Osée. On reconnaît tout au long de la chaîne des extraits des commentaires sur les douze prophètes de Cyrille d'Alexandrie[13], de Théodoret et d'Hésychius. D'autres auteurs doivent encore être identifiés. Le texte de la chaîne n'a pas encore été édité ni étudié[14]. Nous donnerons le texte de deux passages de la chaîne III sur le prophète Abdias en nous fondant sur ces trois manuscrits.

Manuscrits de la chaîne III :

- T : Torino, *Biblioteca Nazionale Universitaria*, B. I. 2[15] (xe s.). La chaîne sur Abdias se trouve aux fol. 42v-44. Le manuscrit est en

---

[11] Dorival, *Les chaînes exégétiques grecques, I* (n. 8), p. 109-110.

[12] D. Bucca, « Per un'edizione critica del *Commentario ai XII Profeti* di Teodoreto di Cirro », dans *Vie per Bisanzio. VIII Congresso Nazionale dell'Associazione Italiana di Studi Bizantini. Venezia, 25-28 novembre 2009*, II, éd. A. Rigo, Bari, 2013, p. 607-623, ici p. 618.

[13] Cyrille d'Alexandrie, *In XII Prophetas*, éd. P. E. Pusey, 2 vol., Oxford, 1868.

[14] Présentation plus détaillée des témoins de la chaîne III et de leurs relations dans T. Lorieux, « La chaîne C57.1 : un état des lieux », *Revue des Études Byzantines*, 82 (2024), à paraître.

[15] Diktyon 63622. Cf. A. Rahlfs, *Verzeichnis der griechischen Handschriften des Alten Testaments*, Berlin, 1914 (*MSU*, 2), p. 297 (sigle 719) ; G. Pasini, A. Rivautella, F. Berta, *Codices manuscripti bibliothecae regii Taurinensis Athenaei*

274 TIPHAINE LORIEUX

mauvais état : les marges, dans lesquelles la chaîne a été copiée, manquent presque tout à fait, à l'exception d'une partie de la marge supérieure. Nous mettrons entre crochets droits les passages illisibles dans le manuscrit T.

- F : Firenze, *Biblioteca Medicea Laurenziana, Plut.* 11.4[16] (xie s.). La chaîne sur Abdias se trouve aux fol. 52v-53v.

- D : Dublin, *Trinity College* 112-113[17] (xvie s.). La chaîne sur Abdias se trouve aux p. 45-47. Ce manuscrit pourrait descendre de T.

2. Le commentaire d'Ab 1 dans la chaîne III[18]

Le premier extrait de la chaîne III auquel nous nous intéresserons est l'unité lemmatique correspondant au verset 1 du livre d'Abdias suivi du commentaire que la chaîne en fournit. Ce commentaire prend la forme d'une explication continue, sans rupture apparente et sans que les noms des auteurs des extraits mis bout à bout soient indiqués. Nous ajoutons des traits verticaux pour séparer des extraits issus de sources différentes, ainsi que le nom de leur auteur, si nous avons pu l'identifier.

---

per linguas digesti, et binas in partes distributi, in quarum prima Hebraei, et Graeci, in altera Latini, Italici, et Gallici, I, Torino, 1749, p. 74-75 (codex 9) ; H. BELTING, G. CAVALLO, *Die Bibel des Niketas. Ein Werk der höfischen Buchkunst in Byzanz und sein antikes Vorbild*, Wiesbaden, 1979, p. 9-15 ; BUCCA, « Per un'edizione critica » (n. 12), p. 617-618.

[16] Diktyon 16158. A.-M. BANDINI, *Catalogus codicum manuscriptorum Bibliothecae Mediceae Laurentianae*, I, Firenze, 1764, p. 499-501. Informations reprises par RAHLFS, *Verzeichnis* (n. 15), p. 67-68 (sigle 49). Voir aussi L. VIANÈS, « Les *Gloses sur Ézéchiel* d'Hésychius de Jérusalem dans le *Laurentianus Pluteus* XI. 4 », *Revue d'Études Augustiniennes*, 41 (1995), p. 315-323 ; F. HALKIN, « Les manuscrits grecs de la Bibliothèque Laurentienne à Florence. Inventaire hagiographique », *Analecta Bollandiana*, 96 (1978), p. 5-50 (la description de F. Halkin s'interrompt au fol. 40 avec Amos).

[17] Diktyon 13588. Cf. RAHLFS, *Verzeichnis* (n. 15), p. 51 ; T. K. ABBOTT, *Catalogue of the Manuscripts in the Library of Trinity College, Dublin*, Dublin, 1900, p. 14.

[18] Dans T (fol. 44) et F (fol. 52v), le texte biblique est à pleine page et le commentaire en marge ; des appels de note placés dans le texte biblique renvoient au commentaire marginal. Dans D (p. 45-46), où lemmes bibliques et commentaires alternent, le verset Ab 1 précède immédiatement le commentaire.

LA CHAÎNE III SUR ABDIAS

Ab 1

Ὅρασις Ἀβδιου. Τάδε λέγει κύριος ὁ θεός[19] τῇ Ἰδουμαίᾳ· Ἀκοὴν ἤκουσα παρὰ κυρίου[20], καὶ περιοχὴν εἰς τὰ ἔθνη ἐξαπέστειλεν· Ἀνάστητε καὶ ἐξαναστῶμεν ἐπ' αὐτὴν εἰς πόλεμον.

> Vision d'Abdiou. Voici ce que dit le Seigneur Dieu, pour l'Idumée : J'ai entendu un message qui vient du Seigneur, et il a envoyé aux nations un encerclement : Levez-vous et élevons-nous contre elle pour la guerre[21].

Commentaire

{**1 Cyrille**} [Ὅλον[22] ἡμῖν τὸν] τῆς ἑαυτοῦ ὁράσεως εἶτ' οὖν προφητείας σκοπὸν καὶ ὅποι βλέπει[23] διατρανοῖ. | {**2 Théodore ?**} [Ὅρασις δὲ καὶ λόγος] καὶ ἀκοὴ ταὐτόν ἐστιν· ἐν διανοίᾳ γὰρ ψυχῆς τούτοις ὡμίλει θεός. | {**3 Théodoret**} Δεικνὺς [δὲ ὡς οὐκ ἀνθρωπίνῳ] λογισμῷ ταῦτα φθέγγεται, ἀλλ' οἷον ὄργανόν ἐστι τοῦ προστάσσοντος [θεοῦ, λέγει· *Τάδε λέγει κύριος ὁ θεὸς*] *τῇ Ἰδουμαίᾳ.* | {**4 Cyrille**} Καὶ βεβαιῶν πρὸς πίστιν τῶν λεγομένων τοὺς ἀκρο[ωμένους[24], *ἀκοήν φησιν ἤκ*]*ουσα.* Τίς[25] δὲ αὕτη νοοῖτο, διασαφεῖ ὅτι *περιοχὴν εἰς τὰ ἔθνη ἐξα*[*πέστειλεν, ἤτοι πολιορκίαν*[26]. Ἔθνη δὲ τῆς Ἰδουμαίας. Κατ' αὐτῶν[27] γὰρ ἀπεστάλθαι φησὶ τὸν συγκλεισμὸν, τοῦ θείου κρίματος συνωθοῦντος ἀναγκαίως εἰς τὸ παθεῖν τὴν ἐρήμωσιν. | {**5 Théodoret**} Ὁ δὲ Σύμμαχος ἀντὶ τοῦ[28] *περιοχὴν*, ἀγγελίαν τέθεικεν. Δηλοῖ δὲ ὡς αὐτὸς συναγείρει τοὺς πολεμίους διὰ τοῦ *ἀνάστητέ τε*[29] καὶ ἑξῆς. Οἱονεὶ γάρ τις στρατηγὸς ἐγκελεύεται ὡς αὐτὸς συγχωρῶν ταῦτα παθεῖν.]

---

[19] ὁ θεὸς] *om.* D.

[20] κυρίου] *praem.* τοῦ D F.

[21] Nous reprenons la traduction de la *Bible d'Alexandrie*, vol. 23.4-9 (*Les Douze Prophètes : Joël, Abdiou, Jonas, Naoum, Ambakoum, Sophonie*, trad., introd. et notes par M. HARL, C. DOGNIEZ, L. BROTTIER, M. CASEVITZ, P. SANDEVOIR, Paris, 1999), p. 98, que nous modifions légèrement : la *Bible d'Alexandrie* traduit περιοχή par « un ordre d'encerclement », mais cette traduction ne convenant pas à certaines interprétations de la chaîne III, nous adoptons à la place « un encerclement ».

[22] ὅλον] σχόλιον *praem.* D.

[23] βλέπει] βλέποι D.

[24] ἀκρωομένους] ἀκροατὰς D.

[25] τίς] τί D.

[26] πολιορκίαν] πολυορκίαν D.

[27] αὐτῶν] αὐτὸν D.

[28] τοῦ] *om.* F.

[29] τε] *om.* D F.

{1 Cyrille} Il nous montre clairement le but général de sa vision, c'est-à-dire, donc, de sa prophétie, et dans quelle direction il porte son regard. | **{2 Théodore ?}** Vision, parole et message sont la même chose, car Dieu s'adressait par ces moyens à la pensée de l'âme. | **{3 Théodoret}** Montrant que ce n'est pas par un raisonnement humain que le prophète articule ces mots, mais qu'il est comme un instrument de Dieu qui ordonne, il dit : *Voici ce que dit le Seigneur Dieu pour l'Idumée.* | **{4 Cyrille}** Fortifiant les auditeurs dans la foi de ce qui est dit, il déclare *J'ai entendu un message.* Et ce qu'est ce message qu'il faut comprendre, il le clarifie en disant qu'*il a envoyé aux nations un encerclement* ou siège. Ce sont les nations de l'Idumée. Car c'est contre elles, dit-il, qu'a été envoyé le confinement, puisque le décret divin les a nécessairement contraintes à endurer la désolation. | **{5 Théodoret}** Symmaque, à la place d'*encerclement*, a mis « annonce ». Il montre qu'il rassemble en personne les ennemis par l'expression *Levez-vous*, etc. Car il donne des encouragements comme un général, puisqu'il permet lui-même qu'ils souffrent cela.

Cinq passages tirés de sources différentes sont amalgamés de façon à donner l'illusion d'un commentaire continu écrit par un seul auteur. Deux de ces passages sont tirés de l'*In Abdiam* de Cyrille d'Alexandrie, deux autres de l'*In Abdiam* de Théodoret de Cyr, et le dernier pourrait être tiré de l'*In Abdiam* de Théodore de Mopsueste. En comparant chacun de ces extraits à sa source, nous caractériserons la manière dont le caténiste a sélectionné et réécrit ces extraits.

a. Extraits 1 et 4 : Cyrille d'Alexandrie

Les deux passages tirés du commentaire de Cyrille représentent environ la moitié de l'explication que donne Cyrille du verset Ab 1 dans son commentaire continu. Nous indiquons en gras les termes communs à la chaîne III et au commentaire de Cyrille.

Extrait 1

Chaîne III	Cyrille, *In Abdiam* (Ab 1), éd. Pusey I, p. 548
Ὅλον ἡμῖν τὸν τῆς ἑαυτοῦ ὁράσεως εἶτ᾽ οὖν **προφητείας σκοπὸν καὶ ὅποι βλέπει διατρανοῖ.**	Ὅλον ἡμῖν τῆς ἑαυτοῦ προφητείας ἐν τούτοις, ἤγουν τῆς ὁράσεως διερμηνεύει τὸν σκοπόν, καὶ ὅποι ποτὲ βλέπει διατρανοῖ.
Il nous montre clairement le but général de sa vision, c'est-à-dire, donc, de sa prophétie, et dans quelle direction il porte son regard.	En ces termes, il nous explique le but général de sa prophétie, ou vision, et montre clairement dans quelle direction il porte son regard.

Le premier extrait de l'unité lemmatique sur Ab 1 correspond au tout début de l'explication de Cyrille, où l'exégète précise le σκοπός de la prophétie. La citation est quasi-littérale. Quelques omissions abrègent la citation de Cyrille sans affecter profondément la phrase : les termes διερμηνεύει, ποτέ, ἐν τούτοις sont éliminés. Notons également l'inversion de προφητεία et de ὅρασις. Là où Cyrille évoquait « le but de sa prophétie, c'est-à-dire de sa vision », la chaîne parle du « but de sa vision, c'est-à-dire de sa prophétie ». Cette inversion opérée par le caténiste revient à expliquer par un équivalent sémantique le sens du mot « vision » dans le verset.

Extrait 4

Chaîne III	Cyrille, *In Abdiam*, éd. Pusey I, p. 548-549
Καὶ βεβαιῶν **πρὸς πίστιν τῶν λεγομένων τοὺς ἀκρομένους, ἀκοήν φησιν ἤκουσα.** Τίς δὲ αὕτη νοοῖτο, διασαφεῖ ὅτι περιοχὴν εἰς τὰ ἔθνη ἐξαπέστειλεν, ἤτοι πολιορκίαν. Ἔθνη δὲ τῆς Ἰδουμαίας. Κατ᾽ αὐτῶν γὰρ ἀπεστάλθαι φησὶ τὸν συγκλεισμόν, τοῦ θείου κρίματος συνωθοῦντος ἀναγκαίως εἰς τὸ παθεῖν τὴν ἐρήμωσιν.	Ὅτι γὰρ ἐπὶ τοῖς ἔσεσθαι μέλλουσι κατὰ τῆς Ἰδουμαίας ἡ ὅρασις αὐτῷ, πειρᾶται πληροφορεῖν. Ἐμπεδοῖ γὰρ **πρὸς πίστιν τοὺς ἀκρομένους,** καὶ ὅτι πάντῃ τε καὶ πάντως συμβήσεται τὸ λαλούμενον, ἀναπείθειν πειρᾶται λέγων ὡς ἥκιστα μὲν αὐτοῦ, θεοῦ δὲ μᾶλλον εἶεν οἱ λόγοι. Ἔφη τοίνυν **ἀκοὴν ἀκοῦσαι** παρὰ θεοῦ κατὰ τῆς Ἰδουμαίας. Καὶ **τίς** ἂν νοοῖτο πάλιν, εὐθὺς αὐτὸς **διεσάφησεν** προσθεὶς ὅτι περιοχὴν εἰς τὰ ἔθνη ἐξαπέστειλεν. Ἔθνη δὲ, ποῖα; τὰ τῆς Ἰδουμαίας. Κατ᾽ αὐτῶν γὰρ ἀπεστάλθαι φησὶ τὴν περιοχήν, ἤτοι πολιορκίαν, ἤγουν συγκλεισμόν, τοῦ θείου κρίματος συνωθοῦντος ἀναγκαίως εἰς τὸ παθεῖν τὴν ἐρήμωσιν. Ἢ καὶ καθ᾽ ἕτερον τρόπον ...
Fortifiant les auditeurs dans la foi de ce qui est dit, il déclare *J'ai entendu un message.* Et quel est ce message qu'il faut comprendre, il le clarifie en disant qu'*il a envoyé aux nations un encerclement* ou siège. Ce sont les nations de l'Idumée. Car c'est contre elles, dit-il, qu'a été envoyé le confinement, puisque le décret divin les a nécessairement contraintes à endurer la désolation.	Que sa vision concerne les événements sur le point d'arriver contre l'Idumée, il entreprend de l'assurer. Car il confirme les auditeurs dans la foi et il entreprend de les persuader que ce qui est dit s'accomplira complètement et totalement en disant que ces paroles, loin d'être les siennes, sont celles de Dieu. Aussi a-t-il dit qu'*il avait entendu un message de la part de Dieu* contre les Iduméens. Et quel message il faut comprendre, il le clarifie aussitôt lui-même en ajoutant qu'*il a envoyé aux nations un encerclement.* Quelles nations ? Celles de l'Idumée. Car c'est contre elles, dit-il, qu'a été envoyé l'encerclement, ou siège, ou confinement, puisque le décret divin les a nécessairement contraintes à endurer la désolation. Ou bien, en expliquant d'une autre façon...

278 TIPHAINE LORIEUX

Dans l'*In Abdiam*, Cyrille propose deux explications distinctes de l'expression tirée d'Ab 1 « il a envoyé aux nations un encerclement », coordonnées par ἢ καὶ καθ' ἕτερον τρόπον. Dans un premier temps, Cyrille explique que les « nations » dont il est question sont celles de l'Idumée. L'expression « il a envoyé aux nations un encerclement » signifie donc que Dieu a décrété un encerclement contre l'Idumée[30]. Dans un second temps, Cyrille considère que les « nations » sont les peuples voisins, qui reçoivent de Dieu l'ordre d'encercler l'Idumée[31]. Ainsi, qu'il considère que les « nations » qu'évoque le verset sont celles de l'Idumée ou au contraire les ennemis de l'Idumée, Cyrille parvient à attribuer le même sens global au lemme biblique : l'Idumée sera encerclée par ses ennemis. La chaîne sélectionne la première explication donnée par Cyrille et élimine la seconde.

Attardons-nous sur le traitement de la première explication de Cyrille, la seule retenue par le caténiste. Le début de l'extrait est réécrit pour résumer le passage en conservant certaines expressions clefs (πρὸς πίστιν τοὺς ἀκροωμένους), en remplaçant certains termes par des synonymes (βεβαιῶν/ἐμπεδοῖ), en modifiant la syntaxe. Le travail de réécriture est tel que l'on peut considérer le caténiste comme un véritable épitomateur. Certains éléments sont éliminés : la chaîne n'insiste pas sur la provenance divine du message, alors que dans l'*In Abdiam* de Cyrille, cette origine divine doit confirmer aux auditeurs que les événements annoncés vont réellement se produire. La fin de l'extrait est presque une citation littérale du commentaire de Cyrille, à quelques omissions près. L'épitomateur omet la question ἔθνη δὲ ποῖα; pour y apporter directement une unique réponse. Dans le commentaire de Cyrille, formuler cette question permettait de préparer une double réponse (ἔθνη δὲ, ποῖα; τὰ τῆς Ἰδουμαίας ... ἢ καθ' ἕτερον τρόπον, τοῖς γὰρ ἔθνεσι). Dès lors que la seconde possibilité de réponse est éliminée, il devient inutile de dramatiser l'interrogation pour faire progresser l'explication.

b. Extraits 3 et 5 : Théodoret de Cyr

Les deux passages tirés du commentaire de Théodoret représentent environ les deux-tiers de l'explication que donne Théodoret du verset Ab 1. La première phrase de l'explication de Théodoret, qui reformule

---

[30] Cyrille, *In Abdiam*, éd. PUSEY I, p. 548-549, cf. tableau ci-dessus.

[31] Cyrille, *In Abdiam*, éd. PUSEY I, p. 549 : Ἢ καὶ καθ' ἕτερον τρόπον, τοῖς γὰρ ἔθνεσι τοῖς κύκλῳ τῆς Ἰδουμαίας ποιεῖσθαι προστέταχε τὴν περιοχὴν, ἤτοι τὴν πολιορκίαν.

le début du verset Ab 1 pour montrer que la vision d'Abdias vient de Dieu[32], est omise dans la chaîne, car cette phrase serait redondante avec l'extrait de Cyrille qui précède. Le caténiste omet également une formule de transition qui introduit la fin du verset Ab 1[33] : dans le cadre de la chaîne, cette transition n'aurait pas de sens.

Extrait 3

Chaîne III	Théodoret, *In Abdiam*, *PG* 81, col. 1712
Δεικνὺς δὲ ὡς **οὐκ ἀνθρωπίνῳ λογισμῷ** ταῦτα φθέγγεται, ἀλλ' **οἷον ὄργανόν ἐστι** τοῦ προστάσσοντος **θεοῦ**, λέγει· *Τάδε λέγει κύριος ὁ θεὸς τῇ Ἰδουμαίᾳ.*	*Τάδε λέγει κύριος ὁ θεὸς τῇ Ἰδουμαίᾳ.* **Οὐκ ἀνθρωπίνῳ**, φησί, χρώμενος **λογισμῷ** τούτους ποιοῦμαι τοὺς λόγους· ἀλλ' ὁ **θεὸς** τῶν ὅλων **οἷον ὀργάνῳ** τινὶ τῇ ἐμῇ κέχρηται γλώττῃ, καὶ τῇ Ἰδουμαίᾳ τὰ ἐσόμενα ἀγγέλλει.
Montrant que ce n'est pas par un raisonnement humain qu'il articule ces mots, mais qu'il est comme un instrument de Dieu qui ordonne, il dit : *Voici ce que dit le Seigneur Dieu pour l'Idumée.*	*Voici ce que dit le Seigneur Dieu pour l'Idumée.* Ce n'est pas en utilisant un raisonnement humain, dit-il, que je prononce ces discours ; mais le Dieu de l'univers s'est servi de ma langue comme d'un instrument et annonce à l'Idumée les événements à venir.

L'épitomateur contracte l'extrait en conservant les expressions essentielles (οὐκ ἀνθρωπίνῳ λογισμῷ, « non par un raisonnement humain » ; οἷον ὀργάνῳ « comme par un instrument ») et en déplaçant certains éléments. La citation de la partie du verset expliquée est déplacée à la fin de l'extrait de Théodoret. Surtout, l'épitomateur modifie la situation d'énonciation. Alors que l'explication de Théodoret consiste en une reformulation du lemme biblique qui conserve la première personne du singulier, comme s'il était lui-même prophète (τούτους ποιοῦμαι τοὺς λόγους, « je prononce ces discours » ; τῇ ἐμῇ κέχρηται γλώττῃ, « [Dieu] se sert de ma langue »), l'épitomateur transpose l'extrait de Théodoret à la troisième personne (ταῦτα φθέγγεται, « il articule ces mots » ; οἷον ὄργανόν ἐστι, « il est comme un instrument »). L'épitomateur lisse et uniformise stylistiquement les extraits placés bout à bout.

[32] Théodoret, *In Abdiam*, *PG* 81, col. 1712 : Ὅρασις Ἀβδιού. Ἀντὶ τοῦ, ἡ θεόθεν γενομένη τῷ Ἀβδιοῦ ἀποκάλυψις, αὕτη ἐστί.

[33] Théodoret, *In Abdiam*, *PG* 81, col. 1712 : Καὶ διδάσκων ὁποῖα ταῦτα, ἐπάγει· Ἀκοὴν ἤκουσα παρὰ κυρίου, καὶ περιοχὴν εἰς τὰ ἔθνη ἐξαπέστειλεν.

Extrait 5

Chaîne III	Théodoret, *In Abdiam*, *PG* 81, col. 1712
Ὁ δὲ Σύμμαχος ἀντὶ τοῦ *περιοχήν*, ἀγγελίαν τέθεικεν. *Δηλοῖ δὲ ὡς αὐτὸς συναγείρει τοὺς πολεμίους διὰ τοῦ ἀνάστητέ* τε καὶ ἑξῆς. Οἱονεὶ γάρ τις στρατηγὸς ἐγκελεύεται ὡς αὐτὸς συγχωρῶν ταῦτα παθεῖν.	Ἀντὶ τοῦ *περιοχήν*, ἀγγελίαν ὁ Σύμμαχος εἴρηκε. *Δηλοῖ δὲ διὰ* τούτων, ὡς αὐτὸς ὁ δεσπότης συναγείρει κατὰ τῆς Ἰδουμαίας τοὺς πολεμίους. Ἐπάγει γάρ· *Ἀνάστητε, καὶ ἐξαναστῶμεν ἐπ᾽ αὐτὸν εἰς πόλεμον.* Οἷον γάρ τις στρατηγὸς τὴν κατ᾽ αὐτοὺς στρατείαν συναθροίζει, διδάσκων ὡς αὐτὸς αὐτοὺς ταῦτα παθεῖν συγχωρεῖ.
Symmaque, à la place d'*encerclement*, a mis « annonce ». Il montre qu'il rassemble en personne les ennemis par l'expression *Levez-vous*, etc. Car il donne des encouragements comme un général, puisqu'il permet lui-même qu'ils souffrent cela.	À la place d'*encerclement*, Symmaque a dit « annonce ». Par ces mots, il montre que le Maître rassemble en personne les ennemis contre l'Idumée. Il poursuit en effet : *Levons-nous et élevons-nous contre lui pour la guerre.* Car il assemble l'armée contre eux comme un général, enseignant qu'il permet lui-même qu'ils endurent cela.

L'épitomateur résume le propos de Théodoret en utilisant des formules plus concises. L'expression τὴν κατ᾽ αὐτοὺς στρατείαν συναθροίζει, « il assemble l'armée contre eux » est remplacé par un unique verbe, ἐγκελεύεται, « il donne des encouragements ». Des groupes nominaux non essentiels à la bonne compréhension du propos sont en outre éliminés : ὁ δεσπότης, κατὰ τῆς Ἰδουμαίας. La fin du verset Ab 1, citée par Théodoret, n'est présente que de manière allusive dans la chaîne (ἀνάστητέ τε καὶ ἑξῆς, « *Levez-vous*, etc. »).

L'interprétation de Théodoret que reprend ici la chaîne correspond à la seconde explication de Cyrille, celle que n'a pas retenue le caténiste, selon laquelle le verset signifie que Dieu appelle les nations voisines à encercler l'Idumée. Mais les deux exégètes ne s'accordent pas sur le détail de l'explication : pour Théodoret, la fin du verset est une exhortation adressée par Dieu aux nations, alors que d'après Cyrille ces encouragements sont ceux que les nations s'adressent les unes aux autres.

En sélectionnant cet extrait du commentaire de Théodoret et en le réécrivant pour l'abréger, l'épitomateur semble avoir été particulièrement intéressé par la variante de Symmaque et par l'interprétation selon laquelle la fin du verset est une exhortation adressée par Dieu aux nations pour encercler l'Idumée.

LA CHAÎNE III SUR ABDIAS

c. Extrait 2 : Théodore de Mopsueste ?

Les quatre extraits commentés ci-dessus ne posaient pas de problème d'identification : leur degré de réécriture permettait de reconnaître sans difficulté leur source, qu'il s'agisse de l'*In Abdiam* de Cyrille ou de celui de Théodoret. Il n'en va pas de même du deuxième extrait de notre unité lemmatique, que l'on peut tenter de rapprocher, sans certitude, du commentaire *In Abdiam* de Théodore de Mopsueste[34]. Si ce rapprochement s'avérait exact, cet extrait de la chaîne III correspondrait à une infime partie (un trentième environ) de la longue explication que Théodore consacre au verset Ab 1.

Chaîne III	Théodore, *In Abdiam* (Ab 1), éd. Sprenger, p. 159-160
Ὅρασις δὲ καὶ λόγος καὶ ἀκοὴ ταὐτόν ἐστιν· ἐν διανοίᾳ γὰρ ψυχῆς τούτοις ὡμίλει θεός.	Ὅρασις Ἀβδίου· οὐδὲν κατὰ τὴν δύναμιν διαλλάττει τοῦτο τοῦ, λόγος κυρίου. Λόγον γάρ τε κυρίου τὴν ἐνέργειαν ὀνομάζει τοῦ θεοῦ, καθ' ἣν τῇ πνευματικῇ χάριτι τὰς ἀποκαλύψεις οἱ προφῆται τῶν ἐσομένων ἐδέχοντο. Καὶ ὅρασιν τὸ αὐτὸ δὴ τοῦτο καλεῖ τὴν ἀποκάλυψιν τὴν θείαν, καθ' ἣν ἐνεγένετο αὐτοῖς τῶν ἀδήλων δέχεσθαι τὴν γνῶσιν. Ἐπειδὴ γὰρ καὶ θεωρίας τινὰς ἀπορρήτως διὰ τῆς πνευματικῆς ἐνεργείας ἐπὶ τῆς ψυχῆς ἐδέχοντο τῆς οἰκείας οἱ προφῆται, καὶ τὴν διδασκαλίαν τῶν ἐσομένων ὡς περί τινος λαλοῦντος ὑπήκουον κατὰ τὴν ἐγγινομένην αὐτοῖς ἐνέργειαν ὑπὸ τοῦ πνεύματος τοῦ ἁγίου, διὰ τοῦτο καὶ ὅρασιν αὐτὸ καὶ λόγον κυρίου καλεῖ, καὶ ἀκοὴν δὲ ὡς εἰκός, ἅτε τῆς πνευματικῆς διδασκαλίας ὥσπερ ἀκοῇ τινι δεχομένων τὴν γνῶσιν.
Vision, parole et *message* sont la même chose, car Dieu s'adressait par ces moyens à la pensée de l'âme.	*Vision d'Abdias* : cela ne diffère en rien, quant au sens, de l'expression « parole du Seigneur ». Il appelle en effet « parole du Seigneur » la force agissante de Dieu par laquelle, grâce au charisme spirituel, les prophètes recevaient les révélations des événements à venir. Et il appelle *vision* cette même réalité, la révélation divine, par laquelle il leur était donné de recevoir la connaissance de ce qui est caché. Car puisque les prophètes recevaient dans leur propre âme, de façon ineffable, certaines contemplations grâce à la force spirituelle agissante et qu'ils prêtaient l'oreille à l'enseignement des événements à venir comme si quelqu'un parlait, par la force agissante qui leur était donnée sous l'action du Saint Esprit, pour cette raison, il l'appelle à la fois « vision » et « parole du Seigneur », et aussi « message », comme il est naturel, puisqu'ils recevaient la connaissance de l'enseignement de l'Esprit comme par un message.

---

[34] Théodore de Mopsueste, *In Abdiam*, éd. H. N. SPRENGER, *Commentarius in XII prophetas*, Wiesbaden, 1977 (Göttinger Orientforschungen, V. Reihe : Biblica et Patristica, 1).

282 TIPHAINE LORIEUX

La contraction est extrême. L'extrait est entièrement réécrit pour conserver deux idées : d'une part, l'équivalence sémantique entre vision, parole et message, et d'autre part la façon dont Dieu s'adresse à l'âme des prophètes. Dans l'*In Abdiam*, Théodore divise le verset Ab 1 en plusieurs petites unités syntaxiques qu'il explique les unes après les autres en s'appuyant sur un grand nombre de citations scripturaires. Ainsi, les citations d'Is 53, 1, Rm 10, 17 et Ps 49, 4 sont invoquées pour illustrer l'explication qui vient d'être donnée par Théodore sur l'équivalence entre vision, parole et message, et la manière dont Dieu s'adresse aux prophètes[35]. Ce dossier scripturaire n'est pas repris dans la chaîne.

L'explication que Théodore donne au verset Ab 1 recèle un second aspect. Pour Théodore, la fin du verset correspondrait aux paroles que Dieu adresse aux nations pour qu'elles attaquent l'Idumée :

> Ὡσανεὶ τοῦ θεοῦ ταῦτα λέγοντός τε καὶ κελεύοντος καὶ πανταχόθεν ἐπ' αὐτὴν τὰ ἔθνη συλλέγοντος, καὶ δὴ καὶ στρατηγεῖν αὐτοῖς μέλλοντος ἐν τοῖς κατὰ τῆς Ἰδουμαίας πολέμοις. Οἷόν τι καὶ ὁ μακάριος Δαυίδ· *Τίς ἀπάξει με εἰς πόλιν περιοχῆς; καὶ τίς ὁδηγήσει με ἕως τῆς Ἰδουμαίας; οὐχὶ σύ, ὁ θεός, ὁ ἀπωσάμενος ἡμᾶς;* (Ps 59, 11-12a ; 107, 11-12a) ἵνα εἴπῃ, ὅτι ὁ θεός μοι εἰς τοὺς κατὰ τῆς Ἰδουμαίας στρατηγήσει πολέμους[36].

> Comme si Dieu en disant cela, en donnant des ordres et en rassemblant de toute part les nations contre elle, s'apprêtait à être leur général dans les guerres contre l'Idumée. Le bienheureux David dit quelque chose de semblable : *Qui m'emmènera à la ville d'encerclement ? Qui me guidera jusqu'à l'Idumée ? N'est-ce pas toi, ô Dieu, qui nous avais repoussés ?* pour dire : « Dieu sera mon général dans les guerres contre l'Idumée ».

La formulation est très proche de l'explication de Théodoret, qu'a retenue le caténiste dans notre extrait 5 (Théodore : στρατηγεῖν/Théodoret :

---

[35] Théodore, *In Abdiam* (Ab 1), éd. SPRENGER, p. 160 : Ὅθεν καὶ ὁ μακάριος Ἡσαΐας ὁ προφήτης φησίν· *Κύριε, τίς ἐπίστευσε τῇ ἀκοῇ ἡμῶν;* (Is 53, 1) ἵνα εἴπῃ τῇ γνώσει τῶν δειχθέντων ἡμῖν, καὶ ὧν ἐδιδάχθημεν θεόθεν, ἀκολουθότατα δὲ καὶ ὁ μακάριος Παῦλος ταύτην τε θεϊκῶς τὴν φωνὴν ἐπήγαγεν· *Ἄρα ἡ πίστις ἐξ ἀκοῆς, ἡ δὲ ἀκοὴ διὰ ῥήματος θεοῦ* (Rm 10, 17), δεικνὺς ὅτι οὐ καλῶς δυνατὸν τὴν τοιαύτην ἀκοὴν προσγίνεσθαι τοῖς προφήταις, ἀλλ' ἢ διὰ τῆς τοῦ ἁγίου πνεύματος ἐνεργείας. Καὶ ὁ μακάριος δέ φησι Δαυίδ· *Κλινῶ εἰς παραβολὴν τὸ οὖς μου, ἀνοίξω ἐν ψαλτηρίῳ τὸ πρόβλημά μου* (Ps 49, 4), ἵνα εἴπῃ, ὅτι ὑποθεὶς τὴν ἀκοὴν καὶ δεξάμενος θεόθεν τὴν γνῶσιν διαπορθμεύσω τοῖς ἀνθρώποις τῶν προσηκόντων τὴν διδασκαλίαν.

[36] Théodore, *In Abdiam* (Ab 1), éd. SPRENGER, p. 161.

στρατηγός). En s'inspirant de Théodore, Théodoret n'a pas repris la citation des Psaumes. Le caténiste, quant à lui, n'emprunte à Théodore ni la citation des Psaumes, ni l'idée selon laquelle Dieu agira en général contre l'Idumée ; cette idée, exprimée de manière plus concise par Théodoret, se retrouvera dans l'extrait tiré du commentaire de Théodoret qui suit (extrait 5).

d. Articulation des extraits entre eux

Les cinq extraits sont enchaînés de façon à créer un paragraphe d'apparence uniforme, qui commente le verset en le découpant en petites unités. Les articulations entre chaque extrait s'opèrent par l'ajout de conjonctions de coordination et par des rebonds sur un terme central de l'extrait qui précède. L'extrait de Théodore de Mopsueste, en deuxième position, s'enchaîne ainsi à celui de Cyrille qui précède grâce à la coordination δέ, pour ajouter une explication supplémentaire au terme « vision ». L'extrait 3, également relié à ce qui précède par un δέ, approfondit une idée esquissée par l'extrait précédent : Dieu est le véritable énonciateur de la prophétie.

L'extrait 4 est cette fois introduit par καί, ce qui matérialise une progression : le commentaire concerne désormais la seconde partie du verset. Dans cet extrait, le caténiste a sélectionné la première interprétation fournie par Cyrille, selon laquelle le terme « nations » désigne l'Idumée. La seconde interprétation donnée par le commentaire de Cyrille (les « nations » sont les peuples qui attaquent l'Idumée) n'est pas mentionnée explicitement dans la chaîne, alors même qu'il s'agit de la seule interprétation fournie par Théodoret et Théodore dans leurs commentaires respectifs : le caténiste sélectionne donc une interprétation qui n'est pas la plus courante dans ses sources. Étonnamment, il retient un passage de Théodoret dans lequel une variante hexaplaire renforce l'interprétation passée sous silence dans la chaîne. Cette mention de la traduction de Symmaque, qui permet dans le commentaire de Théodoret d'expliquer la fin du verset comme une exhortation adressée aux nations ennemies de l'Idumée, est en effet conservée dans la chaîne sans l'explication du terme « nations » qui lui correspond. La chaîne ne met pas en valeur l'opposition entre l'interprétation qu'elle retient explicitement et l'interprétation qu'implique la variante de Symmaque, si bien que cet écart interprétatif passe pratiquement inaperçu. Notons enfin la différence du traitement réservé aux extraits sélectionnés : certains sont des citations littérales, tandis que d'autres sont profondément

284 TIPHAINE LORIEUX

réécrits ; à la différence de la variante de Symmaque, qui est conservée, les citations scripturaires extérieures au livres d'Abdias sont éliminées.

La comparaison avec la chaîne II met en valeur l'originalité de la chaîne III. Dans la chaîne II, le commentaire de Théodoret sur Ab 1 est présent en intégralité, sans coupure ni réécriture. Deux citations littérales de Cyrille y sont insérées. La première citation de Cyrille est tirée du prologue de son commentaire *In Abdiam*[37] et porte sur les noms du pays des Iduméens, Sèir et Thaiman. Cette digression étymologique n'entretient qu'un rapport lointain avec le verset commenté, puisque ces noms n'apparaissent pas dans le verset Ab 1. La deuxième citation de Cyrille reprend le passage de son commentaire exposant les deux possibilités d'interprétation du terme ἔθνη dans le verset[38]. Contrairement à la chaîne III, la chaîne II retient les deux explications concurrentes sans opérer de sélection.

3. Le commentaire d'Ab 15–16 dans la chaîne III[39]

Dans cette unité lemmatique, la chaîne n'amalgame plus les extraits pour donner l'illusion d'un commentaire unique. La polyphonie et la diversité des interprétations sont cette fois mises en valeur alors même que les noms des exégètes ne sont toujours pas mentionnés.

Ab 15–16

> [15]Διότι[40] ἐγγὺς ἡμέρα κυρίου[41] ἐπὶ πάντα τὰ ἔθνη· ὃν τρόπον ἐποίησας, οὕτως ἔσται σοι· τὸ ἀνταπόδομά σου ἀνταποδοθήσεται[42] εἰς κεφαλήν σου. [16]Διότι ὃν τρόπον ἔπιες ἐπὶ τὸ ὄρος τὸ ἅγιόν μου[43], πίονται πάντα τὰ ἔθνη οἶνον· πίονται καὶ καταβήσονται[44] καὶ ἔσονται καθὼς οὐχ ὑπάρχοντες.

---

[37] Cyrille, *In Abdiam* (prol.), éd. PUSEY I, p. 547 : Καλεῖται δὲ τῶν Ἰδουμαίων ἡ χώρα [...] ἐξ οὗ καὶ ἡ χώρα Θαιμάν.

[38] Cyrille, *In Abdiam* (Ab 1), éd. PUSEY I, p. 548-549 : Περιοχὴν εἰς τὰ ἔθνη ἐξαπέστειλεν. Ἔθνη δὲ [...] μονονουχὶ διακεκραγότα φασίν Ἀνάστητε καὶ ἐξαναστῶμεν ἐπ᾽ αὐτὴν εἰς πόλεμον.

[39] Témoins manuscrits : T (fol. 47r-v), D (p. 47) et F (fol. 53v).

[40] διότι] κείμενον *praem.* D.

[41] κυρίου] τοῦ *praem.* F.

[42] ἀνταποδοθήσεται] + σοι D.

[43] μου] *transp. post* ὄρος D.

[44] καταβήσονται] ἀναβήσονται D.

LA CHAÎNE III SUR ABDIAS — 285

¹⁵ Car proche est le jour du Seigneur contre toutes les nations ; selon la façon dont tu as agi, il en sera ainsi pour toi : le paiement qui t'est dû te sera payé sur ta tête ! ¹⁶ Car selon la façon dont tu as bu sur ma montagne sainte, toutes les nations boiront le vin : ils boiront, descendront et seront comme s'ils n'existaient pas.

Commentaire

{**1 Cyrille**} [Προαναφωνεῖ⁴⁵ πάλιν] τὸν τοῦ πολέμου καιρὸν, καθ' ὃν ἐν τῇ κοιλάδι τοῦ Ἰωσαφὰτ συναγηγερμένοις Ἰ[δουμαίοις, καὶ τὰ πρόσοικα] τῶν ἐθνῶν συνελθόντα πικρὰς ἐξέτισαν δίκας. *Ἡμέραν* δὲ⁴⁶ αὐτὴν ὀνομά[ζει *κυρίου*, θεὸς γὰρ ἦν ὁ παραδιδοὺς τοῖς] ἐξ Ἰσραὴλ τοὺς ἀνοσίως ἠδικηκότας· ὅτι δὲ ὁσίῳ κρίματι κολασθήσονται ἐπήγαγε λέγων, *ὃν τρόπον*] *ἐποίησας οὕτως ἔσται σοι.* Ἰσοπαλὴ γὰρ ἡ θεία φύσις ἀντεπάγει τὴν [δίκην τοῖς τὰ ἴσα δεδρακόσι καὶ] ὅμοια. | {**2 auteur inconnu**} Ἕτερος δὲ τὴν ἐπὶ συντελείᾳ τοῦ αἰῶνος ἐκδίκησιν καὶ [κρίσιν τῶν ἐθνῶν ἁπάντων διὰ τ]ούτων προαναφωνεῖσθαί φησιν. | {**3 Cyrille**} Τὸ δὲ *ὃν τρόπον ἔπιες,* καὶ τὰ ἑξῆς, [οἱ μὲν ὅτι ἐπειδὴ ἔθος τοῖς κεκρατηκόσι τῶν ἐναντίων ἑορτὰς καὶ πότους ἐπιτελεῖν καταλαζονευομένοις τῶν ἡττομένων, ἅ φησιν αὐτὸς κατορχούμενος τῶν ἐξ Ἰσραὴλ ἔδρασας πανηγύρεως ἀφορμὴν τὰς τῶν ἀδελφῶν ποιούμενος συμφοράς, οὕτως *πίονται καὶ κατορχήσονται σου πάντα τὰ ἔθνη. Καταβήσονται* γὰρ κατὰ σοῦ δῆλον ὅτι τῆς σῆς κατατρέχοντες χώρας. *Καὶ λογισθήσῃ ἐν τοῖς μὴ οὖσιν.* | {**4 Théodoret**} Ἕτεροι δὲ οὕτω φασὶν, *ὃν τρόπον* σέ φησι δίκας εἰσπράξομαι τῆς εἰς τοὺς ἐμοὶ ἀνακειμένους τόλμης, οὕτως καὶ τὰ κοινωνήσαντά σοι τῆς παρανομίας ἔθνη τιμωρήσομαι. Οἴνου γὰρ πόσιν τὴν τιμωρίαν ἐκάλεσεν. Τοιοῦτον γὰρ⁴⁷ ἡ μερὶς τοῦ ποτηρίου αὐτῶν. | {**5 auteur inconnu**} Δευτεροῖ δὲ τὸ *ὃν τρόπον ἔπιες* καὶ *πίονται* τὸ ἰσοδύναμον τῆς ἀπειλῆς σημαίνων. Ἔστι δὲ τὸ *ἔπιες* ἀντιχρονία· ἀντὶ τοῦ, *πίεσαι* γὰρ κεῖται καὶ δηλοῖ τὸ ἐσόμενον.]

{**1 Cyrille**} Il annonce à nouveau le moment de la guerre, quand, dans la vallée de Josaphat, les nations voisines venues avec les Iduméens rassemblés ont été sévèrement punies. Il l'appelle *Jour du Seigneur,* car c'était Dieu qui avait livré les malfaiteurs impies à ceux issus d'Israël. Il a ajouté qu'ils seront punis par un décret sacré en disant : *Selon la façon dont tu as agi, il en sera ainsi pour toi.* Car la nature divine impose en retour

---

⁴⁵ προαναφωνεῖ] σχόλιον *praem.* D.
⁴⁶ δὲ] γὰρ D.
⁴⁷ γὰρ] καὶ το (*sic*) F.

le châtiment proportionnel à ceux qui ont commis les actions égales et semblables. | {2 **auteur inconnu**} Mais un autre dit que ce qui est annoncé par ces mots, c'est le jugement au moment de l'accomplissement des siècles et la sentence de toutes les nations. | {3 **Cyrille**} Quant à l'expression *Selon la façon tu as bu*, les uns disent que puisque c'était une coutume pour ceux qui avaient vaincu leurs adversaires de célébrer des fêtes et des beuveries en fanfaronnant contre ceux qui avaient eu le dessous – ce que, dit-il, toi-même tu as fait à l'égard de ceux issus d'Israël, en dansant et en faisant des malheurs de tes frères une occasion de célébration –, ainsi toutes les nations *boiront* et danseront à ton sujet. Car *elles descendront* contre toi veut clairement dire « en faisant des incursions sur ton territoire ». Et tu seras compté parmi ceux qui n'existent pas. | {4 **Théodoret**} Mais d'autres disent ainsi : *selon la façon* dont je te demanderai des comptes de ton insolence envers ceux qui me sont consacrés, dit-il, de même aussi je châtierai les nations qui ont pris part avec toi à la violation de loi. Il a en effet appelé *boire du vin* le châtiment, car telle est *la part de leur coupe* (Ps 10, 6). | {5 **auteur inconnu**} Les expressions *Selon la façon dont tu as bu* et *elles boiront* se répètent pour signifier la valeur égale de la menace. Car le verbe *tu as bu* utilise un temps à la place d'un autre : il est mis à la place de « tu boiras » et montre ce qui va arriver.

a. *Extraits 1 et 3 : Cyrille d'Alexandrie*

Les deux passages tirés du commentaire de Cyrille représentent presque la totalité de l'explication que donne Cyrille du verset Ab 15.

Extrait 1

Chaîne III	Cyrille, *In Abdiam*, éd. Pusey I, p. 555
Προαναφωνεῖ πάλιν τὸν τοῦ πολέμου καιρόν, καθ' ὃν ἐν τῇ κοιλάδι τοῦ Ἰωσαφὰτ συναγηγερμένοις Ἰδουμαίοις, καὶ τὰ πρόσοικα τῶν ἐθνῶν συνελθόντα πικρὰς ἐξέτισαν δίκας. Ἡμέραν δὲ αὐτὴν ὀνομάζει *κυρίου*, θεὸς γὰρ ἦν ὁ παραδιδοὺς τοῖς ἐξ Ἰσραὴλ τοὺς ἀνοσίως ἠδικηκότας· ὅτι δὲ ὁσίῳ κρίματι κολασθήσονται ἐπήγαγεν λέγων, Ὃν τρόπον ἐποίησας οὕτως ἔσται σοι. Ἰσοπαλὴ γὰρ ἡ θεία φύσις ἀντεπάγει τὴν δίκην τοῖς τὰ ἴσα δεδρακόσι καὶ ὅμοια.	Προαναφωνεῖ πάλιν τὸν τοῦ πολέμου καιρόν, καθ' ὃν ἐν κοιλάδι τῇ τοῦ Ἰωσαφὰτ συναγηγερμένα τοῖς Ἰδουμαίοις ὁμοῦ καὶ τὰ πρόσοικα τῶν ἐθνῶν πικρὰς ἐξήτηνται δίκας. Ἡμέραν δὲ αὐτὴν ὀνομάζει *κυρίου*, θεὸς γὰρ ἦν ὁ παραδιδοὺς τοῖς ἐξ Ἰσραὴλ τοὺς ἀνοσίως ἠδικηκότας· ὅτι δὲ ὁσίῳ κρίματι κολασθήσονται, διατρανοῖ λέγων Ὃν τρόπον ἐποίησας, οὕτως ἔσται σοι. ταλαντεύει γὰρ ἡ θεία φύσις τὰ ἑκάστου πταίσματα, καὶ *ἰσοπαλὴ* πάντως *ἀντεπάγει τὴν δίκην*, οἷς ἂν ἕκαστος ἁλίσκοιτο πεπλημμεληκώς.

LA CHAÎNE III SUR ABDIAS

287

Il annonce à nouveau le moment de la guerre, quand, dans la vallée de Josaphat, les nations voisines venues avec les Iduméens rassemblés ont été sévèrement punies. Il l'appelle *Jour du Seigneur*, car c'était Dieu qui avait livré les malfaiteurs impies à ceux issus d'Israël. Il a ajouté qu'ils seront punis par un décret sacré en disant : *Selon la façon dont tu as agi, il en sera ainsi pour toi*. Car la nature divine impose en retour le châtiment proportionnel à ceux qui ont commis les actions égales et semblables.

Il annonce à nouveau le moment de la guerre, quand les nations voisines rassemblées dans la vallée de Josaphat avec les Iduméens se sont aussi vu réclamer un châtiment sévère. Il l'appelle *Jour du Seigneur*, car c'était Dieu qui avait livré les malfaiteurs impies à ceux issus d'Israël. Il confirme qu'ils seront punis par un décret sacré en disant : *Selon la façon dont tu as agi, il en sera ainsi pour toi*. Car la nature divine pèse les fautes de chacun et impose en retour le châtiment tout à fait proportionnel à ce que chacun, en péchant, a mérité.

Cet extrait, qui explique que le « jour du Seigneur » annoncé correspond à une défaite militaire des Iduméens et des nations voisines dans la vallée de Josaphat, est une citation quasi-littérale du commentaire de Cyrille. Les traces de réécriture sont rares, à l'exception de la dernière phrase qui résume le propos de Cyrille en évacuant le champ lexical de la faute.

Extrait 3

Chaîne III	Cyrille, *In Abdiam*, éd. Pusey I, p. 555
Τὸ δὲ Ὄν τρόπον ἔπιες, καὶ τὰ ἑξῆς, οἱ μὲν ὅτι ἐπειδὴ ἔθος τοῖς κεκρατηκόσι τῶν ἐναντίων ἑορτὰς καὶ πότους ἐπιτελεῖν καταλαζονευομένοις τῶν ἡττομένων, ἅ φησιν αὐτὸς κατορχούμενος τῶν ἐξ Ἰσραὴλ ἔδρασας πανηγύρεως ἀφορμὴν τὰς τῶν ἀδελφῶν ποιούμενος συμφοράς, οὕτως πίονται καὶ κατορχήσονταί σου πάντα τὰ ἔθνη. Καταβήσονται γὰρ κατὰ σοῦ δῆλον ὅτι τῆς σῆς κατατρέχοντες χώρας. Καὶ λογισθήσῃ ἐν τοῖς μὴ οὖσιν.	Ἐν δὲ τῷ Διότι ὅν τρόπον ἔπιες, τοιόνδε τι παραδηλοῖ· ἔθος που τάχα τοῖς κρατήσασι τῶν ἐχθρῶν, καταλαζονεύεσθαι μὲν τῶν κεκρατημένων, ἑορτὰς δὲ καὶ πότους ἐπιτελεῖν, καὶ δὴ καὶ ἐπινικίους καταλαλάζειν φωνὰς καὶ τὰ μέθης ἔργα πληροῦν. Ὡς οὖν ἐπετώθασας, φησί, καὶ κατεσκίρτησας τῶν ἐξ Ἰσραήλ, πίνων τε καὶ κατορχούμενος, καὶ πανηγύρεως ἀφορμὴν τὰς τῶν ἀδελφῶν ποιούμενος συμφοράς, οὕτω πίονται καὶ κατορχήσονταί σου πάντα τὰ ἔθνη· καὶ καταβήσονται μὲν κατὰ σοῦ, τουτέστι τῆς σῆς καταδραμοῦνται χώρας. Καταλογισθήσῃ δὲ καὶ αὐτὸς ἐν τοῖς οὐχ ὑπάρχουσιν. Ὀλοθρευθήσῃ γὰρ οὕτως, ὡς δοκεῖν ἤδη πως μηδ' ὑπάρξαι ποτέ.
Quant à l'expression *Selon la façon tu as bu*, etc., les uns disent que puisque c'était une coutume pour ceux qui avaient vaincu leurs adversaires de célébrer des fêtes et des beuveries en fanfaronnant contre ceux qui avaient eu le dessous – ce que, dit-il, toi-même	Dans l'expression *Car selon la façon dont tu as bu*, il fait allusion à quelque chose de ce genre : c'était peut-être une coutume, pour ceux qui avaient vaincu leurs ennemis, de fanfaronner contre les vaincus, de célébrer des fêtes et des beuveries, de pousser des cris de victoire et de se livrer à des orgies. De

tu as fait à l'égard de ceux issus d'Israël, en dansant et en faisant des malheurs de tes frères une occasion de célébration –, ainsi toutes les nations *boiront* et danseront à ton sujet. Car *elles descendront* contre toi veut clairement dire « en faisant des incursions sur ton territoire ». Et tu seras compté parmi ceux qui n'existent pas.

même que tu t'es moqué et que tu as méprisé ceux issus d'Israël en buvant et en dansant, dit-il, et en faisant des malheurs de tes frères une occasion de célébration, de même toutes les nations *boiront* et danseront à ton sujet. Et elles *descendront* contre toi, c'est-à-dire qu'elles feront des incursions sur ton territoire, et toi-même tu seras compté parmi ceux qui n'existent pas. Car tu seras à ce point détruit que tu sembleras désormais n'avoir même jamais existé.

Le verbe « boire » est expliqué par Cyrille comme une métonymie de la victoire. La comparaison « selon la façon ..., il en sera ainsi » annonce donc un retournement de situation : l'Idumée qui s'était réjouie des défaites militaires d'Israël en les célébrant comme des victoires subira elle aussi une défaite. L'extrait de Cyrille est contracté par omission, ce qui reconfigure la syntaxe du passage. Un certain nombre de termes sont remplacés par des synonymes : τῶν ἐχθρῶν devient dans la chaîne τῶν ἐναντίων, et τῶν κεκρατημένων devient τῶν ἡττομένων.

b. *Extrait 2 : auteur inconnu*

Les extraits 1 et 3 constituent, dans le commentaire *In Abdiam* de Cyrille, un texte continu. Dans la chaîne, ce passage est divisé en deux extraits car une phrase d'un auteur non identifié y a été intercalée.

Chaîne III :

> Ἕτερος δὲ τὴν ἐπὶ συντελείᾳ τοῦ αἰῶνος ἐκδίκησιν καὶ κρίσιν τῶν ἐθνῶν ἁπάντων διὰ τούτων προαναφωνεῖσθαί φησιν.

> Mais un autre dit que ce qui est annoncé par ces mots, c'est le jugement au moment de l'accomplissement des siècles et la sentence de toutes les nations.

Ce fragment fournit une interprétation eschatologique qui tranche avec l'interprétation historico-littérale et vétérotestamentaire de Cyrille. Le terme ἕτερος renvoie selon toute probabilité à un exégète antique dont l'œuvre ne nous a pas été transmise.

c. *Extrait 4 : Théodoret de Cyr*

La chaîne ne reprend aucun élément de la courte explication de Théodoret sur Ab 15. L'extrait de Théodoret que l'on lit à cet endroit de la chaîne correspond environ à la moitié de l'explication donnée à Ab 16 dans son commentaire *In Abdiam*.

Chaîne III	Théodoret, *In Abdiam* (Ab 16), *PG* 81, col. 1716
Ἕτεροι δὲ οὕτως φασίν, ὃν τρόπον σέ φησι **δίκας εἰσπράξομαι** τῆς **εἰς τοὺς ἐμοὶ ἀνακειμένους** τόλμης, **οὕτως καὶ τὰ κοινωνήσαντά σοι τῆς παρανομίας ἔθνη** τιμωρήσομαι. **Οἴνου γὰρ πόσιν τὴν τιμωρίαν ἐκάλεσεν**, τοιοῦτον γὰρ *ἡ μερὶς τοῦ ποτηρίου αὐτῶν*.	Ὥσπερ γάρ **σε δίκας εἰσπράξομαι** ὧν **εἰς τοὺς ἐμοὶ ἀνακειμένους** τόπους τετόλμηκας· **οὕτω καὶ τὰ κοινωνήσαντά σοι τῆσδε τῆς παρανομίας ἔθνη** τὴν προσήκουσαν δέξεται τιμωρίαν. **Οἴνου γὰρ πόσιν τὴν τιμωρίαν ἐκάλεσε**· καὶ τοῦτο σαφῶς ἡμᾶς ὁ μακάριος Ἰερεμίας διδάσκει, λαβεῖν τὸ ποτήριον προσταχθείς, καὶ ποτίσαι πάντα τὰ ἔθνη. Καὶ πολλαχόθεν δὲ ῥάδιον διαγνῶναι.
Mais d'autres disent ainsi : *selon la façon* dont je te demanderai des comptes de ton insolence envers ceux qui me sont consacrés, dit-il, de même aussi je châtierai les nations qui ont pris part avec toi à la violation de loi. Il a en effet appelé *boire du vin* le châtiment, car telle est *la part de leur coupe* (Ps 10, 6).	Car de même que je te demanderai des comptes pour ce que tu as eu l'insolence de commettre envers les lieux qui me sont consacrés, de même aussi les nations qui ont pris part avec toi à cette violation de la loi recevront le châtiment qui convient. Il a en effet appelé *boire du vin* le châtiment. Cela, le bienheureux Jérémie nous l'a enseigné clairement, quand il a reçu l'ordre de prendre la coupe et de faire boire toutes les nations (cf. Jr 32, 15). Il est facile de le comprendre à partir de nombreuses autres occurrences.

Théodoret voit dans le verset Ab 16 l'annonce du châtiment des nations, et en particulier des Iduméens, comme l'indique la phrase d'introduction du verset Ab 17 qui suit immédiatement ce passage[48]. Son explication repose sur une interprétation figurée de l'expression « boire du vin », appuyée sur un passage parallèle de Jérémie. En rétablissant le raisonnement de Théodoret, on comprend que puisque « boire du vin » signifie « subir un châtiment », le verset qui annonce que « selon la façon dont tu as bu au détriment[49] de ma montagne sainte, toutes les nations boiront le vin », adressé à l'Idumée, signifie que l'Idumée subira d'abord un châtiment, puis les autres nations à sa suite.

[48] Théodoret, *In Abdiam* (Ab 17), *PG* 81, col. 1716 : Ἀλλ᾽ ὑμεῖς μὲν, Ἰδουμαῖοι, ποινὴν τίσετε ὑπὲρ ὧν εἰς τοὺς ἀδελφοὺς τετολμήκατε, [17] *ἐν δὲ τῷ ὄρει Σιὼν ἔσται σωτηρία, καὶ ἔσται ἅγιον*.

[49] Pour Théodoret, l'Idumée n'est pas punie *sur* la montagne sainte, mais *à cause* des méfaits qu'elle y a commis ; nous adoptons donc ici une autre traduction que celle de la *Bible d'Alexandrie* pour rendre la préposition ἐπί.

La chaîne raccourcit le passage tiré du commentaire de Théodoret par des reformulations : l'expression ὧν τετόλμηκας, « dont tu as eu l'audace » devient τῆς τόλμης, « de l'audace » ; τὴν προσήκουσαν δέξεται τιμωρίαν, « il recevra le châtiment qui convient » devient τιμωρήσομαι, « je châtierai ». Il est difficile de déterminer si l'omission de τόπους dans la chaîne est une faute ou une intervention du caténiste visant à élargir l'interprétation. L'allusion à Jr 32, 15 qui permet à Théodoret d'appuyer son interprétation figurée de l'expression « boire du vin » d'une façon didactique, n'est pas retenue par le caténiste. Elle est remplacée par une référence à un verset des Psaumes (Ps 10, 6), peut-être empruntée à une autre source.

d. Extrait 5 : auteur inconnu

Chaîne III :

> Δευτεροῖ δὲ τὸ ὃν τρόπον ἔπιες καὶ πίονται τὸ ἰσοδύναμον τῆς ἀπειλῆς σημαίνων. Ἔστι δὲ τὸ ἔπιες ἀντιχρονία· ἀντὶ τοῦ, πίεσαι γὰρ κεῖται καὶ δηλοῖ τὸ ἐσόμενον.

> > Les expressions *Selon la façon dont tu as bu* et *elles boiront* se répètent pour signifier la valeur égale de la menace. Car le verbe *tu as bu* utilise un temps à la place d'un autre : il est mis à la place de « tu boiras » et montre ce qui va arriver.

Dans son commentaire *In Abdiam*, Théodore commente le polyptote du verset Ab 16 (« tu as bu »/« elles boiront ») d'une façon très elliptique :

> Τὸ μὲν γὰρ ἔπιες καὶ πίονται τὴν τιμωρίαν δηλοῖ τὴν αὐτοῖς τε ἐπαχθησομένην καὶ τοῖς λοιποῖς[50].

> > Les expressions *tu as bu* et *elles boiront* montrent le châtiment qui sera infligé aussi bien à eux qu'aux autres.

Il semble que l'explication de Théodore puisse être rapprochée de la fin du passage de la chaîne sur Ab 15–16. Sans indiquer explicitement que le verset contient une énallage temporelle, Théodore rapproche les deux formes verbales ἔπιες, « tu as bu », et πίονται, « elles boiront » et les explique en utilisant un participe futur (ἐπαχθησομένην, « qui sera infli-

---

[50] Théodore, *In Abdiam* (Ab 16), éd. Sprenger, p. 166.

gé »), sous-entendant que l'aoriste ἔπιες doit être compris comme un futur. Par l'utilisation de la coordination τε ... καί, Théodore insiste sur le parallélisme du châtiment, qui guette à la fois l'Idumée et les autres nations. L'extrait de la chaîne III note d'abord la répétition ὃν τρόπον ἔπιες/πίονται, qui selon lui permet d'exprimer un même niveau de menace. L'énallage temporelle est ensuite expliquée : les deux verbes annoncent un événement à venir, car le verbe à l'aoriste doit être compris comme un futur. La chaîne désigne l'énallage par le terme ἀντιχρονία, qui n'appartient pas au vocabulaire de Théodore. Celui-ci, à l'instar de Cyrille et de Théodoret, utilise les expressions ἐναλλαγὴ τοῦ χρόνου ou τῶν χρόνων lorsqu'il commente une inversion des temps verbaux[51].

Théodore interprète le verset comme l'annonce d'un châtiment futur, qui frappera avec une force égale les uns et les autres. L'extrait de la chaîne emploie un vocabulaire technique (ἰσοδύναμον, ἀντιχρονία) pour donner une explication du verset assez semblable, mais plus immédiatement compréhensible. Le rapprochement entre cette scholie et le commentaire de Théodore est ténu et ne permet pas de conclure que cet extrait de la chaîne prend pour source le commentaire de Théodore.

e. Articulation des extraits entre eux

Dans ce passage de la chaîne III commentant Ab 15–16, les articulations entre les différents extraits que nous avons délimités sont toutes opérées par la conjonction δέ. En proposant des exégèses explicitement opposées, l'épitomateur cherche cette fois à mettre en valeur une polyphonie interprétative. Ainsi, l'extrait 2 (non identifié), vient interrompre la longue citation de Cyrille (extraits 1 et 3) pour lui opposer une interprétation tout à fait différente du verset Ab 15. Cette opposition est manifestée par la mention ἕτερος δέ φησι. Comme souvent dans les commentaires exégétiques, il importe moins de pouvoir attribuer à un auteur précis une tendance exégétique que de fournir un éventail d'interprétation diversifié. En l'occurrence, alors que Cyrille expose une interprétation historique et vétérotestamentaire, selon laquelle le verset annonce le châtiment de l'Idumée et des nations dans la vallée de Josaphat proportionnellement à leurs fautes envers Israël, l'extrait 2 donne au verset une portée eschatologique en y voyant l'annonce du jugement dernier.

---

[51] Cf. par exemple Théodore, *In Oseam* (Os 9, 3), éd. SPRENGER, p. 47 : Τὸ γὰρ οὐ κατῴκησεν, ἀντὶ τοῦ οὐ κατοικήσουσιν, τῇ ἐναλλαγῇ τοῦ χρόνου συνήθως χρησάμενος.

La polyphonie est davantage encore mise en valeur dans la suite de l'extrait. Après l'insertion de l'extrait d'auteur inconnu, la chaîne retourne au commentaire de Cyrille. Mais son interprétation est d'emblée présentée comme une interprétation particulière loin de faire l'unanimité, puisque la citation de son commentaire est introduite par la mention οἱ μὲν ὅτι, « les uns [disent] que ». L'extrait suivant, de Théodoret, lui est clairement opposé au moyen de la formule qui l'introduit : ἕτεροι δὲ οὕτως φασίν, « mais d'autres disent ainsi ». La juxtaposition de l'extrait 3 (Cyrille) et de l'extrait 4 (Théodoret) permet d'opposer deux types d'interprétation. L'explication de Cyrille est métonymique et s'appuie sur des *realia* : la mention du vin dans le verset Ab 16 fait référence aux coutumes qui accompagnent la victoire sur des ennemis. L'explication de Théodoret est en revanche figurée et s'appuie sur un parallèle scripturaire : le vin qui doit être bu désigne de manière métaphorique un châtiment. Enfin, le dernier extrait fournit une explication stylistique et grammaticale du verset.

4. Comparaison avec les épitomés de Procope

a. Une méthode similaire

Les deux passages que nous avons étudiés nous ont permis de cerner deux méthodes mises en œuvre dans la chaîne III sur Abdias. Dans notre premier exemple, l'unité lemmatique sur Ab 1, l'épitomateur a placé les uns après les autres des extraits d'auteurs différents en les articulant par des conjonctions de coordination. Ces extraits n'offrent pas d'interprétations opposées, mais permettent de creuser tel ou tel aspect du verset à expliquer. De cette façon, le lecteur a la sensation de se trouver face à un commentaire continu rédigé par un unique auteur. C'est le projet qu'annonce poursuivre Procope dans la préface de l'*Épitomé sur l'Octateuque* :

> Συνεῖδον νῦν πρὸς μέτρον εὐσταλὲς συνελεῖν τὴν γραφὴν ἐπειγόμενος, εἰ μέν τι σύμφωνον εἴρηται ἅπασιν, τοῦτο προσάπαξ εἰπεῖν· εἰ δέ τι διάφορον, καὶ τοῦτο συντόμως ἐκθέσθαι πρὸς τὸ διὰ πάντων ἓν γενέσθαι σῶμα τῆς συγγραφῆς ὡς ἑνὸς καὶ μόνου τὰς ἁπάντων ἡμῖν ἐκθεμένου φωνάς[52].

---

[52] Procope de Gaza, *Eclogarum in libros historicos Veteris Testamenti epitome. Vol. I: Der Genesiskommentar*, éd. K. Metzler, Berlin – Boston, MA, 2015 (*GCS NF*, 22), p. 1.

> J'ai résolu aujourd'hui d'abréger mon écrit jusqu'à une taille convenable : si tous les auteurs ont dit quelque chose de concordant, je suis conduit à le dire en une seule fois ; mais s'ils ont dit quelque chose de différent, même cela, je suis conduit à le donner en abrégé, en sorte que le corps de l'écrit est toujours unique, comme si c'était un seul et unique auteur qui donnait les mots de tous les auteurs[53].

La seconde unité lemmatique que nous avons étudiée, qui commente les versets Ab 15–16, fait montre d'une méthode de présentation différente. Cette fois, l'épitomateur met en valeur la polyphonie interprétative en signalant explicitement que les exégètes ne s'accordent pas entre eux. Pour autant, les exégètes dont les interprétations sont citées restent anonymes (ἕτερος δὲ … φησι ; οἱ μὲν ὅτι ; ἕτεροι δὲ οὕτως φασὶν), comme dans l'*Epitomé sur Isaïe* de Procope. De la même façon que dans l'*Épitomé sur le Cantique*, on constate dans la chaîne III une volonté de proposer « un éventail d'options exégétiques » et de fournir « un échantillonnage diversifié d'exégèses », permettant « la comparaison des interprétations, nullement de polémiquer, de préciser le dogme, d'élaborer une théologie, ni même d'édifier »[54]. Ainsi, il est frappant de constater que la chaîne III sur Abdias ne donne aucun écho à la signification christologique qu'attribuent au verset Ab 1 Hésychius de Jérusalem dans son commentaire[55] et Eusèbe de Césarée dans les *Extraits prophétiques*[56].

Les chaînes et commentaires de Procope montrent des niveaux de réécriture variés. Dans l'*Épitomé sur le Cantique*, Nil d'Ancyre est cité intégralement, Grégoire de Nysse est cité littéralement mais avec des omissions, Philon de Carpasia est largement réécrit[57]. Le traitement des sources n'est pas non plus uniforme dans la chaîne III : comme

---

[53] Trad. de G. DORIVAL, « Des commentaires de l'Écriture aux chaînes », dans *Le monde grec ancien et la Bible*, éd. C. MONDÉSERT, Paris, 1984 (Bible de tous les temps, 1), p. 361-386, ici p. 363.

[54] J.-M. AUWERS, *L'interprétation du Cantique à travers les chaînes exégétiques grecques*, Turnhout, 2011 (*IPM*, 56), p. 189, 213.

[55] Hésychius de Jérusalem, *In Abdiam*, éd. FAULHABER, *Die Propheten-Catenen* (n. 8), p. 21 : υἱὸς παρὰ πατρὸς ἢ πατὴρ παρὰ υἱοῦ· ὡς γὰρ ἴσην τὴν βουλὴν ἀνατίθεται.

[56] Eusèbe de Césarée, *Eclogae propheticae*, PG 22, col. 1140C : Ὅρασις Ἀβδίου· Τάδε λέγει Κύριος ὁ Θεὸς τῇ Ἰδουμαίᾳ· Ἀκοὴν ἤκουσα παρὰ Κυρίου, καὶ περιοχὴν εἰς τὰ ἔθνη ἐξαπέστειλεν. Ἐπεὶ καὶ ἐνταῦθα Κύριος ὁ Θεὸς ἀκοὴν ἤκουσε παρὰ Κυρίου, εἰκότως ἐσημειωσάμεθα τὸν τόπον.

[57] AUWERS, *L'interprétation du Cantique* (n. 54), p. 245-387.

dans l'*Epitomé sur Isaïe* de Procope[58], Cyrille d'Alexandrie est cité littéralement, avec des omissions, alors que l'extrait qui pourrait provenir de Théodore de Mopsueste est tellement réécrit qu'il en devient presque méconnaissable.

Dans l'*Épitomé sur le Cantique*, Jean-Marie Auwers a remarqué « l'intérêt du caténiste pour les variantes textuelles et la philologie », qui « fait en sorte que l'*Épitomé* présente un caractère plus technique, plus scientifique que les sources patristiques à partir desquelles il a été réalisé »[59], puisqu'il extrait ces éléments textuels et philologiques tout en éliminant les excursus et les citations scripturaires. Le même phénomène s'observe dans la chaîne III : la mention de la variante de Symmaque (extrait 5 sur Ab 1) est conservée par l'épitomateur, tandis que les dossiers scripturaires des commentaires de Théodoret et Théodore ne sont pas retenus.

J.-M. Auwers précise encore que dans l'*Épitomé sur le Cantique*, « le caténiste a le souci de distinguer les différents niveaux d'interprétation du texte »[60]. Ce souci est peut-être moins visible dans les extraits que nous avons choisis : dans le commentaire sur Ab 15–16, l'opposition entre les interprétations historiques et eschatologiques n'est pas explicitée. La chaîne III sur Osée présente cependant ce type d'oppositions : dans le verset Os 1, 10b (καὶ ἔσται ἐν τῷ τόπῳ, οὗ ἐρρέθη αὐτοῖς Οὐ λαός μου ὑμεῖς, ἐκεῖ κληθήσονται υἱοὶ θεοῦ ζῶντος, « Il adviendra, dans le lieu où il leur avait été dit 'Vous n'êtes pas mon peuple', ils seront appelés 'Fils du Dieu vivant »), le terme τόπος est l'objet de deux interprétations soigneusement distinguées. L'interprétation littérale est précédée de la précision κατὰ μὲν τὸ γράμμα (le « lieu » en question est celui de l'exil, c'est-à-dire Babylone) et l'interprétation spirituelle de la mention κατὰ δὲ τὸ πνεῦμα (le « lieu » est celui de l'appel des nations et de leur adoption)[61].

---

[58] Voir dans ce volume l'article de D. Zaganas, « L'*Epitomé sur Isaïe* de Procope : l'œuvre et son auteur », p. 249-268.

[59] Auwers, *L'interprétation du Cantique* (n. 54), p. 215.

[60] Auwers, *L'interprétation du Cantique* (n. 54), p. 229.

[61] Manuscrit F, fol. 18 : Τόπον. Κατὰ μὲν τὸ γράμμα· τὴν Βαβυλῶνα ἐν ᾗ ἀπαχθέντες ἔγνωσαν οὐκ εἶναι λαὸς θεοῦ, διὰ τὸ αἰχμαλωσίᾳ παραδοθῆναι. Κατὰ δὲ τὸ πνεῦμα· ἐπὶ τῶν ἐθνῶν τοῦτο ληπτέον. Κληθέντες γὰρ οἱ ἀπωσμένοι δι' ἀπιστίαν υἱοὶ θεοῦ δι' υἱοθεσίας ἐγένοντο.

b. Différences avec les épitomés de Procope

Deux différences essentielles distinguent la chaîne III sur les douze prophètes des épitomés de Procope. La première – de taille – consiste en l'utilisation massive de l'*In XII Prophetas* de Théodoret de Cyr par l'épitomateur de la chaîne III, alors que les compilations de Procope n'utilisent pratiquement pas, quant à elles, les commentaires de Théodoret. On ne trouve ainsi dans l'*Épitomé sur le Cantique* qu'un seul extrait de Théodoret, tiré de son commentaire sur les Psaumes[62], alors que Théodoret est l'auteur d'un commentaire complet sur le Cantique ; de plus, cet unique extrait pourrait être le résultat d'une contamination[63]. La place importante accordée au commentaire de Théodoret dans la chaîne III pourrait indiquer une origine constantinopolitaine, comme dans le cas des chaînes sur les Psaumes utilisant massivement l'*In Psalmos* de Théodoret[64].

La seconde différence concerne le titre de la chaîne III. Les manuscrits qui transmettent les compilations de Procope les désignent habituellement par le titre ἐξηγητικαὶ ἐκλογαί, en indiquant le nom de l'épitomateur. En revanche, les manuscrits de la chaîne III indiquent Τοῦ μακαρίου Θεοδωρήτου ἐπισκόπου Κύρου εἰς τοὺς δώδεκα προφήτας ὑπόθεσις (manuscrits T D) ou bien Τοῦ μακαρίου Θεοδωρήτου ἐπισκόπου Κύρου εἰς τοὺς δώδεκα προφήτας ὑπόμνημα (manuscrit F). Ce titre est suivi, en guise d'introduction à la chaîne, de la seconde partie du prologue de l'*In XII Prophetas* de Théodoret (*BHG* 1590z, chronologie relative des douze prophètes). Au début de chacun des livres des douze prophètes, la chaîne III donne l'*argumentum* de Théodoret qui résume le contenu du livre (*BHG* 1591). Aucun élément paratextuel n'indique qu'il s'agit d'une chaîne.

---

[62] Auwers, *L'interprétation du Cantique* (n. 54), p. 486.

[63] Cf. M.-G. Guérard, « Procope de Gaza, *Épitomé sur le Cantique des cantiques*. Les trois plus anciens témoins, *Paris. gr.* 153, 154, 172 », *Byzantion*, 73 (2003), p. 9-59, ici p. 27.

[64] G. Dorival, *Les chaînes exégétiques grecques. Contribution à l'étude d'une forme littéraire*, V, Leuven, 2018 (Spicilegium Sacrum Lovaniense, 54), p. 232-235.

Conclusion

La chaîne III est dépourvue de sigle d'auteurs et son titre, dans les manuscrits, laisse croire – à tort – qu'il s'agit du commentaire de Théodoret, ce qui explique qu'elle soit passée longtemps inaperçue. Les deux extraits de la chaîne III sur Abdias que nous avons étudiés montrent que cette chaîne, à la différence des chaînes I et II sur les petits prophètes, présente de nombreux traits qui la rapprochent de la méthode suivie par Procope dans ses épitomés. Nous avons ainsi relevé les différents degrés de réécriture des sources, l'intérêt pour les explications grammaticales et les variantes hexaplaires, l'élimination des digressions, des répétitions et des citations bibliques, qui ont pour conséquence un recentrement sur le texte biblique au détriment des interprétations servant de support à un exposé théologique. En particulier, la chaîne III suit une méthode très proche de celle de l'*Épitomé sur Isaïe* de Procope : comme dans cette œuvre, les extraits de la chaîne III sont anonymisés et abrégés pour former un commentaire continu qui laisse occasionnellement une place à la mise en valeur de divergences entre plusieurs interprétations. La méthode est similaire, mais les sources diffèrent : contrairement à l'*Épitomé sur Isaïe*, la chaîne III accorde une large place à l'*In XII Prophetas* de Théodoret.

Abstract

After a brief presentation of the three catenae on the Twelve Prophets (*CPG* C 55, C 56 and C 57.1), this paper studies in detail two lemmatic units of catena III (*CPG* C 57.1) on Obadiah, in order to compare the method followed in this catena deprived of authorial acronyms with that used in Procopius' *Epitomes*. The first lemmatic unit, on Obad 1, consists of five scholia that rewrite and abbreviate passages from the *In Abdiam* commentaries of Cyril, Theodoret and perhaps Theodore. These scholia follow one another in such a way as to give the reader the feeling that he is dealing with the commentary of a single author. Each scholion explains a precise part of the verse without contradicting the previous one. The second lemmatic unit, on the other hand, which deals with Obad 15–16, shows a great diversity of interpretation. The historical and Old Testament explanation borrowed from Cyril is first interrupted by an eschatological interpretation, then followed by a different historical explanation, each clearly opposed to the previous one. The study of these two passages taken from the catena on Obadiah highlights the different degrees of rewriting of the sources, the emphasis on grammatical explanations and hexaplar variants, and how digressions, repetitions and biblical quotations have been taken off. Catena III thus follows a method very similar to that of Procopius' *Epitome on Isaiah*: the extracts are anonymised and abbreviated in order to form a continuous commentary that occasionally leaves room for the highlighting of divergences between several interpretations. The method is similar, but the sources differ since, unlike in Procopius' *Epitome*, Theodoret's work is largely prominent in catena III.

Abbreviations

ACO	*Acta Conciliorum Oecumenicorum*
BETL	*Bibliotheca Ephemeridum Theologicarum Lovaniensium*
CCSG	*Corpus Christianorum. Series Graeca*
CFHB	*Corpus Fontium Historiae Byzantinae*
CPG	*Clavis Patrum Graecorum*
CSCO	*Corpus Scriptorum Christianorum Orientalium*
CUF	*Collection des Universités de France*
ETL	*Ephemerides Theologicae Lovanienses*
GCS (NF)	*Die griechischen christlichen Schriftsteller der ersten Jahrhunderte (Neue Folge)*
IPM	*Instrumenta Patristica et Mediaevalia*
JECS	*Journal of Early Christian Studies*
JÖB	*Jahrbuch der Österreichischen Byzantinistik*
JThS	*The Journal of Theological Studies*
MSU	*Mitteilungen des Septuaginta-Unternehmens der Königlichen Gesellschaft der Wissenschaften zu Göttingen*
OCP	*Orientalia Christiana Periodica*
PG	*Patrologia Graeca*
PO	*Patrologia Orientalis*
PTS	*Patristische Texte und Studien*
RGK	*Repertorium der griechischen Kopisten*
SC	*Sources Chrétiennes*
STAC	*Studien und Texte zu Antike und Christentum*
StT	*Studi e Testi*

ABBREVIATIONS

TECC   *Textos y Estudios "Cardenal Cisneros"*

TEG   *Traditio Exegetica Graeca*

ThLitZ   *Theologische Literaturzeitung*

TU   *Texte und Untersuchungen zur Geschichte der altchristlichen Literatur*

Bibliography

1. Procopius' Works

Procopius the Christian Sophist

Epitome in Octateuchum (*CPG* 7430), trans. C. Clauser [*et al.*], *Procopii Gazaei sophistae commentarii in Octateuchum*, Zürich, 1555, p. 1-519 (reprinted in *PG* 87/1, cols 21-1080).

Epitome in Genesim, ed. A. Mai, *Classicorum auctorum e Vaticanis codicibus editorum*, vol. 6, Roma, 1834, p. 1-347 (reprinted in *PG* 87/1, cols 21-365); critical ed. K. Metzler, *Prokop von Gaza, Eclogarum in libros historicos Veteris Testamenti epitome. Vol. 1: Der Genesiskommentar*, Berlin – Boston, MA, 2015 (*GCS NF*, 22); trans. K. Metzler, *Prokop von Gaza, Der Genesiskommentar*, Berlin – Boston, MA, 2016 (*GCS NF*, 23).

Epitome in Exodum, ed. K. Metzler, *Prokop von Gaza, Eclogarum in libros historicos Veteris Testamenti epitome. Vol. 2: Der Exoduskommentar*, Berlin – Boston, MA, 2020 (*GCS NF*, 27); trans. K. Metzler, *Prokop von Gaza, Der Exoduskommentar*, Berlin – Boston, MA, 2020 (*GCS NF*, 28).

Epitome in Leviticum, ed. K. Metzler, *Prokop von Gaza, Der Leviticuskommentar*, Berlin – Boston, MA (*GCS NF*), forthcoming.

Scholia in libros Regum et Paralipomenon (*CPG* 7430a), ed. J. Meursius, trans. L. Lavaterus, *Procopii Gazaei, in libros Regum et Paralipomenon, Scholia*, Leiden, 1620; reprinted in J. Meursius, *Opera omnia*, vol. 8, Firenze, 1746 (reprinted in *PG* 87/1, cols 1080-1220).

Catena in Canticum canticorum (*CPG* 7431; C82), ed. A. Mai, *Classicorum auctorum e Vaticanis codicibus editorum*, vol. 9, Roma, 1837 (reprinted, with Latin trans., in *PG* 87/2, cols 1545-1753); critical ed. J.-M. Auwers, *Procopii Gazaei Epitome in Canticum canticorum*, Turnhout, 2011 (*CCSG*, 67).

Catena in Ecclesiastem (*CPG* 7433; C101), ed. S. Leanza, *Procopii Gazaei catena in Ecclesiasten*, Turnhout, 1978 (*CCSG*, 4).

Epitome in Isaiam (*CPG* 7434), ed. and trans. J. Curterius, *Procopii sophistae Christiani, variarum in Esaiam prophetam commentationum epitome*, Paris, 1580 (reprinted in *PG* 87/2, cols 1817-2717).

302   BIBLIOGRAPHY

Ps.-Procopius the Christian Sophist

Catena in Proverbia (*CPG* 7445; C95), ed. A. Mai, *Classicorum auctorum e Vaticanis codicibus editorum*, vol. 9, Roma, 1837 (reprinted, with Latin trans., in *PG* 87/1, cols 1221-1544).

Procopius of Gaza (*CPG* 7435-7439, 7441-7442), comprehensive critical editions

Procopii Gazaei epistolae et declamationes, ed. A. Garzya, R.-J. Loenertz, Ettal, 1963 (Studia Patristica et Byzantina, 9).

Procopius Gazaeus, Opuscula rhetorica et oratoria, ed. E. Amato, with the collaboration of G. Ventrella, Berlin, 2009 (Bibliotheca Scriptorum Graecorum et Romanorum Teubneriana, 2004).

Rose di Gaza. Gli scritti retorico-sofistici e le Epistole *di Procopio di Gaza*, introd., ed. and Italian trans. E. Amato, with the collaboration of G. Ventrella, F. Ciccolella, Alessandria, 2010 (Hellenica, 35).

Procope de Gaza, Discours et fragments, texte établi, introduit et commenté par E. Amato, avec la collaboration d'A. Corcella, G. Ventrella, traduit par P. Maréchaux, Paris, 2014 (*CUF* – Série grecque).

2. Other Literature Cited

Abbott, T. K., *Catalogue of the Manuscripts in the Library of Trinity College, Dublin*, Dublin, 1900.

Abdisho bar Brika, "Catalogus librorum omnium ecclesiasticorum", in *Bibliotheca orientalis* III/1, ed. J. Assemani, Roma, 1725, p. 3-362.

Acta eruditorum, Supplementa II, Leipzig, 1696.

Alexandre, M., "L'exégèse de Gen. 1, 1-2a dans l'*In Hexaemeron* de Grégoire de Nysse. Deux approches du problème de la matière", in *Gregor von Nyssa und die Philosophie. Zweites Internationales Kolloquium über Gregor von Nyssa*, ed. M. Altenburger, H. Dörrie, U. Schramm, Leiden, 1976, p. 159-192.

Aly, W., "Prokopios von Gaza", in *Paulys Realencyclopädie der classischen Altertumswissenschaft*, vol. 23.1 (1957), cols 259-273.

Amato, E., "Dati biografici e cronologia di Procopio di Gaza", in *Rose di Gaza. Gli scritti retorico-sofistici e le* Epistole *di Procopio di Gaza*, ed. E. Amato, Alessandria, 2010 (Hellenica, 35), p. 1-9.

—, "Procopio e il *dies rosarum. Eros* platonico, *agape* cristiana e rappresentazioni pantomimiche nella Gaza tardoantica", in *Rose di Gaza. Gli scritti retorico-*

BIBLIOGRAPHY

sofistici e le Epistole *di Procopio di Gaza*, ed. E. AMATO, Alessandria, 2010 (Hellenica, 35), p. 56-70.

—, s.v. "Procopios de Gaza", in R. GOULET (ed.), *Dictionnaire des philosophes antiques*, t. 5b, Paris, 2012, p. 1675-1691.

—, "Discours figuré et allégorie chrétienne dans l'œuvre 'profane' de Procope de Gaza. Vin eucharistique et *Doctrina arcani*", in *Allégorie et symbole, voies de dissidence ? De l'Antiquité à la Renaissance*, ed. A. ROLET, Rennes, 2012, p. 209-225.

ASHKENAZI, Y., "Sophists and Priests in Late Antique Gaza according to Choricius the Rhetor", in *Christian Gaza in Late Antiquity*, ed. B. BITTON-ASHKELONY, A. KOFSKY, Leiden, 2004 (Jerusalem Studies in Religion and Culture, 3), p. 195-208.

AUBERT, J. (ed.), *Cyrillus Alexandrinus, De adoratione et cultu in spiritu et veritate*, Paris, 1638 (reprinted in *PG* 68).

AUWERS, J.-M., *L'interprétation du Cantique des cantiques à travers les chaînes exégétiques grecques*, Turnhout, 2011 (*IPM*, 56).

BADY, G., TCHERNETSKA, N., "Un nouveau témoin direct des *Scholies aux Proverbes* d'Évagre le Pontique (Cambridge, Trinity Coll. O.1.55)", *Revue d'Histoire des Textes*, 32 (2002-2003), p. 63-72.

BANDINI, A.-M., *Catalogus codicum manuscriptorum Bibliothecae Mediceae Laurentianae*, I, Firenze, 1764.

BARBÀRA, M. A., "L'interpretazione del Cantico dei cantici attraverso l'*Epitome* di Procopio di Gaza (CChr.SG 67)", *Adamantius*, 23 (2017), p. 463-469.

—, "Aspetti del genere letterario delle catene esegetiche greche", in EAD., *Estratti catenari esegetici greci. Ricerche sul* Cantico dei cantici *e altro*, Pisa, 2019 (Testi e studi di cultura classica, 76), p. 15-42.

BARDY, G., s.v. "Zacharie le rhéteur", in *Dictionnaire de Théologie Catholique*, 15 (1950), cols 3676-3680.

BEATRICE, P. F., "Le tuniche di pelle. Antiche letture di *Gen.* 3, 21", in *La tradizione dell'enkrateia. Motivazioni ontologiche e protologiche*, ed. U. BIANCHI, Roma, 1985, p. 433-484.

BEKKER, I. (ed.), *Photii Bibliotheca*, Berlin, 1824.

BELTING, H., CAVALLO, G., *Die Bibel des Niketas. Ein Werk der höfischen Buchkunst in Byzanz und sein antikes Vorbild*, Wiesbaden, 1979.

BLANC, C. (ed.), *Origène, Commentaire sur saint Jean*, Paris, 1992 (*SC*, 385).

BOEHM, I., VALLAT, D. (ed.), *Epitome: abréger les textes antiques. Actes du colloque international de Lyon, 3-5 mai 2017*, Lyon, 2020 (Littérature et linguistique, 2).

BOFFI, A., "Osservazioni sull'edizione di G. Reichardt del commento all'*Hexaemeron* di Giovanni Filopono", *Athenaeum*, 68 (1990), p. 545-549.

BØRRESEN, K. E., "Immagine di Dio, immagine dell'uomo? L'interpretazione patristica di Genesi 1, 27 e 1 Corinzi 11, 7", in *A immagine di Dio. Modelli di genere nella tradizione giudaica e cristiana*, ed. K. E. BØRRESEN, Roma, 2001, p. 163-218.

BOSSINA, L., *Teodoreto restituito. Ricerche sulla catena dei Tre Padri e la sua tradizione*, Alessandria, 2008 (Studi e Ricerche, 68).

BOSSINA, L., DE BLASI, A., "Un inedito *Commento al Cantico dei cantici* nell'officina di Andrea Darmario. Edizione e storia del testo", *Byzantion*, 87 (2017), p. 69-131.

BRÉSARD, L., CROUZEL, H. (ed.), *Origène, Commentaire sur le Cantique des cantiques*, Paris, 1991 (*SC*, 375).

BROK, M., "Le livre contre les mages de Théodoret de Cyr", *Mélanges de science religieuse*, 10 (1953), p. 181-194.

BROOKS, E. W., "The Patriarch Paul of Antioch and the Alexandrine Schism of 575", *Byzantinische Zeitschrift*, 30 (1929-1930), p. 468-476.

BUCCA, D., "Per un'edizione critica del *Commentario ai XII Profeti* di Teodoreto di Cirro", in *Vie per Bisanzio. VIII Congresso Nazionale dell'Associazione Italiana di Studi Bizantini. Venezia, 25-28 novembre 2009*, II, ed. A. RIGO, Bari, 2013, p. 607-623.

BUSÀ, S., "'Manifestazioni dell'ira divina'. Eziologie sismiche 'religiose' in età giustinianea", *Arys*, 10 (2012), p. 337-362.

CAFFIAUX, H. (trans.), *Choricius de Gaza, Éloge funèbre de Procope*, Paris, 1862.

CAVE, W., *Scriptorum Ecclesiasticorum Historia Literaria*, Genève, 1705.

CESARETTI, P., RONCHEY, S. (ed.), *Eustathius Thessalonicensis, Exegesis in canonem iambicum pentecostalem*, Berlin – München – Boston, MA, 2014 (Supplementa Byzantina, 10).

CEULEMANS, R., "The Transmission, Sources and Reception of Procopius' Exegesis of Genesis. Observations in the Wake of the New Edition", *Vigiliae Christianae*, 71 (2017), p. 205-224.

—, "A Post-Byzantine Reader of Prokopios of Gaza: Pachomios Rousanos in MS Venice, Marc. gr. II. 105 [Diktyon 70267]", *Byzantine Review*, 2 (2020), p. 1-8.

BIBLIOGRAPHY 305

—, "The Structure of the Popular Catena on Genesis", in *Ordres et désordres dans les chaînes exégétiques grecques / Phenomena of Order and Disorder in Greek Exegetical Catenae*, ed. A. LORRAIN, J.-M. AUWERS, Turnhout (*IPM*), forthcoming.

CHAMPION, M. W., *Explaining the Cosmos. Creation and Cultural Interaction in Late-Antique Gaza*, Oxford, 2014.

CHARITAKES, G., "Κατάλογος τῶν χρονολογημένων κωδίκων τῆς Πατριαρχικῆς Βιβλιοθήκης Καΐρου", *Ἐπετηρὶς Ἑταιρείας Βυζαντινῶν Σπουδῶν*, 3 (1926), p. 109-204.

Chronicle of Seert, ed. A. SCHER, *Histoire nestorienne inédite: Chronique de Séert*, Paris, 1907-1918 (*PO*, 4, 5, 7, 13).

CICCOLELLA, F., "Le *Epistole*", in *Rose di Gaza. Gli scritti retorico-sofistici e le Epistole di Procopio di Gaza*, ed. E. AMATO, Alessandria, 2010 (Hellenica, 35), p. 120-150.

CLARKE, E. G., *The Selected Questions of Isho'bar Nun on the Pentateuch*, Leiden, 1962.

COLONNA, M. E., "Zacaria Scolastico, il suo *Ammonio* e il *Teofrasto* di Enea di Gaza", *Università di Napoli. Annali della Facoltà di Lettere e Filosofia*, 6 (1956), p. 107-118.

CORCELLA, A., "L'*Epitafio per Procopio* di Coricio. Qualche commento", in *Strategie del commento ai testi greci e latini. Atti del Convegno (Fisciano, 16-18 novembre 2006)*, ed. P. ESPOSITO, P. VOLPE CACCIATORE, Soveria Mannelli, 2008, p. 153-178.

CORDERIUS, B., *Expositio Patrum Graecorum in Psalmos. Tomus tertius, qui tertiam Psalmorum quinquagenam una cum Canticis Scripturae continet*, Antwerpen, 1646.

Correspondance de Pierre Bayle, IV, ed. E. LABROUSSE, A. MCKENNA *et al.*, Oxford, 2005.

CORSINI, E., *Origene, Commento al vangelo di Giovanni*, Torino, 1968.

CRAWFORD, M. R., "The Preface and Subject Matter of Cyril of Alexandria's *De Adoratione*", *JThS*, 64 (2013), p. 154-167.

CROUZEL, H., "Le thème platonicien du 'véhicule de l'âme' chez Origène", *Didaskalia*, 7 (1977), p. 225-237, reprinted in ID., *Les fins dernières selon Origène*, Aldershot, 1990 (Variorum Collected Studies, 320), p. 225-237.

CURTI, C., BARBÀRA, M. A., "Catene esegetiche greche", in *Patrologia. V: Dal Concilio di Calcedonia (451) a Giovanni Damasceno († 750). I Padri orientali*, ed. A. DI BERARDINO, Genova, 2000, p. 609-655.

BIBLIOGRAPHY

Danezan, M., "Le chaînon manquant. La source de l'Épitomé de Procope (type II) dans la Chaîne du Vatican", *Byzantion*, 89 (2019), p. 123-152.

Daniélou, J. (ed.), *Grégoire de Nysse, La Vie de Moïse*, Paris, 1987⁴ (*SC*, 1 bis).

De Andrés, G., *Catálogo de los códices griegos de la biblioteca de El Escorial*, t. 2, Madrid, 1936.

—, *Catálogo de los códices griegos desaparecidos de la Real Biblioteca de El Escorial*, Madrid, 1968.

Declerck, J., "Théophile d'Alexandrie contre Origène. Nouveaux fragments de l'*Epistula synodalis prima* (*CPG* 2595)", *Byzantion*, 54 (1984), p. 495-507.

—, introduction in *Eustathius of Antioch, De engastrimytho, contra Origenem*, Turnhout, 2002 (*CCSG*, 51).

De Dieuleveult, M., "L'exégèse de la faute de David (*2 Règnes* 11–12). Jean Chrysostome et Théodoret de Cyr", *Studia Patristica*, 96 (2017), p. 95-102.

DelCogliano, M., *The Cambridge Edition of Early Christian Writings. Vol. 4: Christ: Chalcedon and Beyond*, Cambridge, 2022.

De Mendieta, E. A., Rudberg, S. Y. (ed.), *Basile de Césarée, Homélies sur l'hexaemeron*, Berlin, 1997 (*GCS NF*, 2),

De Meyïer, K. A., Hulshoff Pol, E., *Bibliotheca Universitatis Leidensis. Codices manuscripti. VIII: Codices Bibliothecae Publicae Graeci*, Leiden, 1965.

De Vocht, C., "Deux manuscrits perdus de la *Catena trium Patrum in Ecclesiasten* (CPG C100)", *Byzantion*, 59 (1989), p. 264-266.

Devreesse, R., "Chaînes exégétiques grecques", in *Dictionnaire de la Bible, Supplément* 1 (1928), col. 1084-1233.

—, *Le commentaire de Théodore de Mopsueste sur les Psaumes (I–LXXX)*, Città del Vaticano, 1939 (*StT*, 93).

—, *Essai sur Théodore de Mopsueste*, Città del Vaticano, 1948 (*StT*, 141).

—, *Les anciens commentateurs grecs de l'Octateuque et des Rois (fragments tirés des chaînes)*, Città del Vaticano, 1959 (*StT*, 201).

Diehl, E. (ed.), *Procli Diacochi In Platonis Timaeum commentaria*, Leipzig, 1903-1906 (Bibliotheca Scriptorum Graecorum et Romanorum Teubneriana).

Dorival, G., "Des commentaires de l'Écriture aux chaînes", in *Le monde grec ancien et la Bible*, ed. C. Mondésert, Paris, 1984 (Bible de tous les temps, 1), p. 361-386.

BIBLIOGRAPHY

—, "La postérité littéraire des chaînes exégétiques grecques", *Revue des Études Byzantines*, 43 (1985), p. 209-226.

—, *Les chaînes exégétiques grecques sur les Psaumes. Contribution à l'étude d'une forme littéraire*, 5 vols, Leuven, 1986, 1989, 1992, 1995, 2018 (Spicilegium Sacrum Lovaniense, 43-46, 54).

—, review of *Prokop von Gaza, Eclogarum in libros historicos Veteris Testamenti epitome, T. 1: Der Genesiskommentar, Hrsg. K. Metzler (GCS NF, 22)*, in *Revue d'Histoire Ecclésiastique*, 111 (2016), p. 228-233.

—, "Origène dans la chaîne sur la Genèse", *Adamantius*, 23 (2017), p. 21-31.

—, *The Septuagint from Alexandria to Constantinople. Canon, New Testament, Church Fathers, Catenae*, Oxford, 2021.

DRÄSEKE, J., "Prokopios' von Gaza *Widerlegung des Proklos*", *Byzantinische Zeitschrift*, 6 (1897), p. 55-91.

DUVAL, Y.-M., *Le livre de Jonas dans la littérature chrétienne grecque et latine*, 2 vol., Paris, 1973.

EIDENEIER, H., *Ptochoprodromos. Einführung, kritische Ausgabe, deutsche Übersetzung, Glossar*, Köln, 1991 (Neograeca medii aevi, 5).

EISENHOFER, L., *Procopius von Gaza. Eine literarhistorische Studie*, Freiburg im Breisgau, 1897.

ERIKSSON, M., *The Scholia by Hesychius of Jerusalem on the Minor Prophets*, PhD diss., Uppsala, 2012.

ÉVRARD, É., "Les convictions religieuses de Jean Philopon et la date de son commentaire aux *Météorologiques*", *Bulletin de l'Académie royale de Belgique, Classe des Lettres et Sciences morales et politiques, 5ᵉ série*, 39 (1953), p. 299-357.

FAULHABER, M., *Die Propheten-Catenen nach römischen Handschriften*, Freiburg im Breisgau, 1899 (Biblische Studien, IV, 2-3).

—, *Hesychii Hierosolymitani interpretatio Isaiae prophetae*, Freiburg im Breisgau, 1900.

—, *Hohelied-, Proverbien- und Prediger-Catenen*, Wien, 1902 (Theologische Studien der Leo-Gesellschaft, 4).

FERNÁNDEZ MARCOS, N., BUSTO SAIZ, J. R. (ed.), *Theodoreti Cyrensis Quaestiones in Reges et Paralipomena*, Madrid, 1984 (*TECC*, 32).

FOERSTER, R., RICHTSTEIG, E. (ed.), *Choricii Gazaei Opera*, Leipzig, 1929 (Bibliotheca Scriptorum Graecorum et Romanorum Teubneriana); Stuttgart, 1972 (Bibliotheca Teubneriana).

308   BIBLIOGRAPHY

FRISHMAN, J., *The Ways and Means of the Divine Economy. An Edition, Translation and Study of Six Biblical Homilies by Narsai*, unpublished PhD diss., Leiden, 1992.

FÜRST, A., KARMANN, T. R. (ed.), *Verurteilung des Origenes. Kaiser Justinian und das Konzil von Konstantinopel 553*, Münster, 2020 (Adamantiana, 15).

GEERARD, M., *Clavis Patrum Graecorum. III: A Cyrillo Alexandrino ad Iohannem Damascenum*, Turnhout, 1979.

GEERARD, M., NORET, J., *Clavis Patrum Graecorum. Concilia. Catenae*, Turnhout, ²2018.

GÉHIN, P., introduction in *Évagre le Pontique. Scholies aux Proverbes*, Paris, 1987 (*SC*, 340).

GIGNOUX, Ph., introduction in *Narsaï, Homélies sur la création, Turnhout, 1997 (PO*, 34), p. 470-495.

GIOFFREDA, A., TRIZIO, M., "Nicholas of Methone, Procopius of Gaza and Proclus of Lycia", in *Reading Proclus and the* Book of Causes. *Vol. 2: Translations and Acculturations*, ed. D. CALMA, Leiden, 2021 (Studies in Platonism, Neoplatonism, and the Platonic Tradition, 26), p. 94-135.

GIROD, R. (ed.), *Origène, Commentaire sur saint Matthieu*, Paris, 1970 (*SC*, 162).

GLEEDE, B., "Christian Apologetics or Confessional Polemics? Context and Motivation of Philoponus' *De opificio mundi*", in *Light on Creation. Ancient Commentators in Dialogue and Debate on the Origin of the World*, ed. G. ROSKAM *et al.*, Tübingen, 2017 (*STAC*, 104), p. 157-167.

—, (ed.), *Ps-Justinus Martyr, Philosophische Erotapokriseis und theologische Kapitel*, Berlin, 2020 (*GCS NF*, 29).

—, *Antiochenische Kosmographie? Zur Begründung und Verbreitung nichtsphärischer Weltkonzeptionen in der antiken Christenheit*, Berlin – New York, 2021 (*TU*, 191).

GNILKA, C., *ΧΡΗΣΙΣ Chrêsis. Die Methode der Kirchenväter im Umgang mit der antiken Kultur. Vol. 1: Der Begriff des rechten Gebrauchs*, Basel, 2012.

GOEKE-MAYR, E., MAKRIS, G., "Dating the Codex *Patmiacus* 171. Iconoclastic Remarks on the Byzantine Illuminated Manuscripts of the *Book of Job* and on the Supposed Origins of the Catenas in the 6th Century", in *Griechisch-byzantinische Handschriftenforschung. Traditionen, Entwicklungen, neue Wege*, ed. C. BROCKMANN, D. DECKERS, D. HARLFINGER, S. VALENTE, Berlin – Boston, MA, 2020, p. 437-459, 840-845.

BIBLIOGRAPHY

GORDON, J., *Chronologia annorum seriem regnorum mutationes et rerum memorabilium sedem annumque ab orbe condito ad nostra usque tempora complectens*, vol. 1, Bordeaux, 1611.

GRECO, C. (ed., trans.), *Coricio di Gaza, Due orazioni funebri (orr. VII-VIII Foerster, Richtsteig)*, Alessandria, 2010 (Hellenica, 36).

GRILLMEIER, A., HAINTHALER, Th., *Christ in Christian Tradition. Vol. 2.3: The Churches of Jerusalem and Antioch from 451 to 600*, Oxford, 2013.

GUÉRARD, M.-G., "Procope de Gaza, *Épitomé sur le Cantique des cantiques. Les trois plus anciens témoins, Paris. gr. 153, 154, 172*", *Byzantion*, 73 (2003), p. 9-59.

GUINOT, J.-N., *L'exégèse de Théodoret de Cyr*, Paris, 1995 (Théologie historique, 100).

— (ed.), *Théodoret de Cyr, Commentaire sur Isaïe*, Paris, 1980, 1982, 1984 (*SC*, 276, 295, 315).

—, "L'importance de la dette de Théodoret de Cyr à l'égard de l'exégèse de Théodore de Mopsueste", *Orpheus*, 5 (1984), p. 68-109 (reprinted in ID., *Théodoret de Cyr, exégète et théologien. Vol. 1: Le dernier grand exégète de l'école d'Antioche au Ve siècle*, Paris, 2012, p. 219-256).

—, "Théodoret de Cyr : exégète ou compilateur ?", in *Atti della Accademia Peloritana dei Pericolanti, Classe di Lettere*, Messina, 1993 (Filosofia e Belle Arti, 69), p. 229-252 (reprinted in ID., *Théodoret de Cyr, exégète et théologien. Vol. 1: Le dernier grand exégète de l'école d'Antioche au Ve siècle*, Paris, 2012, p. 395-414).

—, "Les *Questions sur l'Octateuque et les Règnes* de Théodoret de Cyr : œuvre originale ou simple compilation ?", in *La littérature des questions et réponses dans l'Antiquité profane et chrétienne : de l'enseignement à l'exégèse. Actes du séminaire sur le genre des questions et réponses tenu à Ottawa les 27 et 28 septembre 2009*, ed. M.-P. BUSSIÈRES, Turnhout, 2013 (*IPM*, 64), p. 177-214.

HABERMEHL, P., *Origenes, Homilien zum Buch Genesis*, Berlin, 2011 (Origenes Werke mit deutscher Übersetzung, 1/2).

HALKIN, F., "Les manuscrits grecs de la Bibliothèque Laurentienne à Florence. Inventaire hagiographique", *Analecta Bollandiana*, 96 (1978), p. 5-50.

HAMMOND BAMMEL, C. P. (ed.), BRÉSARD, L., FÉDOU, M. (trans.), *Origène, Commentaire sur l'Épître aux Romains*, Paris, 2009, 2010, 2011, 2012 (*SC*, 532 ; 539 ; 543 ; 555).

HARDT, I., *Catalogus codicum manuscriptorum Bibliothecae Regiae Bavaricae. Codices graec[i]*, t. IV, München, 1810.

BIBLIOGRAPHY

HARL, M., DOGNIEZ, C., BROTTIER, L., CASEVITZ, M., SANDEVOIR, P. (ed.), *Les Douze Prophètes : Joël, Abdiou, Jonas, Naoum, Ambakoum, Sophonie*, trad., introd. et notes, Paris, 1999 (La Bible d'Alexandrie, 23.4-9).

HEIMGARTNER, M., *Pseudojustin, Über die Auferstehung. Text und Studie*, Berlin – New York, 2001 (*PTS*, 54).

HENRY, R. (ed. and trans.), *Photius, Bibliothèque*, t. 1, Paris, 1959, t. 2, Paris, 1960 ; t. 3, Paris, 1962 (Collection byzantine).

HOSTER, M., REITZ, C. (ed.), *Condensing Texts – Condensed Texts*, Stuttgart, 2010 (Palingenesia, 98).

HOUGHTON, H., MONIER, M., "Greek Manuscripts in Alexandria", *JThS*, 71 (2020), p. 119-133.

HUNGER, H., KRESTEN, O., *Katalog der griechischen Handschriften der Österreichischen Nationalbibliothek. Teil 3/2: Codices theologici 101-200*, Wien, 1984 (*Museion. Veröffentlichungen der Österreichischen Nationalbibliothek, nF, vierte Reihe: Veröffentlichungen der Handschriftensammlung*, 1.3.2).

JANSEN, T. (ed.), *Theodor von Mopsuestia, De incarnatione. Überlieferung und Christologie der griechischen und lateinischen Fragmente einschliesslich Textausgabe*, Berlin, 2009 (*PTS*, 65).

JANSMA, T., "Investigations into the Early Syrian Fathers on Genesis. An Approach to the Exegesis of the Nestorian Church and to the Comparison of Nestorian and Jewish Exegesis", in *Oudtestamentische Studiën*, 12 (1958), p. 69-181.

—, "L'Hexaméron de Jacques de Sarûg", *L'Orient syrien*, 4 (1959), p. 3-14, 129-162, 253-284.

—, "Théodore de Mopsueste : interprétation du livre de la Genèse. Fragments de la version syriaque", *Le Muséon*, 75 (1962), p. 63-92.

KARLA, G., METZLER, K., *Eustathios von Thessalonike, Kaiserreden*, Stuttgart, 2016 (Bibliothek der griechischen Literatur, 81).

KARMIRIS, I. N., Ὁ Π. Ῥουσάνος καὶ τὰ ἀνέκδοτα δογματικὰ καὶ ἄλλα ἔργα αὐτοῦ, Athen, 1935 (Texte und Forschungen zur Byzantinisch-Neugriechischen Philologie, 14).

KARO, G., LIETZMANN, H., "Catenarum graecarum catalogus", in *Nachrichten von der Königlichen Gesellschaft der Wissenschaften zu Göttingen, Philologisch-historische Klasse*, Göttingen, 1902, p. 1-66, 299-350, 559-620.

KEMPEN, C. (ed., introd.), *Procopii Gazaei in imperatorem Anastasium panegyricus*, Bonn, 1918.

KENNEDY, G. A., *Greek Rhetoric under Christian Emperors*, Princeton, NJ, 1983 (A History of Rhetoric, 3).

KIRCHMEYER, J., "Un commentaire de Maxime le Confesseur sur le Cantique ?", in *Studia Patristica* 8/2, ed. F. L. CROSS, Berlin, 1966 (*TU*, 93), p. 406-413.

KLOSTERMANN, E. (ed.), *Origenes, Jeremiahomilien, Klageliederkommentar, Erklärung der Samuel- und Königsbücher*, Leipzig, 1901 (*GCS*, Origenes Werke, 3).

KONTOUMA, V., "Une Chaîne sur l'Octateuque à l'Institut français d'études byzantines", posted 23/11/11 at http://graecorthodoxa.hypotheses.org/1935

LABOWSKY, L., *Bessarion's Library and the Biblioteca Marciana. Six Early Inventories*, Roma, 1979 (Sussidi eruditi, 31).

LAYTON, R. A., "Moses the Pedagogue. Procopius, Philo, and Didymus on the Pedagogy of the Creation Account", in *Jewish and Christian Cosmogony in Late Antiquity*, ed. L. JENOTT, S. K. GRIBETZ, Tübingen, 2013 (Texts and Studies in Ancient Judaism, 155), p. 167-192.

LE BOULLUEC, A., "La mission du prophète selon le *Commentaire sur Isaïe* attribué à Basile de Césarée", *Recherches augustiniennes et patristiques,* 40 (2024), forthcoming.

LE BOULLUEC, A., LE MOIGNE, Ph., *"Vision que vit Isaïe". Traduction du texte du prophète Isaïe selon la Septante*, Paris, 2014 (La Bible d'Alexandrie).

LETTIERI, G., "Dies una. L'allegoria di 'coelum et terra in Principio' ricapitolazione del sistema mistico-speculativo di Origene", *Adamantius*, 23 (2017), p. 45-84.

LIETZMANN, H., *Catenen. Mitteilungen über ihre Geschichte und handschriftliche Überlieferung*, Freiburg – Leipzig – Tübingen, 1897.

LIPATOV-CHICHERIN, N., "Preaching as the Audience Heard It. Unedited Transcripts of Patristic Homilies", *Studia Patristica*, 64 (2013), p. 277-297.

LITSAS, F. K., *Choricius of Gaza. An Approach to His Work. Introduction, Translation and Commentary*, PhD diss., Chicago, IL, 1980.

LORIEUX, T., « La chaîne C57.1 : un état des lieux », *Revue des Études Byzantines*, 82 (2024), forthcoming.

LORRAIN, A., *Le Commentaire de Théodoret de Cyr sur l'Épître aux Romains. Études philologiques et historiques*, Berlin – Boston, MA, 2018 (*TU*, 179).

—, review of *Prokop von Gaza, Eclogarum in libros historicos Veteris Testamenti epitome, T. 2: Der Exoduskommentar, Hrsg. K. Metzler (GCS NF, 27)* and

312 BIBLIOGRAPHY

Prokop von Gaza, Der Exoduskommentar, Übers. K. Metzler (GCS NF, 28), in *Revue d'Histoire Ecclésiastique*, 117 (2022), p. 800-806.

LUCÀ, S., *Anonymus in Ecclesiasten Commentarius qui dicitur Catena Trium Patrum*, Turnhout – Leuven, 1983 (*CCSG*, 11).

LUNA, C., SEGONDS, A.-P., "Proclus de Lycie", in *Dictionnaire des philosophes antiques*, t. 5b, ed. R. GOULET, Paris, 2012, p. 1546-1657 et p. 1657-1674 (G. ENDRESS on the Arabic tradition).

MACCOULL, L. S. B., SIORVANES, L., "PSI XIV 1400. A Papyrus Fragment of John Philoponus", *Ancient Philosophy*, 12 (1992), p. 153-170.

MAKSIMCZUK, J., "A Miscellaneous Book at the Workshop of Nicholas Choniates", *Aevum*, 94 (2020), p. 249-289.

MARKSCHIES, C., "Scholien bei Origenes und in der zeitgenössischen wissenschaftlichen Kommentierung", in *Origeniana Decima. Origen as Writer*, ed. S. KACZMAREK, H. PIETRAS, Leuven – Paris – Walpole, MA, 2011 (*BETL*, 244), p. 147-167.

MATINO, G., *Procopio di Gaza, Panegirico per l'imperatore Anastasio. Introduzione, testo critico, traduzione e commentario*, Napoli, 2005 (Quaderni dell'Accademia Pontaniana, 41).

—, "Lessico ed immagini teatrali in Procopio di Gaza", in *Approches de la Troisième Sophistique. Hommages à Jacques Schamp*, ed. E. AMATO *et al.*, Bruxelles, 2006 (Latomus, 296), p. 482-494.

MERCATI, G., *Note di letteratura biblica e cristiana antica*, Roma, 1901 (*StT*, 5).

METZLER, K., *Welchen Bibeltext benutzte Athanasius im Exil? Zur Herkunft der Bibelzitate in den Arianerreden im Vergleich zur ep. ad ep. Aeg.*, Opladen, 1997 (Abhandlungen der Nordrhein-Westfälischen Akademie der Wissenschaften, 96).

—, *Eustathios von Thessalonike und das Mönchtum. Untersuchungen und Kommentar zur Schrift "De emendanda vita monachica"*, Berlin – New York, 2006 (Supplementa Byzantina, 9).

—, (ed.), *Eustathius Thessalonicensis, De emendanda vita monachica*, Berlin – New York, 2006 (*CFHB*, 45 ser. Ber.).

—, "Auf Spurensuche. Rekonstruktion von Origenes-Fragmenten aus der sogenannte Oktateuchkatene des Prokop von Gaza", in *Quaerite faciem eius semper. Studien zu den geistesgeschichtlichen Beziehungen zwischen Antike und Christentum. Dankesgabe für Albrecht Dihle zum 85. Geburtstag aus dem Heidelberger "Kirchenväterkolloquium"*, ed. A. JÖRDENS *et al.*, Hamburg, 2008, p. 214-228.

BIBLIOGRAPHY

— (trans.), *Origenes, Die Kommentierung des Buches Genesis*, Berlin, 2010 (Origenes Werke mit deutscher Übersetzung, 1/1).

—, "Origenes über die Arche Noah. Die Bestimmung griechischer Fragmente der *Genesishomilien* (*CPG* 1411)", *Adamantius*, 16 (2010), p. 399-412.

—, "Patristische Genesiskommentare am Beispiel von Origenes und Prokop von Gaza", in *Kommentare. Interdisziplinäre Perspektiven auf eine wissenschaftliche Praxis*, ed. Th. Wabel, M. Weichenhan, Frankfurt am Main, 2011 (Apeliotes, 10), p. 47-63.

—, "Origenes, 'Scholia' zum Buch Genesis. Fragen der Edition und der Gattungsbestimmung", *Adamantius*, 23 (2017), p. 32-44.

—, "Ein Wust von Exegesen? Eine zeitgenössische Kritik an der Gattung Katene", in *Ordres et désordres dans les chaînes exégétiques grecques / Phenomena of Order and Disorder in Greek Exegetical Catenae*, ed. A. Lorrain, J.-M. Auwers, Turnhout (*IPM*), forthcoming.

—, "The Commentary on Exodus of Procopius of Gaza as a Source of New Fragments of Didymus the Blind", in *The Systematization of Knowledge in Late Antiquity. Catenae, Florilegiae and Related Collections*, ed. H. Amirav, E. Fiori, C. Markschies, Leuven (Late Antique History and Religion), forthcoming.

Minniti-Colonna, M. (ed.), *Zacaria Scolastico, Ammonio. Introduzione, testo critico, traduzione, commentario*, Napoli, 1973.

—, "Prolegomena a una nuova edizione del *Panegirico per l'imperatore Anastasio* di Procopio di Gaza", in *Antidôron. Hommage à Maurits Geerard pour célébrer l'achèvement de la* Clavis Patrum Graecorum, ed. J. Noret, Wetteren, 1984, p. 89-99.

Mioni, E., *Bibliothecae Diui Marci Venetiarum codices graeci manuscripti. Vol. 1: Thesaurus Antiquus. Codices 1-299*, Roma, 1981.

Molenberg, C., *The Interpreter Interpreted. Iso' bar Nun's Selected Questions on the Old Testament*, unpublished PhD diss., Groningen, 1990.

Mondrain, B., "Un nouveau manuscrit de Jean Chortasménos", *JÖB*, 40 (1990), p. 351-358.

—, "La reconstitution d'une collection de manuscrits. Les livres vendus par Antoine Éparque à la ville d'Augsbourg", in *Scritture, libri e testi nelle aree provinciali di Bisanzio. Atti del seminario di Erice (18-25 settembre 1988)*, ed. G. Cavallo, G. De Gregorio, M. Maniaci, Spoleto, 1991 (Biblioteca del Centro per il collegamento degli studi medievali e umanistici nell'Università di Perugia, 5), p. 589-601.

—, "Antoine Éparque et Augsbourg. Le catalogue de vente des manuscrits grecs acquis par la ville d'empire", *Bollettino della Badia greca di Grottaferrata* n.s., 47 (1993), p. 227-243.

MORESCHINI, C., NORELLI, E., *Storia della letteratura cristiana antica greca e latina*, vol. 2, t. 2, Brescia, 1996.

MOSCHONAS, Th. D., *Κατάλογοι τῆς πατριαρχικῆς βιβλιοθήκης. Τόμος Α'. Χειρόγραφα*, Alexandria, 1945; reprint: *Catalogue of MSS of the Patriarchal Library of Alexandria*, Salt Lake City, UT, 1965 (Studies and Documents, 26).

NALDINI, M. (ed. and trans.), *Basilio Magno, Homiliae in hexaemeron*, Milano, 1990.

NAU, F., *Barhadbeshabba Arbaia, Historia ecclesiastica*, Paris, 1913 (*PO*, 9).

NAUTIN, P., *Origène. Sa vie et son œuvre*, Paris, 1977 (Christianisme antique, 1).

NICÉRON, J.-P., *Mémoires pour servir à l'histoire des hommes illustres*, Paris, 1739.

NIEBUHR, B. G., introduction in *Dexippi, Eunapii, Petri Patricii, Prisci, Malchi, Menandri historiarum quae supersunt*, Bonn, 1829 (Corpus Scriptorum Historiae Byzantinae).

NIKEPHOROS THEOTOKIS (ed.), *Σειρὰ ἑνὸς καὶ πεντήκοντα ὑπομνηματιστῶν εἰς τὴν Ὀκτάτευχον καὶ τὰ τῶν Βασιλειῶν ἤδη πρῶτον τύποις ἐκδοθέντα ἐπιμελείᾳ δὲ Νικηφόρου ἱερομονάχου τοῦ Θεοτόκου. Τόμος δεύτερος τὸν Ἰησοῦν τοῦ Ναυῆ, τοὺς Κριτάς, τὴν Ῥοὺθ καὶ τὰς τέσσαρας Βασιλείας περιέχων*, Ἐν Λειψίᾳ τῆς Σαξονίας, 1773 (= *Catena Nicephori*, or *Catena Lipsiensis*).

OMONT, H., "Catalogue des manuscrits grecs de la Bibliothèque Royale de Bruxelles", *Revue de l'Instruction publique en Belgique*, 27 (1884); 28 (1885).

OTTO, J. C. T., *Corpus apologetarum Christianorum saeculi secundi*, vol. 4, Jena, 1881.

OTTOBRINI, T. F., "Salvare i fenomeni e aristotelismo cristiano in VI secolo. L'*Esamerone* di Giovanni Filopono tra scienza ed esegesi biblica", in *La memoria del cielo*, ed. E. GIANNETTO, Catania, 2019 (*Maat Studies*, 4), p. 75-101.

—, "L'immagine plasma la realtà. Intorno all'eidopoietica del tabernacolo noetico nella *Topographia Christiana* di Cosma Indicopleuste", *Adamantius*, 26 (2020), p. 306-319.

—, "La struttura del *De opificio mundi* di Giovanni Filopono e le traduzioni veterotestamentarie alternative alla Settanta. Tra fisica e scienza divina della creazione del mondo", in *Il poema del mondo*, ed. E. GIANNETTO, Catania, 2020 (*Maat Studies*, 8), p. 39-100.

BIBLIOGRAPHY

—, *Giovanni Filopono e l'esegesi biblica di matrice aristotelica. Il* De opificio mundi, Milano, 2023 (Temi metafisici e problemi del pensiero antico. Studi e testi, 151).

—, "Un'angelologia cristiana contemporanea a Dionigi ps.-Areopagita. Questioni sugli angeli nel *De opificio mundi* di Giovanni Filopono", in *L'esegesi aristotelica alla prova dell'esegesi. Il* De opificio mundi *di Giovanni Filopono*, ed. A. LONGO, T. F. OTTOBRINI, Roma, 2023 (Studi di storia della filosofia antica, 15), p. 191-222.

PASINI, G., RIVAUTELLA, A., BERTA, F., *Codices manuscripti bibliothecae regii Taurinensis Athenaei per linguas digesti, et binas in partes distributi, in quarum prima Hebraei, et Graeci, in altera Latini, Italici, et Gallici*, I, Torino, 1749.

PERKAMS M., s.v. "Johannes Philoponos", in *Philosophie der Kaiserzeit und der Spätantike*, ed. C. RIEDWEG, C. HORN, D. WYRWA, Basel – Berlin, 2018 (Grundriss der Geschichte der Philosophie. Die Philosophie der Antike, 5/3), p. 2033-2051.

PERRONE, L. (ed. trans.), *Origene, Omelie sui Salmi. Codex Monacensis Graecus 314*, 2 vols, Roma, 2020, 2021 (Opere di Origene, IX/3a-b).

PETIT, F., "Koutloumous 10" (15 December 1959): http://ideal.irht.cnrs.fr/document/818397

—, "Les fragments grecs du livre VI des *Questions sur la Genèse* de Philon d'Alexandrie", *Le Muséon*, 84 (1971), p. 93-150.

— (ed.), *Catenae Graecae in Genesim et in Exodum. II. Collectio Coisliniana in Genesim*, Turnhout – Leuven, 1986 (CCSG, 15).

—, "L'homme créé à l'image de Dieu. Quelques fragments grecs inédits de Théodore de Mopsueste", *Le Muséon*, 100 (1987), p. 269-281.

—, "Les fragments grecs d'Eusèbe d'Émèse et de Théodore de Mopsueste. L'apport de Procope de Gaza", *Le Muséon*, 104 (1991), p. 349-354.

— (ed.), *La chaîne sur la Genèse. Édition intégrale. I. Chapitres 1 à 3*, Leuven, 1991 (*TEG*, 1); *II. Chapitres 4 à 11*, Leuven, 1993 (*TEG*, 2); *III. Chapitres 12 à 28*, Leuven, 1995 (*TEG*, 3); *IV. Chapitres 29 à 50*, Leuven, 1996 (*TEG*, 4).

—, "La chaîne grecque sur la Genèse, miroir de l'exégèse ancienne", in *Stimuli: Exegese und ihre Hermeneutik in Antike und Christentum. Festschrift für Ernst Dassmann*, ed. G. SCHÖLLGEN, C. SCHOLTEN, Münster, 1996 (Jahrbuch für Antike und Christentum. Ergänzungsband, 23), p. 243-253.

—, (ed.), *La Chaîne sur l'Exode. Édition intégrale*, Leuven – Paris – Sterling, VA, 2000-2001 (*TEG*, 10-11).

316 BIBLIOGRAPHY

— (ed.), *Autour de Théodoret de Cyr. La* Collectio Coisliniana *sur les derniers livres de l'Octateuque et sur les Règnes. Le* Commentaire sur les Règnes *de Procope de Gaza,* Leuven – Paris – Dudley, MA, 2003 (*TEG*, 13).

— (ed.), *Sévère d'Antioche, Fragments grecs tirés des chaînes sur les derniers livres de l'Octateuque et sur les Règnes,* Leuven – Paris – Dudley, MA, 2006 (*TEG*, 14).

Petit, F., Van Rompay, L., Weitenberg, J. J. S. (ed. and trans.), *Eusèbe d'Émèse, Commentaire de la Genèse,* Leuven – Paris – Walpole, MA, 2011 (*TEG*, 15).

Phirippides, N. S., "Κατάλογος τῶν κωδίκων τῆς Βιβλιοθήκης τοῦ Πατριαρχείου Ἀλεξανδρείας", *Ἐκκλησιαστικὸς Φάρος,* 40 (1941), p. III-128.

Pirtea, A. C., "Astral Ensoulment and Astral Signifiers in Sixth-Century Readings of Origen and Evagrius. Justinian's Anathemas, Sergius of Rešʿaynā, John Philoponus", *Vigiliae Christianae,* 75 (2021), p. 483-523.

Previale, L., "Teoria e prassi del panegirico bizantino", *Emerita,* 17 (1949), p. 72-105.

Prinzivalli, E., Simonetti, M., *La teologia degli antichi cristiani (secoli I-V),* Brescia, 2012 (Letteratura cristiana antica, n.s., 26).

Pusey, P. E. (ed.), *Sancti Patri patris nostri Cyrilli archiepiscopi Alexandrini in XII prophetas,* 2 vol., Oxford, 1868.

Rabe, H. (ed.), *Ioannes Philoponus, De aeternitate mundi,* Leipzig, 1899 (Bibliotheca Scriptorum Graecorum et Romanorum Teubneriana).

Rahlfs, A., *Septuaginta-Studien. I. Heft: Studien zu den Königsbüchern,* Göttingen, 1904 (repr. *Septuaginta-Studien I-III,* Göttingen, 1965).

—, "[Über die Handschrift Athen, Nat. Bibl., 43]", *ThLitZ,* 38 (1913), cols 476-477.

—, *Verzeichnis der griechischen Handschriften des Alten Testaments,* Berlin, 1914 (*MSU,* 2).

—, "Die Quellen der 'Catena Nicephori'", *ThLitZ,* 39 (1914), col. 92.

Rambow, G., "Theodore vs. the 'Arians' and the Parable of Humanity's Creation. A Syriac Fragment of Theodore of Mopsuestia's *Commentary on Genesis* 1,26", *JECS,* 25 (2017), p. 231-254.

Rebiger, B., "Angels in Rabbinic Literature", in *Angels: The Concept of Celestial Beings. Origins, Development and Reception,* ed. F. V. Reiterer, T. Nicklas, K. Schöpflin, Berlin – New York, 2007 (Deuterocanonical and Cognate Literature, Yearbook 2007), p. 629-644.

BIBLIOGRAPHY

REICHARDT, W. (ed.), *Joannis Philoponi De opificio mundi*, Leipzig, 1897.

RICHARD, M., "Les fragments du Commentaire de S. Hippolyte sur les Proverbes de Salomon. II. Édition provisoire", *Le Muséon,* 79 (1966), p. 61-94 (reprinted in ID., *Opera Minora I*, n° 17, Turnhout – Leuven, 1976).

—, "Les fragments d'Origène *sur Prov. XXX, 15-31*", in *Epektasis (Mélanges patristiques offerts au Cardinal Jean Daniélou)*, ed. J. FONTAINE, Ch. KANNENGIESSER, Paris, 1972, p. 385-394 (reprinted in ID., *Opera Minora II*, n° 23, Turnhout – Leuven, 1977).

—, "Le Commentaire de saint Jean Chrysostome sur les *Proverbes de Salomon*", in Συμπόσιον. *Studies on St. John Chrysostom*, Thessalonique, 1973, p. 88-103 (reprinted in ID., *Opera Minora II*, n° 40, Turnhout – Leuven, 1977).

—, "Nouveaux fragments de Théophile d'Alexandrie", in *Nachrichten der Akademie der Wissenschaften in Göttingen. Philologisch-historische Klasse,* 2 (1975), p. 57-65 (reprinted in ID., *Opera Minora II*, n° 39, Turnhout – Leuven, 1977).

RISCH, E. X., "Das Handbuch des Origenes zu den Psalmen. Zur Bedeutung der zweiten Randkatene im *Codex Vindobonensis theologicus graecus* 8", *Adamantius*, 20 (2014), p. 36-48.

RITTER, A. M., s.v. "Prokop von Gaza", in *Die Philosophie der Antike, Vol. 5/1-3: Philosophie der Kaiserzeit und der Spätantike*, ed. C. RIEDWEG, C. HORN, D. WYRWA, Basel, 2018 (Grundriss der Geschichte der Philosophie, 5/3), p. 2206-2211.

ROSENBAUM, H., *Nilus von Ankyra, Schriften I: Kommentar zum Hohelied*, Berlin – New York, 2004 (*PTS*, 57).

ROUSSEAU, A., DOUTRELEAU, L., MERCIER, Ch. (ed.), *Irénée de Lyon, Contre les hérésies. Livre V*, Paris, 1969 (*SC*, 152-153).

SACCHI, P. F., FORMISANO, M. (ed.), *Epitomic Writing in Late Antiquity and Beyond. Forms of Unabridged Writing*, London, 2022.

SACHAU, E. (ed.), *Theodori Mopsuesteni fragmenta syriaca: e codicibus Musei Britannici Nitriacis*, Leipzig, 1869.

SAUTEL, J.-H., "Essai de terminologie de la mise en page des manuscrits à commentaire", *Gazette du livre médiéval*, 35.1 (1999), p. 17-31.

SCHAMP, J., *Photios historien des lettres. La* Bibliothèque *et ses notices biographiques*, Paris, 1987 (Bibliothèque de la Faculté de philosophie et lettres de l'université de Liège, 248).

—, "Photios et Jean Philopon : sur la date du *De opificio mundi*", *Byzantion*, 70 (2000), p. 135-154.

318   BIBLIOGRAPHY

SCHOLTEN, C., *Johannes Philoponos, De opificio mundi/Über die Erschaffung der Welt*, 3 vol., Freiburg im Breisgau, 1997 (Fontes Christiani, 23, 1-3).

SCHULZE, I. L. (ed.), *B<eati> Theodoreti episcopi Cyri opera omnia. Tomus V.* Ex recensione I. Sirmondi denuo edidit, Graeca e codicibus locupletauit, antiquiores editiones adhibuit, uersionem Latinam recognouit et uariantes lectiones adiecit, Halle, 1769.

— (ed.), *B<eati> Theodoreti episcopi Cyri opera omnia. Tomus V.* Accessit auctarium Theodoreti quod olim adornauit I. Garnerius. Nunc recognouit et locupletauit atque uberrimis indicibus instructum, Halle, 1774.

SEVESTRE, A., s.v. "Procope de Gaza", in *Dictionnaire de patrologie*, ed. J.-P. MI-GNE, t. 4, Paris, 1855 (Nouvelle encyclopédie théologique, 23), cols 768-772.

SEZGIN, F., *Geschichte des arabischen Schrifttums. Band 3: Medizin-Pharmazie, Zoologie-Tierheilkunde bis ca. 430*, Leiden, 1970.

SIMONETTI, M., "Alcune osservazioni sull'interpretazione origeniana di Genesi 2,7 e 3,21", *Aevum*, 36 (1962), p. 370-381, reprinted in ID., *Origene esegeta e la sua tradizione*, Brescia, 2004, p. 111-122.

— (ed.), *Gregorio di Nissa, La vita di Mosè*, Roma, 1984; Milano, 2011.

—, "Didymiana", *Vetera Christianorum*, 21 (1984), p. 129-155, reprinted in ID., *Origene esegeta e la sua tradizione*, Brescia, 2004, p. 393-412.

—, "Introduzione generale", in *Origene, Omelie sulla Genesi*, ed. M. SIMONET-TI, trad. M. I. DANIELI, Roma, 2002 (Opere di Origene, 1), p. 8-12.

—, "Le *Omelie sulla Genesi* di Origene: un'antologia?", in *La biografia di Origene fra storia e agiografia. Atti del VI Convegno di Studi del Gruppo Italiano di Ricerca su Origene e la Tradizione Alessandrina*, ed. A. MONACI CASTA-GNO, Villa Verucchio, 2004 (Biblioteca di Adamantius, 1), p. 259-273.

SORABJI, R., "Waiting for Philoponus", in *Causation and Creation in Late-Antiquity*, ed. A. MARMODORO, B. D. PRINCE, Cambridge, 2015, p. 71-93.

SOVIĆ, A., "De Nili Monachi Commentario in Canticum canticorum reconstruendo", *Biblica*, 2/1 (1921), p. 45-52.

SPRENGER, H. N. (ed.), *Theodori Mopsuesteni commentarius in XII prophetas*, Wiesbaden, 1977 (Göttinger Orientforschungen, V. Reihe : Biblica et Patristica, 1).

STARK, M., "Hesychius von Jerusalem, Scholien zum Propheten Joel", *Jahrbuch für Antike und Christentum*, 37 (1994), p. 37-44.

SUCHLA, B. R. (ed.), *Ioannis Scythopolitani prologus et scholia in Dionysii Areopagitae librum "De divinis nominibus"*, Berlin, 2011 (*PTS*, 62).

SWETE, H. B. (ed.), *Theodori Episcopi Mopsuesteni in epistolas B. Pauli commentarii*, Cambridge, 1880.

TATAKIS, B., *La philosophie byzantine*, Paris, 1949 (Histoire de la philosophie, fasc. suppl., 2).

TER HAAR ROMENY, B., *A Syrian in Greek Dress. The Use of Greek, Hebrew and Syriac Biblical Texts in Eusebius of Emesa's* Commentary on Genesis, Leuven, 1997 (*TEG*, 6).

—, "Procopius of Gaza and His Library", in *From Rome to Constantinople. Studies in Honour of Averil Cameron*, ed. H. AMIRAV, B. TER HAAR ROMENY, Leuven, 2007 (Late Antique History and Religion, 1), p. 173-190.

—, "Les Pères grecs dans les florilèges exégétiques syriaques", in *Les Pères grecs dans la tradition syriaque*, ed. A. SCHMIDT *et al.*, Paris, 2007, p. 63-76.

TONNEAU, R., "Théodore de Mopsueste : interprétation du livre de la Genèse", *Le Muséon*, 66 (1953), p. 45-64.

VAN DEN GHEYN, J., *Catalogue des manuscrits de la Bibliothèque Royale de Belgique*, II, Bruxelles, 1902.

VAN ROMPAY, L. (ed., trans.), *Le commentaire sur Genèse-Exode 9, 32 du manuscrit (*olim*) Diyarbakır 22*, Leuven, 1986 (*CSCO*, 483-484).

—, "Quelques remarques sur la tradition syriaque de l'œuvre exégétique de Théodore de Mopsueste", in *IV Symposium Syriacum 1984*, ed. H. DRIJVERS *et al.*, Roma, 1987 (Orientalia Christiana Analecta, 229), p. 33-43.

—, "Gennadius of Constantinople as a Representative of Antiochene Exegesis", *Studia Patristica*, 19 (1989), p. 400-405.

—, "L'informateur syrien de Basile de Césarée. À propos de Genèse 1,2", *OCP*, 58 (1992), p. 245-251.

—, "Antiochene Biblical Interpretation: Greek and Syriac", in *The Book of Genesis in Jewish and Oriental Christian Interpretation*, ed. J. FRISHMAN, L. VAN ROMPAY, Leuven, 1997 (*TEG*, 5), p. 103-123.

—, "The Development of Biblical Interpretation in the Syrian Churches of the Middle Ages", in *Hebrew Bible/Old Testament. The History of Its Interpretation*, ed. M. SAEBØ, vol. 1/2, Göttingen, 2000, p. 559-577.

VERCLEYEN, F., "Tremblements de terre à Constantinople : l'impact sur la population", *Byzantion*, 58 (1988), p. 155-173.

VERHEYDEN, J., GLEEDE, B., "Introduction", in *Zoroastrian Dualism in Jewish, Christian, and Manichaean Perspective* (*ETL* 96/2), Leuven, 2020, p. 193-198.

BIBLIOGRAPHY

VERRYCKEN, K., "The Metaphysics of Ammonius son of Hermeias", in *Aristotle Transformed. The Ancient Commentators and Their Influence*, ed. R. SORABJI, London, 1990, p. 199-231.

VIANÈS, L., "Les *Gloses sur Ézéchiel* d'Hésychius de Jérusalem dans le *Laurentianus Pluteus* XI. 4", *Revue d'Études Augustiniennes*, 41 (1995), p. 315-323.

VILLANI, B. (ed.), *Kyrill von Alexandrien,* De adoratione et cultu in spiritu et veritate *Buch 1. Einführung, kritischer Text, Übersetzung und Anmerkungen*, Berlin – Boston, MA, 2021 (*TU*, 190).

VÖÖBUS, A., "Abraham De-Bēt Rabban and His Rôle in the Hermeneutic Traditions of the School of Nisibis", *Harvard Theological Review*, 58 (1965), p. 203-214.

WACHT, M., *Aeneas von Gaza als Apologet. Seine Kosmologie im Verhältnis zum Platonismus*, Bonn, 1969 (Theophaneia. Beiträge zur Religions- und Kirchengeschichte des Altertums, 21).

WENDLAND, P., *Alexandri Aphrodisiensis in librum Aristotelis De sensu commentarium*, Berlin, 1901 (Commentaria in Aristotelem Graeca, III.1).

WESTBERG, D., *Celebrating with Words. Studies in the Rhetorical Works of the Gaza School*, PhD diss., University of Uppsala, 2010.

—, "Rhetorical Exegesis in Procopius of Gaza's *Commentary on Genesis*", *Studia Patristica*, 60 (2013), p. 95-108.

—, "The Letter Collection of Procopius of Gaza", in *Late Antique Letter Collections. A Critical Introduction and Reference Guide*, ed. C. SOGNO *et al.*, Oakland, CA, 2017, p. 394-417.

WIRTH, P. (ed.), *Eustathius Thessalonicensis, Opera minora, magnam partem inedita*, Berlin – New York, 2000 (*CFHB*, 32 ser. Ber.).

WOLSKA, W., *La* Topographie chrétienne *de Cosmas Indicopleustès. Théologie et science au VI* siècle, Paris, 1962 (Bibliothèque byzantine. Études, 3).

WOLSKA-CONUS, W. (ed.), *Cosmas Indicopleustès, Topographie chrétienne*, 3 vol., Paris, 1968, 1970, 1973 (*SC*, 141, 159, 197).

ZAGANAS, D., *La formation d'une exégèse alexandrine post-origénienne. Les* Commentaires sur les Douze Prophètes *et sur Isaïe de Cyrille d'Alexandrie*, Leuven – Paris – Bristol, CT, 2019 (*TEG*, 17).

—, "New Reasons to Doubt the Authenticity of the *Enarratio in Isaiam* Attributed to Basil of Caesarea", *Sacris Erudiri*, 59 (2020), p. 347-360.

—, "La définition de *thumos* et *orgê* chez Basile et dans l'*In Isaiam* attribué à Basile", *Sacris Erudiri*, 59 (2020), p. 361-372.

Ziegler, J., introduction in *Eusebius von Caesarea, Der Jesajakommentar*, Berlin, 1975 (*GCS*, Eusebius Werke, 9).

Zuntz, G., "Die Aristophanes-Scholien der Papyri: Teil III. Schlussfolgerungen", *Byzantion*, 14 (1939), p. 545-614.

Index of Biblical References

OLD TESTAMENT

Genesis

1–3 50, 55, 73, 75, 91, 97, 101
1 42, 99, 122, 126, 132
1:1-5 63
1:1-3 11
1:1-2 57, 66, 126
1:1 57, 61, 128, 130
1:2 56, 58, 59, 60, 61, 65, 68, 75, 86, 102, 127
1:3 57, 61, 62, 65, 75, 90, 102
1:4 12, 38, 41, 42, 43, 65, 102, 107, 109, 126, 127
1:5 90, 102
1:6-9 63
1:6 62, 80, 90, 99, 102
1:9 62, 102
1:11 56, 62, 103
1:14 56, 64, 69, 90, 103, 150, 151
1:15 62
1:20 56, 62, 103
1:24 62
1:26–8:14 11, 82
1:26–2:15 82
1:26-28 69
1:26-27 11, 74
1:26 12, 43, 70, 86, 87, 88, 103, 114, 115, 116
1:27 73, 90, 99, 103
1:28 56, 73, 90, 103
1:30 62
2 50, 99
2:2 103, 123

2:4 130, 131
2:7 43, 73, 74, 93, 94, 95, 99, 103, 104
2:8-17 99
2:8 150, 151
2:9 104
2:15 150, 151
2:16-17 98
2:16 100
2:17 104
2:18-23 92, 96, 99, 100
2:18 99, 100, 104
2:20 96
2:21 104
2:22 71, 72, 96
2:23-24 91, 92, 93
2:23 104
3:1 98, 105
3:6 105
3:7-8 105
3:9 105
3:10 105
3:14-24 82
3:14 105
3:18 105, 106
3:20 90, 106
3:21 11, 43, 44, 45, 46, 73, 74
3:22 106
3:24 90, 106
4:15–8:13 82
5:1 49, 50
6:3 116
17 148

INDICES

Exodus

1–25 144
1–24 145
1–18 167
1:1-5 169
1:6 167
1:7 171, 172
1:10 172
1:13-19 167
1:20 171
2:1-10 169, 180, 181, 185
2:1-5 181
2:1 181
2:2-3 181
2:2 181
2:3-10 181
2:5 181
2:6-9 181
2:6 181
2:9 181
2:10 181
2:11-25 140
2:11-12 140
2:11 169
2:23–3:6 169
3:2-4 178, 179
3:5 167, 171, 182
3:6-15 169
3:12 167, 168
3:16-17 167
3:18 168, 172
3:19-21 167
3:22 168
4:1 167
4:2-3 175
4:3 168, 180
4:10 180
4:18-19 170
4:20-26 170
4:20 170
4:26 168
4:28-30 167

5:4-6 167
6:2 167
6:4-13 167
6:28-30 167
7–11 167
7–10 176
7–9 176
7:12 151, 152
7:17 171, 172, 173, 176
7:19 172
7:21 176
7:22 172, 173
7:23 172
7:24 172
7:25 172
7:27 172, 173
8–10 176
8 168, 176, 177
8:2 176
8:4 176
8:5-6 176
8:5 176
8:6 176
8:8 176
8:10 176
8:11 176
8:12 176
8:15 176
8:18 176
8:20 176
8:21-22 176
8:21 176
8:22 176
9:3 170, 176
10:7 168
10:13 168
10:16 168
10:22 138, 168
10:25 168
12 167
12:11 174, 175

INDEX OF BIBLICAL REFERENCES

15:17   171
15:23   169
16:10   168
16:16   168
17:1-6   182
17:8   169
18:1-24   169
19:10   170
20:13   169
24:1-11   169
24:1   172
24:4-5   172
24:11   172
25   145, 146
26–40   145
26   144
26:1-37   145
27   145
27:1-8   144, 145
27:9-20   145
28–29   145
28:13   170
29:10-34   169
30   145
30:1-10   144, 145
30:12-16   145
30:18-21   144, 145
30:23-38   145
31–34   145, 146, 147
32   147
33–34   147, 185
33:11–34:1   150
33:11   148
33:13   153, 154
33:19–34:5   147
33:22   150, 153, 154
33:23   150, 151, 152, 153, 154
34   147, 148
34:1-3   169
35–39   147
40   145, 147

Leviticus
1:11-13   198
9:22   198
11:4   170
11:26   170

Numbers
11   168
12:8   153
20   168

Deuteronomy
6:4   116
32:39   116

I-IV Kingdoms   189-227
1 Kingdoms
1:1   203, 206, 207, 222, 225
1:5   204
1:13   225
1:15   225
1:16   225
2:1   225
2:3   225
2:4   225
2:5   225
2:6   225
2:7   225
2:8   225
2:9   225
2:10   225
2:18-19   206, 219
2:18   205
2:31   219
3:4   211
3:14   226
4:18   222
5:8   208
6:1–8:2   208
6:1   208
6:8   208, 222
6:18   222
6:20   222
9:2   222

INDICES

9:8 222
9:24 222
10:11 222
12:7 222
13:3 222
13:8 219
13:12 222
13:17 219
13:20 222
13:23 219
14:3 219
15:16 219
15:23 219
16:2 219
16:3 226
16:12 226
16:14 191, 226
16:16 222
16:18 226
17:39 226
17:49 226
17:50-51 226
18:10 226
18:25 222
18:27 226
20:2 226
20:3 226
20:17 216
20:19 214, 219, 226
20:20 223
20:24-25 226
20:25 226
20:26 223
20:34 226
20:41 223
21:2 215, 223
21:5 223, 226
22:18-19 226
22:20 226
25:21 214, 220
25:22 226

25:23 226
25:25 216, 226
25:29 226
25:31 223
25:35 226
26:5 223
26:10 192, 223
26:12 226
26:16 226
26:19 226
27:1 226
28:2 216, 226
28:8 226
28:14 223
29:2 220
29:3 214, 227
29:4 227
29:8 227
29:9 223
30:13 223
30:17 227
31:10 227

2 Kingdoms
1:6 227
1:16 223
1:18 223
1:19-20 227
1:19 223
1:21 223, 227
1:26 223
2:26 223
3:4 223
3:7 227
5:6 220
6:2 220
6:3 223
6:16 227
6:22 220
7:5 220
7:13 220
8:2 224
8:14 220

INDEX OF BIBLICAL REFERENCES

8:16   220

10:4   224

11:7   220

12:4   220

12:6   220

12:11   220

12:14   224

12:31   224

16:4   220

16:23   220

17:5   227

17:19   220

17:24   227

17:29   227

18:3   224

18:10-17   227

19:14   220

21:20   224

24:1   220

24:24   220

3 Kingdoms

1:1   224

1:4   220

1:5   224

1:9   224

2:2   224

2:3   224

2:10   220

3:13   224

3:15   224

7:40   220

8:32   220

17:1   221

17:6   221

19:11   150, 151, 224

22:20   221

22:38   221

4 Kingdoms

1:2   221

1:10   221

1:12   221

2:16   221

2:24   221

16:18   221

23:13   221

Job

1:3   57

10:11   44

Psalms

4:6   175

10:6   286, 290

32:17   170

44:3   181

49:4   282

59:11-12a   282

76:17   61

81:7   116

84:9   148, 149

107:11-12   282

140:6   151, 152

143:4   116

Proverbs   241

2:15-16   241

13:24   175

25–29   235

31   233

31:6-10   235

31:6   234

31:9–25:5   234

31:10-31   235

31:22   234

31:23   234

31:24   234

Song of Songs   240, 241

Wisdom

13:5   151, 152, 153, 154

Sirach

32 [35]:8   129

INDICES

Isaiah
1–66 254
1–16 255
5:20 259, 260
6:1-5 14, 255, 256, 262, 263
6:1-4 256
6:1 262, 263
6:3 255
6:4 262, 263
6:6-8 258, 263
6:6 263
9:7 [8] 263
9:13 [14]-20 [21] 14, 256
9:17a [18a] 261
10:9-10 264
17–18 14
17 264, 265
17:1-11 257, 264
17:1-2 264
17:3 264
17:12-14 257
18:1-7 257
40:22 80
40:26 151, 152
49:6 64

49:8 265
50:10 175
53:1 282
63:1-6 266

Jeremiah
30 264
32:15 290

Hosea 294
1:10 294
9:3 291

Obadiah 297
1 14, 269, 274-284, 292, 293, 294, 297
3 150
15-16 14, 269, 284-291, 293, 294, 297
15 286, 288, 291
16 289, 290, 292
17 289

Nahum
1:6 150, 152

Habakuk
2:1 148, 149

New Testament

Matthew
16:18   116
24:5   150, 151
26:39   265
26:42   265
27:46   265

Mark
10:18   116

Luke
8:31   61
18:19   116

John
1:1-2   264
1:1   57
1:4-5   64
1:9   64
1:14   57, 150, 152
1:16   150, 151
8:12   64
13:30   60
17:5   150, 151
19:28-29   151

Romans
1:20   151, 152
8:2   94, 95
8:29   70
10:17   282
11:33   150

1 Corinthians
1:19   150, 151, 152
2:6   150, 152
2:7   151, 152
7:17   116

7:34   92
10:4   150, 152, 154
11:3   71
11:7   70, 71
11:9   73
11:11   73
11:12   71
11:16   116
15:44   94

2 Corinthians
10:5   150, 152
13:3   148, 149

Ephesians
4:13   150, 151, 152
5:27   116
6:12   150, 152

Philippians
2:6   151, 152
2:9   89

Colossians
1:15-16   89
1:15   88

Hebrews
7:3   181
8:2   122

James
2:19   116

Revelation
16:14   64

Index of Ancient Authors and Sources

1. Procopius the Christian Sophist

Epitome on the Octateuch 19-20, 21, 22, 28, 37, 189, 190, 191, 195, 196, 251, 254, 267, 268, 292

Epitome on Genesis 10, 11, 12, 13, 19, 20, 21, 23, 36-47, 48, 49-75, 77-106, 107-132, 134, 135, 143, 148, 153, 155, 156, 157, 158, 165, 166, 184, 148, 185, 251, 253, 254, 263, 267

PG 87/1

21   20

216C-217B   24

GCS NF 22   10, 20-21, 42, 45, 53, 54, 57, 69, 74, 79, 80, 91, 97, 108, 134, 148, 155, 156, 157, 165, 166, 196, 254, 267

1   21, 134, 135, 157, 251, 292

1.3-4   112

1.4-13   112

1.5-15   54

2   153

5.111–8.210   39

5.116-117   39

6.139-166   40

6.141-145   40

8.188-210   40

11.24-28 (Gen 1:1)   128

11.46–12.50 (Gen 1:1)   130

14.4-7 (Gen 1:2)   126

14.16-20   57

16 (Gen 1:2)   59

16.79–17.88 (Gen 1:2)   59

18   66

18.107-114 (Gen 1:2)   102

19–20   67

19.17–20.42 (Gen 1:3)   90, 102

19.122-125 (Gen 1:2)   60

20.1-6 (Gen 1:6)   127

21   110

21.1-5 (Gen 1:4)   41, 109

21.26-34 (Gen 1:4)   102

22.16-20 (Gen 1:5)   102

23.49–24.67 (Gen 1:5)   90, 102

25.90-107 (Gen 1:5)   90

29.229-230   123

29.231–30.262 (Gen 1:5)   102

30.3–32.57 (Gen 1:6)   90, 102

30.7 (Gen 1:6)   99

32.51-54   123

34.125–35.144 (Gen 1:6)   90, 102

36–37   68

36.165-178 (Gen 1:6)   102

39.70-79 (Gen 1:9)   102

41.4-6   123

42.32-44 (Gen 1:11)   103

42.36-38   105

45.28-35 (Gen 1:14)   90, 103

46.61–47.75 (Gen 1:14)   103

53.233–56.317   69, 123

57.18-24 (Gen 1:20)   103

60.94-97 (Gen 1:20)   103

60.97-99   123

64–67   69

69.186-189 (Gen 1:26)   114

71.235–72.267   70

72.267–73.278   71

73.278-279   71

73.279-282   71

73.282-288   72

332 INDICES

74.313–78.435 (Gen 1:26)   103
74.313–75.333 (Gen 1:26)   87
75.333-339 (Gen 1:26)   87
75.339-354 (Gen 1:26)   87, 88
76.355-373 (Gen 1:26)   87
76.374–77.384 (Gen 1:26)   87
77.385–78.435 (Gen 1:26)   87
80.63–81.79 (Gen 1:27)   90, 103
84.13-22 (Gen 1:28)   90, 103
84.22–85.39 (Gen 1:28)   90
85   73
85.40-44   123
85.44-45   123
85.45-51   123
86.9-20   123
89.52-58 (Gen 2:2)   103
94.174-175 (Gen 2:4)   131
95.42-43 (Gen 2:4)   130
97.3, 5 (Gen 2:7)   99
97.3–98.32 (Gen 2:7)   103
99.81–100.110 (Gen 2:7)   104
99.81-89 (Gen 2:7)   93
99.89–100.105 (Gen 2:7)   94
100.100-105 (Gen 2:7)   95
108.110–109.139 (Gen 2:9)   104
110.1–111.37 (Gen 2:17)   104
111.3-7 (Gen 2:18)   104
111.3-6 (Gen 2:18)   99
111.6-12 (Gen 2:18)   99
111.12–112.17 (Gen 2:18)   104
111.12–112.14 (Gen 2:18)   99
112.15-20 (Gen 2:18)   100
112.15-17   100, 105
112.20–113.41 (Gen 2:18)   104
112.28-35 (Gen 2:18)   100
112.36–113.53 (Gen 2:18-23)   96
113.48-53 (Gen 2:18)   104
114.69–115.111 (Gen 2:21)   104
117.2-17 (Gen 2:23)   104
117.2-3 (Gen 2:23-24)   92
117.2 (Gen 2:23-24)   92
117.3-6 (Gen 2:23-24)   92

117.6-12 (Gen 2:23-24)   93
122.136–125.221 (Gen 3:1)   105
123.157-179 (Gen 3:1)   98
123.179–124.203 (Gen 3:1)   98
123.179–124.189 (Gen 3:1)   98
125.104-106 (Gen 2:18-23)   92
126.1-7 (Gen 3:6)   105
130.107–132.163 (Gen 3:7-8)   105
132.1-14 (Gen 3:9)   105
133.7-18 (Gen 3:10)   105
134.33-38 (Gen 3:10)   105
137.58–138.66 (Gen 3:14)   105
146.16-25 (Gen 3:18)   105
147.47–148.92 (Gen 3:18)   106
147.50–148.85   24
149–152 (Gen 3:21)   43
149.7-15 (Gen 3:20)   106
149.8-12   73
149.9-13 (Gen 3:20)   90
149.16-18   73
150   74
151.51–152.69   44
152.5–153.16 (Gen 3:22)   106
157.13–158.25 (Gen 3:24)   106
157.16–158.25 (Gen 3:24)   90
159.50-60 (Gen 3:24)   106
481-482   143

GCS NF 23   53, 55, 69, 70, 135, 153, 156, 158, 165, 166

Epitome on Exodus   12, 13, 21, 133-163, 165-188

GCS NF 27   12, 21, 23, 133, 134, 135, 137, 143, 144, 147, 153, 155, 156, 157, 158, 165, 166, 167, 168, 184, 185, 186, 190, 196, 267
1–195 (Ex 1–25)   144
1 (Ex 1:7, 10)   172
2 (Ex 1:7, 20)   171
4–8 (Ex 2:1-10)   180
4 (Ex 2:1-10)   169
5–8 (Ex 2:1-10)   185
5.17-18   180

INDEX OF ANCIENT AUTHORS AND SOURCES 333

7.81-82   180
8 (Ex 2:11)   169
15 (Ex 2:11-12)   140
16–19 (Ex 3:2-4)   178
16 (Ex 2:23–3:6)   169
18–21 (Ex 3:5)   182
20–22 (Ex 3:5)   167
20–21   169
20 (Ex 3:5)   171
22 (Ex 3:6-15)   169
26 (Ex 3:12)   168
26 (Ex 3:18)   172
27–28 (Ex 4:3)   180
28–29 (Ex 4:3)   168
28.30–29.58 (Ex 4:2-3)   175
29–30   141
34.34–35.58 (Ex 4:10)   180
37 (Ex 4:20)   170
39–40 (Ex 4:26)   168
47–49 (Ex 7–11)   167
48 (Ex 7:17)   171, 173
49.17-18 (Ex 7:27)   172
49.30-31 (Ex 7:24)   172
49.34-35 (Ex 7:19)   172
50.43-44 (Ex 7:22)   172
50.46-47 (Ex 7:23)   172
50.55-57 (Ex 7:25)   172
51   141
52–62 (Ex 8)   176-177
62–63 (Ex 9:3)   170
65–67 (Ex 10)   168
67 (Ex 10:22)   139
94 (Ex 12:11)   175
112 (Ex 15:17)   171
115 (Ex 15:23)   169
123–128 (Num 11 and 20)   168
124 (Ex 16:10, 16)   168
125–128 (Ex 17:1-6)   182
129 (Ex 17:8)   169
134 (Ex 18:1-24)   169
136 (Ex 19:10)   170
155 (Ex 20:13)   169

183 (Ex 24:1-11)   169
183 (Ex 24:1)   172
185.31-35 (Ex 24:4-5)   172
196–197 (Ex 27:1-8)   144
197–201 (Ex 30:1-10)   144
201–203 (Ex 30:18-21)   144
203–208 (Ex 26)   144
208–211 (Ex 27:9-20)   145
211–224 (Ex 28–29)   145
213 (Ex 28:13)   170
221 (Ex 29:10-34)   169
224–225 (Ex 30:12-16)   145
225–230 (Ex 30:23-38)   145
230–264 (Ex 31–34)   145, 147
237–238 (Ex 33:11)   149
237 (Ex 33:11)   148
252–254 (Ex 33:22)   151
252 (Ex 33:22)   150
259 (Ex 34:1-3)   169
264–265 (Ex 40)   145
306   143
339–340   147
GCS NF 28   139, 140, 147, 149, 150, 151, 153, 165, 178

Epitome on Leviticus   133, 198-199

Scholia on I-IV Kingdoms   13, 21, 24, 37, 189-227

   Ed. Meursius   20, 21, 24, 196, 197, 212, 218, 219
   1   196
   2-5 (preface)   203
   5 (I Kgdms 1:1)   203, 207, 222
   9 (I Kgdms 2:18-19)   205, 219
   10 (I Kgdms 2:31)   219
   17 (I Kgdms 4:18)   222
   18-21 (I Kgdms 6:1)   208
   18 (I Kgdms 5:8)   208
   21 (I Kgdms 6:8)   208, 222
   21 (I Kgdms 6:18)   222
   22 (I Kgdms 6:20)   222
   26-29 (I Kgdms 9:8)   222

26 (I Kgdms 9:2) 222

29-30 (I Kgdms 9:24) 222

30 (I Kgdms 10:11) 222

34 (I Kgdms 12:7) 222

37-38 (I Kgdms 13:8) 219

37 (I Kgdms 13:3) 222

38 (I Kgdms 13:12) 222

38 (I Kgdms 13:17) 219

41 (I Kgdms 13:20) 222

41 (I Kgdms 13:23) 219

41 (I Kgdms 14:3) 219

45 (I Kgdms 15:16) 219

46 (I Kgdms 15:23) 219

49-50 (I Kgdms 15:23) 219

53 (I Kgdms 16:2) 219

54 (I Kgdms 16:16) 222

61 (I Kgdms 18:25) 222

65 (I Kgdms 20:19) 219

66-69 (I Kgdms 21:2) 223

66 (I Kgdms 20:20) 223

66 (I Kgdms 20:26) 223

66 (I Kgdms 20:41) 223

69-70 (I Kgdms 21:2) 223

70 (I Kgdms 21:5) 223

77-81 (I Kgdms 25:21) 220

81 (I Kgdms 25:31) 223

82 (I Kgdms 26:5) 223

82 (I Kgdms 26:10) 223

86-89 (I Kgdms 28:14) 223

89 (I Kgdms 29:2) 220

89 (I Kgdms 29:9) 223

90 (I Kgdms 30:13) 223

93 (II Kgdms 1:16) 223

94 (II Kgdms 1:18) 223

94 (II Kgdms 1:19) 223

97-98 (II Kgdms 1:26) 223

97 (II Kgdms 1:21) 223

101 (II Kgdms 2:26) 223

101 (II Kgdms 3:4) 223

106 (II Kgdms 5:6) 220

109 (II Kgdms 6:2) 220

113 (II Kgdms 6:3) 223

114 (II Kgdms 6:22) 220

117-118 (II Kgdms 7:5) 220

118-122 (II Kgdms 7:13) 220

125 (II Kgdms 8:2) 224

126 (II Kgdms 8:14) 220

126 (II Kgdms 8:16) 220

126 (II Kgdms 10:4) 224

129 (II Kgdms 11:7) 220

129 (II Kgdms 12:4) 220

129 (II Kgdms 12:6) 220

130 (II Kgdms 12:11) 220

133 (II Kgdms 12:14) 224

133 (II Kgdms 12:31) 224

141-142 (II Kgdms 16:4) 220

145 (II Kgdms 16:23) 220

146 (II Kgdms 17:19) 220

146 (II Kgdms 18:3) 224

149-150 (II Kgdms 19:14) 220

153 (II Kgdms 21:20) 224

157-158 (II Kgdms 24:1) 220

169 (II Kgdms 24:24) 220

170 (III Kgdms 1:1) 224

170 (III Kgdms 1:4) 220

173 (III Kgdms 1:5) 224

173 (III Kgdms 1:9) 224

177 (III Kgdms 2:2) 224

177 (III Kgdms 2:3) 224

181 (III Kgdms 2:10) 220

186 (III Kgdms 3:13) 224

189 (III Kgdms 3:15) 224

202 (III Kgdms 7:40) 220

205 (III Kgdms 8:32) 220

230 (III Kgdms 17:1) 221

233 (III Kgdms 17:6) 221

246 (III Kgdms 19:11) 224

261-265 (III Kgdms 22:20) 221

266 (III Kgdms 22:38) 221

270 (IV Kgdms 1:2) 221

273 (IV Kgdms 1:10, 12) 221

277-278 (IV Kgdms 2:24) 221

INDEX OF ANCIENT AUTHORS AND SOURCES 335

277 (IV Kgdms 2:16)   221
313-314 (IV Kgdms 16:18)   221
329 (IV Kgdms 23:13)   221
PG 87/1   13, 197, 212
1101A-B (I Kgdms 16:14)   191
1116A-B (I Kgdms 26:10)   192

Catena on the Song of Songs   20, 22,
37, 136, 293, 294, 295
PG 87/2
1545-1754   246
1545   20
CCSG 67   22, 136, 237
frg. 29   37

Catena on Ecclesiastes
CCSG 4   22, 136

Epitome on Isaiah   14, 19, 20, 21, 35, 37,
249-268, 296, 297
PG 87/2   251
1817-2252C   250
1817-2188B   250
1817-1837B   250
1817   20
1865B   250
1884C   250
1908C and D   250
1920A-1921B (Is 5:20)   259, 260
1920B-1921B   259
1920C-1921A (Is 5:20)   260-261
1929B-1937C (Is 6:1-5)   255
1932A   256
1932AB   256
1932BC   256
1932C   256
1932CD   256
1933D-1936A (Is 6:3)   255
1936B   256
1936D-1937A   256
1937AB   256, 262
1937C (Is 6:1)   262
1940C   259

1941A   259
1941D (Is 6:6-8)   259
2016BC (Is 9:7)   264
2017D-2024B (Is 9:13-20)   256
2017D-2020A   257
2020A (and B)   257
2020B-D   257
2021AB (Is 9:17a)   262
2021A (and B)   257, 262
2021BC   257
2093D   250
2120D-2128C (Is 17:1-11)   257
2120D-2125B   264
2125B   257, 265
2128C-2132A (Is 17:12-14)   257
2129B   257
2132A-2141D (Is 18:1-7)   257
2136D   257
2137D   35
2153A   250
2217C   250
2236B   250
2244C   250
2253B and C   250
2272A   250
2285B   250
2308D   250
2324C   250
2341D-2344A   250
2361B and C   250
2472B (Is 49:8)   265
2472C (Is 49:8)   265
2497C and D   250
2665C-2668C (Is 63:1-6)   266
2668C-2669C (Is 63:1-6)   266
2668CD   266
2669C-2672B (Is 63:1-6)   266
2669C   266
2717B   250

Ps.-Procopius the Christian Sophist

Catena on Proverbs   14, 22, 229-247

2. Other Authors and Sources

Acacius of Caesarea 58, 123

frg. on I Kgdms 1:1 203, 204

Aeneas of Gaza

Theophrastus 125

Anonymus Diyarbakir 84, 87, 92, 94, 95, 97, 100, 102-106

Apollinaris of Laodicea 79, 96, 100, 103, 123, 239

Aquila of Sinope 58, 110, 126, 127, 129, 130, 172

Aristotle 111

Physics
    186a22 112
    186b14 112
    186b35 112
    187a1 112
    187a6 112
    194a30 112
    198a33 112
    212a7 112

Athanasius of Alexandria 45, 46

Barhadbeshabba Arbaia

Ecclesiastical History 32 85

Basil of Caesarea 10, 14, 31, 42, 58, 59, 70, 78, 86, 122, 123, 253, 268

Hom. on the Hexaemeron 67, 128
    I,5,1 67
    I,7,3 67
    II,4 59
    II,4,2 68
    II,4,3 68
    II,4,5 68
    II,6,3 66
    II,7 42

    III,9 68
    VI,3 42
    IX,6 69
Homily on Psalm 1 45

Ps.-Basil of Caesarea

Com. on Isaiah (*PG* 30) 253, 255, 257, 258-263, 264, 267
    405A-413A (Is 5:20) 259
    409BC 260
    412B-413A (Is 5:20) 260-261
    425C-432B (Is 6:6-8) 258
    428B (Is 6:1) 263
    429AB 259
    429B 259
    429BC 259
    429D-432A 259
    433A-440A (Is 6:6-8) 258
    436A 259
    436AB 259
    437A 259
    516AB (Is 9:7 [8]) 264
    520D-521B (Is 9:17[18]) 262
    521A 262

Ps.-Caesarius 83

Catenae
Catena on Genesis (*TEG*) 53, 69, 73, 82, 98, 143
    44 43
    45 42
    83 97, 103
    120 103
    160 115
    201 103
    202 93, 104
    234 99
    246 104
    281 104

INDEX OF ANCIENT AUTHORS AND SOURCES

285 99
286 96
288 99, 104
291 104
294 104
299 104
302 104
303 104
315 91, 104
316 91, 104
317 91, 104
322 105
333 98, 105
336 98, 105
356 105
377 105
392 105
418 106
460 106

Catena on Exodus (*TEG*) 12, 135, 138, 143
141 141
265 139
732 147
1002bis 147
1003 147
1006 147, 149
1007 147
1010 147
1013 147
1020 147
1022 147
1023 147

Catena III on the XII Prophets 14-15, 269-297

Catena III on Obadiah 269-297

"Catena Lipsiensis" 13, 189-227

"Catena Nicephori" 82, 212
5 99

Catenae on Proverbs 229-247
"Catena of Brussels" 14, 236-242

"Catena of Cambridge" 13, 232-236, 238, 245
"Catena of Copenhague" 231, 232
"Catena of Paris" 13, 230-232, 238-239
"Catena of the Vatican" 13, 232-236

Collectio Coisliniana (Petit) 59, 82, 83, 98, 191, 195, 198, 200, 203, 204, 208, 209, 211, 216, 217, 222, 225

On Genesis (*CCSG*)
71 87
76 103
96 104, 105
106 98, 105
115 104
125 90

On Kings (*TEG*)
1 203, 204, 225
3 204
4 225
19 208, 222
37 191, 226
68 192, 223

Choricius of Gaza 24, 26, 27, 28, 30, 33, 35, 47, 48, 159, 252
Opera
I (*Panegyric I for Marcian*) 159
7 160
8 160
10 160
11 160
22 160
31 160
42 160
II (*Panegyric II for Marcian*) 31
7 31
9 31
III 55 118
VIII (*Oration for Procopius*) 10, 25, 27, 29
7-8 29

17   34
21-22   26
22-25   26
26   34
31   30
46   34
49   34, 118
52   118
XI (*Dialexis 6*)   34

Chronicle of Seert
I,53   81

Clement of Alexandria   45, 74

Excerpts (Theodotus)
55,1   74
Stromata
III,95,2   74

Cosmas Indicopleustes   83, 122

Christian Topography   121
II, 9   122
II, 17   121
II, 21   121
II, 24   122
II, 29-32   122
II, 53   122
III, 25   122
IV, 4   121
IV, 5   122
IV, 7   122
V, 212   122
V, 218   122
VI, 8-10   121
VII, 16   122
VII, 55-56   122
VII, 84   121
VIII, 20   121, 122
VIII, 24   121
X   83
X, 31   121, 122
XII, 13   121

Cyril of Alexandria   36, 38, 45, 46, 55, 78, 177, 180, 182, 185, 193, 268, 272, 273, 294

Glaphyra on the Pentateuch   137, 147, 166, 175, 178, 179, 181, 184
Com. on the XII Prophets   273
Com. on Isaiah (*PG* 70)   14, 35, 255, 256, 257, 258, 263, 264, 265, 266, 267
169A-180D (Is 6:1-5)   255
172B-D   256
172C   256
173AB   256
173BC   256
173C   256
176A   256
177B-180B   256
180B-D   256
268C-277B (Is 9:13-20)   257
268D-270A   257
268D   257
270A-273B   257
276A   257
276A-D   257
421AB (Is 17)   265
440D   35
1065C-1057C (Is 49:8)   265
1381B-1385B (Is 63:1-6)   266
Com. on Obadiah   275, 280, 281, 283, 284, 285, 286, 291, 292, 297
Obad 1   276-278, 284
Obad 15-16   286-288
On Adoration and Worship   12, 133, 137, 142, 144-146, 162, 166, 176, 178, 179, 184
II-X   145
IV   145, 146
IX   145, 146
X   145, 146
XI   145, 146
Letter to the Monks at Phua   46

Cyril of Jerusalem   66

INDEX OF ANCIENT AUTHORS AND SOURCES

Didymus the Blind   12, 56, 57, 58, 65, 70, 71, 75, 78, 86, 123, 133, 147-154, 163, 185, 195, 240, 258

Com. on Genesis   148
   fol. 2b   57
   fol. 4   56
   fol. 62, 12-21   72
   fol. 106, 10-12   74
   fol. 109, 2-5   59

Diodore of Tarsus   59, 60, 66, 70, 71, 79, 81, 82, 83, 85, 97, 98, 101, 106, 123, 192, 194, 204, 211

Dionysius of Alexandria   45

Ephraem of Nisibis   85, 86

Epiphanius of Salamis

On Weights and Measures 15   126

Euripides

Andromache 355   116

Eusebius of Caesarea   52, 69, 178, 179, 195, 268

Ecclesiastical History
   VI,24   49
Preparation for the Gospel
   VI,11   69
   VII,19   69
   VII,20,3   69
On the Psalms   215
Lives of the Prophets   270, 293
Prophetic Extracts   293
Com. on Isaiah (*GCS*)   14, 253, 255, 256, 257, 258, 263, 264, 265, 266, 267
   p. 68-69 (Is 9:7[8])   264
   p. 113-117 (Is 17:1-11)   264
   p. 311 (Is 49:8)   265
   p. 386-388 (Is 63:1-6)   266

Eusebius of Emesa   11, 58, 66, 67, 73, 79, 81, 85, 86, 91, 97, 98, 99, 100, 101, 106, 123, 128, 130, 176, 177, 178, 179, 180, 181, 182, 198

Com. on Genesis   79, 86, 100

Eustathius of Thessalonica   160

Evagrius Scholasticus   236, 240

Ecclesiastical History
   II, 12   119
   IV, 5   118
   IV, 6   119

Eznik of Kołb   85

Florilegium of* Vatopedi *236   45, 74

Gennadius of Constantinople   80, 83, 118, 272

George Kedrenos   118, 119

Gregory of Nazianzus   31

Oration 45   175

Gregory of Nyssa   68, 70, 73, 78, 123, 143, 146, 158, 176, 177, 178, 179, 180, 182, 185, 240, 293

Apology of the Hexaemeron   128
Life of Moses   12, 133, 137-142, 147, 162, 166, 175, 177, 182, 184, 185,
   praef., 11-15   182
   II 13,1–19,3   140
   II 13,6-7   142
   II 18,3   142
   II 21   179
   II 34,2-6   141
   II 67,1-8   141
   II 67,1   141
   II 80,1–81,6   138, 139, 140
On the Making of Man   86

Hesychius of Jerusalem   272, 273

On the XII Prophets   272
On Obadiah   293

Hippolytus   73, 239

340 INDICES

Hypatius of Nicaea 272

Irenaeus of Lyon 45, 74

Against the Heresies V, 17 197

Isaac of Nineveh 80, 81

Isho'bar Nun 84, 86

Question 12 87

Isho'dad of Merv 80, 84, 85, 86, 87, 92, 94, 95, 97, 106

Com. on Genesis 84, 87, 92, 95, 97, 100, 102-106

Isidore of Pelusium 202

Jacob of Edessa

Letter 14 83

Jacob of Sarug 80, 83

Jerome of Stridon

Letters

33 49, 50

36,9 49

51,5 61

John Chrysostom 46, 58, 59, 67, 79, 82, 85, 115, 123, 184, 194, 233, 236, 258

Hom. on Hebr. XIV, 1 122

Com. on Proverbs 13

Ps.-John Chrysostom

Hom. I on Ps 50 226

John Chortasmenos 157, 198

John Lydus

Magistrates III, 54 118

John Malalas

Chronicle 118, 119

John of Damascus 66

John of Jerusalem

Letter to John of Constantinople 35

John of Scythopolis

Scholia on Dionysius the Areopagite's On Divine Names 41

John Philoponus 41, 42, 43, 48, 70, 84, 86, 90, 107-132, 253

On the Creation of the World 11, 12, 41, 43, 80, 107-132

I, *prooem.* 119, 121, 123

I,4 122, 128

I,9 121

II,13 109, 110

II,14 41, 109, 110

II,15 90, 102, 110

II,16 111

II,19-20 102

II,20 90

III,3 116, 128

III,5 116

III,9 121

III,10 121

III,11 122

IV,4 116

IV,5 122

IV,6 116

IV,7 114

VI,3 115

VI,10 90

VI,14 87

VI,15-16 87

VI,17 87

VII,10 111

VII,11 111

VII,13 123

On the Contingency of the World 123

On the Eternity of the World against Aristotle 121, 124

On the Eternity of the World against Proclus 121, 123, 124

I 40

INDEX OF ANCIENT AUTHORS AND SOURCES 341

III 39

On Words with Different Meanings 117

Justin Martyr 45, 74

Ps.-Justin

Christian Questions to Gentiles
IV 40

Questions against the Gentiles on the relatives
21,11 40

Justinian I, Emperor 47

Letter to Menas 45, 46, 74

Leontius of Byzantium 89

Megethius Rhetor 30, 118

Methodius of Olympus 45, 73

On Creation 63

On the Resurrection 74

Michael Badoqa 84

Mishnah, Talmud and Related Literature

b. Sanh. 38b 115

m. Ex. 20, 18 115

Gen r. 21, 3, 24 115

Pes. r. 21 115

S. Nu. 102a 12, 5 115

S. Nu. 68, 18 115

Targum Onkelos 126

Narsai of Nisibis 83, 85

On Creation 83

Nicholas of Methone

Refutation of Proclus' Elements of Theology 18, 112

Nikephoros Kallistos Xanthopoulos

Ecclesiasical History XV,20 119

Nilus of Ancyra 293

Origen of Alexandria 11, 31, 42, 43, 45, 46, 49-75, 78, 110, 123, 129, 173, 176, 178, 239, 258

Com. on Genesis 52, 54, 55, 60, 66, 69, 73
III 69
IX 50

Hom. on Genesis 50
I,1 61, 63
I,2 61, 63
I,3 60

On Kingdoms, frg. VI 226

Hom. 2 on Ps 36,5 61

Hom. 3 on Ps 76,1 61

Com. on the Song of Songs 55, 173

Hom. on Jeremiah XVI,2 69

Com. on Matthew 173

Com. on John
I,110 62
I,111 62
I,119-120 64
I,123 64
I,158-161 64
I,160-161 64
XXVIII 173
XXXII 60, 173

frg. 1 on Jn 1:1 57, 58

Com. on Romans 173

Against Celsus
II,9 62
IV,39 50
IV,55 62
VI,49 49, 60

On Principles
I,3,3 66
II,9,6 63

On Pascha 175

Pachomios Rousanos 23-24, 157, 196

Pamphilus of Caesarea 52

Apology for Origen 51

342 INDICES

Peter of Alexandria 45, 46

Philo of Alexandria 74, 78, 108, 134, 176, 177

On the Creation of the World
35 63
On the Confusion of Tongues
169 115
On Flight and Finding
68 115
71 115
Questions on Genesis
53 74

Philo of Carpasia 293

Photius of Constantinople 24, 27, 28, 33, 35, 48, 84, 157, 254

Library 25, 27, 156, 252
18 122
23 122
38, 8a.14-22 81
160 17, 25, 27, 28, 118
206-207 17
206 9, 28, 157
207 28, 252
235 63
240 120, 122

Plato 50

Gorgias
513c8 120
Ion
531d12 120
Phaedrus
264a8 120
Timaeus 108

Proclus 39

On the Eternity of the World 41
III 39
On Plato's Timaeus 39

Procopius of Caesarea

Persian War
II,14 118
Secret History
18 119

Procopius of Gaza 17-18, 24-35, 47-48, 118, 155-161, 252-253

Letters 32, 35, 118
Panegyric to the Emperor Anastasius 30, 32, 33, 159

Ptochoprodromos 160

Rabbi Aqîba 126

Rufinus 60

Apology against Jerome II,20 49
Benedictions of the Patriarchs 51

Severian of Gabala 43, 58, 73, 79, 85, 105, 123

On the Creation of the World 255
I,5 60
II,6 255
On Penitence 147

Severus of Antioch 38

Socrates of Constantinople

Ecclesiastical History
III,7,7 50
IV,26, 5-8 31

Symmachus 110, 126, 172, 276, 280, 283, 284, 294

Tarasios of Constantinople 272

Tertullian

Against Hermogenes
27,1 57
Against the Valentinians
24 74

Theodore bar Konai 66, 80, 84, 87, 92, 95

INDEX OF ANCIENT AUTHORS AND SOURCES 343

Liber scholiorum 84
  I,94 103
  I,99 103
  II,26A 95
  II,55 92
  II,82 105

Theodore of Heraclea

Com. on Isaiah 255, 258, 266
  Is 63:1-6 266

Theodore of Mopsuestia 43, 70, 74,
  79, 82, 84, 85, 87, 97, 99, 110, 121, 122,
  123, 191, 202, 208, 294

Com. on Genesis 11, 77-106
  Intr. 87, 90, 102, 103
  1,27 90, 103
  1,28 90, 103
Frg. on Genesis (Petit)
  2 87
  3 87
  6 87
Com. on Psalms 67:21a 96
Com. on Hosea 9:3 291
Com. on Obadiah 294, 297
Obad 1 275-276, 281-283
Obad 16 290, 291
On the Incarnation 89
  frg. 39 89
  frg. 41 89

Theodoret of Cyrus 28, 37, 38, 42, 66,
  83, 86, 110, 123, 173, 186, 192, 193, 197,
  202, 203, 204, 205, 207, 209, 211, 214,
  215, 258, 272, 291, 294

Questions on Genesis 82
  8 66
  14 103
  20 87
  39 74
Questions on Kgdms & Paralip. 37
Questions on I Kgdms 190, 193, 194, 195,
  204, 205, 208, 209, 211, 212, 214
  hypothesis 203, 206

1 223
2 204
3 204
5 206, 219
6 206, 224
7 219, 223, 224
10 208, 223
15 222
17 222
23 220
25 224
27 224
33 219
45 224
48 224
52 223
59 223
61 192, 223
Com. on Psalms 295
Com. on Isaiah 173
Com. on the Song of Songs 295
Com. on the XII Prophets 15, 272, 273,
  295, 296
Com. on Obadiah 297
  Obad 1 275-276, 278-280, 282, 283,
    284
  Obad 15-16 285-286, 288-290, 292
Com. on the Epistles of Paul
  prol. 186
Com. on Romans 184
Auctarium 270

Theodoros Prodromos 160

Poems 160
Ptochoprodromica IV 160

Theodotion 110, 126

Theophanes

Chronographia 118, 119

Theophilus of Alexandria 45, 46

344 INDICES

Theophilus of Antioch

To Autolycus II,13   65

Zacharias Scholasticus   41, 75, 124-125

Ammonius   40, 41, 124-125

Zonaras

Chronicle XIV,1   119

Index of Modern Authors

Abbott, T. K., 274
Abdisho bar Brika, 81
Alexandre, M., 128
Altenburger, M., 128
Aly, W., 18, 32, 35, 118
Amato, E., 18, 25, 27, 30, 31, 32, 33, 35, 112, 118, 125, 159
Amirav, H., 18, 54, 147
Ashkenazi, Y., 31
Assemani, J., 81
Aubert, J., 144
Auwers, J.-M., 9, 17, 22, 37, 107, 136, 167, 217, 237, 240, 241, 249, 293, 294, 295

Bady, G., 232
Bandini, A.-M., 274
Barbàra, M. A., 53, 108, 233
Bardy, G., 124
Bayle, P., 269, 270
Beatrice, P. F., 43
Bekker, I., 17, 118, 119
Belting, H., 274
Berta, F., 273
Bianchi, U., 43
Bitton-Ashkelony, B., 31
Blanc, C., 173
Boehm, I., 253
Boffi, A., 109
Boissonade, J. F., 25
Børresen, K. E., 71
Bossina, L., 243
Brésard, L., 173
Brockmann, C., 156, 166
Brok, M., 197, 202, 205, 211
Brooks, E. W., 120
Brottier, L., 275
Bucca, D., 273, 274

Büttner-Wobst, T., 119
Busà, S., 118
Bussières, M.-P., 194
Busto Saiz, J. R., 192, 200, 203, 204, 205, 206, 208, 211

Caffiaux, H., 25, 26, 30, 34
Calma, D., 18, 112
Casevitz, M., 275
Cavallo, G., 213, 274
Cave, W., 270, 271
Cesaretti, P., 160
Ceulemans, R., 13, 23, 24, 37, 53, 109, 155, 157, 165, 168, 182, 189, 195, 196, 217, 243, 269
Champion, M. W., 39
Charitakes, G., 201
Ciccolella, F., 35
Clarke, E. G., 84, 86, 87
Clauser, C., 9, 19, 24, 197
Colonna, M. E., 125
Congourdeau, M.-H., 107
Corcella, A., 25
Cordier, B., 110, 225, 237, 241, 246
Corsini, E., 64, 65
Crawford, M. R., 146
Cross, F. L., 243
Crouzel, H., 44, 173
Curterius, J., 14, 19, 20, 21, 25, 251, 270
Curti, C., 233

Danezan, M., 13, 22, 229, 232, 233
Danieli, M. I., 51
Daniélou, J., 182
Darmarios, A., 244, 251
De Andrés, G., 244, 245, 250, 251
De Blasi, A., 243

346   INDICES

De Boor, C., 118, 119
Deckers, D., 156, 166
Declerck, J., 45
De Dieuleveult, M., 194
De Gregorio, G., 213
DelCogliano, M., 83
De Mendieta, E. A., 42
De Meyïer, K. A., 21, 196
De Montfaucon, B., 194
Devaris, M., 243
De Vocht, C., 244
Devreesse, R., 17, 81, 96, 166, 195, 198, 212, 217
Di Berardino, A., 233
Diehl, E., 39
Dindorf, L., 118, 119
Dörrie, H., 128
Dogniez, C., 275
Dorival, G., 17, 18, 52, 109, 134, 143, 155, 166, 184, 253, 254, 272, 273, 293, 295
Doutreleau, L., 60, 197
Dräseke, J., 119
Drijvers, H., 85
Duval, Y.-M., 272

Eideneier, H., 160
Eisenhofer, L., 9, 37, 138, 193, 217, 249, 255, 271
Endress, G., 39
Eriksson, M., 272
Esposito, P., 25
Évrard, É., 120

Faulhaber, M., 22, 233, 236, 237, 238, 239, 242, 243, 250, 253, 272, 293
Fédou, M., 173
Fernández Marcos, N., 87, 103, 192, 200, 203, 204, 205, 206, 208, 211
Field, F., 194
Fiori, E., 147
Foerster, R., 25, 31, 34, 118, 159, 160
Fontaine, J., 231
Formisano, M., 253

Fraenkel, D., 190, 210
Frishman, J., 79, 83
Fürst, A., 46

Garnier, J., 270, 271
Garzya, A., 31, 32, 118
Geerard, M., 136, 237
Géhin, P., 230, 231, 233, 235
Giannetto, E., 110, 124
Gignoux, Ph., 83
Gioffreda, A., 18, 112
Girod, R., 173
Gleede, B., 11, 38, 40, 77, 80, 83, 84, 90, 102
Gnilka, C., 113
Goeke-Mayr, E., 156, 166
Gordon, J., 17
Goulet, R., 18, 39
Greco, C., 25
Gribetz, S. K., 153
Grillmeier, A., 255
Guérard, M.-G., 37, 136, 240, 295
Guinot, J.-N., 82, 173, 184, 186, 194

Habermehl, P., 51
Hainthaler, Th., 255
Hajdú, K., 198
Halkin, F., 274
Hamberger, H., 197
Hammond Bammel, C. P., 173
Hardouin, J., 270, 271
Hardt, I., 197, 198
Harl, M., 275
Harlfinger, D., 156, 166
Heimgartner, M., 43, 45, 197
Henry, R., 25, 27, 28, 81, 122, 157, 252
Hörandner, W., 160
Horn, C., 35, 108, 189
Hoster, M., 253
Houghton, H., 201
Hulshoff Pol, E., 21, 196
Hunger, H., 201, 204

INDEX OF MODERN AUTHORS

Jansen, T., 89
Jansma, T., 82, 83
Jenott, L., 153
Jördens, A., 55
Justel, H., 269, 270

Kaczmarek, S., 52
Kannengiesser, Ch., 231
Karla, G., 160
Karmann, T. R., 46
Karmiris, I. N., 23
Karo, G., 137, 200, 202, 204, 230, 231,
232, 233, 236, 237
Kempen, C., 32
Kennedy, G. A., 33
Kirchmeyer, J., 242
Klostermann, E., 225, 226
Kofsky, A., 31
Kontouma, V., 212
Kresten, O., 201, 204

Labowsky, L., 250
Labrousse, E., 270
Lami, G., 197
Lang, H. S., 39
Lavater, L., 197
Layton, R. A., 153
Leanza, S., 22, 136
Le Boulluec, A., 258, 259
Le Moigne, Ph., 259
Lettieri, G., 63
Lietzmann, H., 137, 200, 202, 204, 230,
231, 232, 233, 236, 237
Lipatov-Chicherin, N., 125
Litsas, F. K., 159
Loenertz, R.-J., 31, 32, 118
Longo, A., 107, 121
Lorieux, T., 14, 269, 273
Lorrain, A., 12, 136, 165, 167, 173, 184,
186, 217
Lucà, S., 242, 243, 244
Luna, C., 39

MacCoull, L. S. B., 124
Macro, A. D., 39
Mai, A., 14, 20, 242, 246
Makris, G., 155, 156, 166
Maksimczuk, J., 243
Maniaci, M., 213
Markschies, C., 52, 147
Marmodoro, A., 39
Matino, G., 32, 35
McGinnis, J., 39
McKenna, A., 270
Mercati, G., 200, 201, 202
Mercier, Ch., 197
Metzler, K., 10, 12, 20, 21, 23, 24, 37, 38,
39, 41, 42, 45, 49, 50, 52, 53, 54, 55, 57,
59, 60, 61, 66, 67, 69, 70, 71, 73, 74, 78,
79, 80, 85, 86, 88, 91, 97, 100, 107, 108,
109, 110, 111, 112, 114, 119, 123, 127, 128,
130, 131, 133, 134, 135, 136, 137, 139, 143,
144, 147, 148, 153, 155, 156, 157, 158, 160,
161, 165, 166, 167, 168, 169, 175, 178, 180,
184, 185, 186, 190, 196, 198, 199, 215, 251,
267, 292
Meursius, J., 20, 21, 24, 196, 197, 203,
206, 207, 208, 212, 217, 219, 220, 221,
222, 223, 224
Migne, J.-P., 13, 14, 20, 34, 197, 212, 217,
227, 246, 247, 251, 268
Minniti Colonna, M., 32, 40, 41, 125
Mioni, E., 157, 250
Molenberg, C., 84
Molin Pradel, M., 198
Monaci Castagno, A., 51
Mondésert, C., 134, 254, 293
Mondrain, B., 21, 24, 198, 213
Monier, M., 201
Moreschini, C., 119
Moschonas, Th. D., 201

Naldini, M., 67
Nau, F., 85
Nautin, P., 51
Nicéron, J.-P., 271
Nicklas, T., 115

348 INDICES

Niebuhr, B. G., 33
Nikephoros Theotokis, 13, 191, 192, 212, 213, 214, 215, 216, 217, 218, 219, 220, 222, 225, 227
Norelli, E., 119
Noret, J., 32, 136

Omont, H., 236
Otto, J. C. T., 40
Ottobrini, T. F., 11, 12, 43, 107, 108, 110, 121, 122, 124, 126, 129

Pasini, G., 273
Perkams, M., 108
Perrone, L., 61
Petit, F., 15, 21, 22, 23, 37, 38, 51, 54, 69, 73, 78, 79, 80, 82, 87, 91, 93, 96, 98, 99, 115, 135, 136, 138, 139, 141, 143, 147, 149, 185, 190, 191, 192, 193, 194, 195, 196, 198, 200, 201, 202, 203, 204, 206, 208, 210, 211, 216, 219, 222, 224, 225
Phirippides, N. S., 201
Pietras, H., 52
Pirtea, A. C., 46
Previale, L., 33
Prince, B. D., 39
Prinzivalli, E., 10, 49, 70
Pusey, P. E., 273, 276, 277, 278, 284, 286, 287

Rabe, H., 39, 40
Rahlfs, A., 189, 197, 200, 201, 212, 213, 251, 273, 274
Rambow, G., 82
Rebiger, B., 115
Reichardt, W., 41, 87, 90, 102, 109, 128
Reiterer, F. V., 115
Reitz, C., 253
Richard, M., 13, 45, 230, 231, 233
Richtsteig, E., 25, 31, 34, 118, 159, 160
Riedweg, C., 35, 108, 189
Rigo, A., 273
Risch, E. X., 52
Ritter, A. M., 35, 189

Rivautella, A., 273
Rolet, A., 32
Ronchey, S., 160
Rosenbaum, H., 237
Roskam, G., 84
Rousseau, A., 197
Rudberg, S. Y., 42

Sacchi, P. F., 253
Sachau, E., 82, 87, 90, 102, 103
Saebø, M., 97
Sandevoir, P., 275
Sautel, J.-H., 169
Schamp, J., 27, 120, 122
Schmidt, A., 97
Schöllgen, G., 38, 54, 79
Schöpflin, K., 115
Scholten, C., 38, 54, 79, 109, 120, 121, 122
Schramm, U., 128
Schulze, I. L., 205, 211, 212, 213
Schwartz, E., 35, 46
Segonds, A.-P., 39
Sevestre, A., 34
Sezgin, F., 123
Simonetti, M., 51, 60, 70, 74, 138, 139, 140, 141, 142
Siorvanes, L., 124
Sirmond, J., 270
Sogno, C., 36
Sorabji, R., 39, 124
Sović, A., 237
Sprenger, H. N., 281, 282, 290, 291
Stark, M., 272
Suchla, B. R., 41
Swete, H. B., 90

Tatakis, B., 39
Tchernetska, N., 232
Ter Haar Romeny, B., 18, 54, 79, 97, 128
Tonneau, R., 82, 90, 106
Trizio, M., 18, 112

Valente, S., 156, 166

INDEX OF MODERN AUTHORS

Vallat, D., 253
Van den Eynde, C., 92
Van den Gheyn, J., 237
Van Rompay, L., 77, 79, 83, 84, 85, 86, 92, 97, 190
Ventrella, G., 159
Vercleyen, F., 118
Verheyden, J., 9, 17, 77, 107, 249
Verrycken, K., 124, 125
Vianès, L., 274
Villani, B., 144, 146
Vööbus, A., 85
Volpe Cacciatore, P., 25

Wabel, Th., 55
Wacht, M., 125
Weichenhan, M., 55
Weitenberg, J. J. S., 190
Wendland, P., 23
Westberg, D., 25, 35, 108, 159
Wirth, P., 160
Wolska[-Conus], W., 120, 121, 122
Wyrwa, D., 35, 108, 189

Zaganas, D., 9, 10, 12, 14, 17, 22, 55, 59, 107, 156, 158, 166, 169, 200, 201, 249, 252, 253, 258, 265, 294
Ziegler, J., 253, 264, 265, 266
Zuntz, G., 272

Index of Manuscripts

ALEXANDRIA / CAIRO

Patriarchal Library 228: 201

ATHENS

EBE 43: 200, 202, 205, 206, 207, 208, 211, 212, 214, 215, 216, 219, 222, 223, 224, 225, 226, 227

ATHOS

Iviron 15: 201, 205
Iviron 38: 230
Iviron 379: 230
Iviron 676: 22, 231
Koutloumousiou 10: 22, 23, 156, 168, 189, 190, 191, 196, 198
Vatopediou 236: 45

BERLIN

Phillippicus 1405: 200
Phillippicus 1411: 231
Phillippicus 1415 (011): 250

BRUSSELS

Regius 3895/6: 236, 237, 239, 240

CAMBRIDGE

Collegii Trinitatis O.1.54: 231, 232
Collegii Trinitatis O.1.55: 231, 232, 234

DUBLIN

Trinity College 112-113: 273, 274, 275, 284, 285, 295

FLORENCE

Laurent. Plut. 11.4: 273, 274, 275, 284, 285, 294, 295
Riccard. gr. 12: 118

JERUSALEM

Hagiou Saba 437: 250
Panagiou Taphou 106: 23
Panagiou Taphou 155: 250

LEIDEN

Universiteitsbibliotheek, BPG 50: 21, 24, 196, 219

MADRID

Bibl. Nat. 4661 (tr. 4662): 231
Bibl. Nat. 4749: 231
Bibl. Nat. 4781: 231
Bibl. Nat. 4825: 231
Scorialensis R.I.3: 244
Scorialensis H.III.18: 244, 245
Scorialensis Θ.I.6: 244, 245
Scorialensis Y.III.14: 250, 251

MILAN

Ambrosianus Z 77 suss. : 243, 244

MODENA

Biblioth. Estensis α.W.4.22: 231

MUNICH

BSB gr. 34: 250
BSB gr. 131: 231
BSB gr. 209: 200
BSB gr. 314: 61
BSB gr. 358: 13, 21, 22, 23, 24, 168, 169, 189-227

PARIS

Coisl. 7: 200, 201, 202, 204, 205, 211
Coisl. 8: 195
Paris. gr. 133: 200

352 INDICES

Paris. gr. 152: 243, 244, 245
Paris. gr. 153: 231, 237, 240
Paris. gr. 154: 22, 231
Paris. gr. 172: 231
Paris. Suppl. gr. 127: 231

PATMOS

Patmiacus gr. 161: 233

ROME

Casanatensis 203: 243

TURIN

Biblioteca Nazionale Universitaria, B.
I. 2: 273, 274, 284, 295

VATICAN CITY

Ottob. gr. 56: 243, 244

Ottob. gr. 221: 243, 244
Ottob. gr. 260: 250
Vat. gr. 331: 200, 201, 202, 204, 205, 206, 211
Vat. gr. 728: 243, 244
Vat. gr. 1783: 250
Vat. gr. 1802: 233, 234
Vat. gr. 2125 (*Marchalianus*): 270

VENICE

Marcianus gr. Z 24: 21, 250, 251
Marcianus gr. II 105: 23, 24, 157

VIENNA

ÖNB, theol. gr. 29: 120
ÖNB, theol. gr. 135: 201, 202, 205, 207, 208